NONGCUN XIANDAI NENGYUAN XITONG GUIHUA YU YUNXING

农村现代能源系统规划与运行

李　鹏　王世谦　鞠立伟　余晓鹏 等　编著

中国电力出版社
CHINA ELECTRIC POWER PRESS

内 容 提 要

全书共分 6 章，分别从新时代农村能源变革与农村现代能源系统构建方面、农村能源系统规划关键技术研究、农村能源系统协同优化关键技术研究、农村智慧能源支撑平台建设四个方面展开研究，主要研究内容包括农村能源发展现状、路径及范式，农村能源供给与需求特征刻画、农村能源差异化规划配置理论研究、农村能源集群化协同运行关键技术研究、农村能源互联化智慧支撑平台。

本书可作为高等院校、能源研究机构、相关领域科研工作者参考用书。

图书在版编目（CIP）数据

农村现代能源系统规划与运行/李鹏等编著．—北京：中国电力出版社，2021.12
ISBN 978-7-5198-6200-8

Ⅰ．①农… Ⅱ．①李… Ⅲ．①农村能源－研究－中国 Ⅳ．①F323.214

中国版本图书馆 CIP 数据核字（2021）第 237811 号

出版发行：中国电力出版社
地　　址：北京市东城区北京站西街 19 号（邮政编码 100005）
网　　址：http://www.cepp.sgcc.com.cn
责任编辑：孙世通（010-63412326）　马雪倩
责任校对：黄　蓓　常燕昆
装帧设计：张俊霞
责任印制：钱兴根

印　　刷：北京雁林吉兆印刷有限公司
版　　次：2021 年 12 月第一版
印　　次：2021 年 12 月北京第一次印刷
开　　本：710 毫米×1000 毫米　16 开本
印　　张：21
字　　数：318 千字
定　　价：80.00 元

前　言

2014 年 6 月 13 日，习近平总书记提出“四个革命、一个合作”能源安全新战略，指明了新时代我国能源转型发展的新方向，要全面推进能源生产和消费革命，构建清洁低碳、安全高效的能源体系。农村能源是我国能源体系的重要组成部分。党的十九大提出，农业农村农民问题是关系国计民生的根本性问题，必须始终把解决好“三农”问题作为全党工作的重中之重，实施乡村振兴战略。2020 年 9 月，习近平总书记在联合国大会上提出，中国将提高国家自主贡献力度，采取更加有力的政策和措施，二氧化碳排放力争于 2030 年前达到峰值，争取在 2060 年前实现碳中和（以下简称“30 · 60”），对农村能源发展提出了新的约束。农村具有丰富的水能、风能、太阳能和生物质能等自然资源，同时具有广大的土地空间资源，具备可再生能源开发的天然优势，近年来，农村沼气、太阳能、小微水电发展势头强劲。面对乡村振兴、新型城镇化建设、“30 · 60”等国家战略，农村能源转型变革迎来重大发展机遇。

长期以来，农村能源处于我国能源政策边缘地带，发展不平衡、不充分的问题突出，农村能源呈现“三低两弱”特点，即资源利用率低、用能效率低、能量密度低、基础设施薄弱和经济承受力弱。乡村振兴背景下推动农村能源高质量发展，必须加快构建农村现代能源系统，将农村地区丰富的能源资源优势转化为发展优势。本书将人民美好生活日益激增的能源需求与农村能源发展错位为切入点，以构建清洁化、电气化、数字化的农村现代能源系统为目标，围绕“配置理论构建—运行技术突破—支撑平台研发”研究主线，开展技术攻关，并结合兰考农村能源革命试点建设进行实践，推动农村资源能源化进程，提升农村能源系统利用效率，加速农村能源数字转型，支撑清洁低碳、安全高效现代农村能源体系构建，为乡村振兴“农业强、农村美、农民富”目标实现提供动力保障的成果。

本书分别从新时代农村能源变革与农村现代能源系统构建方面、农村能源系统规划关键技术研究、农村能源系统协同优化关键技术研究、农村智慧能源支撑平台建设四个方面进行介绍。

在新时代农村能源变革与农村现代能源系统构建研究方面，主要内容是农村能源发展概论和农村能源发展现状、转型发展思路及典型范式，具体包括农村能源定义及主要形式、农村能源供需体系发展现状及现存问题，农村能源发展政策、农村能源转型思路，农村能源转型发展路径、农村能源转型典型范式。通过上述研究形成了农村能源发展的政策基础、路径趋势以及典型范式，为开展农村现代能源系统规划与运行提供研究基础。

在农村能源系统规划关键技术研究方面，主要内容是农村能源供需特征刻画、农村能源差异化规划配置理论研究。农村能源供需特征刻画主要内容是建立农村能源供给预测模型和需求预测模型刻画农村能源供需特征。在能源供给侧，提出基于不确定性的分布式电源场景分析方法；在能源消费侧，基于非侵入负荷辨识模型进行用户用能行为分析，提出考虑不同能源消费需求的农村主/被动用能负荷需求预测方法。在农村能源差异化规划配置理论研究方面，主要内容是考虑我国农村发展的差异化特征，构建农村能源差异化发展场景，确立农村能源供需配置方法，建立“以电为中心”的农村能源网络规划模型，构建农村现代能源系统。具体包括根据我国不同地区农村发展的差异性，分别建立基于地理位置、发展阶段、产业结构差异的农村能源发展场景，形成多维度农村能源差异化发展场景特点与能源结构配置映射关系。根据农村能源资源分布特点及用能需求，确定农村能源多能互补利用的实现形式，建立农村多能互补典型方案。构建适合农村能源供需特点的综合能源系统，建立基于差异化场景的农村能源供需配置多目标规划模型，根据差异化场景的特征，提出基于混合模拟退火粒子群（PSO-SA）的多目标规划求解算法。建立“以电为中心”的农村分布式能源系统，研究农村分布式能源发电建模技术，分析多种能源耦合关系，提出多种能源耦合下的农村能源系统多目标优化规划模型，确定不同模式下的设备配置规划以及经济性水平。

在农村能源系统协同优化关键技术研究方面，主要内容是围绕电源控制、电能协调、多能协同三个层面，农村大规模分布式能源群控群调技术、基于 5G+虚拟电厂的农村能源协调优化技术、含多种能源微能网能量优化技术，建立多分布式能源协同运行策略体系。具体包括根据农村分布式能源随机性、波动性的物理特征以及点多、面广的空间特征，提出分布式电源分层控制架构。研究基于多智能主体系统的虚拟电源与配电网的信息交互技术，构建多智能主体系统信息交互体系，提出虚拟电源的自律控制通信模型，设计虚拟电源的动态 SCADA 数据采集系统，并提出虚拟电源互补优化控制、发电平滑出力控制、协调发电计划自律控制、协同紧急发电等优化控制策略。提出多元复合储能优化、柔性负荷自制控制策略，建立基于 5G+虚拟电厂的低碳双层调度优化模型，提出基于混沌细胞膜粒子群算法的双层模型求解算法。

在农村能源互联化智慧支撑平台研究方面，主要内容是设计农村分布式能源数据采集体系、多品类能源数据归集机制、农村能源互联网平台建设，构建农村能源互联化智慧支撑平台。提出基于 CFN 的云边系统分布式云架构、设计通信资源平滑分配机制，建立智慧物联体系关键技术。针对能源系统数据采集终端现状问题，提出 NEG-802 新能源数据采集终端，明确多分布式能源系统数据采集终端工作机制。设计包含社会经济统计数据、能源资源统计数据、全品类能源全链条数据、接入用户能源消费数据等农村能源数据归集体系，明确数据归集原则、归集机制、体系标准，形成农村能源数据归集体系。结合农村能源的综合利用、价值共创、信息集成需求，设计农村能源互联网平台总体架构，提出农村互联网平台主要功能。形成包含技术架构、应用架构、数据架构、技术路线等农村能源互联网平台建设方案。

国网河南省电力公司经济技术研究院张艺涵、李慧璇、郑永乐、谢安邦、祖文静、张泓楷及华北电力大学汪鹏、杨莘博、尹哲参与了本书的编写工作。本书在编写过程中得到国网河南省电力公司经济技术研究院和华北电力大学经济与管理学院的支持与配合，在此表示衷心的感谢和诚挚的敬意。

本书承蒙国家电网有限公司科技项目“能源互联网环境下农村能源产业关键技术及商业模式研究”（1400-202024222A-0-000）、国网河南省电力公司课题

“河南农村多能互补模式及在兰考能源互联网中的应用研究”（5217L018000P）、国家电网有限公司管理咨询项目“打造全国农村能源互联网综合示范样板路线图研究”（8117L021001Y）、国家自然科学基金青年项目“微能源网群多能分层互补及协同递进优化模型研究”（71904049）的资助，特此致谢。

编　者

2021 年 8 月 30 日

目　录

第 1 章

概　　述

1.1　研究背景及意义

1.1.1　研究背景

1．农村能源作为我国能源战略的重要组成部分，加快实施农村能源革命，着力构建农村现代能源系统，契合国家能源发展大势

2014 年 6 月，习近平总书记提出“四个革命、一个合作”能源安全新战略，指明了新时代中国能源转型发展新方向，要全面推进能源生产和消费革命，构建清洁低碳、安全高效的能源体系，积极推动“互联网+”智慧能源发展。2016 年 12 月，习近平总书记在中央财经领导小组第十四次会议上指出，推进北方地区冬季清洁取暖，关系北方地区广大群众温暖过冬，是能源生产和消费革命、农村生活方式革命的重要内容；加快推进畜禽养殖废弃物处理和资源化利用，关系 6 亿多农村居民生产生活环境，关系农村能源革命。这是国家首次提出“农村能源革命”概念。

当前，我国农村能源生产主要包括生物质能（包括生物质直燃、沼气、生物质成型等）、小型电源（包括太阳能光伏发电、风力发电、微水电）、太阳能热利用（太阳能热水器、热泵、采暖、制冷空调、太阳房、太阳灶等）。近年来，由于农村经济的飞速发展与城镇化建设，农村能源的需求量也在急剧上升，其需求速度已经大大超过传统能源生产发展速度，能源供需矛盾日益突出。同时，以沼气、太阳能、生物质发电、生物质成型为代表的农村能源产业保持强劲的发展势头，综合效益明显，但农村能源系统中电力、天然气和可再生能源消费比例偏低，用能品质低。面对能源革命乡村振兴、新型城镇化建设等国家战略，亟需建设多能互补的能源供应体系，推进能源梯级利用、循环利用和能源资源综合利用，如何构建适应新时代的农村现代能源体系是我国建立清洁低碳、安全高效能源体系的关键前提。

2. 农村能源作为乡村振兴战略的重要动力基础，构建农村现代能源系统，加快补齐农村基础设施短板，服务民族伟大复兴大局

2017 年 10 月，中国共产党第十九次全国代表大会，提出“实施乡村振兴战略”，坚持农业农村优先发展，按照产业兴旺、生态宜居、乡风文明、治理有效、生活富裕的总体要求，加快推进农业农村现代化。2018 年 9 月，中共中央、国务院正式印发《乡村振兴战略规划（2018—2022 年）》（以下简称《规划》），对实施乡村振兴战略第一个五年工作做出具体部署，要求优化农村能源供给结构、发展“互联网+”智慧能源，探索建设农村能源革命示范区。2019 年 5 月 16 日，中共中央办公厅、国务院办公厅印发《数字乡村发展战略纲要》，明确提出加快推动农村地区电力、农业生产加工等基础设施的数字化转型，推进智能电网、智慧农业建设。

当前农村地区存在能源消费结构不合理，能源利用形式落后、效率低等问题，因此，这就要求基于能源革命、乡村振兴战略及“30 • 60”双碳目标，结合农村地域特征、资源禀赋、经济承受能力，建设多能互补的能源供应体系，加快分布式能源输电、配电网络建设，同时推进能源梯级利用、循环利用和能源资源综合利用，满足能源消费的多样性；优化农村能源消费结构，提高电能在终端能源消费中的比重，推进建筑节能、“零碳”乡村（社区）等新理念。

3. 农村能源处于国家能源政策的“边缘”，发展不平衡不充分问题突出，加快推进农村能源资源就地利用，构建农村现代能源系统成为必然选择

长期以来，受我国城乡二元经济格局影响，农村能源长期处于能源政策的“边缘”，农村能源发展不平衡不充分矛盾突出。在消费侧，除少量薪柴、秸秆等原始形态能源利用外，农村住房保温性差能耗普遍高、散烧煤利用仍然存在，农民居住分散，农村用能也呈现低能量密度特征，90%以上的能源供给需要外部输入；在生产侧，农村风能、太阳能、生物质能等可再生能源资源丰富，但畜禽粪污、农作物秸秆、生活垃圾等废弃物仅收集未利用，风光发电装机规模占经济可开发资源量比重低，90%以上闲置未开发利用。同时，电力基础设施实现农村地区全覆盖，供电能力仍需提升，受制于投入产出水平低，燃气、热力等基础设施在农村地区刚刚起步。此外，2020 年农村居民人均可支配收入是

17131 元，仅为城镇居民的 39%，疏导机制不健全、市场体系不完善。总体上，农村能源呈现“三低两弱”特点，即资源利用率低、用能效率低、能量密度低、基础设施薄弱和经济承受力弱。

长期以来，农村用能存在分散化、需求多样化、能量密度低、经济性差、市场机制缺失等问题，致使农村潜在用能需求较强与能源发展基础薄弱之间的矛盾突出，能源外引比例较高与本地资源开发不充分之间矛盾突出，农村生产生活垃圾污染严重与废弃物资源化利用不高之间的矛盾突出，农村能源转型发展任务较重与体制机制不完善之间的矛盾突出。总而言之，如何针对农村能源“三低两弱”发展基础，立足构建清洁低碳、安全高效能源体系要求，以服务乡村振兴能源保障、满足人民美好生活需求为导向，研究新时代农村能源变革路径及典型模式，探索构建以“清洁化、电气化、智慧化”为特征的农村现代能源系统。

综上，本书以人民美好生活日益激增能源需求与农村能源发展错位为切入点，以构建清洁化、电气化、数字化的农村现代能源系统为目标，围绕“配置理论构建—运行技术突破—支撑平台研发”研究主线，开展技术攻关，并结合兰考农村能源革命试点建设进行实践，推动农村资源能源化进程，提升农村能源系统利用效率，加速农村能源数字转型，支撑清洁低碳、安全高效现代农村能源体系构建，为乡村振兴“农业强、农村美、农民富”目标实现提供动力保障。

1.1.2 研究意义

党的十九大报告指出，在新时代，我国社会主要矛盾已经由“人民日益增长的物质文化需要同落后的社会生产之间的矛盾”转化为“人民日益增长的美好生活需要和不平衡不充分的发展之间的矛盾”。长期以来，农村能源处于我国能源政策边缘地带，发展不平衡不充分的问题突出。农村能源基础设施薄弱，制约了农村能源普遍服务水平提升；农村能源资源开发水平低，制约了农村能源供给能力提升；农村用能密度低，制约了农村能源项目开发规模化效应发挥；农民经济承受力弱，制约了农村能源消费升级；农村能源利用效率低下，制约了农村能源清洁转型。因此，乡村振兴背景下推动农村能源高质量发展，必须加快构建农村现代能源系统，将农村地区丰富能源资源优势转化为发展优势。

1．农村能源处在消费末端向生产前段与消费末端融合发展阶段，顶层设计缺失，亟待构建农村能源资源优化配置理论

我国农村能源资源丰富，以风电、光伏发电、生物质发电为代表的农村能源产业发展势头强劲，以电为中心的农村能源基础设施逐步补强，农村能源正由能源生产消费链条末端向前末端融合转变；能源数字化转型的推动，通信技术手段的迭代升级，将有效破除能源行业壁垒，促进能源网络互联互通，实现多种能源有效整合。如何结合农村地域资源禀赋，考虑多种能源资源开发潜力动态识别、实时供需平衡调节需求预测、用户消费行为主动辨识等迫切需求，构建符合不同地域特性的现代能源系统是农村能源高质量发展的必由之路。

农村分布式能源具备高离散性、地理分布广、数量多、容量小等特性，且能源设备建设基础薄弱、成本高、运维条件差，大规模离散分布式能源互联互通和优质利用机制缺失。传统农村能源系统研究往往面对单一系统，如电、气、热/冷，人为地割裂了各能源系统资源优化配置，降低了整体能源利用效率，增加能源的多元化供应，如何构建清洁低碳、安全高效的农村现代能源体系，以适应应对气候变化和满足农民对美好生活的新期待，缓解能源供需矛盾已经成为农村经济发展的重要任务。当前能源配置研究缺乏明确的应用场景，存在场景的适应性问题，亟需开展能源供需配置研究，优化能源结构，促进节能减排。

2．农村大规模分布式能源接入电力系统，电网潮流由单向变为双向，协同运行手段不足，亟待攻克“以电为中心”的农村能源优化运行关键技术

我国农村地区用能模式主要以分散式为主，生物质能、天然气、光伏等清洁能源分布式、灵活性等特点决定了其在农村地区具有广阔的应用前景。分布式天然气发电、生物质能热电联产、分布式光伏、分布式风电等多种能源开发方式的有机结合，可以形成智能高效的区域能源网络和能源综合梯级利用的系统，满足现代化农业建设中的电力、能量需求，构筑清洁可持续并充满活力的农村经济业态。能源规划一直是研究热点，关于规划方法本身有待进一步探讨。相比于各能源系统孤立运行，多能源系统网络规划能够有效地考虑各个能源系统之间的互补和耦合关系，弥补原来各个能源系统分开单独规划的不足，从而

可以提高能源和资产的利用率，显著提升整个能源系统效率。

3. 农村能源生产与消费双侧分散分布，农村能源系统信息化水平偏低，亟待研发适应农村地区的“互联网+”智慧能源支撑平台

农村能源是我国能源发展的洼地，能源互联网新技术农村落地应用面临诸多挑战。农村供能、用能分散化特性，导致农村能源数据点多、面广，数据采集技术需要持续创新；不同品类能源系统信息化水平差异较大，导致农村能源信息异构性凸显，数据融合技术需要重点突破；另外，农村能源数据管理散落在多个部门，数据归集及应用难度较大。当前，能源革命与数字革命交汇期，农村能源优化配置需要驶入能源数字化转型的快车道。借助互联网+技术，加快建设农村能源互联网，更好服务农村能源优化配置成为必然选择。

1.2 国内外农村能源发展经验借鉴

1.2.1 国外农村能源发展经验

1. 农村能源研究方面

世界各发达国家在农村能源研究方面各有特点，但总体秉承绿色高效的特征，立足于可持续的农村能源供给。

以德国为例，德国自 2000 年颁布《可再生能源法》以来，可再生能源技术获得了快速的发展。2011 年的可再生能源占了全国发电总量的 21%。2012 年德国的可再生能源发电量占了全国总电力的 25.1%。其中在德国农村运用最为广泛的是其沼气工程和分布式光伏建筑。文献［2］分析了德国在沼气工程技术发展在政策法规、发酵工艺、技术设备、管理体系上的优势，其沼气产品主要用于发电和热电联产发电[3]。从技术发展来看，德国沼气工程热电联产技术可提升沼气工程综合效益，提升能源品味和能源转换率，提高沼气工程产量和维持设备运行的稳定性，因此德国沼气工程 98%均采取热电联产方式利用沼气，并且德国沼气工程使用的内燃机发电技术世界领先，装机容量在 200kW 以下的使用双燃料机组，发电效率为 33%～37%；装机容量在 200kW 以上的使用点燃式沼气发动机，发电效率约为 34%～37%，现今也有少量沼气工程开始使用有机朗肯循环技术将余热用于发电[4]。同时，德国沼气工程自动化监控技术也非常成熟，主要采用分布式控制系统、现场总线控制系统等工业化控制系统，有了这些控制系统后，仅在物料进出时需要人工干涉，其余环节均能实现自动化运行[5]。文献［6］详细介绍了德国在光伏发电技术领域中的应用，对其中将光伏系统与建筑的结合进行了着重介绍。德国的光伏年新增装机量从2003年来有飞速的增长，在2011年，累积的峰值装机容量为24820MW，并且光伏满载发电时间970h，占全国发电时间的3%。在德国，光伏系统和建筑的结合相当普遍，建筑师将此类建筑体的主卧室都朝南面，窗户的位置利用具透光性的电池[7]；将混凝土、玻璃及PVC薄膜等相结合制造出可发电的混凝土预制板，用于建筑墙面发电。德国的光伏结构前期是以分布式居民用光伏为主，近年非居民用与集中式光伏占比大幅增加。目前德国居民用光伏（10kW以下）占比13%，非居民用光伏（10～500kW）占比54%，分布式合计占比66%；集中式光伏（500kW以上）占34%。集中式光伏新增较多，分布式光伏与集中式光伏趋于平衡[8]。

2. 能源供需配置方面

世界各国的农村生活能源消费水平和结构差距很大。在欧美发达国家，基本实现了城乡一体化，只有少数人从事着农业生产，且生活能源消费模式已经现代化，主要以煤炭等商品性能源为主。在广大发展中国家，农村社会经济发展缓慢，农村人口生活水平较低，主要依赖当地的生物质能源来满足能源消费需求。

发达国家以美国为例，2006年，美国能源部高级专家阿兰·霍夫曼博士在“可再生和可替代能源”国际会议上指出，美国政府在国情咨文中提出了“先进能源计划”，旨在开发清洁能源和可再生能源，促进生活能源供求平衡，保障国家能源安全。如今，在美国农村出现了“绿色能源”开发行动，人们普遍追求低碳的生活方式，增加可再生能源的消费比例，节能减排，缓解能源消费的环境压力。“绿色能源”开发行动既提高了农村生活能源消费水平，给农民带来了实惠，又保护了农村生态环境。美国“绿色能源”的发展繁荣，正在放慢年轻人脱离农村的速度。美国在消费侧提出的第三方拥有商业模式获得了成功，美国有一半以上的光伏电站并不归光伏电站所在地的业主所有。2016 年，18%的光伏电站是依赖贷款建立的，30%是用户直接用现金购买的，这两种模式合称为用户自有，这是自 2011 年以来用户自有比例第一次接近 50%；剩下 52%的光伏电站则由第三方拥有，其中 41%属于 SolarCity。2014 年是第三方拥有模式的鼎盛时期，占比曾经一度达到了 72%[9]。第三方拥有模式的问题在于需要大量的前期资金，比如 SolarCity 就已经负债累累。加之由于现在光伏系统费用降低，用户更倾向于自有电站，因此 SolarCity 等传统主营第三方拥有模式的企业现在也开始提供光伏项目贷款[10]。

发展中国家以印度为例，印度面临的能源问题包含三点：大量农村地区贫困户缺乏现代能源接入；急需扩张能源系统满足接入需求以及快速的经济增长；配合全球经济、缓解气候变化威胁[11]。在印度，农村生活能源消费结构的变化还是很缓慢的，仍然以农作物秸秆和薪柴等生物质能源来满足炊事、照明等基本生活需求。为了解决农村生活能源消费问题，提高农民生活质量，印度政府加速推进了农村电气化，促进商品性能源的合理发展。印度储能联盟预测 2015 年到 2022 年间整个印度储能市场接近 70GW 和 200GWh[12]。其中 70GW 中超过 35GW 需求来源于新能源应用，如风能和太阳能并网，调频，峰值管理，输配电延迟，柴油替代以及电动汽车等。印度先进的储能项目值得我国借鉴，如智能乡村与城镇项目（100MW）。GIFT 城市要求为备用电力应用、输配电延迟、峰谷管理和负载转移提供储能。地铁住宅与商业建筑也需要使用备用电源。

3. 农村用能负荷研究方面

现行国外关于农村用能负荷研究主要集中在评估农村能源开发潜力、影响农村生活用能的因素、农村生活用能的模式及对生态环境的影响、农村生活用能的政策和新能源开发与建设等问题。文献［13］提出在一些经济发展落后、自然资源稀少的发展中国家，对于农村用能负荷研究的重点主要放在以下几点：如何解决农村发展对能源的需求与供给之间的矛盾；如何协调人与环境的发展；如何解决农村能源利用率低下的问题。文献［14］中对于用户的负荷预测，采用大数据、数据挖掘等新兴方法提升天然气负荷预测的精度，并将天然气负荷预测和能源系统的优化规划、运行更好的结合。文献［15］提出能源本身的价格是决定农村居民负荷选择何种能源消费的重要因素。文献［16］指出不仅是能源本身的价格和替代能源的价格，初期使用的能源成本也是影响农村居民负荷选择何种能源的重要因素，新能源的技术推广程度也影响着居民用能负荷的能源选择。

国外学者对农村用能负荷的研究多是基于宏观层面加以定性分析，并未充分考虑农村不同地区用能负荷地域差异、经济差异、环境差异等因素影响，因而其所研究对象的数据与我国广大农村地区典型用能负荷需求特点有所差别。

4. 综合能源研究方面

综合能源系统的相关研究、实践工作受到各国政府高度重视，国外开展研究阶段较早。2009 年德国政府启动了 E-Energy 计划，并在 2013 的总结大会提出 6 个能源互联网试点地区，其中包括分布式可再生能源、电动汽车、基于互联网的电气交易和服务平台贯穿等示范项目。美国是最早开展多能互补系统研究的国家之一，立法提出新建和改造的用户侧供能项目，必须提交综合能源规划。欧盟最早提出综合能源系统概念并付诸实施，并给予重点和持续资助

综合能源系统建模研究。文献［17］针对楼宇级的分布式功能系统，建立了一种典型的分布式冷热电联产（combined cooling heating and power，CCHP）系统模型，并分析了该系统运行优化方法。对于集中式功能系统，文献［18］建立了燃气电厂的细化数学模型，优化燃气电厂发电模式；文献［19］则针对电转气（power to gas，P2G）技术展开建模、控制与应用，建立了 P2G 技术的数学模型与状态空间模型。文献［20］研究了热网稳态模型，定义了热网基本变量并给出支路的水力、热力和节点工质方程；文献［21］提出了天然气系统的稳态模型，利用节点-支路关联矩阵，通过网孔法进行求解；文献［22］考虑了管道流量变化与时间的关系，建立额外的气压时变方程，考虑管道传输延迟。在能源网络模型构建方面，不仅需要关注各类能源网络的独立建模，还应构建综合的多能网络耦合模型，为综合能流分析提供模型基础。现有研究不同层级的电气耦合建模思路，对本文深入开展有着很好的参考作用。目前各类多能耦合系统建模研究较为丰富，但仍需完善耦合器件的精细模型，为系统整体建模

提供分析基础。以上研究对象多为智能小区、工业园区、城市区域等，而针对农村特定场景下综合能源耦合建模研究较少。

综合能源系统规划方法研究现状。多能源系统规划需要解决的问题包括系统能源结构组成、设备容量优化配置、网络结构优化、站点布局等问题。由于电气热紧耦合的综合能源系统内部设备类型繁多、结构复杂、运行方式灵活，涉及不同形式能源的合理配置与科学运行，具有极大的不确定性和复杂度，其系统规划本质上是多场景、多目标的混合整数优化问题。在现有大多数文献中，综合能源系统规划通常以投资成本和长期运行费用最小为目标，供能可靠性、污染物排放、能源利用效率等也是优化模型考虑的目标，同时考虑系统功率、能量平衡、网络容量约束等［23～25］。文献［26］利用蒙特卡洛（Monte Carlo）方法对包括风电功率、电价以及电气负荷需求等因素产生场景树，最终得到优化方案，并对综合系统的运行情况进行仿真校验。文献［27］针对地区多能源系统发展的不确定性，建立能源系统随机规划模型，应用金融领域的方法，实现灵活的柔性规划。文献［28］利用多阶段规划模型考虑楼宇建筑的电热系统优化，引入风险管控的思想。综合能源系统目前还处于示范阶段，其规划缺乏相关的准则和依据，关于综合能源系统的研究主要集中于微电网层面，国内外关于多层级耦合结构和电气耦合网络的综合能源系统规划并没有形成完整的理论方法，综合能源系统化、运行一体化的优化方法亟待突破，这就需要在现有研究的基础上，对模型、规划方法、优化策略等方面进行深入研究。

综合能源系统运行技术研究现状。综合能量互补系统的运行管理主要涉及系统安全性分析、系统优化运行、系统优化调度等问题。其中，系统运行安全性分析和优化运行策略是多能互补系统规划设计的基础，前者为系统规划设计提供边界，后者是规划对象的实施条件。安全性分析方面，文献［29］则建立了用于可靠性分析的天然气管网模型，但是仅适用于离线安全性分析，面向多元系统的 *N*-1 在线分析的研究还非常少，无法适应多能互补系统运行方式时变化的需要。系统优化调度方面，文献［30，31］从可再生出力的不确定性、区域能源需求时空不确定性、优化目标的多重性、需求响应的复杂性等方面开展广泛研究。文献［32］提出了新型调度策略，并用粒子群优化 CCHP 机组出力；

文献［33］基于太阳能发电和多能流系统，研究在多目标需求下的冷、热、电优化调度模型；文献［34］主要研究了储能在多能流系统优化中起到的作用。文献［35］结合天然气系统、煤炭供应链、电网运行约束及风力发电不确定性，提出了一种综合能源系统鲁棒优化模型，分析了综合能源系统的鲁棒性。文献［36］在综合能源系统中考虑氢气的应用，最终得出通用形式的最优能量流。文献［37］在最大削减负荷约束下，考虑可靠供能率，提出了电-气互联能源系统长期优化规划模型。

当前综合能量系统运行管理方面研究较丰富，但仍然存在着以下不足。安全性分析方面：如何把电力系统成熟安全性分析理论扩展到多源网络，综合考虑多能流耦合特性、不确定性，进而提出新的多能互补系统安全性分析框架；如何通过综合能源系统运行边界性的研究，挖掘系统供能潜力。系统优化调度方面：如何综合考虑各种不确定性因素，在消除多能互补系统运行风险的前提下降低运行保守度，改进系统规划方案。

5. 能源系统商业模式方面

传统的能源系统缺乏不同类型能源之间的相互联系，“条块分割”的运行情况比较严重，而随着信息互联网的成功发展，全新的互联网思维与商业运营模式也对传统的能源体系产生了巨大影响，如何在分析能源互联网中各种角色定位的基础上，融合互联网当前的商业模式，探索能源系统创新性商业模式已经成为研究热点。已有的能源商业模式包括如单一种类的商业模式、合同能源管理商业模式、综合能源服务公司商业模式、虚拟电厂商业模式，同时也有与互联网+相结合的 P2P 模式、P2C 模式、O2O 模式等。国外学者基于智能电网结构，结合“互联网+”手段提出了不少新型商业模式如平台模式、社群模式等。文献［38］建立了成本效益框架下的经济模型，对分布式能源的三种金融机制进行比较分析。文献［39］则针对可再生能源发电直销用户方式下的商业模式进行了经济分析。

1.2.2 我国农村能源发展历程

1. 农村能源研究方面

进入 21 世纪以来，我国农村经济不断发展，农村能源消费总量快速增加，生产用能的比例持续减少，农民生活用能规模超出生产用能规模，传统生物质能等低质能源所占比重减少，现代商品能源比重上升，商品化、优质化趋势增强，能源消费结构处于由传统能源消费结构向现代能源消费结构的变迁过程中[40]。

我国为鼓励生物质资源利用，推动了农村户用沼气和集中化沼气工程及发电工程的建设，但利用率很低，远不能达到替代传统能源的要求[41]。在农村分布式光伏发电方面，政府和国家电网有限公司都推出了相关的政策。随着国家对农村能源和环境问题的重视，如何开发可再生能源，保障农村生活能源供给，实现农村能源供求平衡，以及优化农村能源消费结构，减轻生物质能源消费对生态环境的破坏[42]等问题是必然的研究方向。

从总体看，目前研究成果集中在电源侧与储能侧。电源侧核心技术包括风力发电技术、太阳能光伏发电技术、燃料电池发电技术和生物质能发电技术等。文献［43］根据不同的农村自然条件，构建了风光储能发电系统，提出了风光储能发电系统的联合运营模式，以保证电源供应稳定、可靠与高效，多种充电模式为各种农用生产工具提供能源保障。文献［44］结合“扶贫户用光伏微电网”的运行方式，以阜南县王家坝镇为例进行了考虑分布式光伏电源接入的10kV及以下电网规划，给出了10kV配电变压器、10kV线路及低压配电网的规划结论。文献［45］通过对城镇地区多个小型燃煤锅炉案例和农村地区秸秆固体成型燃料的应用案例进行环境污染和经济效益方面的综合分析，分别探讨提出了秸秆成型燃料用于北方小城镇和农村地区清洁供暖的可行性技术与模式。在储能方面，文献［46］根据储能技术在用户侧、电网侧和新能源发电中等不同的应用场合，结合对应的约束条件，对规划和效益评估模型进行了研究归纳，分析了相关模型中目标函数以及约束条件的差异，指出目前研究方法的优缺点，同时分析比较了储能应用规划中经常使用到的算法。文献［47～49］明确储能技术成为推动智能电网发展中的重要一环，储能技术能够有效实现需求侧管理，平滑负荷以及减小峰谷差，在提高电力设备利用率的同时，促进可再生能源的利用；并且可作为系统调整频率、提高运行稳定性和补偿负荷波动的一种手段。文献［50～52］针对分布式储能容量优化配置开展了研究，涉及的场景包含参与配电网需求响应、配电馈线削峰以及促进分布式电源消纳等。

同时，国家重视光伏扶贫，为未来农村能源的发展与研究提供了支持。中国农业大学与国家能源局安全司和国家能源局可靠性和质监中心针对《贫困地区电力建设与生产安全质量提升机制研究》项目共同开展研究工作。另外，中国能源研究会 2017 年《农村用能（京津冀）研究》，较为系统地总结了京津冀区域农村用能清洁化问题，针对各地不同情况，提出了“分三类地区实施清洁行动方案，推荐了 8 种多能互补用能方式”等研究观点。

解决农村分布式新能源发电的随机性和波动性使其能够在不对大电网产生过大影响的情况下实现能源传输是要尽快解决的技术难题。同时，在实际开展能源开发的过程中，也存在相应的问题。

其一，现有能源结构不合理，能源开发过程中无法兼顾环境保护，会引发环境污染问题。现阶段在我国农村地区开展能源开发的过程中，明显会对环境造成破坏，制约农村地区的持续稳定发展，再加上农村地区能源利用存在不平衡的情况，能源利用率偏低，也会增加环境成本。其二，农村地区基础设施配套建设不足，无法为新能源的推广和使用工作提供有效的设施支持，会导致能源开发和使用效果不理想。其三，储能技术无法大规模应用。现有储能装置价格昂贵，农村地区配备相应储能设备不切实际。

2. 能源供需配置方面

农村能源供需配置分为供给配置和消费配置两大模块。

（1）针对农村能源的供给配置，在我国东部发达农村地区，供给模式依靠强大的配电网，以集中式供电为主，分布式供电为辅，二者相结合。基于我国特有的地理环境，近年来配电网相关技术迅速发展，新兴的高温超导技术和广域测量技术为电力系统的运行和控制提供了新的途径和方法。我国农村配电网研究主要集中在低压领域，目前亟须解决的问题是减弱分布式电源的接入对大电网的影响。文献［53］针对 10kV 配电网“低电压”治理的方案设计问题，C#编程语言开发了基于单线图界面的治理方案一键式自动规划及综合评估软件系统。文献［54］针对分布式光伏发电对配电网电压的影响及电压越限问题提出解决方案。文献［55］重点研究了分布式电源接入对电网影响的具体表现，并采取一定可靠措施来尽可能降低对配电网的不良影响。分布式电源的接入对大电网会造成很大的影响。文献［56］定量分析了光伏电源在不同接入容量、不同并网位置和不同接入方式时配电网网络损耗的变化趋势，并设置三种不同位置特性的光伏并网组合，研究了多个光伏电源并网时对配电网网络损耗的影响规律，得出了相应结论，为实际配电网中分布式光伏的规划建设提供了参考和理论依据。

在我国中西部欠发达农村地区，如甘肃、云南等地，可再生能源丰富，适宜大力发展分布式能源。目前，其分布式供电占比 50%～60%。国家大力支持光伏扶贫，2016 年 3 月，“三区三州”的 185 个县被列为光伏扶贫工程重点区域。2016 年 10 月，国家向“三区三州”下达光伏扶贫规模 5.87 万 kW（主要是云南怒江州），共有 2326 户贫困户受益。2017 年 12 月，下达“十三五”第一批光伏扶贫项目计划，其中向属于深度贫困地区的 92 个县下达装机规模 174 万 kW，惠及 5289 个建档立卡贫困村的 30 万贫困户。甘肃省 h 县属于深度贫困地区，2015—2017 年，陆续建成 3.23 万 kW 光伏扶贫电站，2017 年实现增收 836 万元，带动 2622 户脱贫，占当年总脱贫人数的 60%[57]。

（2）针对农村能源的消费配置，我国东部发达农村地区和中西部欠发达的消费配置模块以《关于进一步深化电力体制改革的若干意见（中发〔2015〕9 号）文》为指导，通过增量配电网调整消费模式，将重心放在提高经济性，使电力参与现货市场的竞争。我国电力市场因为交易模式和价格机制过于单一，难以有效挖掘供需两侧灵活性。且可再生能源还存在地区间分布不均匀的特点，同时不同地区不同时间的负荷分布可能不平衡，导致能源供需结构失衡。

3. 农村用能负荷研究方面

2014 年我国乡村地区生活能源消费量约 2.03 亿 t 标准煤，农村居民人均生活能源消费量显著提高，煤炭占据主导的地位。农村沼气工程、秸秆能源化利用、清洁炉灶、太阳能热利用等农村清洁可再生能源利用技术已较为成熟，形成了完备的研发、推广体系，具备规模化生产能力和消费市场，但还面临生态环境恶化的约束，新型城镇化对农村能源提出新需求，农村能源急需转型升级等问题[58]。文献［59］中采用大数据、数据挖掘等新兴方法提升电负荷预测的精度，并将电负荷预测和能源系统的优化规划、运行更好的结合。文献［60］研究发现传统村镇用能负荷水平地区差异明显，主要受人口素质、自然资源条件、当地社会经济发展水平等因素影响。文献［61］从培育新兴需求、建设能源互联网、创新能源体制机制、加强政府规划引导创新能源科技和完善能源行业法律法规五个方面对新常态下中国能源供给侧的改革路径提出政策建议。

我国学者对农村用能负荷的研究多是基于宏观层面加以定性分析，主要的研究对象多集中在国家或区域层面上，而对于非典型农村区域研究较少，对省级相关农村能源的研究成果多集中于浙江、四川等地区。国内的研究大部分通过宏观模型加以定性分析，多采全国的数据等，针对农村居民层面的定点调查、定量研究不够，从而使得许多研究成果针对性不强，准确性不高，难以为我国能源转型路径下的农村能源网络规划与运营提供科学依据。

4. 综合能源研究方面

综合能源系统的相关研究和实践工作受到各国政府高度重视。我国从政策层面给予高度关注和支持。2016 年国家发展改革委、能源局、工信部联合印发《关于推进“互联网+”智慧能源发展的指导意见》，分为两阶段推进能源互联网建设，先期开展试点示范，后续进行推广应用。2017 年 6 月，国家能源局公示首批能源互联网示范项目 55 个，其中面向用户综合能源需求的项目占 12 个。很多企业政府和社会组织也投身能源互联网建设与规划中。

综合能源系统建模研究。现有建模主要按照耦合器件、系统、网络的思路展开：多能耦合器件形成独立的能量枢纽，最终通过不同类型的能源网络连接，构成一个完整的多能互补系统[62，63]；通过对多能紧耦合特性进行建模，清晰的描述系统内部的能量流向，可为系统控制策略、优化配置以及运行优化提供指导。区域多能互补系统中的电气紧耦合环节主要可分为三层：即用户级多能紧耦合设备、分布式多能紧耦合功能系统以及集中式枢纽站[64]。文献［65］介绍了单轴、分轴两种结构的微型燃气轮机仿真模型，用于分析用户级的微型燃气轮机的工作特性。文献［66］对能源集线器的概念和建模方法进行了介绍，并以耦合矩阵为基础，对各类型能量枢纽进行通用化建模。在能源网络模型构建方面，不仅需要关注各类能源网络的独立建模，还应构建综合的多能网络耦合模型，为综合能流分析提供模型基础。以上研究对象多为智能小区、工业园区、城市区域等，而针对农村特定场景下综合能源耦合建模研究较少。

综合能源系统运行技术研究现状。文献［67，68］围绕单元的 N-1 检验、可靠性分析、安全域计算等展开研究。优化调度方面，文献［69，70］从可再生出力的不确定性、区域能源需求时空不确定性、优化目标的多重性、需求响应的复杂性等方面开展广泛研究。文献［71］将虚拟储能系统集成到楼宇微电网调度模型中，考虑人体舒适度和分时电价下对楼宇微电网进行经济优化调度。文献［72］将虚拟储能系统集成到楼宇微电网调度模型中，考虑人体舒适度和分时电价下对楼宇微电网进行经济优化调度。当前综合能源系统所提出的模型已经充分考虑了可再生能源与传统能源的耦合效应以及可再生能源并网带来的波动性与不确定性，下一步的重点将是对农村能源系统中电力、天然气、热力等不同能源形成的交互网络进行优化规划。已有的算法能够有效解决确定目标的优化问题，但是农村能源体系包含可再生能源不确定性、冷热电负荷的波动性、多能源供需耦合等复杂网络，因此对农村能源系统的运营优化还有待进一步研究。

5. 能源系统商业模式方面

我国传统能源行业在互联网思维的激励之下注入了新的活力，能源互联系统应运而生。国内学者在能源互联系统的商业模式上的研究已经取得了初步成果，文献［73］依托智能电网，以电力、热、气及信息网络为载体，阐述了城市能源互联网的概念，并提出综合能源调控，融合能量流，构成城市能源互联网整体架构。文献［74］在介绍了能源互联网交易微平衡理论的基础上，对能源互联网现有的以及可能存在的商业模式进行了归纳分析，并对能源互联网商业模式与市场机制的发展提出了政策建议。文献［75］指出传统商业模式已经逐渐被淘汰，提出新的商业模式包括平台模式、社群模式等，并对新商业模式的关键要素进行了阐述，进一步分析了其内在驱动力，进而满足用户的深层次需求。但是目前能源体系新型商业模式的研究多数还处于理论阶段，尤其在农村能源体系商业模式的研究较少，因此有必要在进行农村能源系统创新性商业模式研究，拓展电网企业相关业务。

1.2.3 国外农村能源发展经验总结及启示

受资源禀赋、气候环境、用能方式等的影响，各国不断在探索能源转型之路。美国积极推进以能源效率不断提升、页岩气产量剧增以及可再生能源规模不断扩大为代表的能源独立战略，并对经济发展、能源安全等产生了广泛而深刻的影响；欧盟因化石能源匮乏，大力发展可再生能源，走向低碳经济；日本坚持有序开发可再生能源，重塑核能政策，并且着眼于新能源开发利用，全力打造多元化产业结构。研究发达国家能源历史沿革，对我国推动能源革命具有重要的借鉴作用。本文选取了比较典型的美国、欧盟国家、日本等地区，就其城市与农村能源的供给、消费、技术、模式和政策进行研究分析，以期为我国推进能源革命的落地提供参考。

1．发展经验

（1）能源供给方面。

1）最大化利用城市内外部清洁能源。新能源技术的快速发展驱动许多城市开展了促进可再生能源利用的探索实践，可再生能源成为城市建筑、交通、工业能源消费的主要构成。欧洲、美国的很多城市都提出了建设100%可再生能源城市的目标，这些城市的特点是经济发达、对生态环境要求较高、可再生能源开发基础较好。目前已实现100%可再生能源的城镇主要是小城镇，特别是偏远的城镇或孤立的岛屿，而大中城市主要集中在相对容易实现的可再生能源电力方面。例如瑞典马尔默市、丹麦提斯特德市、德国达尔德斯海姆等，均已实现100%可再生能源热力及电力。但高比例可再生能源城市一直面临高成本、高投资需求的挑战，需要创新发展交易机制、融资机制、商业模式等。

目前大部分城市提高清洁能源供给的具体做法主要表现为：在能源供应环节，统筹考虑本市能源资源条件与可通过大电网等渠道获取的外部资源，优化平衡内外部资源搭配，以最大程度利用清洁能源；在能源加工转换环节，以电为核心，推动电与热、气等能源系统的协同优化，科学规划热电联产、热泵、燃气三联供等多能耦合环节的规模和布局。以高效替代、再电气化等理念分析各能源品类终端需求；在能源存储环节，根据城市能源利用特点，合理配置储电、储热、制氢等能量的多元存储方式，提高综合能源系统灵活性，促进清洁能源消纳。

2）支持农村发展生物能源。法国通过实施生物能源战略计划，从而使法国成为欧洲液体生物燃料的第一生产大国。扩大能源型农作物种植，既解决农业种植面积过剩问题，又可实现能源来源多样化。法国农村用于种植生产液体生物燃料作物的农田面积达到 1 万 km^2。法国政府还出台了一系列措施，鼓励并推动生物燃料和其他可再生燃料在交通运输中的使用，逐步提高生物燃料的消费比率[82]。

3）注重集中供热与制冷。国际研究广泛认同节约能源、紧凑规划、循环经济的理念，在区域建立小循环系统促进节能和资源循环利用，并在城市建立大循环系统，促进不同空间形态间互补互济，实现城市整体系统节能、循环联动。通过区域供暖，哥本哈根已经满足全城 98%的暖热需求。维也纳具有热电联产的优良传统，工业余热和生物质能的利用率也很高。政府主推“维也纳生态购买”计划，鼓励企业提升能源利用效率。

4）加强公共信息基础设施建设。推广智慧能源管理技术。美国博尔德市利用先进的信息通信系统起到节约能源损耗，提高运行效率的结果；德国 E-energy 项目城市群基于先进的信息与通信技术（information and communications technology，ICT）技术，做到发电、输电、配电、用电整体高效化、智能化；日本北九州市通过智能设备的投入使用，提升清洁能源占比，改进了城市能源消费结构；丹麦哥本哈根市通过电力生产转型以及经济政策刺激完成了城市能源结构的转型。新加坡政府通过构建“智慧平台”，建设覆盖全岛数据收集、连接和分析的基础设施与操作系统，根据所获数据预测公民能源需求，提供更好的公共服务。

应用大数据、互联网、人工智能、智能电网等技术，力争提高城市能源管理的精细管控能力、安全自愈能力和公共服务能力。日本运用数字化、信息化手段，有效提高城市能源与资源的使用效率以及管理的智能化水平。例如日本柏叶智慧城市，在 $2.7km^2$ 的城区内，建设统一的智能数据收集中心和地区能源管理系统，实现了能源供给和需求的可视化、智能化管理，并对城市整体的能源利用情况进行节能优化，同时还实现灾情时期的能源信息管理、电力再分配，是日本在智能手段运用这方面提供的首个系统性解决方案的尝试。

（2）能源消费方面。

1）用能方式发生变化，服务水准要求更高。随着微电网、能源互联网技术的发展，能源体系将由单向运转转化为互动模式，推动能源消费者转向互动化的能源消费与生产复合体，带来用户端的行为变革，推动能源体系的运营模式从以生产者、供应商为中心转向以城市为主的区域市场为中心。部分用户从单纯用电者变身为集用电、发电和管理于一身的“产消管理者”，能源价值链收尾闭合。如家用分布式屋顶光伏，使家庭用户同时成为电力消费者和售电商；电动汽车成为新型电能消费单元和储能单元，根据自身用能需求，结合价格信号参与电网负荷调节。电、热、气及交通等耦合增强、“泛在化”，原来单一能源品种的能源价值链之间将加强关联形成能源价值网，所有网络成员都纳入经营范畴，通过系统资源整合重构商业模式，进而再造价值。

2）为民众提供均等的能源服务。欧盟各个地区能源资源禀赋不同，社会各阶层的经济条件存在不可避免的差距，但欧盟能源供给的一个主要目标是努力消除这些差异性，为不同地区、不同收入水平的城乡居民提供均等化服务，尤其要满足低收入家庭在热能、电力和运输等方面的基本需求。比如改革前法国农村能源主要通过燃烧薪柴、煤炭、动物粪便和生活垃圾等产生。这种简单的燃烧方法不仅产生的能量有限，资源消耗也相当大，还会造成环境污染。随着法国农村可持续发展政策的制定和贯彻，依靠技术进步促进农村资源合理开发利用已成为法国政府的工作重点，而改变农村能源结构则是其中重要的一环。法国政府加大对农村电力设施建设的投入，使电网覆盖全法国的各个村庄。政府还通过对农业的各项补贴，保证农民用得起电。如今，电能已成为法国农村中取暖、做饭的首选能源[83]。

3）建立和实行强制性能效标准。目前，美国政府已对25种产品制定了强制性能效标准，对14种产品实施了强制性能效信息标识，对31种产品使用了自愿性“能源之星”认证标识。在交通行业，主要设置汽车油耗标准和气体排放标准，以减少交通用能。日本制定了与城市节能相关的《都市计划法》《关于合理使用能源的相关法律》等。根据欧盟指令立法，对所有建筑物按每平方米耗能情况进行登记，形成能耗证书；业主出租、出售住宅，必须同时出具此证书；新建筑必须符合新的能源标准方可开工。在此政策影响下，德国已出现了所谓“零供热”建筑，即全年依靠太阳能取暖。新加坡政府特别规定，凡是购买省电装置的用户，可享受固定资产折旧期为一年的优惠，从政策上支持节电产业和优质产品发展。尽管旅游业是当地经济的支柱产业之一，但当地政府仍规定旅游饭店必须首先落实节电措施，否则不准开业。

4）构建节能措施服务体系。日本采用“规范-服务-鼓励”三位一体的节能措施体系：一是规范型措施，构建节能法规体系；强化政府集权管理；强制使用节能高新技术。二是服务型措施，设立节能服务机构，提供信息服务，开展节能交易；由能源用户与专业节能服务公司签订节能项目合同，节能服务公司提供项目投资、设计、施工、监测和管理等一条龙服务，能源用户从节能效益中支付一定比例的服务费用及设备改造成本。三是鼓励型措施，财政与税收支持，提供低息贷款、节能补贴。

5）多渠道增加节能投入。美国政府节能资金主要有两大类：一是公共财政预算。这类资金主要用于节能项目宣传、奖励高效节能的机构和个人；二是节能公益基金。美国《国家节能政策法令》规定，各个机构可以从水、电、气等公用事业单位得到一定的资金、实物或服务等资助，以便对节能工作进行更有效的管理。目前，已有 30 多个州通过提高 2%～3%的电价建立了类似的节能公益基金。这类基金由各州的公用事业委员会负责管理，重点支持能效计划项目、低收入家庭扶助项目和技术研发推广等。

6）发展新能源汽车和公共交通。比较典型的是柏林电动交通项目。柏林的目标是成为欧洲领先的电动汽车大都市。2011 年 3 月柏林提出“2020 年电动汽车行动计划”，建设智能电网和大量停车场，便于电动汽车充电。注册用户在 250km^2 范围内都能租用到电动汽车，根据自己的意愿长时间驾驶，然后在运营区域内的任何公共停车场归还汽车。目前，柏林—勃兰登堡首都地区是德国最大的电动汽车“实验室”，拥有 220 个公用充电桩。日本通过在城市大力发展公共交通、城际交通推广集约化铁路运输、开发车辆节能先进技术，以此减少交通能耗。

（3）能源技术方面。能效关键技术的突破、新能源技术的开发和利用，能源基础设施工程设计等技术的有效驱动，引领能效变革，推动能源技术革命，带动产业升级。美国通过页岩气开采技术发展、优化，大大提高能源开采利用效率；日本大力支持企业节能和促进节能的技术研发，并将新能源技术作为国家科技创新的重点领域之一，使之成为能效利用率最高的国家；德国沼气技术世界领先，使其成为沼气大国；改革电力系统，建立适应分布式能源发展的分散式、智能型电网，如美国的智能电网和德国的新型电网。

1）大力发展新能源低碳技术。欧盟各国纷纷把发展新兴产业和鼓励能源科技创新作为重要的国家发展战略，并纷纷加大能源科技领域的研发投入。欧盟委员会制定的《欧洲战略性能源技术计划》提出了以新能源和可再生能源技术创新作为核心的低碳能源战略和技术路线图。欧盟各国已经各自形成能源科技核心竞争力：德国在太阳能、生物质能、能源互联网、电动汽车技术位居全球技术前沿；法国、芬兰、挪威等国家分别在核能、生物质能和水能领域具有核心竞争力。美国在利用生物质能方面，处于世界领先地位；美国目前有350多座生物质发电站，主要分布在纸浆、纸产品加工厂和其他林产品加工厂，这些工厂大都位于郊区，对繁荣乡村经济起到积极的推动作用。

在提高能源效率和节能的政策目标下，丹麦建立了适合本国国情的绿色能源产业，常规的支撑技术包括：清洁高效燃烧、热电联产、工业化沼气、风电和建筑节能等。丹麦着眼于未来发展需要，目前尚在开发和试验的新技术有：第二代生物乙醇、燃料电池、新型太阳能电池、海浪发电等。伦敦积极推广热电联产技术的应用，支持将分布式发电作为可持续能源供应的核心组成部分，并促进配电网络的发展以适应分布式发电的增长。

2）能源互联网技术蓬勃发展。能源互联网目前处于发展初期，各方概念、功能彼此不断吸收融合，技术研发加快推进。德国E-Energy项目中的5个示范工程，涉及多能互补、跨区调度、市场构建三个维度，并进行了促进可再生能源消纳的市场机制的探索；美国FREEDM项目主要进行了微电网中即插即用和独立智能运行的探索；日本Digital Grid项目重视能量包传输技术，目前建设了家庭级示范工程进行初步探索。

3）智能电网的研究示范与电网设计的超前意识。欧盟更加注重与可再生能源发展相适应的电网的绿色化升级，同时力求实现智能化与绿色化的高度融合。德国、英国、丹麦等国家已经开始在局部地区开展智能电网和能源互联网的研究与示范。德国化石能源发电设计运营也具有很大的灵活性，根据电力需求的竞价上网结果，常规电厂可以在瞬间提升或降低发电能力。德国并没有因发展可再生能源而对电网进行升级改造，这体现了德国在电网建设之初的设计具有超前意识。尽管电力供应总在波动变化，但德国的停电时间是最短的。

4）通过技术改良获得经济可行性。法国重视开发利用沼气作为农村的生活燃料并取得成功，现在又在积极推动厌氧技术的改良，从而能够更有效地利用禽畜粪便和有机废水生产生物能源。在政府的支持下，旨在开发农村生物能源的新技术在法国层出不穷。对于生物能源使用成本过高的问题，法国政府致力于支持对生物能源开发与利用的研究，设法降低生物能源的使用成本，以加速生物能源在法国的开发和使用。

5）发挥企业推动技术创新的主体作用。欧盟重视以企业为主体的能源技术平台合作，通过欧盟技术平台提出的远景和计划同时影响欧盟、成员国和地区的产业和研究政策，对于协调各层面的行动发挥重要的作用。一方面使欧盟和各成员国的研究计划与产业发展的需求联系更加紧密，另一方面也让欧盟和各成员国的研发计划更好地撬动社会资源投入到重大战略能源技术的研发中。

（4）体制机制方面。

1）顶层设计，统筹规划。重视顶层设计和信息基础设施建设。从总体上来看，德国智慧城市建设突出强调生态环保、节能减排、可持续发展的理念，这与德国的发展历史、发展目标以及总体战略密切相关。德国自二战以后，全面启动城市废墟的治理和重建，核心理念就是坚持生态原则，注重生态体系建设。以弗赖堡、海德堡、柏林、法兰克福、纽伦堡等为代表的生态城市成为世界绿色城市的代表。当前，德国的智慧城市建设与生态城市建设相融合，生态城市着重以可再生能源利用、能源效率提升为战略，智慧城市基于互联网技术强调整合都市综合解决方案。同时，十分重视城市公共信息基础设施建设，以充分利用城市运行中产生的各类数据、信息、知识、资源等。

2）法律与政策引导，经济激励。美国为了实现能源独立，制定了很多成效显著的能源法律和政策。美国、德国和日本的经验已经证明，在法律上明确分布式能源的地位，并给予确定的激励信号，是分布式能源发展的保障。从1978年美国《公共事业监管政策法案》发布以来，就允许分布式发电加入电力市场竞争，分布式发电用户可以将多余的电量卖给当地的电力公司，进入公共市场。补贴资金来源问题，根据美国和西欧的经验，一是通过系统效益收费来筹；另一个是征收化石燃料税。德国确立了有保障的长期固定电价机制，并明确规定本地电网运营商对可再生能源发电的购买义务，确保其优先入网；通过税收补贴平衡电网运营商支付的费用。日本在农村能源方面的法律和制度保障也非常完善，并制定一系列的财政、税收和价格等经济激励措施，并根据实情不断完善制度保障。

从1978年美国《公共事业监管政策法案》发布以来，就允许分布式发电加入电力市场竞争，分布式发电用户可以将多余的电量卖给当地的电力公司，进入公共市场。在进入市场后，通过设立公共收益基金、可再生能源发电配额等策略，创造市场需求，给市场公开的承诺，以此给投资者信心。同时制定激励政策，主要是财政激励，包括财政补贴、税收减免、低息贷款以及其他一些短期的货币类补贴项目等，降低分布式发电成本，提高效益。对于利用化石燃料的分布式能源，通常采用“固定上网电价机制”或“平均上网电价机制”，并通过制定较低的上网电价，来引导分布式能源的能源综合利用，以达到提高能源利用率的目的。

3）城乡统筹，多部门达成共识。随着城镇化、农业现代化、“互联网+”和智慧能源的进程不断推进，新业态的呈现对农村能源的服务水准提出了更高的要求。推动能源消费革命，适应新业态对能源的消费需求。发达国家城镇化水平很高，城乡能源均等化服务做得很好。法国能源政策的一个主要目标是努力消除城乡差异性，为不同地区、不同收入水平的城乡居民提供均等化服务，尤其要满足低收入家庭在热能、电力和运输等方面的基本需求。

发达国家高度重视农村能源的发展，将农村能源战略放入到国家的能源战略体系中统筹考虑，并注重多部门协作。比如法国，农村发展绝非农业部门一家之事。在工业、能源、交通、环境和财政等部门的文件中，为农村提供技术、资金支持的内容占了相当大的比重。利用工业进步，促进农村现代化建设和可持续发展正越来越成为法国各部门的共识。

4）参与模式创新，促进多方受惠。能源供给、运营、参与模式的创新，是推动能源供给侧和消费侧革命的有效抓手，是能源革命多方受惠的动力源。美国、欧盟等国家和地区不断的推动能源供给转型，推崇多能互补，保障能源安全。在供给侧，美国私营企业占到固废垃圾处理 70%的市场份额，市场上最大的参与者都是私营业主。在消费侧，美国很多州采用“电力互换”办法，在农户家里安装的风电或太阳能装备，农户既是电力消费者又是电力生产者，在电力富余时将电“反哺”给电网，成为美国电力工业发展中的重要补充力量。德国可再生能源电力的发展方向和思路值得肯定，其成功经验在于政府的大力支持、民众的理解与参与、立法的保障、资金的扶持以及产业的驱动。多项民意调查研究发现，民众的支持度都超过 90%，这也体现了民众对绿色生态文化的追求。德国在较短时间内促进可再生能源的发展，向电网出售电力的个体人数占比达到 2%，这不仅解决了家庭自用电，也是一项重要的收入来源。德国近年光伏发电获得了空前的发展，居民家庭从政府的措施中得到了实惠，田间、屋顶、空旷地带等充分利用，除了满足自己的用电需求，也带来不菲的收入。德国可再生能源的发展浪潮，基本是由个体在政府政策引导下自发发展起来的。能源产业所需投资巨大，由于有了民众的支持，政府只需有限出资，就能带动大量资本投入。这种成功的做法，值得制定和执行产业政策时借鉴。

综上所述，就国外不同城市的分析不难看出，各个城市均结合自身发展特点，探寻出了一条有自身特色的能源变革发展道路。从操作层面讲，一是尽量增加城市可再生能源供给；二是以经济有效的方式，提高能源系统的效率，从而减轻环境与其他系统的压力；三是在既定的系统效率情况下，对关键的技术、模式进行整合，以实现能源系统的“可持续”和“智能化”，采纳可能减少能源需求或节约能源的机制或解决方案。

2. 相关启示

国内外不同类型城市的发展趋势以及能源供应演进具有与其资源禀赋、历史沿革、国家整体制度与政策环境、城市政策相关的特定性，同时又具有类似的发展规律。发达国家和地区的农村能源发展在战略、技术、产业、模式及政策方面有很多地方值得借鉴思考。但考虑到我国国情和发展阶段的不同，不能简单的照搬照抄；应该以现实国情为农村能源转型基础，走具有中国特色的农村能源革命发展道路。农村能源是我国能源体系的重要组成部分，发展农村能源根本上就是要优化农村用能结构、提高农村用能效率、保障农民能源公平、消除农村地区能耗贫困。

（1）将农村能源战略作为国家能源体系的重要组成。农村新型业态，需要高质量的能源服务。《中华人民共和国国民经济和社会发展第十三个五年（2016—2020 年）规划纲要》提出："积极发展农产品加工业和农业生产性服务业。拓展农业多种功能，推进农业与旅游休闲、教育文化、健康养生等深度融合，发展观光农业、体验农业、创意农业等新业态"。农业机械化和生产生活方式的改变，需要更高质量的能源服务供给。

我国是农业大国，农村人口占总人口约 44%，农村能源消费量占全国能源消费总量近 20%。但我国农村能源是架构在城乡"二元结构"上的，独立于"城市能源"，长期游离在国家能源的总体框架之外。受政府能源部门设置以煤炭、石化、电力等常规能源为主的制约，农村能源一直难以进入能源建设的"主旋律"。随着生态文明建设和全面建设小康社会的现实要求，我国农村对能源的使用需求将更高，能源占比也会进一步加大。将农村能源战略纳入到国家能源战略体系中，重视其顶层设计，体现农村能源革命的前瞻性、战略性和国家能源系统的配套性、操作性的统一，突出战略与战术、长远与当前、国家与地方的统筹协调，有效地指引农村能源革命战略发展。

（2）建立农村能源多元供应体系。大力优化能源结构，构建多轮驱动、全面安全的农村能源供应体系。着力发展农村非煤能源，形成煤、油、气、核、新能源、可再生能源多轮驱动的能源供应体系，同步加强农村能源输电、配电网络和储备设施建设。深度挖掘多区域农村资源禀赋，大力发展分布式低碳能源网络，建立适应我国国情、农情、村情的多元供应体系。

全方位多方合作，实现开放条件下农村能源安全。推动能源转型、能源革命是人类社会生产力发展和文明进步的重要动力，需要全社会各阶层共同面对。创新农村能源建设与运营模式，坚定不移推进改革，还原能源商品属性，构建有效竞争的市场结构和市场体系，形成主要由市场决定的农村能源价格机制。

（3）加强我国农村新能源技术的开发和利用。结合我国农村当地的自然条件和资源禀赋，特别是基础设施落后的贫困山区，通过分布式能源和微电网技术解决当地农民的能源供应；要加大技术研发力度，重点在生物质能源、固废利用等，以及农村分布式能源的技术开发和应用方面实现突破，进一步提高农村能源技术应用的可行性和经济性。同时，需重视我国农村能源基础设施工程设计等技术水准，为农村未来高比例可再生能源和分布式能源消纳、能源电力系统转型提供高水准的基础设施平台，保障农村能源设施的可靠性和兼容性，避免因能源使用方式的改变造成农村能源设施的重复投资和无效投资。

（4）加强农村能源领域政策法规制定与调整。启动农村能源领域法律法规立改废工作。对立法尚属空白的农村能源关键领域制定相应法律和政策，着力推进农村配电网、油气和能源价格等重点领域改革，抓好重要法律法规的制订、修订工作，并对已不适合民情的法律法规废止，为农村能源健康可持续发展保驾护航。

强化政策支持，注重系统效益和扶持策略。运用科学方法，注重政策的效益性，以政策带动更广泛民众和投资主体的参与力度。注重财税补贴策略，对可再生能源、分布式低碳能源的生产、利用和消费实行切实可行的支持政策。

注重政策的长效机制，适时调整扶持方向。加强组织协调，深入农村调研，充分论证农村能源的历史沿革、产业需求导向。统筹考虑经济、政治、文化、社会等各个方面，兼顾农民阶层的利益诉求，紧紧抓住事关农村能源全局、社会影响大的重点领域和关键环节，科学合理的指定相关政策，注重农村能源政策的长效机制，不断推进体制机制的创新与完善。

综上所述，从发达国家农村能源革命来看，我国未来能源革命可参照的具体做法：一是战略规划层面，统筹考虑农村能源战略，重视基础设施建设的顶层设计与规划；建议将农村能源战略作为我国能源体系的重要组成，建立农村能源多元供应体系；采用上下结合的城市能源革命推动方式，利益相关方系统合作，开展综合规划与管理。二是能源开发与利用方面，最大化利用城市内外部清洁能源，注重集中供热与制冷；重视农村的生物质能源发展；设计以电为核心的城市跨系统能源耦合体系，发挥新业态、新模式对城市能源可持续发展的支撑作用。三是能源消费方面，建立和实行强制性能效标准；多渠道增加节能投入，构建节能措施服务体系；建议加强能源需求管理；采用多种手段，促进能效提升。四是能源智慧化方面，应用大数据、互联网等技术，提高城市能源管理的精细管控能力、安全自愈能力和公共服务能力；建议利用信息技术，完善能源统计体系。五是政策机制方面，采取法律与政策引导，经济激励；创新参与模式，促进多方受惠。建议注重农村能源领域政策法规制定与调整。

1.3 总体研究框架

本文基于乡村振兴背景，考虑我国农村地区的能源转型路径，研究我国农村现代能源系统发展模式，重点突破基于能源互联网的农村能源互联互通、协调优化、智慧服务等促进农村现代能源体系构建的关键支撑技术，研究考虑供需双侧能量特性的农村能源系统规划配置方法，在解决大规模分布式能源消纳的背景下，提出多种类型能源系统有机耦合的适应不同场景的农村能源系统协同优化方法，充分发挥不同能源形式的互补特性和协同效应，在更大范围内实现农村能源系统资源优化配置，提升系统灵活性，提高可再生能源消纳能力和系统综合能效。同时，结合数字乡村发展战略，建立农村能源互联化智慧能源支撑平台，为更快地推动我国农村能源的转型、实现农村能源的可持续发展、推进美丽乡村建设以及国家的生态文明建设贡献力量。如图 1-1 所示为总体研究框架图。

1. 新时代农村能源变革与农村现代能源系统构建研究

从狭义和广义两个视角，对农村能源进行了系统性定义，厘清了我国当前农村能源的主要类型，并从多个维度出发分析了农村能源供需体系的发展现状及存在的问题。进而，梳理了农村能源发展的相关政策，提出了以“本地电、清洁电、舒心电、惠民电”为目标的我国农村能源发展转型思路，涉及了经济发达的城郊型、经济中等发达的传统型和经济欠发达的偏远型农村能源转型的典型范式，最后，在对比分析传统农村能源系统和现代农村能源系统特点的基础上，提出了“四化四电”现代农村能源系统建设目标，并明确提出了“配置理论→优化运行→仿真平台”系统性的农村现代能源系统发展路径。

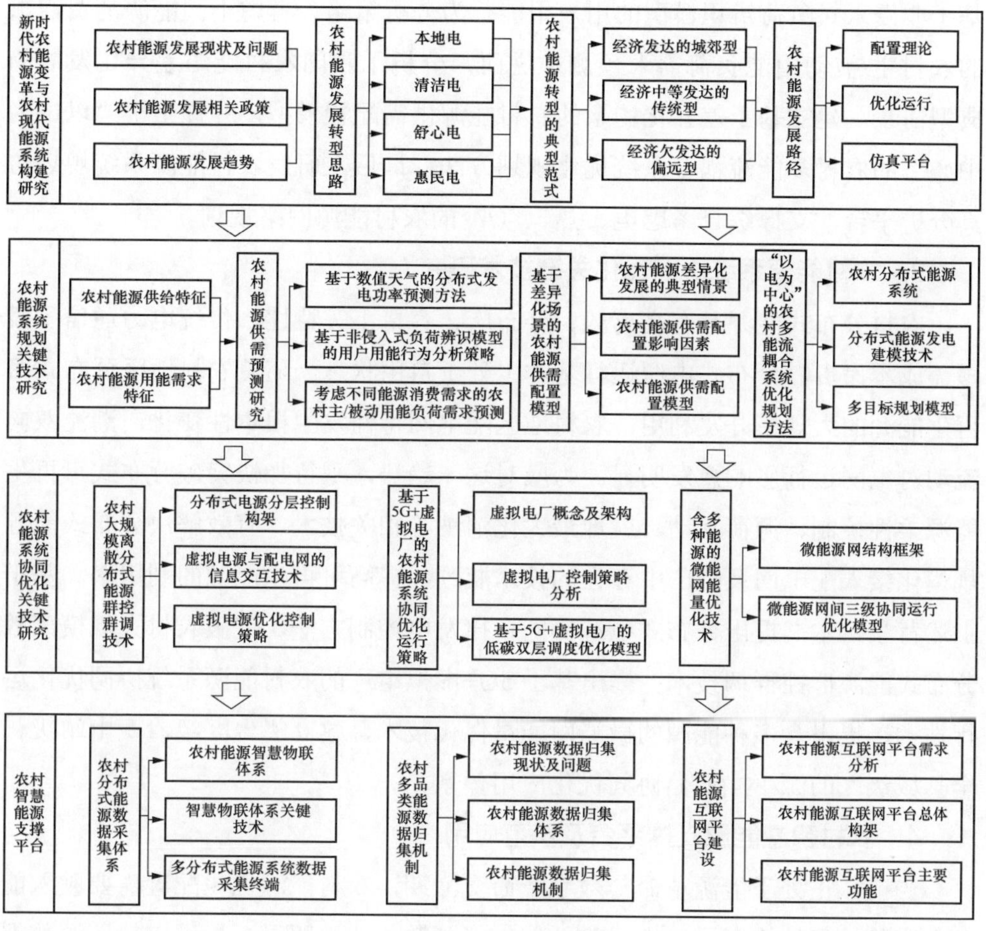

图 1-1　总体研究框架图

2. 农村能源系统规划关键技术研究

我国农村风电、光伏发电、生物质发电为代表的农村能源产业发展势头强劲，能源基础设施持续补强，农村能源正由能源生产消费链条末端向前末端融合转变。然而，农村能源资源开发呈现分布分散、规模大、容量低、随机性强等特性，且用能品类多样、用能行为随机、用能需求易变，农村能源供需配置和综合规划面临精准预测、差异配置、多能耦合等诸多难题待解，亟待拓展传统农村能源系统规划理论。本书综合考虑农村能源供需双侧的波动性，分析了农村能源消费的影响因素，构建了基于数值天气的分布式发电功率预测方法、基于非侵入式负荷辨识模型的用户用能行为分析策略、考虑不同能源消费需求的农村主/被动用能负荷需求预测；进而，分析了我国农村能源差异化发展的典型情景，建立基于差异化场景的农村能源供需配置模型，并提出了“以电为中心”的农村多能流耦合系统优化规划方法；最后，研发农村能源系统规划仿真分析平台，支撑综合考虑电、热、气/冷的农村能源网络规划。

3. 农村能源系统协同优化关键技术研究

农村分布式能源具有高离散、分布广、容量小等特性，传统电力通信手段覆盖成本昂贵，分布式电源运行基本上处于自由状态。随着农村地区分布式可再生能源的大规模开发利用，农村地区配电网特性发生根本性变化，潮流双向流动对电网运行影响愈发明显。为应对这一趋势，亟待加快突破分布式可再生能源柔性控制、源荷互动、就地最大化消纳等相关技术，有效解决分布式能源规模化接入配电网及推广中存在的技术瓶颈，提高可再生能源的利用率。基于上述背景，本书提出分布式电源协同自律发电控制方法，突破农村大规模离散分布式能源群控群调技术；提出基于5G+虚拟电厂的农村能源系统协同优化运行技术，提出含多种能源的微能网能量优化技术，建立“台区级、变电站级、全县域级”的源-网-荷-储协同优化应用体系。

4. 农村智慧能源支撑平台及示范应用

当前，正处于能源革命与数字革命交汇期，农村能源优化配置需要驶入能源数字化转型的快车道。农村供能、用能分散化特性明显，导致农村能源数据点多、面广，数据采集技术需要持续创新；不同品类能源系统信息化水平差异较大，导致农村能源信息异构性凸显，数据融合技术需要重点突破；农村能源协同规划、协调优化运行离不开农村能源数据的支持，因此借助互联网+技术，加快建设农村能源互联网，更好地服务农村能源优化配置成为必然选择。本书构建农村能源多源异构数据融合应用架构，提出农村能源互联网多品类数据接入规范，建成并投运首个县域能源大数据中心，形成台区级、变电站级、全县域级的“源网荷储”协同优化应用体系，设计融合信息流、能源流、价值流的农村能源互联网功能框架，研发农村能源互联网平台并在兰考实现首个工程应用。

1.4 本章小结

首先，立足农村能源发展现状及问题介绍了本书研究的背景和意义。其次，详细梳理了国内外农村能源发展经验，具体包括国外农村能源发展经验、我国能源发展历程、国外农村能源发展经验总结及启示。最后，构建了本书的总体研究框架，具体包括新时代农村能源变革与农村现代能源系统构建研究、农村能源系统规划关键技术研究、农村能源系统协同优化关键技术研究、农村智慧能源支撑平台及示范应用。

第 2 章

农村能源发展现状、路径及范式

2018 年 9 月，中共中央、国务院正式印发《乡村振兴战略规划（2018—2022 年）》（以下简称《规划》），对实施乡村振兴战略第一个五年工作做出具体部署，要求优化农村能源供给结构、完善农村能源基础设施网络、推进农村能源消费升级、发展“互联网+”智慧能源，探索建设农村能源革命示范区；研究农村能源就地利用技术需要把握农村能源的特点、相关政策及发展方向。本章研究农村能源发展现状及问题，梳理农村能源发展政策，结合农村能源资源、用能特点，探索农村能源的发展路径，确立农村能源发展的典型范式。

2.1 农村能源发展现状及政策

2.1.1 农村能源定义及主要形式

1. 农村能源定义

农村能源（rural energy）是国家能源系统不可分割的组成部分，其定义有广义、狭义之分。狭义的农村能源即农村地区的能源，包括商品能源和可再生能源；广义的农村能源则是针对第三世界国家农村地区因经济不发达和商品能源供应欠缺而不得不依靠当地可再生能源的现象而提出的一个概念，其实质是指农村地区的能源供应与消费，涉及农村地区的工农业生产和农村生活多个方面。能源供给包括农村外部的商品性能源输入和农村内部的能源开发，其中农村能源的开发是指农村地区因地制宜、就近开发利用的能源，在中国有薪柴、作物秸秆、人畜粪便（制沼气或直接燃烧）、小水电、小窑煤、太阳能、风能和地热能等，多属于可再生能源；能源消费主要包括生活用能和生产用能两方面，其中生活用能包括炊事、取暖、照明等，生产用能包括种植业、养殖业用能以及农产品产地初加工用能等。随着农村经济的发展，农村能源的利用还包括国家供应给农村地区的煤炭、燃料油、电力等商品能源。一般而言，农村能源是指农村范围内的各种能源以及从能源开发至最终应用过程中的生产、消费、技术、政策和管理等问题的总称。

2. 农村能源分类

农村依靠其天然的地理位置优势，相比于城市具有更加丰富的能源资源，尤其是可再生能源，比如光伏、沼气等。我国农村地区用能模式主要以分散式为主，生物质能、天然气、光伏等清洁能源的分布式、灵活性等特点决定了其在农村地区具有广阔的应用前景。对农村能源可以按照化石能源、生物质能源和清洁能源，商品能源与非商品能源，能源品质高低和生产用能与生活用能以下四个角度进行分类：

（1）化石能源、生物质能源和清洁能源。农村能源按照能源物质本质可分为化石能源、生物质能源及清洁能源。化石能源包括煤炭、石油、天然气、原煤、焦炭、汽油、煤油、柴油等；生物质能源包括薪柴、秸秆、沼气等，生物质能源消费量的变化是引起我国农村能源消费总量和能源结构变化的主要原因；清洁能源包括电能、水能、太阳能、风能、地热能等可再生能源。过去农村的发展水平低，更多就近利用传统生物质能源，有煤炭等化石资源储藏的则大力开发化石能源利用，造成了大量的能源浪费及环境污染，随着农村能源历史的变迁，农民生产生活用能逐渐呈现出摒弃传统化石及生物质能源，朝着电能等清洁能源发展的趋势，但是不可忽略的是，煤炭仍然占据农村用能第一位。值得关注的是，沼气是农村特有的生物质能源，沼气开发利益显著，可以增加农民收入，同时改善环境，一举两得，也是农村能源供给侧结构性改革大力扶持的清洁能源。

（2）商品能源与非商品能源。按照能否进入能源市场并且作为商品来销售，农村能源又可以分为商品能源与非商品能源。非商品能源主要指生物质能源，包括秸秆、薪柴等，比较廉价但能源效率低，具有价格便宜，可以从本地获取等优势，所以生物质能源与清洁能源在农村能源消耗中占有较大的比例，也是农民坚持使用的重要能源；商品能源主要是指从商品市场购买的能源类型，包括煤、石油、电、天然气等。随着生产力的发展，农村能源消耗结构不断变化。以前，农村经济水平比较低，生活能源消耗主要以秸秆、薪柴为主，而现在农村能源更多的转向煤、石油、天然气、电等商品能源。农村能源消耗的变化在一定程度上也反映农民生活生产状况以及农村经济发展水平，能源消耗的数量与利用率越高，反映农村发展水平越高。同时，农村商品能源是保障农村居民的正常生活、改善农村地区环境的重要物质基础，其消费结构与消耗量与能源的区域分布、区域气候以及农村地区生活习惯紧密相关。

（3）能源品质高低。能源品质高低指按照清洁性（卫生性）、便利性、高效性将农村所用能源划分为三类：传统生物质能（秸秆、粪便、薪柴等）三性全不具备，划分为劣等能源；煤炭具有便利性、高效性，沼气具有清洁性、高效性，两者三性占其二，可划分为低品质能源；电能和天然气（或者是液化气）由于三性全部具备，所以划分为高品质能源。随着收入增加、社会经济地位提升，我国农村家庭能源消费很有可能会依次经历高品质能源逐步替代低品质能源的过程。

（4）生产用能与生活用能。如今，农村在工农业生产中，柴油发动机和电力已经逐渐取代了人力和畜力，在农业生产用电，主要是农业、林木培育和种植、畜牧业、渔业生产用电、农业灌溉用电，以及农业服务业中的农产品初加工用电。目前农业生产用能形式还较单一，未充分利用自然资源，虽然存在渔光互补、农光互补等多能互补形式，但是还未实现完全的“清洁农业”。

随着农村生活水平的不断升高，农民对日常生活有了更高的要求，生物质能源的缺点逐渐被人们认识到。相对清洁能源与商品能源，生物质能源效率低、污染环境、速度慢、使用不方便，农村居民逐渐减少对生物质能源的使用。而清洁能源虽然具有清洁、价格低等特点，清洁能源的使用量逐年增加，但是由于其规模较小，难以成为农村生活的主体能源。近年来，商品能源在农村的使用量逐渐提高，电力由于其价格低，效率高，并且便利安全等因素，在农村家庭日常能源消费中逐年升高。

3. 农村能源利用支撑技术

农村能源利用支撑技术主要针对的是与清洁能源发电相关的技术，主要包括太阳能发电、生物质能发电等。

（1）太阳能发电技术。太阳能发电技术主要有太阳能热发电技术和太阳能光伏发电技术。

1）太阳能热发电技术。太阳能热发电是将太阳辐射能转换为热能，再通过各种发电装置将太阳能转换为电能的发电技术。太阳能热发电技术可分为两大类型：一类是利用太阳热能直接发电，如利用半导体材料或金属材料的温差发电，真空器件中的热电子和热离子发电，碱金属的热电转换以及磁流体发电等，其特点是发电装置本体无活动部件。这类太阳能热发电技术目前的功率都很小，有的仍处于原理性试验阶段，均尚未进入商业化应用，因为这里不做介绍。另一类是太阳能热动力发电，即利用太阳集热器将太阳能收集起来，加热说或其他工质，使之产生蒸汽，驱动动力发电机，再带动发电机发电，也就是说，先把热能转换成机械能，然后再把机械能转换为电能。

2）太阳能光伏发电技术。太阳能光伏发电是将太阳光能直接转换为电能的一种发电形式。太阳能的光电转换是指太阳的辐射能光子通过半导体物质转化为电能的过程，在物理学上称为“光生伏打效应”。太阳能电池就是根据这种效应制成，所以也称光伏电池，是太阳能光电转换的最核心的器件。太阳能电池与平常的干电池、蓄电池完全不同，不是化学过程产生的电流，而是一种物理过程产生的电流，光量子将能量传给电子，这些多余能量足以将电子从晶体网格中撞出。因此，太阳电池没有物质的损耗，仅是能量的转换，把光能转换为电能。若不受外力的机械破坏，太阳电池的使用寿命很长，只要有光的照射，就能输出电来，既没有化学腐蚀性，也没有机械转动声，更不会排放烟尘污染，是清洁而又静悄悄的发电。

（2）生物质能开发技术。农村的生物质能主要来源为秸料、人畜粪使等。生物质能发电技术是利用生物质及其加工转化成的固体、液体、气体为燃料的热力发电技术，其原动机可以根据燃料的不同、温度的高低、功率的大小分别采用燃气发动机、斯特林发动机、燃气轮机和汽轮机等。基于生物质的自然特性，生物质能发电与常规能源大型发电厂相比，除了对环境友好，生物质能发电设备的装机容量一般较小，多为独立运行方式，利用当地生物质能资源就地发电、就地利用，不需外运燃料和远距离输电。目前，农村利用的生物质能发电主要有以下几种形式。

1）直接燃烧发电技术。生物质直接燃烧发电是一种最简单也最直接的方法，但是由于生物质燃料密度较低，其燃烧效率和发热量都不如化石燃料，因此通常应用于大量工、农、林业生物废弃物需要处理的场所，并且大多与化石燃料混合或互补燃烧。显然，为了提高热效率，也可以采取各种回热、再热措施和各种联合循环方式。生物质燃烧发电技术根据不同的技术路线可分为汽轮机、蒸汽机和斯特林发动机等。各种生物质燃烧发电技术对比见表 2-1。

表 2-1　　生物质燃烧发电技术对比

工作介质	发电技术	装机容量	发展状况
水蒸气	汽轮机	5～500MW	成熟技术
水蒸气	蒸汽机	0.1～1MW	成熟技术
气体（无相变）	斯特林发动机	20～100kW	发展和示范阶段

2）生物质气化发电技术。生物质气化发电技术的基本原理是把生物质转化为可燃气，再利用可燃气燃烧发电。生物质气化发电技术主要由气化炉、冷却过滤装置、煤气发动机、发电机构成。生物质气化发电技术的工作流程为：首先将气化后的生物燃气冷却过滤送入煤气发动机，将燃气的热能转化为机械能，再带动发电机发电。生物质气化发电技术的核心是气化炉及热裂解技术。

3）沼气发电技术。沼气发电技术是沼气是由有机物质（粪便、杂草、作物、秸秆、污泥、废水、垃圾等）在适宜的温度、湿度、酸碱度和厌氧的情况下，经过微生物发酵分解作用产生的一种可燃性气体。沼气发电技术分为纯沼气电站和沼气-柴油混烧发电站，按规模分为 50kW 以下的小型沼气电站，50～500kW 的中型沼气电站和 500kW 以上的大型沼气电站。沼气发电系统主要由消化池、气水分离器、脱硫化氢及二氧化碳塔（脱硫塔）、储气柜、发电机组（即沼气发电机和沼气发动机）、废热回收装置、控制输配电系统等部分组成。

4）生物质热电联产技术。生物质热电联产系统是提高能源利用率，降低能源消耗，控制环境污染的方法之一，向需求单元提供热和电等能源，输入能量通过燃烧变为热能；然后利用内燃机等设备，将热能转化为机械能，通过发电机将机械能转化为电能，对需求端输出电能；同时利用制冷机在夏季制冷，与缸套水换热对需求端提供生活热水，实现能量的综合梯级利用，减少有害物质的排放。热电联产系统在发展过程中，种类与型号日益复杂，按其来源可分为化石燃料和可再生能源系统；按其动力系统类型可分为燃气轮机、内燃机、蒸汽轮机、燃料电池和斯特林机等系统；按其使用规模及范围可分为楼宇型、区域型和产业型等系统。热电联产系统按其内部不同的作用可划分为 3 个子系统，即发电子系统部分、供热子系统部分和控制子系统部分，如图 2-1 所示。

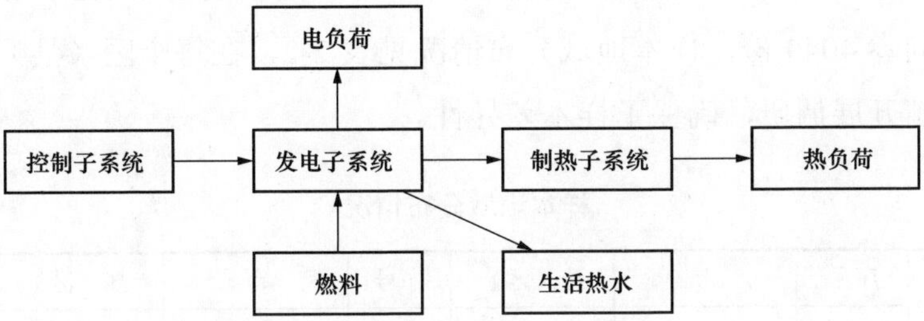

图 2-1　生物质热电联产系统概念图

2.1.2　“千户百村”农村用能情况调研

为了农村能源研究更精细、研究结果更精准，秉持“差异化、典型性、大样本”原则，发起“千户百村”农村家庭用能情况调查工作，旨在以量化方式开展区域化、类型化的深层次系统研究。“千户百村”农村家庭用能情况调查工作立足河南，放眼全国，调研足迹覆盖 8 省，收集第一手数据，刻画更具体的农村能源供给和需求主要特征。

调查工作主要包括三部分，一是河南省全域调查，完成了“18 市、86 县(区)、520 村、5483 户”的农村家庭能源消费调查；二是甘肃与山东实地调查，完成了甘肃民勤县 204 户、山东青州 350 户农村家庭能源消费调查；三是全国典型县域收资调研，从东北地区（吉林省 a 县）、西北地区（甘肃省 h 县、甘肃省 g 县）、华北地区（河南省 j 县）、长江中下游地区（浙江省 b 县、浙江省 c 县、江苏省 d 县、江西省 f 县）、西南地区（四川省 i 县）选取了 9 个典型县域进行调研。“千户百村”农村家庭用能情况。

1. 河南省全域调研

（1）调研方式及样本选择。2020 年遭遇新冠肺炎疫情，给调研工作实施带来了很大困难。本次调研改变了之前单一的纸质问卷调研方式，制作了电子问卷，提供了线上问卷采集途径，简化了问卷录入流程。同时也改变了单一的调研组织方式，除了由课题组人员进行实地走访调研外，还召集了各地的学生志愿者，在进行简单的线上培训后，由志愿者就近在自家附近乡镇村庄进行调研，符合特殊时期防疫要求。

经统计，本次调研共覆盖河南省 18 个市 86 个区（县）5483 户农村家庭，收集有效问卷 4049 份，样本地域分布情况见表 2-2，在每个区（县）选取两个及以上乡镇开展调研，确保了样本差异性。

表 2-2　　样本地域分布情况

区域	序号	市	县（区）	序号	市	县（区）	合计
豫中	1	郑州	管城区	3	漯河	临颍县	712
			新密市			郾城区	
			登封市			源汇区	
			荥阳市			召陵区	
	1	郑州	巩义市	4	许昌	建安区	712
			中牟县			襄城县	
			新郑市			许昌县	
	2	平顶山	叶县			禹州市	
			汝州市			鄢陵县	
			郏县			—	
豫东	5	商丘	夏邑县	7	周口	太康县	848
			永城市			郸城县	
			睢阳区			扶沟县	

续表

区域	序号	市	县（区）	序号	市	县（区）	合计
豫东	5	商丘	虞城县			鹿邑县	
			柘城县			西华县	
			睢县			项城市	
	6	开封	开封县			淮阳区	
			兰考县			商水县	
			杞县	—			
			通许县				
豫西	8	洛阳	新安县	9	济源	济源市	629
			洛龙区	10	三门峡	灵宝市	
			汝阳县			渑池县	
			偃师市	—			
			洛宁县				
			嵩县				
			宜阳县				
			伊川县				
			孟津县				
豫南	11	南阳	唐河县	13	信阳	光山县	1128
			西峡县			固始县	
			镇平县			商城县	
	12	驻马店	西平县			淮滨县	
			确山县			罗山县	
			上蔡县			平桥区	1128
			泌阳县			浉河区	
	12	驻马店	正阳县			息县	
			汝南县			潢川县	

续表

区域	序号	市	县（区）	序号	市	县（区）	合计
豫北	14	焦作	马村区	16	安阳	内黄县	732
			沁阳市			滑县	
			修武县			安阳县	
			武陟县			殷都区	
			山阳区	17	鹤壁	淇县	
			孟州市			山城区	
	15	新乡	封丘县	18	濮阳	南乐县	
			卫辉市			濮阳县	
			原阳县			清丰县	
			长垣县	—			
合计							4049

（2）调研基本情况分析。通过对 4049 份农村家庭能源调查问卷结果进行汇总分析，得到年龄、家庭人口数、住房面积、收入支出等家庭基本情况。

1）家庭人口信息。常住人口为 4 人的家庭最多。本次接受调查的家庭中，家庭常住人口数为 4 人的最多，为 1004 户，占比 24.80%；其次为 3 人、5 人、6 人、2 人的家庭，占比分别为 18.05%、18.25%、13.53%、16.03%；人口数为 1 人或 6 人以上的家庭较少，占比分别为 3.38%和 5.95%。平均家庭常住人口数 4.07 人。家庭常住人口数如图 2-2 所示。

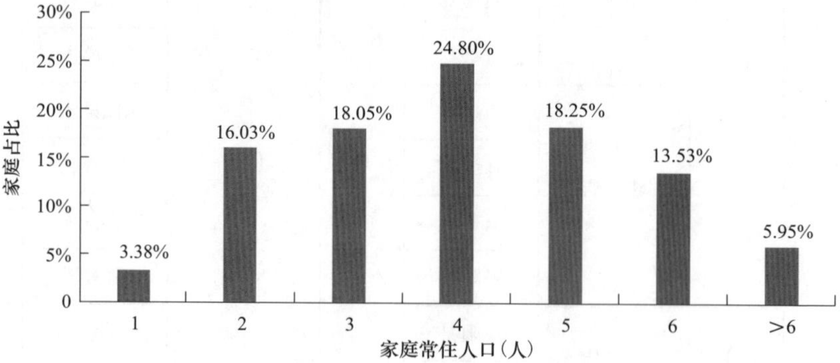

图 2-2　家庭常住人口数

从年龄层面来看，有 18 岁以下未成年人的家庭共 2613 户，占比 64.5%，其中 1396 户家庭有 2 个及以上未成年人；有 60 岁以上老人的家庭共 1946 户，占比 48.1%，其中 1089 户家庭有两个及以上老人。

2）住房情况。

a．家庭住房以砖混结构房屋为主。如图 2-3 所示，在被调查家庭中，77.01%的家庭房屋结构为砖混结构，与钢混结构楼房相比，砖混结构房屋施工更方便、造价更低廉，同时也具有较好的耐火性、耐久性和保温性，在农村地区非常普遍。除此之外，也有少部分家庭房屋为钢混结构或砖木结构，占比分别为 13.39%和 8.20%。

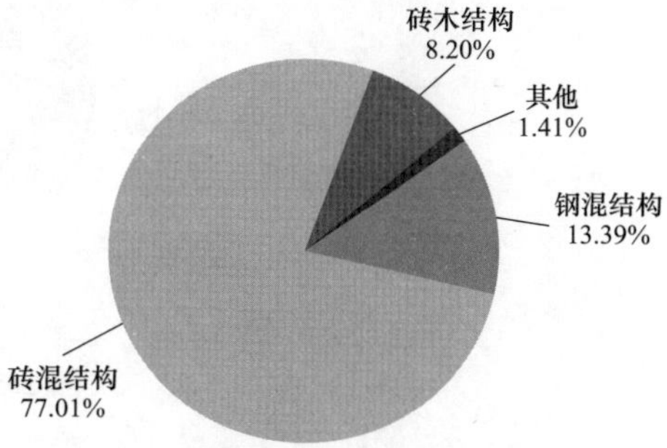

图 2-3　房屋结构

b．住房面积主要集中在 100～150m^2。如图 2-4 所示，农村地区人口密度较小，家庭住房建筑面积普遍较大。根据调查结果，住房面积在 100～150m^2 的家庭最多，占总调查样本数的 38.75%；其次分别为 200m^2 以上、160～200m^2 和 100m^2 以下，占比分别为 17.88%、21.56%和 21.81%。

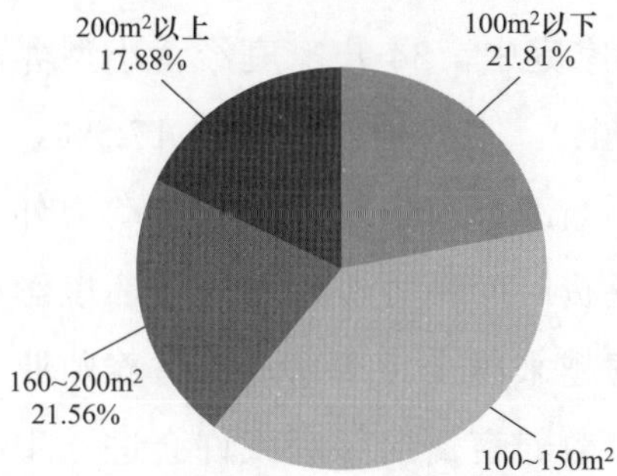

图 2-4　房屋面积

3）耕种及养殖情况。

a．家庭种植方式以自种为主，耕地面积在 2～4 亩的最多。根据统计，在 4049 户受访家庭中，3325 户家中有耕地，占总样本数的 82.1%，其中大部分家庭选择自种，少部分家庭选择有偿承包给他人耕种。耕地情况如图 2-5 所示。

在有耕地的家庭中，耕地面积在 2～4 亩（1 亩≈666.7m^2）的家庭最多，占比 29.59%；其次为 4～6 亩和 6～10 亩，占比分别为 23.94%和 20.54%；拥有 10 亩以上耕地的家庭较少，占比仅 8.42%，如图 2-6 所示。

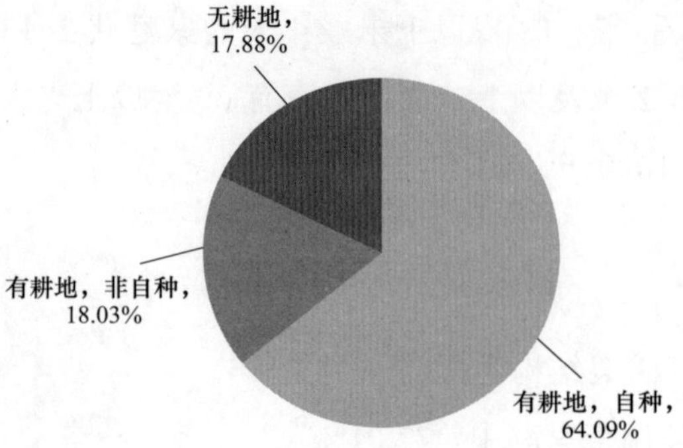

图 2-5　耕地情况

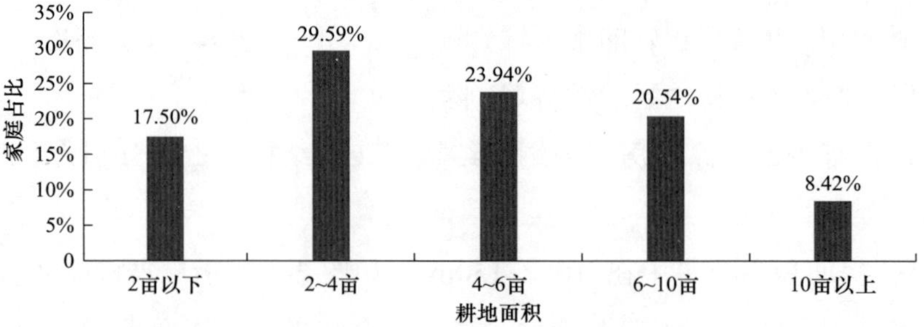

图 2-6　耕地面积

b. 家庭畜禽散养逐渐减少。如图 2-7 所示，在 4049 户受访家庭中，仅 194 户家庭养殖畜禽，占比 4.79%。在从事养殖的家庭中，34 户家庭经营小型养殖场（家畜 100 头及以上、家禽 1000 羽及以上），占养殖户总数的 17.5%。当前农村居民生活水平不断提升、居住环境不断改善，农村青壮年劳动力外出务工比例大幅增加，而传统家庭养殖方式耗费时间精力多、对居住环境影响较大、成本收益率低，因而从事养殖的家庭越来越少。未来，农村养殖业将逐渐向规模化、标准化、产业化方向发展，散养畜禽的家庭或许会进一步减少。

4）收入支出情况。

a. 年收入在 6 万～10 万元的家庭最多，家庭农业收入偏低。如图 2-8 所示，在受访家庭中，年收入在 6 万～10 万元的家庭数量最多，占总样本数的 21.26%；

其次为收入 3 万～4.5 万元和 4.5 万～6 万元的家庭，占比分别为 20.7%和 20.28%；10.08%的家庭年收入在 1.5 万元以下；11.19%的家庭收入在 10 万元以上。调查样本家庭年均收入约为 5.84 万元，人均年收入约为 1.43 万元。

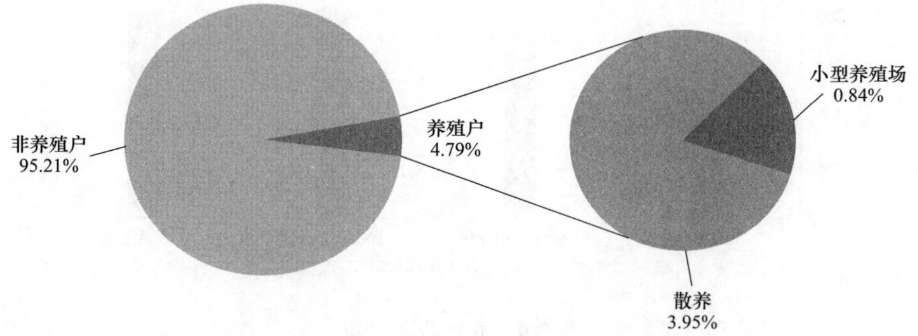

图 2-7　养殖情况

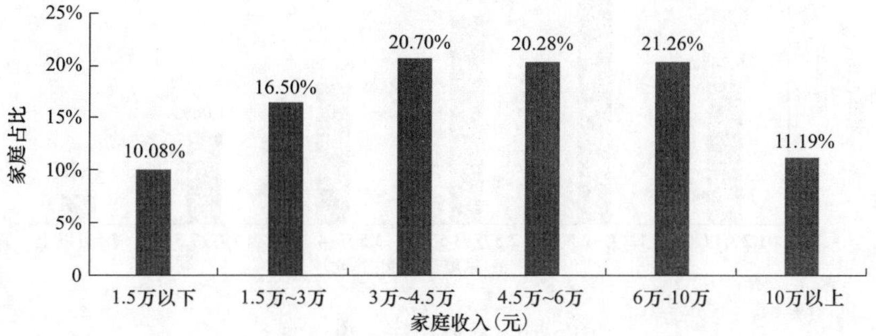

图 2-8　家庭收入情况

对有耕地的家庭通过农业耕种获得的收入情况进行统计，一半以上的家庭年农业收入不足 5000 元，仅 5.52%的家庭农业收入在 2 万元以上，如图 2-9 所示。调查中发现，种植小麦、玉米等粮食作物的家庭农业收入偏低，部分受访者反映除去成本后基本无利润；种植花椒、烟草等经济作物的家庭农业收入相对较高。

b．家庭年生活支出集中在 1.2 万～2.5 万元。根据调查结果，如图 2-10 所示，农村居民家庭年生活支出（包括衣食住行、教育、医疗等）在 1.2 万～1.5 万元的最多，占总样本数的 27.31%；家庭生活支出 7.5 万元以上的家庭仅占 3.51%。调查样本家庭年均生活支出约 3.29 万元，人均年支出约为 0.81 万元。

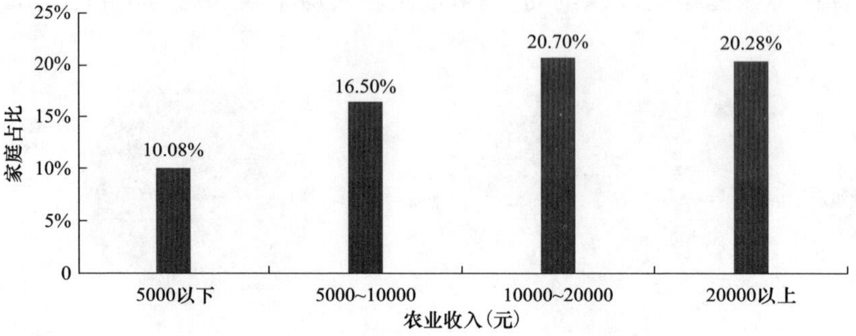

图 2-9　农业收入情况

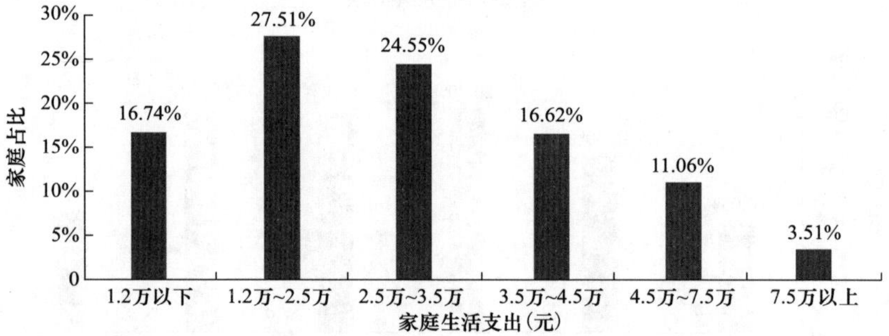

图 2-10　家庭生活支出情况

5）耐用消费品拥有情况。对调查数据进行统计，如图 2-11 所示，得到受访家庭平均每百户主要耐用消费品拥有量，与 2019 年数据相比，家电拥有数量基本呈增长趋势。其中，在“煤改电”政策推动下，空调百户拥有量大幅增加至 145.9 台；电视、洗衣机、冰箱作为较早普及的家用电器，变化趋势不明显，百户拥有量分别为 114.7、103.6、103.1 台；抽油烟机、微波炉等厨炊电器增长明显，百户拥有量分别提升至 52.8 台和 24.7 台。

交通工具方面，电动自行车仍是河南农村主流交通工具，如图 2-12 所示，百户拥有量为 100 辆；随着人们生活水平提升，家用汽车拥有量也大幅提高，百户拥有量达到 43 辆。

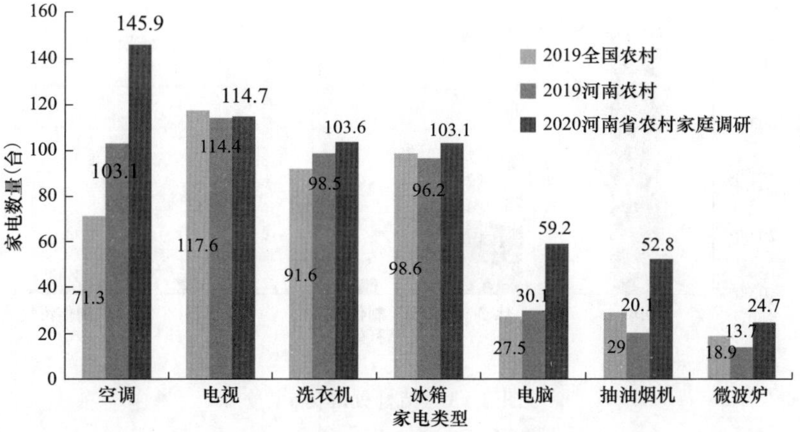

图 2-11　家用电器百户拥有量❶

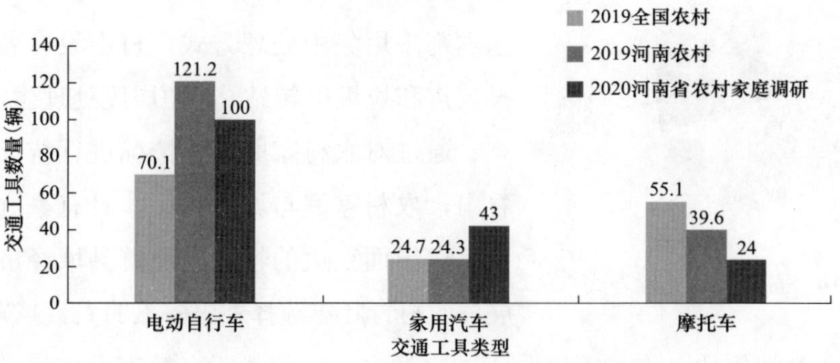

图 2-12　交通工具百户拥有量

6）废弃物处理方式。

a．秸秆处理方式以回田为主。如图 2-13 所示，在有耕地且自种的受访家庭中，85.86%的将回田作为处理秸秆的方式之一，25.7%的家庭也将秸秆用于家庭炊事，少部分家庭利用秸秆制作饲料、直接出售或制作沼气。

b．畜禽粪便处理方式以堆肥为主。如图 2-14 所示，在从事养殖的受访家庭中，84.02%的家庭选择将畜禽粪便以堆肥方式进行处理，8.76%的家庭选择利用畜禽粪便制作沼气，7.22%的家庭选择直接出售。

---

❶　2019 河南农村、2019 全国农村数据来源：《中国统计年鉴 2020》。

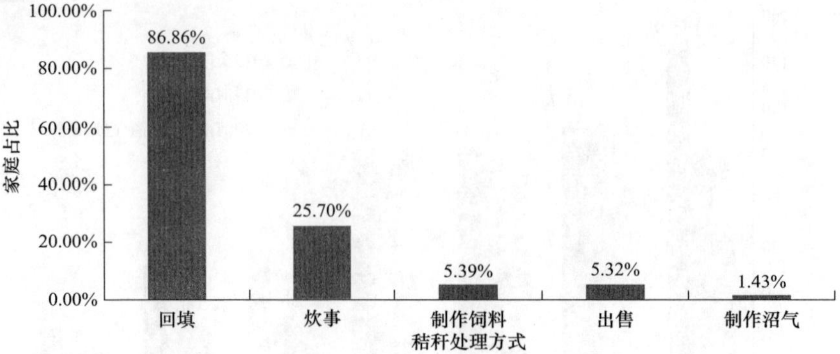

图 2-13　秸秆处理方式

c．生活垃圾处理方式以集中处理为主。根据调查结果，目前农村家庭对生活垃圾的处理基本都采用集中处理方式，村中设有若干垃圾投放点和垃圾中转站，方便居民处理生活垃圾。

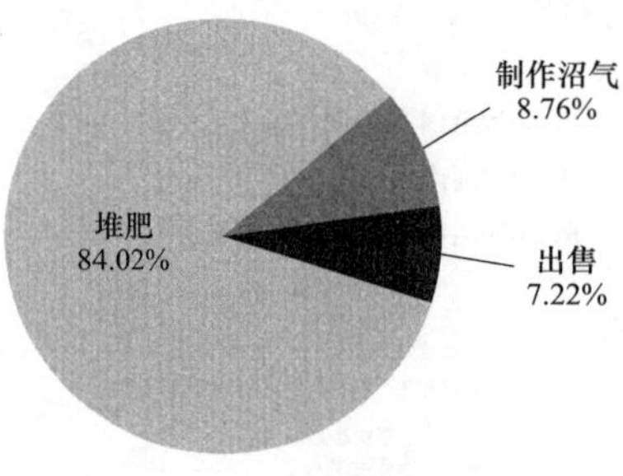

图 2-14　畜禽粪便处理方式

通过对农村家庭基本情况进行统计，可以看出，农村家庭与城市相比，具有家庭人口数多、房屋面积大的特点。随着县域经济快速发展，农村青壮年选择外出务工的人数越来越多，尽管农业种植依然是农村家庭收入的来源之一，但对于多数家庭来说，已不是主要来源，家庭畜禽散养也在逐渐减少。整体来看，农村家庭生活水平在不断提高，主要家庭耐用消费品种类和数量都有所增加，对能源的需求也在持续增加。

（3）能源消费结构分析。对各区域能源消费结构进行测算，可以看出，总体上各区域商品能源消费占比与之前相比有明显提高。且如前一节所说，家庭收入水平对能源消费结构有一定影响，收入水平较高的地区商品能源消费比例较高。

根据图 2-15 和图 2-16 进行能源品类分析。

1）电力方面：各区域电力消费占比基本在 30%左右，结合户均电力消费量绝对值来看，豫南、豫东电力消费量相对较少，这与豫南、豫东地区配电网容载比较低、供电能力相对较弱的实际情况相符。

2）成品油方面：豫西、豫中地区汽油消费占比相对较高，豫南地区柴油消费占比相对较高。可以看出，地形对成品油使用有一定影响，豫西、豫中、豫南地区丘陵山区较多，出行更多依靠汽车、摩托车、燃油三轮车，成品油消耗量较大，尤其是豫西地区，成品油消费总占比达到 35.7%，为各区域中最高。

3）燃气方面：液化石油气和天然气的主要应用领域均为家庭炊事，二者具有一定的替代关系。可以看出，豫北、豫中地区天然气使用量相对较多，相应地，液化气使用量相对较少；而豫南地区天然气普及率较低，液化气使用比例较高。

4）煤炭和薪柴方面：二者主要使用领域均为炊事、取暖，也表现出一定的替代关系。豫南、豫东地区耕地较多，秸秆薪柴资源较为丰富，同时居民收入水平相对较低，更倾向于使用成本低廉的秸秆薪柴；而豫西、豫北地区更倾向于使用煤炭。

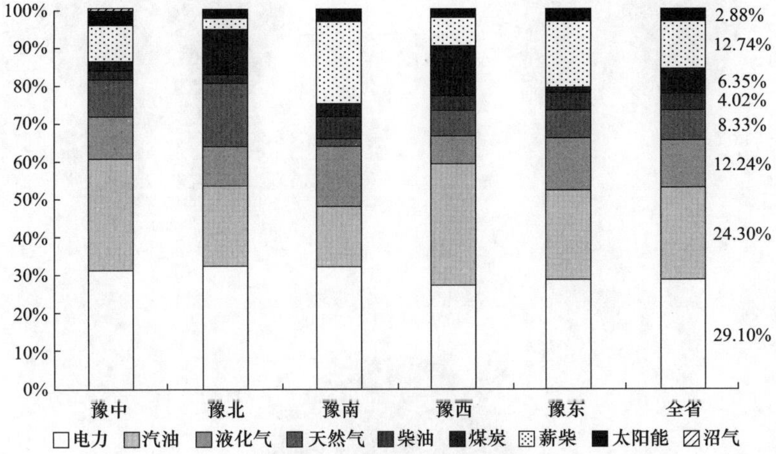

图 2-15　区域能源消费结构对比

通过对各区域能源结构进行比较分析，可以发现，不同区域农村家庭能源消费结构有所不同，而居民收入水平、能源基础设施建设是制约农村能源发展的关键因素。对于电网较为薄弱的地区加强电网建设、在全省范围内统筹规划农村燃气供应格局，可有效改善农村家庭能源消费结构。同时也要加大政策和宣传力度，提高居民对清洁能源的认知，减少煤炭、薪柴使用。

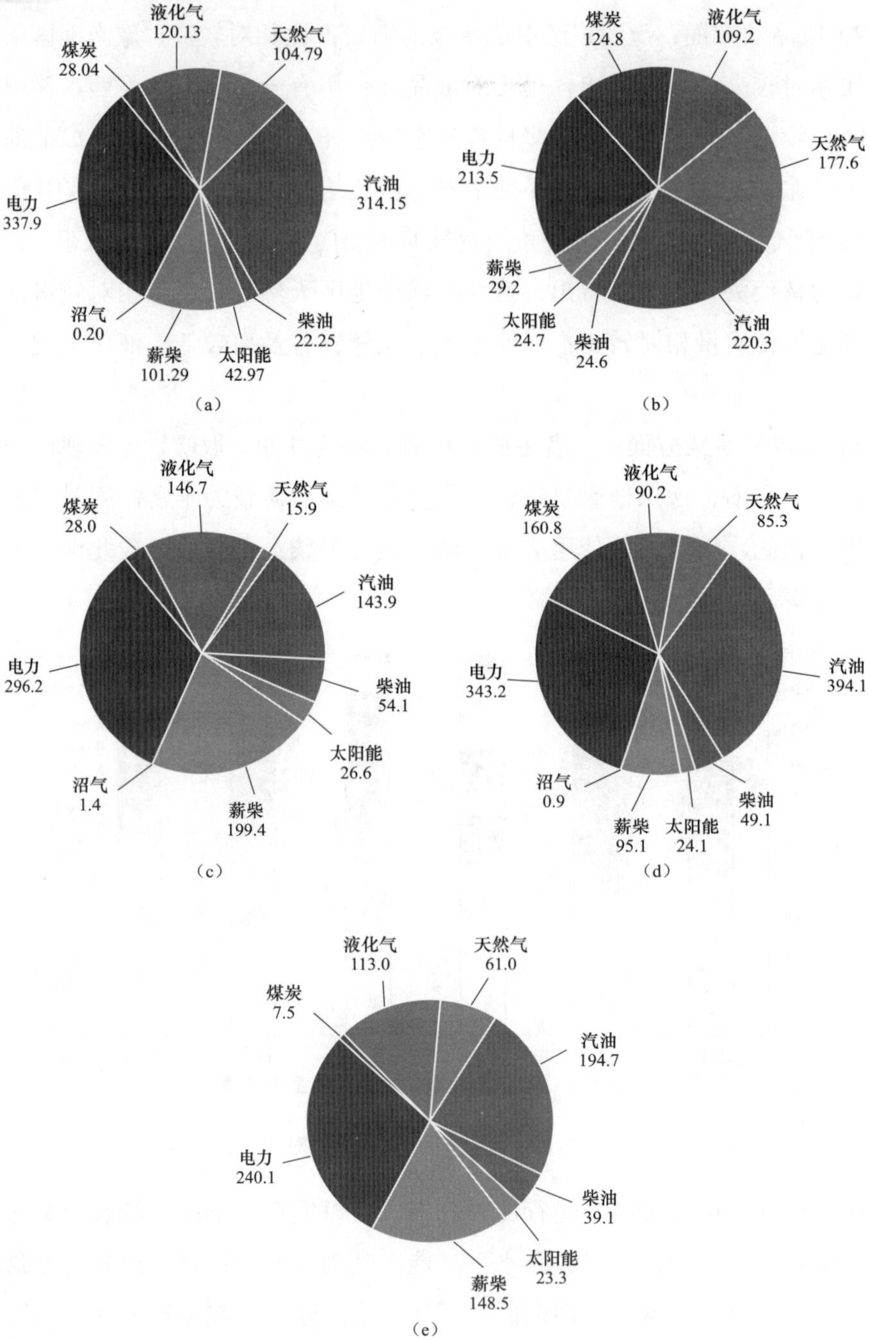

图 2-16　分区域能源消费量（单位：千克标准煤）

（a）豫中；（b）豫北；（c）豫南；（d）豫西；（e）豫东

2. 山东与甘肃实地调研

（1）调查概况。本着典型性、代表性、差异性原则，选择西部甘肃省武威市民勤县（以农业生产为主体的欠发达县、东部山东省潍坊市青州县（以工业为主体的发达县）为调查样本。考虑到全面普查的难度，本次调采取典型方式主要集中在甘肃省武威市民勤县和山东省潍坊市青州县两县（市），从两县随机抽取 82 个村、500 余户农村家庭，进行家能源消费情况抽样调查。

西部典型地区：甘肃省武威市民勤县地处甘肃与内蒙古交界，是甘肃国家生态安全屏障综合试验区和“丝绸之路经济带”的重要组成部分，被列入“两屏三带”重点生态功能区—北方防沙带。民勤县地广人稀、风光资源丰富，经济发展处于西北部县域的平均水平。民勤县总面积 1.6 万 km^2，其中沙漠和荒化面积占 90.34%，绿洲面积占 9.66%，辖 6 个镇、12 个乡、2 个工业集聚区、248 个村，全县常住人口 24.18 万，其中城镇人口 8.91 万、农村人口 15.27 万。2018 年，生产总值 77.8 亿元，三次产业结构比为 35.5:23.6:40.9，人均生产总值 32158 元，城镇居民人均可支配收入 23873 元，农村居民人均可支 12395 元，城镇化率为 36.85%。

东部典型地区：山东省潍坊市青州县地处山东半岛中部，是全国县域经济百强县、工业百强县、新型城镇化质量百强县，被列为山东半岛城市群副中心城市，是典型的经济发达工业强县。山东省潍坊市青州县总面积 0.16 万 km^2，辖 4 个街道、8 个镇，全市常住人口 96.36 万人，其中城镇人口 47.36 万、农村人口 49 万。2018 年，生产总值达到 704.1 亿元，三次产业结构比为 8.4:42.8:48.8，人均生产总值 73031 元，城镇居民人均可支配收入 37893 元，农村居民人均可支配收入 18865 元，城镇化率为 49.1%。

（2）甘肃省武威市民勤县调查情况。

1）基本情况。调研组走访了甘肃省武威市民勤县东坝镇、苏武镇、夹河镇、红沙岗镇、西渠镇、城关镇的 18 个村，调研问卷 204 份（204 个家庭），人均耕地 5.8 亩，40 岁以下青年人多在外务工，家庭常住人口为老人，调查结果如图 2-17 所示。其中，被调查对象平均年龄 56 岁，多数教育程度是初中及以下

（占 63%）、一般农业劳动者（占 70%）。

家庭经济来源情况主要以下几种组合：农业+养殖+务工、养殖+务工、务工+农业。其中，农业以小麦、玉米谷物和葵花、瓜经济作物为主；为保持植被，防止巴丹吉林和腾格里沙漠扩大，养殖分为散养和规范化两种类型。

农村房屋结构以土墙和砖混机构为主，都为一层构造，门和窗户密封性很差，导致房间能效低，冬季室内都采用烧炕取暖。农村典型建筑结构、农村庭院及取暖散煤、室内烧煤火炉及火炕、农村主要出行方式如图 2-18～图 2-21 所示。

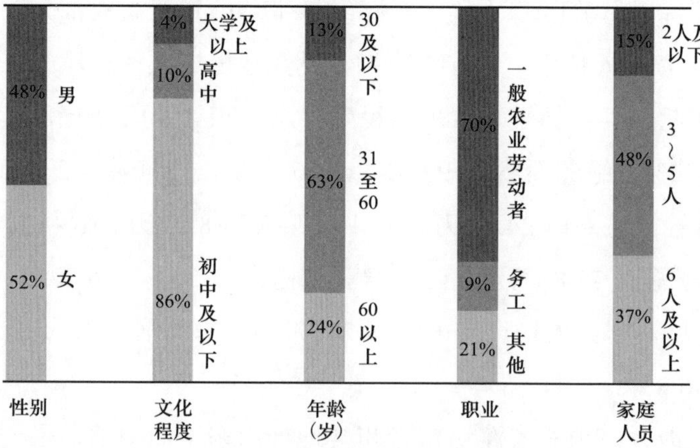

图 2-17　调研家庭基本情况统计

图 2-18　农村建筑结构

图 2-19　农村庭院及取暖用散煤

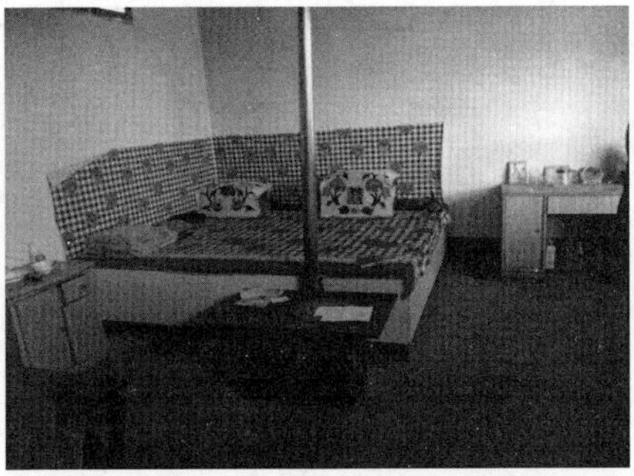

图 2-20　室内烧煤的火炉及火炕

图 2-21　农村的主要出行方式

2）主要消费能源。甘肃省武威市民勤县农村家庭生产生活消费的主要能源依次为煤炭、柴薪、电力、柴油，个别村庄普及太阳能、液化气、沼气。调研统计结果如图 2-22 所示。电力作为便捷的二次能源在农村普遍使用，家庭普及近 100%；由于甘肃省武威市民勤县的天然气管网设施无法延伸至农村，天然气普及率为零，但液化气在个别农村使用；随着农村种植、收割方式由传统的个体化、手工化种植向规模化、机械化转变，农业生产所需柴油使用率也随之上升。甘肃省武威市民勤县农村户均耕地面积高达 5.8 亩，秸秆产生量大，同时，每年产出大量果树修剪枝干，因此柴薪被广泛使用；鉴于农村普遍烧炕，冬季煤炭具有取暖、炊事和沐浴三重作用，煤炭的普及率近 100%。太阳能作为新能源的典型代表，目前在个别农村沐浴使用相对普遍（集中在春、夏、秋三季），用户占比为 17.2%；沼气在农村具备使用基础，但缺少政府推动，农民积极性差，仅个别家庭使用。

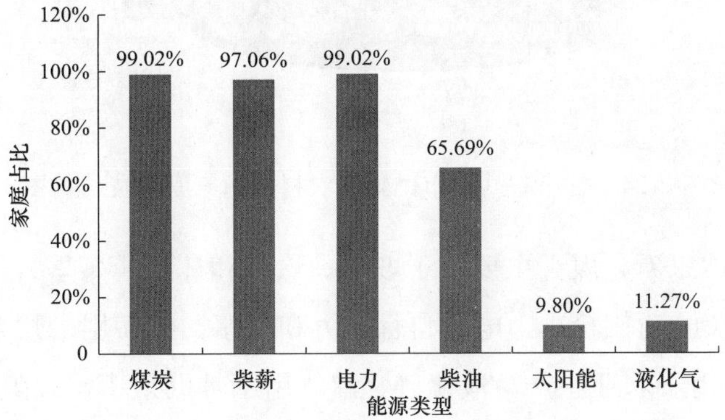

图 2-22　甘肃省武威市民勤县家庭能源使用普及情况

调查结果显示（见图 2-23），在进行能源消费品种选择时，农村家庭首要考虑因素是使用方便（基于生活习惯），其次是价格问题，最后是清洁环保问题。

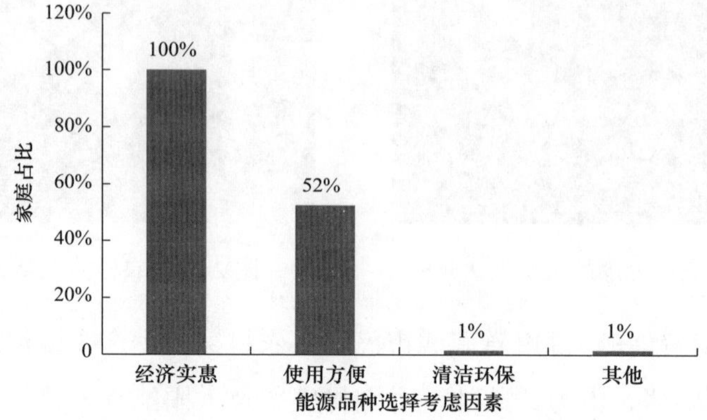

图 2-23　甘肃省武威市民勤县家庭消费能源品类选择考虑因素

3）消费结构。抽样调查显示，甘肃省武威市民勤县农村家庭生产生活户均能源年消费约为 2.16t 标准煤。

从能源消费量来看（见图 2-24），基本上煤炭、电力、柴油、柴薪占主导，煤炭、电力、柴油、柴薪消费占比分别为 44.6%、25.9%、7.0%、19.2%（折算为标准煤），太阳能、液化气、汽油、沼气等仅作为辅助能源，共计占比 3.3%。

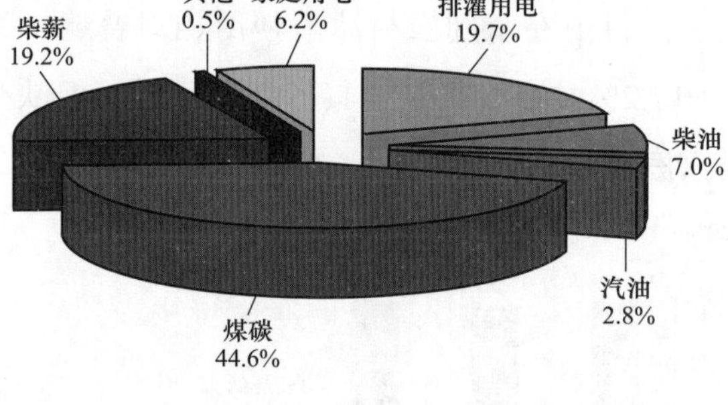

图 2-24　甘肃省武威市民勤县农村能源家庭消费结构图

从能源用途来看，煤炭主要用于取暖、炊事和沐浴（冬季），电力主要应用于照明、交通（电动三轮车、电动自行车）和炊事，柴薪用于炊事和沐浴（春、夏、秋），柴油用于农业生产，液化气、沼气用于辅助炊事，太阳能仅限于热水沐浴。

从炊事方式来看（见图 2-25），电力与煤炭、薪柴组合成为首选炊事能源（电力+煤炭、电力+薪柴、煤炭+薪柴、薪柴+煤炭+电力、沼气和液化占比分别为 1.5%、1.0%、44.6%、46.1%、7.4%），煤炭受传统取暖和炊事习惯影响具有强大拥有量，薪柴炊事由于取用方便、经济原因仍是农村能源主流，电力干净、稳定、便捷成取暖、炊事新趋势。

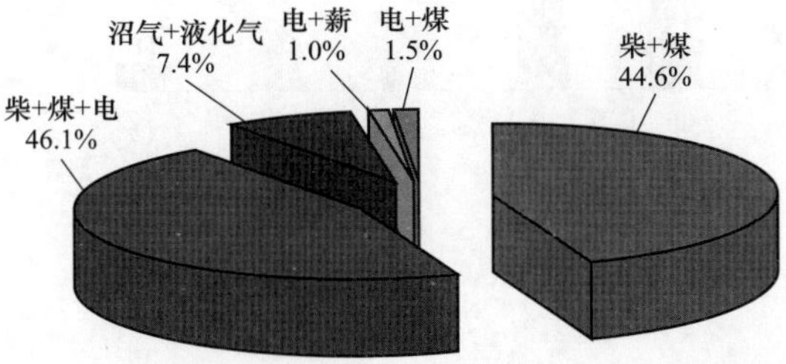

图 2-25　甘肃省武威市民勤县农村炊事使用能源情况

a．煤炭。使用现有设施，甘肃省武威市民勤县农村地区冬季通过烧煤把取暖、炊事和沐浴合一，符合当地人的生活习惯，成为最大消费能源。据统计，一般家庭采暖期需要 2 台燃煤火炉，每个燃煤火炉年均采暖期用煤约 1t，全年户均燃煤消费 1.7t，约 3060 元（一般家庭），占比家庭能源消费支出 46.2%。

b．电力。近年来，甘肃省武威市民勤县经济社会快速发展，农村生活水平不断提高，家庭用电设备数量增长较大，调查显示，每百户家庭拥有电动三轮车 123 辆、电视机 100 台、洗衣机 94 台、冰箱 90 台、电动自行车 28 辆、电风扇 47 台。电力成为农村家庭主要消费能源之一，其中户均年家庭用电 1359kWh，户均年排灌用电 4320kWh［175.7kWh/（亩·年）］。此外，受甘肃省武威市民勤县气候条件影响，甘肃省武威市民勤县的农田每年需要多次灌溉，灌溉主要采用机井，全年农田机井灌溉用电 1.6 亿 kWh，农灌电量占甘肃省武威市民勤县全社会用电量的 40%。

c．薪柴。薪柴主要用于炊事、沐浴，户均年消费量约 0.52t 标准煤（约 1312 元），占比家庭能源消耗总量约 19.2%。

d．柴油。柴油主要用在作农业生产中的各类农业机械，户均年消费量约 0.13t（约 927 元），占比家庭能源消耗总量约 7.0%。

家庭交通工具情况如图2-26所示，家庭电器设备情况如图2-27所示。

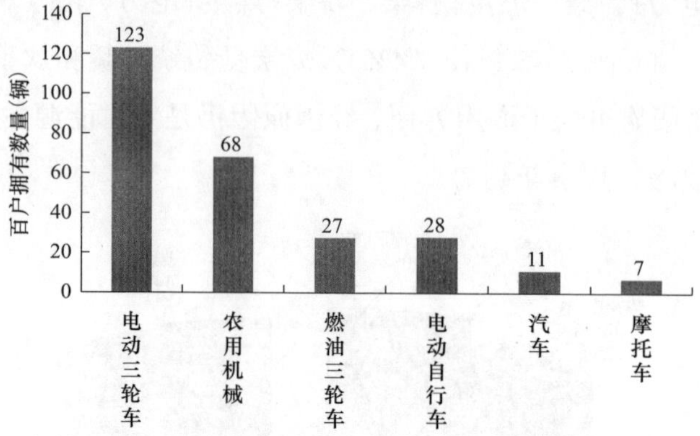

图2-26　家庭交通工具情况

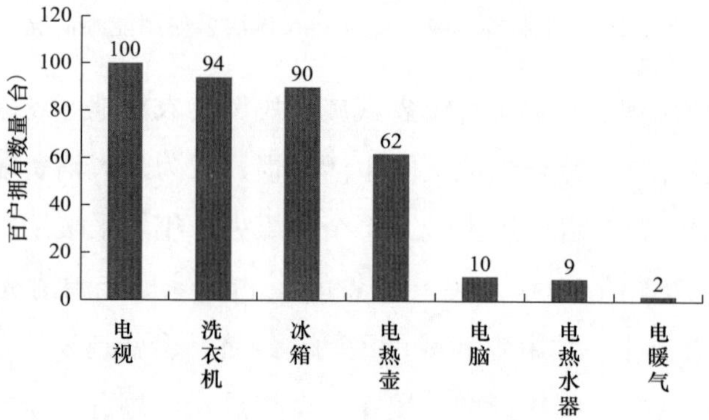

图2-27　家庭电器设备情况

（3）山东省潍坊市青州县调查情况。

1）基本情况。家庭能源消费调研走访了山东省潍坊市青州县东夏镇、王坟镇、邵庄镇、高柳镇、何官镇、弥河镇、谭坊镇、苗子镇的60余个村，调研问卷350余份。

山东省潍坊市青州县农村被调查对象平均年龄45岁，且教育程度较低，多数高中及以下（占5%）、一般农业劳动者（占62%），家庭成员大都在3～5人。

农村房屋结构以砖混机为主，以1～2层构造居多，平均房间数量4间，门和窗户密封性很差，导致房间能效低冬季室内大多采用烧煤取暖。

2）主要消费能源。如图2-28所示，山东省潍坊市青州县农村家庭生产活消费的主要能源依次为煤炭、电力、液化气、汽油，个别村庄使用太阳能、柴薪、沼气。电力作为便捷的二次能源在农村普遍使用，家庭普及率达 100%；由于山东省潍坊市青州县各村镇分部较为分散，天然气管网设施未延伸至农村，天然气使用率较低，但液化气得到大量使用；太阳能作为新能源的典型代表，目前仅在个别农村使用，主要以沐浴为主；沼气在农村具备使用基础，但缺少政府推动，农民积极性差，仅个别家庭使用。

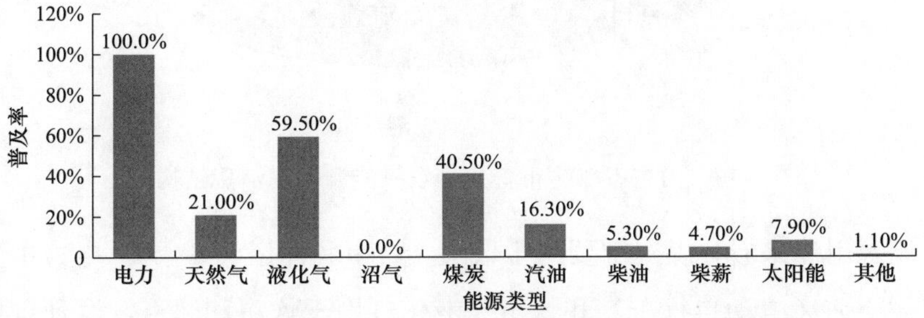

图 2-28　山东省潍坊市青州县农村家庭能源使用普及情况

调查结果显示（见图 2-29），在进行能源消费品种选择时农村家庭首要考虑因素是价格，其次使用方便（基于生活习惯），最后是清洁环保问题，农户对清洁能源了解甚少绝大部分用能时未考虑环保因素。

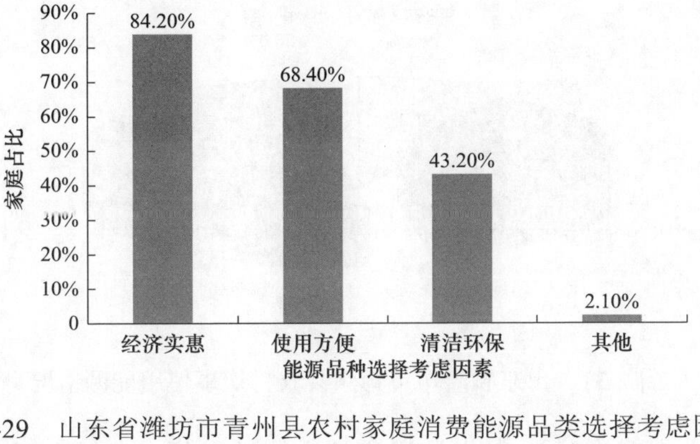

图 2-29　山东省潍坊市青州县农村家庭消费能源品类选择考虑因素

3）消费结构。抽样调查显示，山东省潍坊市青州县农村家庭生产活户均能源年消费约为 1.62t 标准煤。

从能源消费量来看（见图 2-30），基本上煤炭、电力、液化气、汽油占主导，煤炭、电力、液化气、汽油消费占比分别为43.7%、23.9%、16.4%、11.8%（折算为标准煤），天然气、柴油、柴薪等仅作为辅助能源，共计占比4.2%。

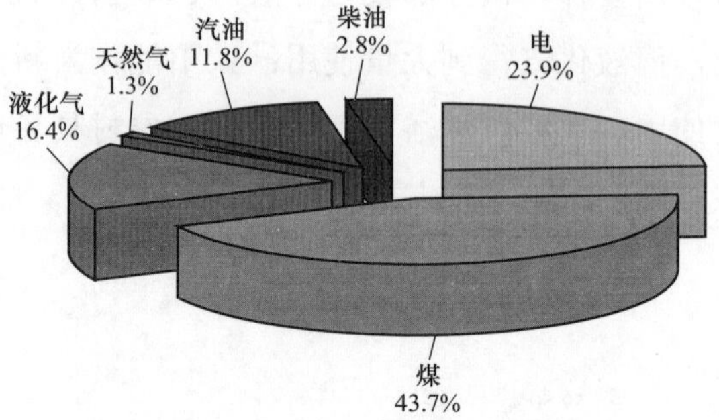

图2-30　山东省潍坊市青州县农村能源家庭消费结构图

从能源用途来看，煤炭主要用于取暖、炊事和沐浴（冬季），电力主要应用于照明、交通（电动自行车）和炊事，液化气用于炊事和沐浴，汽油主要用于交通，柴油主要用于农业生产。

从炊事方式来看（见图2-31），电力、液化气、煤炭组合成为首选炊事能源，煤炭受传统取暖和炊事习惯影响具有强大拥有量，电力干净、稳定、便捷成取暖、炊事新趋势。

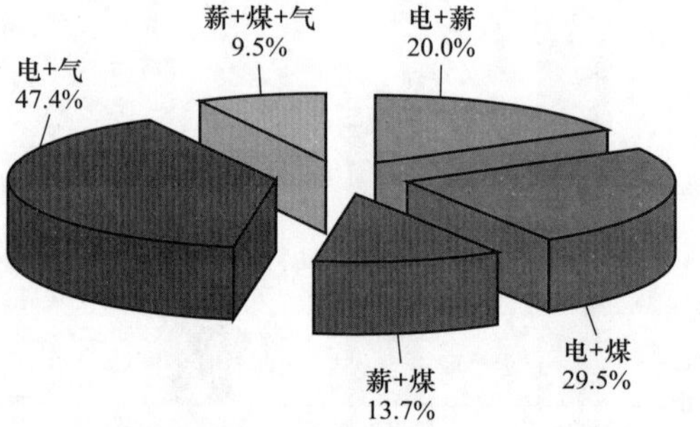

图2-31　山东省潍坊市青州县农村炊事使用能源情况

近年来，山东省潍坊市青州县经济社会快速发展，农村生活水平不断提高，家庭用电设备数量增长较大，调查显示（见图2-32和图2-33）每百户家拥有电动自行车98辆、空调147台、电风扇167台、洗衣机100台、电视106台、冰箱99台，电力成为农村家庭主要消费能源之一，其中户均年电力成为农村家庭

2500kWh。

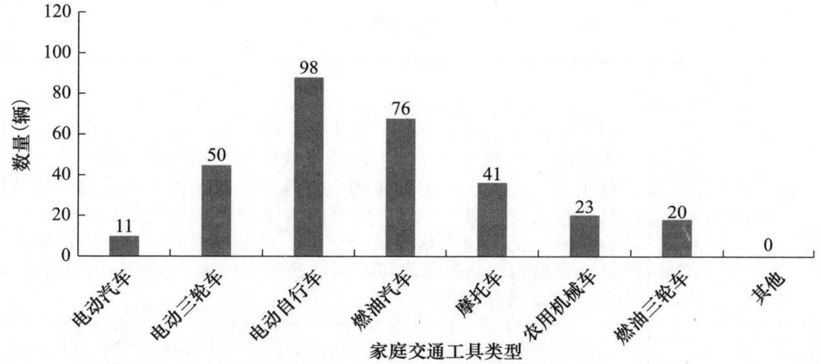

图 2-32 山东省潍坊市青州县农村家庭交通工具情况

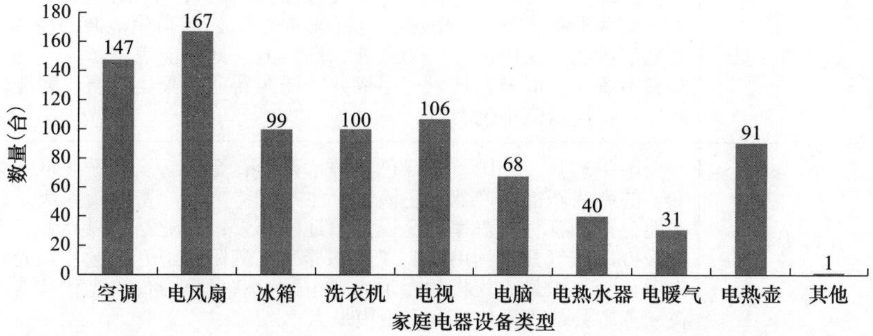

图 2-33 山东省潍坊市青州县农村家庭电器设备情况

3. 全国典型县域收资调研

（1）调研方式及样本选择。我国地域辽阔，各地区农村人口社会风貌、自然资源、经济发展水平差异巨大，但呈现局部相似性。综合考虑各区域经济条件的差异、资源禀赋的区别以及用能需求的不同，对全国县域进行分区划分。基于一致性原则、差异性原则、共轭性原则、完整性原则，结合国家七大地理分区及四大经济分区，将全国农村划分为东北地区、华北地区、东南部地区、中部地区、西北地区、西南地区六个分区。为系统梳理我国农村能源发展的现状和问题，对比分析各地区农村能源战略、产业、技术、模式和政策等方面的经验与教训，总结我国典型县域能源转型变革方案的启示与借鉴，从东北地区、华北地区、西北地区、长江中下游地区、西南地区选取 9 个典型县域开展书面数据资料收集及调研工作。典型县域概况如表 2-3 所示。

表 2-3　　典型县域概况

序号	县域	县域能源特征
1	吉林省 a 县	国家商品粮基地之一，经济水平一般，冬季供热需求大，农村能源消费非商品能源比例非常高，生物质低效原始利用问题较为突出；普通电动汽车使用具有局限性；农林生物质资源丰富，在生物质发电、发展沼气等方面具有很大开发潜力；风、光等清洁能源富集，是全国首批千万 kW 风电基地、唯一的风电本地消纳示范区，也是全国光伏发电应用领跑基地、新能源示范城市；率先探索可再生能源发电制氢。谋划利用可再生能源制氢，打造“中国北方氢谷”
2	浙江省 b 县	经济发展相对较缓，山地、丘陵约占全总面积的 80%；浙江省清洁能源示范县，水电资源较充足，小水电装机规模较大，光伏发展基础较好，复垦土地光伏开发潜力巨大
3	浙江省 c 县	全国综合实力百强县、绿色发展百强县（市）、工业百强县（市）、首批国家全域旅游示范区、中国旅游百强县（市）；可再生能源品种齐全，富有水能、风能、太阳能、生物质能、潮汐能、地热能等资源，具有良好的开发利用条件，能源新技术运用成熟，能源新业态聚集发展，智能汽车小镇被列入省级示范特色小镇
4	江苏省 d 县	全国生态县、全国首批绿色能源示范县、全国新能源产业百强县，苏北唯一的省级新能源产业特色园区；生态优势突出，富有国家级景区、省级湿地公园，森林覆盖率居全国平原地区第一；产业结构以高效农业为主，积极推广沼气开发利用，实现生态养殖；泗阳经济开发区屋顶光伏电站合作项目为全国最大规模的屋顶光伏电站，获批第一批“光伏扶贫”项目，在江苏省县域“光伏扶贫”规模最大
5	江苏省 e 县	经济发展有活力，居民支付能力强，被定位为“长三角绿心”；与黄海相连，具有发展海上风电的天然优势；地热新能源发展前景良好，2015 年以后已探明多处地热出水点；滩涂资源丰富，具有发展滩涂光伏的基础
6	江西省 f 县	能源助推脱贫典范，原中央苏区振兴发展的鲜活代表；江西省 f 县为国家能源局对口支援县，得益于能源基础设施加速完善、光伏扶贫电站建设，纾解了能源供应不足导致的欠发达、后发展矛盾，带动贫困户脱贫增收，2017 年江西省 f 县成功纳入全国小康电示范县试点范围，2018 年江西省 f 县 14 个省级贫困村全部脱贫摘帽
7	甘肃省 g 县	全国光伏扶贫试点县，同时也是国家能源局定点扶贫县，2020 年 2 月 28 日，经甘肃省人民政府批准，正式推出贫困县序列；新能源产业帮扶增强造血功能。建成贫困村村级光伏电站 20 个，全面实现贫困村特色产业全覆盖；甘肃省 g 县地热资源丰富，被自然资源部命名为“中国温泉之乡”，具有存在可挖掘空间
8	甘肃省 h 县	全国光伏扶贫试点县，也是国家能源局定点扶贫县，能源扶贫对全县产业扶贫和脱贫攻坚具有重要的支撑作用；积极推进风电开发，规划总装机 120 万 kW；全力推进以村级光伏电站为主的发展思路，建设规模达 4 万 kW；此外，还提出清洁供暖消纳风电弃风电量、利用秸秆资源优势开发生物质发电厂等

续表

序号	县域	县域能源特征
9	四川省 i 县	资源呈现“水多、气丰、少煤、缺油”等显著特点；此外，四川省 i 县沼源村为四川沼气发源地，习近平总书记先后两次莅临参观学习沼气发电技术。清洁能源装备制造业成熟；四川是全国三大动力装备制造之一，形成了成都、德阳、自贡等清洁能源装备制造产业基地
10	河南省 j 县	河南省 j 县是一个“八山一水一分田”的山区县，是南水北调中线工程重要的水源涵养区和中原地区面积最大的“绿色氧吧”，是国家重点生态功能区，先后被授予全国文明县城、国家卫生县城、国家园林县城、全国绿化先进县、全国创建文明小城镇示范县；生物质资源储量丰富，风能、太阳能、水电资源丰富，畜禽粪便和生活垃圾资源综合利用前景好，新能源产业聚集，发展基础较好

（2）能源供给与需求情况。

1）能源资源概况。吉林省 a 县镇赉县化石能源丰富，累计探明石油地质总储量 27000 万 t，累计探明天然气地质储量为 2700 万 m^3；风能资源较为丰富且品质较高，可装机容量约 2000MW；太阳能资源丰富，年平均日照时数为 2200～3000h，属资源很丰富级别，全省太阳能资源总体属于二类，可装机容量约 2000MW；作为粮食大省及重点林业省份，生物质资源丰富，生活垃圾年产生量约 40.15 万 t/年，秸秆年产生量约 170.8 万 t/年，畜禽粪便年产生量约 5.6 万 t/年。

浙江省 b 县可再生能源较丰富。水能可开发量约 76.6MW，风能可装机容量约 300MW，太阳能资源属Ⅳ类地区，年平均日照时数为 1650～2105h，可装机容量约 57MW；生活垃圾年产生量约 11.84 万 t/年，秸秆年产生量约 11.24 万 t/年，畜禽粪便年产生量约 12.2 万 t/年。

与浙江省 b 县资源禀赋大体相似，浙江省 c 县可再生能源较丰富。水能可开发量约 62.4MW，风能可装机容量约 300MW，生活垃圾年产生量约 28.09 万 t/年，秸秆年产生量约 30 万 t/年，畜禽粪便年产生量约 30 万 t/年。

江苏省 d 县是全国生态县，森林覆盖率居全国平原地区第一。全县域仅生物质资源具有可开发条件，其中，生活垃圾年产生量约 17.68 万 t/年，秸秆年产生量约 71.68 万 t/年，畜禽粪便年产生量约 45.51 万 t/年。

江苏省 e 县可再生能源丰富。江苏省 e 县与黄海相连，具有发展海上风电的天然优势，风能资源可装机容量约 3200MW；滩涂资源丰富，具有发展滩涂光伏的基础，年平均日照时数为 1445h，可装机容量约 800MW；生物质资源非常丰富，生活垃圾年产生量约 17.9 万 t/年，秸秆年产生量约 164.2 万 t/年，畜禽粪便年产生量约 39.8 万 t/年。

江西省 f 县煤炭资源较丰富，可探明地质煤炭总储量为 7000 万 t；水资源总量不足，可开发量约为 6MW；风能资源可装机容量约 350MW，光伏可装机容量约 200MW；生活垃圾年产生量约 5.4 万 t/年，秸秆年产生量约 23.6 万 t/年，畜禽粪便年产生量约 40 万 t/年。

甘肃省 g 县仅生物质资源具有可开发条件。其中，生活垃圾年产生量约 0.29 万 t/年，秸秆年产生量约 18 万 t/年，畜禽粪便年产生量约 80.41 万 t/年。

甘肃省 h 县风能资源较为丰富，可装机容量约 1200MW；太阳能资源可装机容量约 162.4MW；地热能资源较丰富；生物质资源丰富，生活垃圾年产生量约 5.5 万 t/年，秸秆年产生量约 36.72 万 t/年，畜禽粪便年产生量约 145.35 万 t/年。

四川省 i 县仅生物质资源具有可开发条件。其中，生活垃圾年产生量约 12.73 万 t/年，秸秆年产生量约 88.19 万 t/年，畜禽粪便年产生量约 146.31 万 t/年。

河南省 j 县可再生能源资源开发潜力较大。年农业秸秆、袋料香菇废菌棒、果木枝条等可做燃料的生物质总量达 53.7 万 t；可开发的风场面积在 100km^2 以上，风电装机规模可达 30 万 kW；可发展地面光伏电站装机约 80MW，分布式屋顶光伏装机规模可达 60MW。

2）能源供应概况。从电力供应看，2019 年吉林省 a 县、浙江省 c 县、甘肃省 h 县发电量最大，全年总发电量分别为 20.2 亿 kWh、8.55 亿 kWh、6.07 亿 kWh。常规电源发电量最多的是浙江省 c 县，为 3.16 亿 kWh；新能源发电量最多的是吉林省 a 县，为 20.2 亿 kWh。江苏省、浙江省的电力基础设施较完善，其中江苏省 e 县拥有 220kV 变电站 7 座、110kV 变电站 21 座。江苏省 d 县户均配电变压器容量最高，达 5.34kVA/户；四川省 i 县最小，仅为 1.25kVA/户。集中式风电、光伏装机最大均为江苏省 e 县，供给 1284MW。浙江省 c 县分布式屋顶光伏装机规模最大，为 142MW。仅吉林省 a 县和江苏省 d 县县有生物质电站。电动汽车浙江省 c 县规模最大。

从石油供应看，仅吉林省 a 县有 14.7 万 t 石油产量。加油站密度最大的是江苏省 e 县。

从天然气供应看，吉林省 a 县产量为 1 亿 m^3，四川省 i 县为 7.5 亿 m^3。

从沼气供应看，江苏省 d 县、江苏省 e 县两县（市）与四川省 i 县产量较大，其中江苏省 d 县沼气年产量 1314 万 m^3，江苏省 e 县 1250 万 m^3，四川省 i 县 720 万 m^3。

从地热供应看，仅甘肃省 h 县有 1.5MW 地热开发。

典型县域能源资源概况见表 2-4，2019 年典型县域能源生产概况如表 2-5。

表 2-4　　典型县域能源资源概况

典型县域	水能可开发量（MW）	风能可开发量（MW）	太阳能可开发量（MW）	地热能可开采量（万亿kJ）	生物质资源			化石能源		
					生活垃圾年产生量（万 t/年）	秸秆年产生量（万 t/年）	畜禽粪便年产生量（万 t/年）	煤炭总储量（万 t）	石油总储量（万 t）	天然气总储量（万 m^3）
吉林省 a 县		2000	2000		40.15	170.8	5.6		27000	2700
浙江省 b 县	76.6	300	57		11.84	11.24	12.2			
浙江省 c 县	62.4	300			28.09	30	30			
江苏省 d 县					17.68	71.68	45.51			
江苏省 e 县		3200	800		17.9	164.2	39.8			
江西省 f 县	6	350	200		5.4	23.6	40	7000		
甘肃省 g 县					0.29	18	80.4095			
甘肃省 h 县		1200	162.4	丰富	5.5	36.72	145.35			
四川省 i 县					12.73	88.19	146.31			600
河南省 j 县	30	300	143		10.5	53.7	45.9			

表 2-5　　2019 年典型县域能源生产概况

典型县域	吉林省 a 县	浙江省 b 县	浙江省 c 县	江苏省 d 县	江苏省 e 县	江西省 f 县	甘肃省 g 县	甘肃省 h 县	四川省 i 县	河南省 j 县
一、常规电源发电量（MWh）		261050	315852	137080	8	44	10424		24288	33340
其中：火电			212105	136880	8					
水电		261050	103747	200		4	10424		24288	33340

续表

典型县域	吉林省a县	浙江省b县	浙江省c县	江苏省d县	江苏省e县	江西省f县	甘肃省g县	甘肃省h县	四川省i县	河南省j县
二、新能源发电量（MWh）	2019453	103300	539211	416510	24261	37	62132	607480		7258.8
其中：风电	580465		263967	15490	19185			471321		
光伏	1251988	103300	260263	190700	5063	37	62132	136159	732	7258.8
生物质	187000		14981.2	210320	13.2					
三、石油（万t）	14.7									
四、天然气（亿 m^3）	1								7.5	
五、沼气（万 m^3）		49	168	1314	1250		0.1	81	720	1233
六、地热（MW）								1.5		40

3）能源消费概况。从电力消费看，2019 年全社会用电量最大的为江苏省 e 县 44.8 亿 kWh、浙江省 c 县 37.2 亿 kWh、江苏省 d 县 33.4 亿 kWh；最小的为吉林省 a 县 2.73 亿 kWh、甘肃省 h 县 2.31 亿 kWh。全社会最大负荷吉林省 a 县最大，为 931MW；甘肃省 h 县最小，为 72.5MW。

从煤炭消费看，浙江省 c 县煤炭消费比例较高，总量较大，约为 842 万 t；江苏省 e 县煤炭消费次之，约为 105 万 t；四川省 i 县无煤炭消费。

从成品油消费看，江苏省 e 县消费 14 万 t，江西省 f 县消费 13 万 t；江苏省 d 县无成品油消费。

从天然气消费看，消费总量最大的为四川省 i 县 8600 万 m^3；浙江省 c 县 8492 万 m^3；江苏省 d 县 7186 万 m^3；甘肃省 g 县消费量最小，仅为 8 万 m^3。

2019 年典型县域能源基础设施概况见表 2-6，2019 年典型县域能源消费概况见表 2-7。

表 2-6　　2019 年典型县域能源基础设施概况

典型县域	电力																	
	变电站（座）			户均配电变压器容量（kVA/户）	风电装机容量（MW）		光伏装机容量（MW）			生物质电站装机容量（MW）		充电桩数量（台）		电动汽车数量（辆）				
	220kV	110kV	35kV		集中式	分散式	集中式	分布式光伏电站	屋顶光伏	秸秆发电	垃圾发电	直流	交流	公交车	物流车	市政车	其他
吉林省 a 县	1		14	1.45	398		360	417		60		20		50			
浙江省 b 县	2	7	11	3.38			52	29.98	67.56	0	0	53	23	54			45
浙江省 c 县	3	15	6	3.5	106.5		99	1	141.97			445	5	192			3785
江苏省 d 县	5	16	5	5.34	50		188		112.26	30	15	170	25	160			0
江苏省 e 县	7	21	6	2.21	1054		230	130.8	99	0	0	20	20	10			253
江西省 f 县	1	7	13	41	0		30		7.3		0	94	20	38			8
甘肃省 g 县	0	1	8	1.8	0		100	0.6	1.851	0	0	0	300	40			200
甘肃省 h 县	0	2	9	2.01	350		50	142	2.4								22
四川省 i 县	1	6	11	1.25					0.09787				5				
河南省 j 县	9	2	15	1.93				12		30	20		70	30			3000

续表

典型县域	天然气			地热			石油	废弃物资源化利用		
	管网长度（km）	覆盖乡镇数（个）	CNG 加气站（座）	地热站座数（座）	地热供暖面积（km^2）	供热能力（MW）	加油站（个）	垃圾处理厂（座）	秸秆处理厂（座）	生物制天然气厂（座）
吉林省 a 县	73	1	2				50	1	2	
浙江省 b 县	97.67	3	0	0	0	0	25	1		
浙江省 c 县	300.88	9	2				36	1	0	
江苏省 d 县	258.51	9	2					1	8	
江苏省 e 县	89.2	14	1	0	0	0	115	0	2	
江西省 f 县	268	2					52	1		
甘肃省 g 县	5	1	1	0	0	0	6		0	
甘肃省 h 县	15	1	1	1	0.129	1.5	12	1		
四川省 i 县		30	2				67			
河南省 j 县	190	5	3		30		80	1	1	6

表 2-7　　　　2019 年典型县域能源消费概况

分区	典型县域	一、电力		二、煤炭（万 t）	三、成品油（万 t）	其中：汽油（万 t）
		全社会用电量（MWh）	全社会最大负荷（MW）			
东北地区	吉林省 a 县	273000	931	14.56	4.8132	1.06
东南部地区	浙江省 b 县	1850230	370	4.97	6.7655	4.74
	浙江省 c 县	3716797	697.4	841.8（除国华 3.1）	1.5	0.3
	江苏省 d 县	3343710	628.1	29.95		
	江苏省 e 县	4480000	82.77	104.83	14	7.5
中部地区	江西省 f 县	1573110	328.8	45	13	11
	河南省 j 县	2727810	536	19.87	13.35	3
西北地区	甘肃省 g 县	1780000	38.04	20	3.11	1.08
	甘肃省 h 县	231000	72.5	10.5	3.62	1.41
西南地区	四川省 i 县	1184411	264		9.1	4.6

分区	典型县域	柴油（万 t）	四、天然气（万 m^3）	五、沼气（万 m^3）	六、地热（MW）	七、薪柴（万 t）
东北地区	吉林省 a 县	3.75	4819			
东南部地区	浙江省 b 县	2.03	4495	49		5.9
	浙江省 c 县	0.8	8492	168		
	江苏省 d 县		7186	1311		
	江苏省 e 县	6.5	3850	1250		
中部地区	江西省 f 县	2	815			
	河南省 j 县	8	3500	1233	40	2.5
西北地区	甘肃省 g 县	2.03	8	0.1		16.6
	甘肃省 h 县	2.21	174	48.6	1.5	
西南地区	四川省 i 县	4.5	8600	580		

从沼气消费看，江苏省 d 县、江苏省 e 县两县（市）与四川省 i 县消费量最大，其中江苏省 d 县消费 1311 万 m^3，江苏省 e 县 1250 万 m^3，四川省 i 县 580 万 m^3。

从地热消费看，仅甘肃省 h 县有 1.5MW 地热开发。

从薪柴消费看，甘肃省 g 县消费 16.6 万 t，浙江省 b 县消费 5.9 万 t。

4）关键指标情况。如表 2-8 所示，2019 年各典型县域关键指标总体呈区域相似，浙江省 b 县、浙江省 c 县非化石占一次能源的比重分别为 10.9%、2.95%，主要受制于二产产业基础雄厚。江西省 f 县电能在终端能源消费中的比重最高，为 92%。各县生活垃圾无害化处理率均在 98%以上，其中江西省 f 县、江苏省 d 县生物质资源化利用率最高，分别为 98%、95.6%。甘肃省 h 县绿色出行率最高，为 85%。江西省 f 县实现全清洁能源供暖。

2019 年典型县域关键指标对比表见表 2-8。

表 2-8　　2019 年典型县域关键指标对比表

分区	典型县域	非化石能源占一次能源的比重（%）	电能在终端能源消费中的比重（%）	生物天然气产量达到县域用气需求的占比（%）	生活垃圾无害化处理率（%）	生物质资源化利用率（%）	绿色出行率（%）	清洁供暖普及率（%）
东北地区	吉林省 a 县	75.40	19.70		100.00	26.50	75.00	74.00
东南部地区	浙江省 b 县	10.90	62.00					
	浙江省 c 县	2.95	52.82		100.00		74.00	
	江苏省 d 县		56.00		100.00	95.60	38.00	
	江苏省 e 县	32.83	21.50	95.00	100.00	65.00	75.00	95.20
中部地区	江西省 f 县	14.30	92.00		99.00	98.00	70.00	100.00
	河南省 j 县	11.69			城区 100；农村 96.5			
西北地区	甘肃省 g 县	25.00	21.09			23.00		3.00
	甘肃省 h 县		15.70	21.60	98.00	23.00	85.00	95.00
西南地区	四川省 i 县				100.00			

4. 农村能源供需体系发展现状

农村能源供需体系包括农村能源的消费（需求）及生产（供给）两方面，

中国农村能源供给与消费体系的基本框架如图 2-34 所示。农村能源供给，包括农村外部的商品性能源输入和农村内部的自然资源及开发资源，既包括各种可再生能源的开发，如燃料乙醇、生物柴油、成型燃料等新型生物质能和水能、风能、太阳能、地热能等可再生能源的开发，也包括薪柴、秸秆直燃等传统生物质能源的开发。农村能源消费主要包括生活用能和生产用能两方面，其中，生活用能包括炊事、取暖、照明等；生产用能包括种植业、养殖业、旅游业、工业用能等。

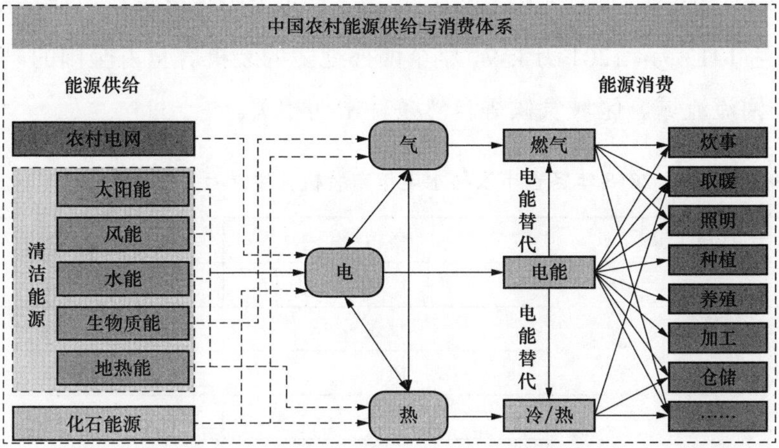

图 2-34　中国农村能源供给与消费体系

中国农村能源生产主要包括生物质能开发（沼气、直燃发电、成型燃料、液体燃料等），太阳能热利用（太阳能热水器、热泵、太阳房、太阳灶等）、小型电源（包括离网型太阳能光伏发电、离网型小型风力发电、微水电）等。农村能源供给以电网为主，积极开发当地分布式能源，减少化石能源及传统生物质能源的供给与使用。我国农村地区资源十分丰富，每年可作为能源利用的生物质资源约 7 亿 t 标准煤，共有水能资源理论蕴藏量 10MW 以下河流 11477 条，陆地表面每年接收到的太阳能辐射能理论储量约为 50×1018kJ，相当于 1.7 万亿 t 标准煤。可再生能源不同于常规化石能源，开发和利用可再生能源是我国建设资源节约型、环境友好型美丽乡村的重要举措。

（1）农村能源供给现状。

1）农村水电开发利用。农村水电可再生、无污染，运行费用低，便于进行电力调峰。截至 2018 年年底，农村水电全年完成投资 100.1 亿元，新增加发电设备容量 164.3 万 kW，全国共有农村水电站 46515 座，总装机容量达到 8043.5 万 kW，年发电量 2345.6 亿 kWh，较 2017 年减少 131.6 亿 kWh，同比下降 5.3%。按照最新供电标准煤耗 309g/kWh 计算，农村水电 2018 全年发电量相当于节约了 7200 万 t 标准煤，减少 CO_2 排放 1.8 亿 t，减少 SO_2 排放 94 多万 t。

我国农村水电站主要分布在西部、中部和东部沿海地区。2018 年各省市农村水电年末装机容量见表 2-9，其中，云南、四川的装机容量位居全国第一、第二，高达 1213 万、1201 万 kW，整个西部地区的装机容量占全国的一半以上，与我国的河流流域、区域气候等自然条件密切相关。

表 2-9　　2018 年各省市农村水电年末装机容量（万 kW）

区域	省市	装机容量
东部	广东	760
	福建	739
	浙江	410
中部	湖南	638
	湖北	386
	江西	345
	安徽	111
西部	云南	1213
	四川	1201
	广西	458
	贵州	351
	重庆	287
	甘肃	279
	新疆	173
	陕西	158
	青海	110
其余省市		424

注　表中数据来源于《2018 年农村水电年报》。

从表 2-9 可以看出，以云南、四川为代表的西部地区相较于其他地区 2018 年农村水电装机容量较多，主要是由于地区水资源丰富，地势落差较大，有利于水利水电的发展；以广东、福建为代表的东部地区和以湖南为代表的中部地区装机容量相对较少，主要是由于该地区水资源丰富，但是地势相对平坦，落差较小，不利于水利水电资源的发展。

2）农村太阳能开发利用。太阳能是一种绿色能源，具有储量“无限”、普遍存在、清洁、经济等特点，是世界能源与可持续发展战略的重要组成部分。如图 2-35 所示，2018 年，我国太阳房 2529.8 万 m^2；太阳能热水器面积 8805.4 万 m^2；太阳灶 2135756 台。

图 2-35 反映了 2018 年农村各地区太阳能利用情况。从中国太阳能总量的分布来看，西部地区由于地理位置较好，太阳辐射总量很大，东部沿海、西部偏南地区云雾雨多，因此，西部地区高于东部地区，西部地区太阳灶、太阳房和太阳热水器明显多于东部。

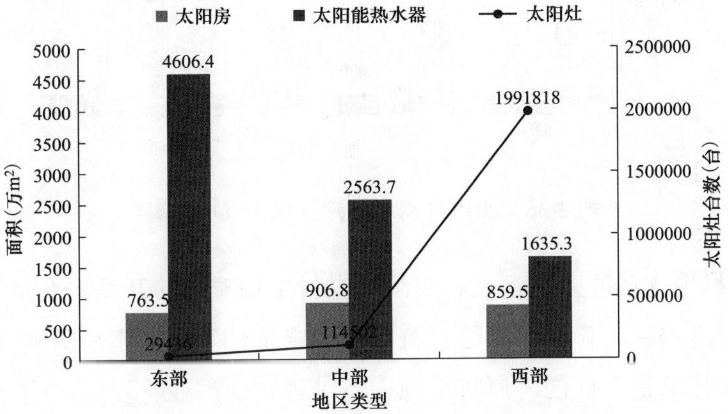

图 2-35　2018 年各地区太阳能利用情况[1]

3）农村风能开发建设。中国幅员辽阔、海岸线绵长，风能资源丰富，海陆 50m 高度处风能潜在可开发量约为 25.8 亿 kW，开发潜力巨大。目前我国农村小型风力发电主要用于解决偏远地区农、牧、渔民生活、生产用能。截至 2018

[1] 该数据来源于《中国农村统计年鉴 2019》。

年，我国风力发电累计并网容量为 21005 万 kW，发电量 2379 亿 kWh，利用小时数为 2042h。

如图 2-36 所示，列出了 2018 年农村各地区风力发电情况，从图 2-36 中可以看出中部地区的累计并网容量最高，发电量最高，西部次之，东部最低。各个地区风力发电设备的平均利用小时数相差不大，由于中部风力资源较为丰富，如果中部地区的平均利用小时数加大，可能会获得的更多的累计并网容量和发电量；东部地区由于完善的火力发电以及仅东部沿海地区风能较为丰富，使得东部地区的风力建设略低于中部和西部。总之，不同区域的风电建设水平差距很大，风电建设规模与风能资源禀赋相适应。

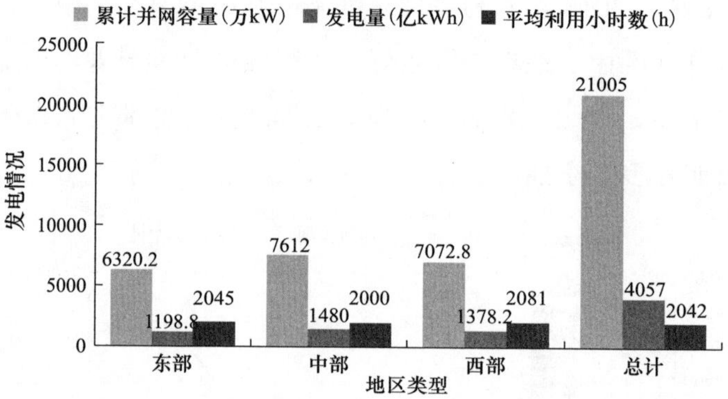

图 2-36　2018 年农村各地区风力发电情况[1]

4）农村生物质能开发建设。我国对农村生物质能的开发主要是利用沼气。沼气是由畜禽粪便、作物秸秆等有机物在一定条件下经微生物厌氧发酵产生的气体。沼气技术复杂性低，原料来源广泛，可实现产业化发展，因此成为国家重点发展的生物质能技术之一。2016 年，中华人民共和国农业农村部联合中华人民共和国国家发展和改革委员会继续大力推进农村沼气转型升级，加大项目调整优化，安排中央预算内投资 20 亿元，支持建设日产沼气 500m^3 以上的大型农村沼气工程 552 个和日产生物天然气 1 万 m^3 以上的大型生物天然气工程 22 个，开展建设试点。

[1] 该数据来源于《中国农村统计年鉴 2019》。

如图 2-37 所示是 2018 年各地区农村产气总量，从图 2-38 中可以看出，东、中、西部农村产气量呈阶梯状上升。发展沼气产业需要综合考虑各地区畜禽粪便、农作物秸秆等资源量，肥料化、饲料化、原料化、基料化等竞争性利用途径，以及地域分异规律、沼气发展基础、经济水平、清洁能源需求等因素，由于东部地区经济较为发达，电力、太阳能等发展迅猛，使得沼气发展较为落后，但是考虑到沼气发展在环境保护、资源循环利用方面的巨大优势，东部地区也应着力发展沼气工程以提高资源利用率。

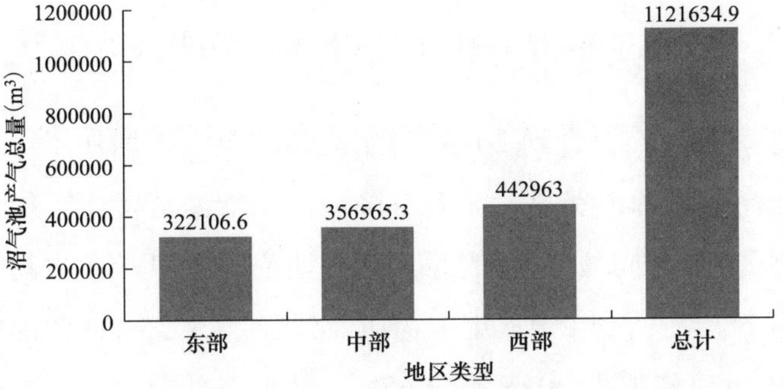

图 2-37　2018 年各地区农村产气总量[1]

秸秆作为我国农村一项传统生活能源，从图 2-38 可以看出，东部和中部对秸秆在炭化、固化成型方面年产量和秸秆沼气集中供气户数和秸秆热解气化集中供气户数远高于西部地区，这是由于东部和中部地区粮食作物种植面积广泛，种植面积远高于西部，使得东部和中部拥有大量的作物秸秆资源，进而使得农村秸秆优质化能源利用大大提高。2018 年各地区沼气池产气总量以东、中、西部呈阶梯状上升。这主要是因为东部地区电力、太阳能、风力发展相对成熟，对沼气技术的需求太小，中西部地区能源相对薄弱，沼气池技术的大力发展可以有效地弥补能源紧缺的现状，而且有利于资源循环利用。

（2）农村能源消费现状。

自改革开放以来，中国农村经济发展迅速，农村能源消费的数量、品质和结构也随之发生了巨大变化。从总量上看，农村能源消费总量从 1980 年的 328.0

[1] 该数据来源于《中国农村统计年鉴 2019》。

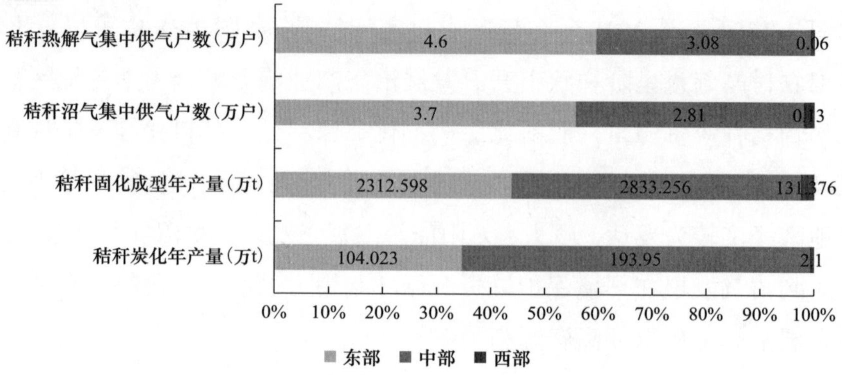

图 2-38　2018 年各地区农村秸秆优质化能源利用情况❶

百万 t 碳当量（MtCe）上升到 2019 年的 670.47MtCe，增加了一倍多。从消费结构上看，非商品能源消费总量略有下降，商品能源消费比重稳步上升，生物质能源已不再占据农村能源消费的绝大部分地位。1979 年，生物质能占农村能源消费总量的 68%，而到 2018 年生物质能消费仅占 35%；商品能源消费则从 1980 年的 30%迅速增加大 2019 年的 68%。从消费部门上看，农村能源消费主要用于农业生产和居民生活，农业生产用能占农村能源消费的比重由 1980 年的 20.4%上升到 2019 年的 43.9%，呈逐年上升的趋势。

农村能源的消费可以分为农村生产能源与农村生活能源消费。农村生产能源主要是指农业活动过程中的能源消耗及农村企业的生产过程中的能源消耗；农村生活能源消费主要指农民的日常生活中的能源消费，如煮饭、取暖、家用电器消耗、照明等，以及通常情况下的农村家庭交通工具消耗的能源。2017 年的全国农村生活用能消费结构如图 2-39 所示，商品能消费量为 2.22 亿 t 标准煤，占农村生活用能的 51.6%；非商品能源消费总量为 2.08 亿 t 标准煤，占 48.4%。

由图 2-39 看出，随着中国沼气转型升级和大中型沼气工程的建设，沼气逐步在农村演变为一种商品能源，农村生活用能中非商品能源消费比例依然很大，占比最大的依次是煤炭、秸秆、薪柴和电力等，煤炭消费占主导地位，清洁能

❶　该数据来源于农业农村部。

源和可再生能源使用量较少，可见，当前农村生活用能消费结构不合理，未来发展改革需要从对煤炭替代着手，普及“煤改气”“煤改电”。

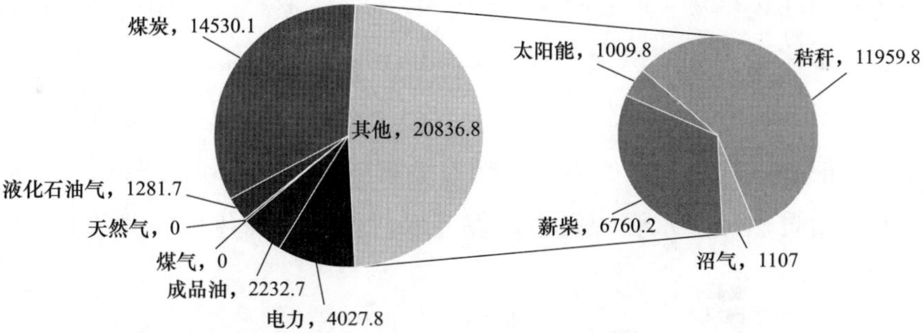

图 2-39　2017 年全国农村生活用能消费结构[1]（单位为万 t 标准煤）

如图 2-40 所示为 2010—2017 年我国农村生活能源消费结构的变化，太阳能、沼气、电力等能源使用比例逐年增加，其中太阳能和沼气的增加主要由于相关能源技术的提升以及国家政策的大力支持。从能源消费品种上看，煤炭、薪柴等传统生物质能源在农村居民生活能源消费中仍占据着主要地位，煤炭使用比例在 30%左右波动，薪柴的使用比例在 15%左右波动，秸秆使用比例大幅下降，与沼气技术的快速发展及相关国家政策有关，其他能源在农村能源消费中占比较小。

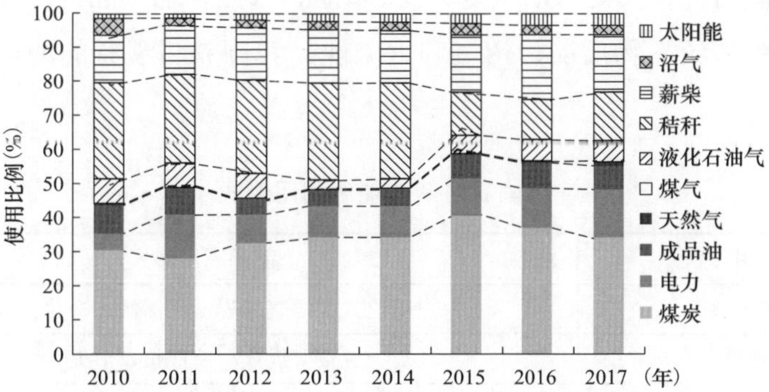

图 2-40　2010—2017 年我国农村生活能源消费变化

[1] 该数据为农业部农业生态与资源保护总站统计数据。

2017 年全国农村生产用能消费结构如图 2-41 所示，农村生产用能中商品能源消费总量为 2.96 亿 t 标准煤，占农村生产用能的 90.2%；非商品能源消费总量为 0.32 亿 t 标准煤，占农村生产用能的 9.8%。农村生产用能中商品能源占比大，其中占比最大的依次为煤炭、成品油和电力等，农村生产用能基本依存于国家统一能源供应体系，但总体上，农村生产用能煤炭占主导地位，清洁能源和可再生能源占比较低。所以，要提倡清洁用能，大规模改变生产用能方式，充分就近利用自然风光水资源发电，保证农村生产的绿色化、清洁化。

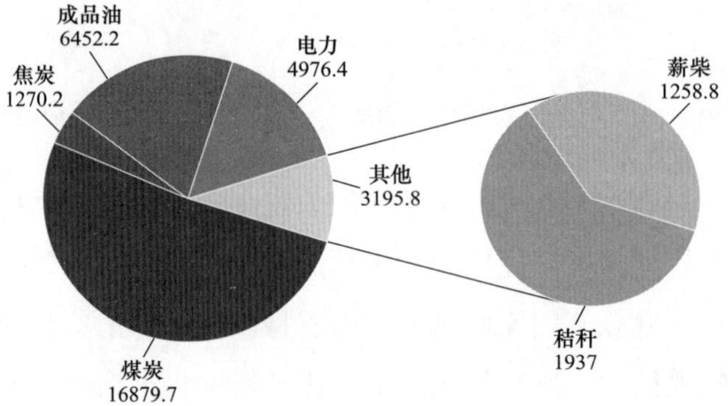

图 2-41　2017 年全国农村生产用能消费结构[1]（单位为万 t 标准煤）

农村的清洁能源资源是推进农村能源结构改革的主要能源，其主要分为生物质能（作物秸秆、粪便、沼气等）、太阳能、水能、地热能等。而其中最主要的三项构成为传统生物质能、沼气和太阳能。我国农村现行的清洁能源利用形式见表 2-10。

表 2-10　　我国农村清洁能源利用形式

能源利用类别	能源利用形式
沼气	户用沼气、沼气工程、生活污水净化沼气池
炉灶炕	省柴节煤灶、节能炕、节能炉
太阳能热利用	太阳能热水器、太阳灶、太阳房、太阳能校舍
秸秆能源化利用	秸秆沼气集中供气、秸秆固化成型、秸秆炭化

[1] 该数据为农业部农业生态与资源保护总站统计数据。

续表

能源利用类别	能源利用形式
小型电源利用	小型光伏发电、风力发电、水力发电
其他	地热能、海洋能等

由上述各层次的农村能源消费结构可以看出，现阶段正处于由以消费传统生物质能源为主向以消费商品能源及可再生能源为主转型的状态。目前太阳能、沼气、风能等可再生能源虽然发展较快，但在农村用能上比例仍很低，农村地区具有资源丰富的清洁能源，如太阳能、生物质能、沼气能、小型水电风电。尤其是生物质能含量非常高，但目前利用方式多以直接燃烧为主，产生大量燃烧颗粒，造成雾霾天气频发。因此，合理利用农村现有清洁能源资源是发展应用清洁能源的有效途径。同时，加大农村清洁能源的使用不仅是改善用能结构的需要，也是我国建设新农村的主要内容，实现农村可持续发展的重要战略，未来应重点发展以可再生能源为核心的农村能源产业。

2.1.3 农村能源发展政策要求

近年来，在习近平总书记提出的能源革命战略下，相关部门先后颁发了一系列的能源发展相关政策，为农村能源发展提供了政策依据和发展目标，包括坚持“创新、协调、绿色、开放、共享”发展理念，坚持能源电力化，电力清洁化，服务智能化为核心，坚持生产与消费环节再电气化、农业废弃物资源化利用、垃圾固废集中能源化处理、基础设施网络建设完善升级、消费模式创新、节能发展优先等多措并举等，农村能源发展相关政策见表 2-11。

表 2-11　　农村能源发展相关政策

时间	会议或文件	内　　容	农村能源革命相关
2014 年 6 月	中央财经领导小组第六次会议	明确提出了“四个革命、一个合作”的重大能源战略思想，高度重视城镇化节能，树立勤俭节约的消费观，加快形成能源节约型社会	首次提出能源革命理念
2015 年 5 月	《2015 年农村沼气工程转型升级工作方案》	因地制宜开展农村沼气工程各类项目建设，支持建设一批规模化大型沼气工程，同时开展规模化生物天然气工程建设试点	首次提出农村沼气发展相关方案

续表

时间	会议或文件	内　　容	农村能源革命相关
2015年7月	《配电网建设改造行动计划（2015—2020）》	提出建设城乡统筹、安全可靠、经济高效、技术先进、环境友好的配电网络设施和服务体系	提出农村配电网发展目标
2015年7月	《关于推进新能源微电网示范项目建设的指导意见》	提出基于能源互联网思想和技术，协同耦合各类能源类型，从能源生产-运行-用能等一体化进程，参与电力市场，进一步满足用能需求	提出新能源微电网示范项目建设意见
2015年8月	《国家发展改革委关于加快配电网建设改造的指导意见》	提出通过配电网建设改造，中心城市（区）智能化建设和应用水平大幅提高，供电质量达到国际先进水平；乡村地区电网薄弱等问题得到解决，保障农业和民生用电	明确乡村地区电网发展目标
2016年6	《关于推进“互联网+”智慧能源发展的指导意见》	提出加强建设能源智能化生产和消费设施、建设多能协同综合能源网络设施等十项重点任务	明确了“互联网+”智慧能源发展任务
2016年7月	《关于推进多能互补集成优化示范工程建设的实施意见》	提出加强建设多能互补集成系统示范基地。其中，终端一体化集成供能系统17个，风光水火储多能互补系统6个	确立23个多能互补集成优化示范工程项目
2016年11月	《“十三五”国家战略性新兴产业发展规划的通知》	提出创新生物能源发展模式，着力发展新一代生物质液体和气体燃料，开发高性能生物质能源转化系统解决方案，力争在发电、供气、供热、燃油等领域实现全面规模化应用	提出了农村生物质能源转化应用思路
2016年12月	中央财经领导小组第十四次会议	推进北方地区冬季清洁取暖，关系北方地区广大群众温暖过冬，关系雾霾天能不能减少，是能源生产和消费革命、农村生活方式革命的重要内容；加快推进畜禽养殖废弃物处理和资源化利用	首次提出农村能源革命指示
2017年2月	《全国农村沼气发展“十三五”规划》	提到要推动沼肥高效利用。将沼渣沼液加工作为规模化生物天然气工程和规模化大型沼气工程项目不可缺少的建设内容	明确了推动沼肥高效利用目标
2017年6月	《关于加快推进畜禽养殖废弃物资源化利用的意见》	以农用有机肥和农村能源为主要利用方向，完善扶持政策，严格执法监管，加强科技支撑，强化装备保障，全面推进畜禽养殖废弃物资源化利用	提出了推进畜禽养殖废弃物资源化利用要求
2017年6月	《国家能源局关于组织实施“互联网+”智慧能源（能源互联网）示范项目的通知》	为了推动绿色能源的灵活自主平衡交易，以工业园区或者开发区为试点，首批确定了55个“互联网+”智慧能源（能源互联网）示范项目	明确了“互联网+”智慧能源（能源互联网）示范项目

续表

时间	会议或文件	内　　容	农村能源革命相关
2017 年 11 月	《关于加快推进深度贫困地区能源建设助推脱贫攻坚的实施方案》	充分发挥能源开发建设在解决深度贫困问题上的基础性作用，加大支持力度，助推深度贫困地区脱贫攻坚	提出能源建设帮助脱贫攻坚的新思路
2018 年 3 月	《2018 年能源工作指导意见的通知》	着力解决清洁能源消纳问题，扎实推进“互联网+”智慧能源（能源互联网）、多能互补集成优化、新能源微电网、并网型微电网等示范项目建设	提出多类型清洁能源消纳示范项目建设要求
2018 年 6 月	《打赢脱贫攻坚战三年行动的指导意见》	实施贫困地区农村配电网改造升级，加强电力基础设施建设，建立贫困地区电力普遍服务监测评价体系，引导电网企业做好贫困地区农村电力建设管理和供电服务。大力推进贫困地区农村可再生能源开发利用	提出贫困地区电网企业发展任务及农村可再生能源开发利用目标
2018 年 7 月	《关于呈报兰考县农村能源革命试点建设总体方案（2017—2021）的请示》	同意兰考县按照总体方案开展农村能源革命试点建设，将农村能源革命试点建设与促进农业发展结合起来，与农民增收致富结合起来，与美丽乡村建设结合起来，实现农业强、农村美、农民富的目标	确立兰考首个国家农村能源革命试点
2018 年 9 月	《乡村振兴战略规划（2018—2022 年）》	对实施乡村振兴战略第一个五年工作做出具体部署，要求优化农村能源供给结构、完善农村能源基础设施网络、推进农村能源消费升级、发展“互联网+”智慧能源，探索建设农村能源革命示范区	首次提出构建农村现代能源体系目标
2019 年 5 月	《数字乡村发展战略纲要》	加快推动农村地区水利、公路、电力、冷链物流、农业生产加工等基础设施的数字化、智能化转型，推进智慧水利、智慧交通、智能电网、智慧农业、智慧物流建设	明确了加快推进乡村数字化转型和智慧设施建立任务
2019 年 12 月	《关于促进生物天然气产业化发展的指导意见》	提出在新的历史时期生物天然气发展的方向、目标、任务和政策框架等方面的内容，指出将生物天然气纳入能源管理体系	明确生物质天然气发展要求
2020 年 2 月	《2020 年农业农村科教环能工作要点》	提出大力发展农村可再生能源，推进农村沼气转型升级，因地制宜推广秸秆打捆直燃供暖、沼气供气供热和太阳能利用等技术模式，打造一批农村能源多能互补、清洁供暖示范点	提出农村可再生能源发展目标，建立农村能源多能互补相关试点

续表

时间	会议或文件	内　　容	农村能源革命相关
2020 年 7 月	《关于做好 2020 年畜禽粪污资源化利用工作的通知》	坚持政府支持、企业主体、市场化运作的方针，坚持源头减量、过程控制、末端利用的治理路径，以畜禽粪污肥料化和能源化利用为方向，聚焦生猪规模养殖场，全面推进畜禽粪污资源化利用	明确畜禽粪污资源化利用思路
2020 年 9 月	“30 • 60”碳目标	中国将提高国家自主贡献力度，采取更加有力的政策和措施，二氧化碳排放力争于 2030 年前达到峰值，争取在 2060 年前实现碳中和	农村能源发展新要求

2.2　农村能源发展问题及转型思路

2.2.1　农村能源发展现存问题

近年来，国家政策对农村能源提起高度重视，并取得了重要成绩，但受农村经济社会发展水平和地理气候自然条件等因素制约，农村能源处于“边缘化”的困境，农村能源供给、消费、技术、体制革命和城乡废弃物能源化利用等五方面发展滞缓，不平衡不充分的问题依旧突出，农村能源发展现存问题主要表现为以下几个方面。

1. 宏观视角

（1）可再生能源开发利用水平低。农村能源供需矛盾日益凸显。一方面，能源开发程度低导致供应不足。由于农村地区资金不足及技术落后，对于现有的自然资源开发不足。尤其是针对可再生能源，我国农村能源开发使用发展较晚，可再生能源开发技术仍较为落后，规模小、成本高、效率低，难以形成规模化应用。另一方面，随着中长期城镇化、工业化进程的加快，乡镇工业单位产值能耗比国有工业高出 1 倍以上，农民和城市居民生活方式越来越趋同，传统的能源不能满足农村生产生活用能。

支持农村能源发展的法律法规、财政补贴和金融投资等体系尚不完善。农村能源燃料使用情况复杂，投入力度不足，致使很多政策无法落实，农村能源推广收效甚微；秸秆禁烧、卫生环境整治等政策的颁布落实存在滞后性，无法有效倒逼农村能源转型升级发展；财税补贴政策缺乏长效性和稳定性，导致许多政策落实不到位；金融投资上，长期以政府引导投入或财政扶持为主，社会金融资金的调动与激励力度不足。

（2）生物质资源能源化水平低。生物质资源开发不足。配套的生物质电站数量尚不满足完全处理垃圾、秸秆、畜禽粪便等产生的能力，具有较大的生物质资源开发潜力；缺乏低成本可再生能源开发利用技术，这些技术问题导致农村能源投资价值不高，形成技术落后、经济效益低下的恶性循环。

农村能源服务体系滞后。煤炭和液化气的能源在一些地区的农村生活能源中占有一定的比例，但供应网点和服务网点与城市相比还有较大的差距，常用能源价格不断上涨也引发了一些新的问题。此外，农村沼气、太阳能热水器、太阳灶、太阳能光谱发电系统等可再生能源设施缺乏配套的服务体系，市场化和产业化水平低，影响了农村能源和可持续发展的可靠运行。

（3）能源消费终端清洁化水平低。农村生产用能以低品质能源为主。农村生产用能基本依存于国家统一能源供应体系，煤炭占主导地位，对煤炭、石油的依赖性仍然较强，清洁能源和可再生能源占比较低。清洁能源逐渐成为农村生活用能的主要构成。随着国家农村配电网改造力度加大和农民生活水平的提高，电力、液化石油气、天然气等清洁能源逐步成为农村居民生活重要的能源。

（4）农村能源基础设施相对薄弱。我国农村地区能源基础设施落后，导致农村能源普遍服务水平低。长期以来，我国广大农村地区与城镇地区在基础设施建设与公共服务方面存在着发展不均衡的现象，存在城乡二元制的问题。农村地区能源基础设施薄弱，户均配电变压器容量尚不能满足乡村振兴用能需求，燃气管网、热力管网在农村地区未能普及，各类能源网络互补衔接不足。技术开发资金投入欠缺，燃气、液化气和天然气供应尚未能普及到所有乡镇，部分偏远地区农村配电网设备陈旧落后，农村商品能源总体供给不足，部分地区能源贫困问题依然存在，农村能源消费需求难以得到有效满足，尤其是返乡潮和春节期间集中用能导致能源保障压力过大。

农村能源基础设施建设的政策支持力度不足。近年来，尽管各级政府以补贴的形式开展了沼气、秸秆气化等农村清洁能源利用工程建设，但这些补贴远远不能满足农村能源整体建设的需求，资金缺口较大。与城市相比，我国对农村能源基础设施建设的重视和支持力度长期不足，政府部门虽制定了大量新能源法律法规，但缺少宣传，没有提高企业和农民对于农村新能源的关注与重视，国家给予的能源补贴，也没有起到长效激励作用，导致农村能源基础设施落后，进而阻碍了农村新能源工程的发展。

2. 微观视角

（1）农村能源消费结构地区差异明显。农村能源消费呈现电力、成品油和燃气“三足鼎立”局面。各区域商品能源消费与农村人均可支配收入正相关，收入水平较高的豫中、豫西、豫北商品能源消费比重较高；各区域非商品能源消费与农村耕地面积正相关，豫中东、豫南平原地区薪柴使用占比较高。农村能源转型升级要根据地域经济发展水平、能源资源禀赋等要素，因地制宜制定落地实施路径。

（2）县域居民能源消费城乡差异明显。居民家庭生产生活户均能源年消费约1t标准煤，人均年消费约230kg标准煤。其中，县城家庭年消费约810kg标准煤，人均220kg标准煤；农村家庭年消费约1.2t标准煤，人均235kg标准煤。县城家庭居民主力能源为电力、燃气，合计占比近90%，辅助能源为成品油、煤炭；农村家庭居民主力能源为电力、薪柴、燃气，合计占比约80%，辅助能源为成品油、太阳能、沼气、煤炭。而从调研情况来看，农村居民家庭能源消费支出已占到了家庭总收入的6%以上、家庭总支出的11%，能源支出压力较大。因此，在推动农村家庭用能方式转变的同时，要充分考虑居民经济承受能力，同时也要大力发展县域经济，提高农村居民收入，从根本上提高能源消费能力。

（3）农村电气化水平空间巨大。炊事领域电气化潜力大。调查显示，仍有35%家庭，炊事过程中使用薪柴、煤炭等低效、高污染能源，清洁转型潜力巨大。农村居民家庭能源消费进入商品能源时代，商品能源消费占比85%，电力占比约31%。随着电网升级改造、电能替代的实施，电采暖比重达60%（以空调、电暖气为主），薪柴采暖占比超10%。但由于空调、电暖气耗电量大，带来能源消费成本增加，有相当多家庭只在最冷、最热时段时使用。农村能源消费侧除少量薪柴、秸秆等原始形态能源利用外，90%以上的能源供给需要外部输入；生产侧农村风能、太阳能、生物质能等可再生能源资源丰富，90%以上闲置未开发利用。

2.2.2 农村能源转型思路

传统的农村能源供能主要形式为利用农村配电网为用户提供电能，通过燃烧传统能源煤炭、秸秆等一次性能源来提供热能。农村能源传统供应模式如图 2-42 所示。

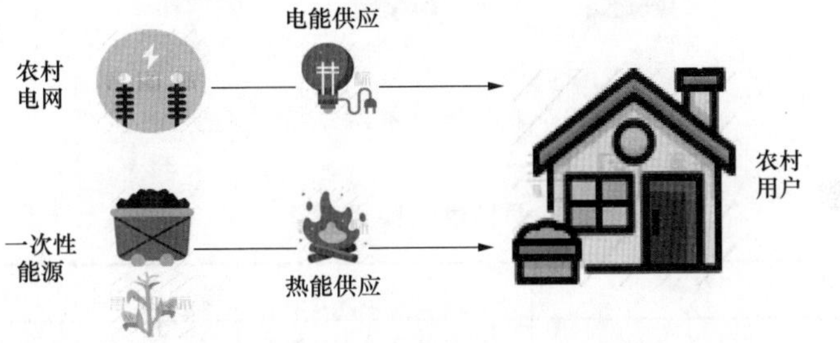

图 2-42 农村能源传统供应模式

传统供能模式能源利用率低，环境污染严重，供能安全性低。目前，我国越来越多的农村正在实现城镇化，电网、天然气、石油的建设实现了西电东送、西气东输，但是这多针对于我国东南沿海经济发达地区，采取集中供能和用能方式。在中部、西部和东北等农村，不少偏远地区用能的稳定性，甚至供电可靠性都不高，与大电网联网困难，无法集中供能供电。因此，科学发展农村能源，探索多种能源综合利用模式，构建清洁低碳的农村现代能源系统，是促进农村产业兴旺、实现农村生态宜居、达到农村生活富裕的重要举措。农村现代能源系统发展模式如图 2-43 所示。

农村传统能源系统与现代能源系统对比见表 2-12。可见，构建农村现代能源系统，充分利用当地能源，实现多种分布式能源的互联互补，在居民用能节余时，分布式能源发电通过当地的配电网并网上网；在供能不足时，通过大电网向当地的用户输送电能，解决农村用能问题。

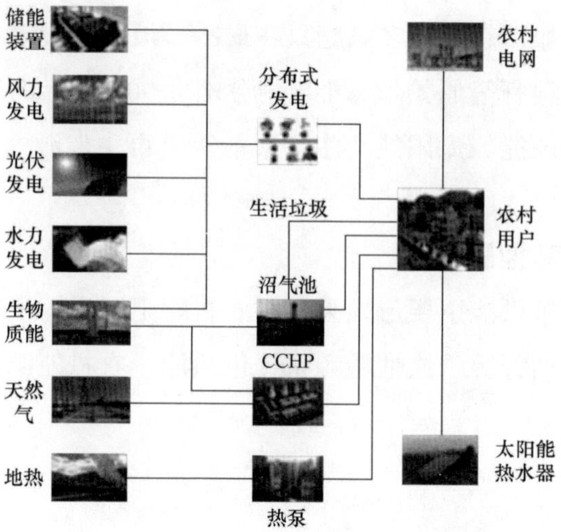

图 2-43　农村现代能源系统发展模式

表 2-12　　两种供能模式对比

项目	传统	综　　合
电能	农村配电网	分布式发电+农村配电网+冷热电联产机组
热能	燃烧煤炭、秸秆等能源	热水器+冷热电联产机组+热泵
清洁能源		生物质沼气+天然气
运行时间	全天	白天（分布式发电+冷热电联产机组）+晚上（农村配电网+冷热电联产机组）
安全性	依靠农村配电网	不依靠农村配电网，可独立供能
经济性	电费用高	用能节余并网上网，节约电费
环保性	污染严重	节能减排

根据表 2-12 可知，农村现代能源系统是以安全性、经济性、环保性为目标，依托先进的能源互联网技术，综合利用生物质沼气、生物质天然气及风、光等分布式发电，耦合冷热电联产机组、热水器、热泵等能量转换设备，实现电、热、冷、气等不同类型能源的互补、互济，形成清洁低碳、安全高效的能源供应体系，主要特征体现为清洁化、电气化、数字化的特征。

农村能源具体转型思路分析如下：

（1）指导思想：全面贯彻党的十九大精神，以习近平新时代中国特色社会主义思想为指导，按照“五位一体”总体布局和“四个全面”战略布局，认真落实党中央、国务院决策部署，牢固树立和贯彻落实创新、协调、绿色、开放、共享的发展理念，遵循能源发展“四个革命、一个合作”战略方向，结合生态文明建设、乡村振兴、区域协调发展、产业转型升级等国家重大战略与需求，深入推进供给侧结构性改革，实施农村新能源行动，全面推进农村能源革命，为改善农村生产生活条件、促进农业发展方式转变，推进农业农村节能减排及保护生态环境做出积极贡献。

（2）转型原则：清洁低碳，生态宜居。坚持农村能源绿色生产、绿色消费，保障生态安全，建设安全高效的现代能源体系。提升可再生能源开发利用水平，推动能源供给多元化；逐步提升农村电气化水平，提高天然气和可再生能源消费比重，大幅降低二氧化碳排放强度和污染物排放水平。强化生态理念，发展生态经济，建设生态宜居的美丽乡村。

因地制宜，就地利用。坚持因地制宜，结合农村地域特征、资源禀赋、经济承受能力，制定相应的发展原则。优化小水电、太阳能、风能、沼气和生物质能等组合发展模式，各有侧重、相互兼顾，形成具有我国农村特色的多能互补、协调发展的分布式能源格局。

经济适用，分散发展。突出技术经济适用，因地制宜推动“大云物移智”等现代信息技术与能源技术融合发展，充分运用互联网新技术推动能源基础设施提档升级；推动可再生能源分散发展，加快分布式能源输电、配电网络建设，推进能源梯级利用、循环利用和能源资源综合利用。

政府引导，市场运作。按照政府推动、企业主导、市场运作思路，落实地方政府属地责任，明确相关部门责任，充分发挥政企协同作用和市场决定资源配置的作用，统筹推进农村能源转型发展。

2.3 农村能源变革模式及路径

2.3.1 农村能源转型发展路径

当前，我国农村能源生产主要包括生物质能（包括生物质直燃、沼气、生物质成型等）、小型电源（包括太阳能光伏发电、风力发电、微水电）、太阳能热利用（太阳能热水器、热泵、采暖、制冷空调、太阳房、太阳灶等）。近年来，以沼气、太阳能、生物质发电、生物质成型为代表的农村能源产业保持强劲的发展势头，综合效益明显。但目前农村能源系统中电力、天然气和可再生能源消费比例偏低，用能品质低。

总体而言，当前农村能源消费结构不合理，散煤燃烧、生物质原始利用问题突出，亟需能源转型升级。结合农村地域特征、资源禀赋、经济承受能力，建设多能互补的能源供应体系，加快分布式能源输电、配电网络建设，同时推进能源梯级利用、循环利用和能源资源综合利用，满足能源消费的多样性；优化农村能源消费结构，提高电能在终端能源消费中的比重，践行生态理念，推进建筑节能、“零碳”乡村（社区）等新理念。具体来说，农村能源转型发展路径需要从以下几个方面展开：

（1）针对农村地域资源禀赋，建立农村能源差异化规划配置理论。农村风电、光伏发电、生物质发电为代表的农村能源产业发展势头强劲，能源基础设施持续补强，农村能源正由能源生产消费链条末端向前末端融合转变。然而，农村能源资源开发呈现分布分散、规模大、容量低、随机性强等特性，且用能品类多样、用能行为随机、用能需求易变，农村能源供需配置和综合规划面临精准预测、差异配置、多能耦合等诸多难题待解。这就要求加快建立考虑差异化发展场景的农村能源供需配置模型，提出基于改进五层级能源集线器模型的农村多能流耦合系统优化规划方法，研发农村能源综合规划仿真及经济性分析平台，形成农村能源资源优化配置理论，为农村分布式能源场站宏观选址、冷热电负荷分析与多能供应系统设备选型定容、技术经济模拟等提供理论依据。

（2）针对农村分布式能源分布特征，建立农村能源集群化运行优化技术。农村分布式能源具有高离散、分布广、容量小等特性，传统电力通信手段覆盖成本昂贵，分布式电源运行基本上处于自由状态。随着农村地区分布式可再生能源的大规模开发利用，农村地区配电网特性发生根本性变化，潮流双向流动对电网运行影响愈发明显。为应对这一趋势，亟待加快突破分布式可再生能源柔性控制、源荷互动、就地最大化消纳等相关技术，有效解决分布式能源规模化接入配电网及推广中存在的技术瓶颈，提高可再生能源的利用率。如何建立农村大规模分布式电源的群控群调关键技术，提出基于虚拟电厂的农村综合能源系统协同优化运行方法，为开展台区级、变电站级、全县域级的“源网荷储”协同优化系统示范应用，提升农村分布式电源消纳能力与协调控制能力，支撑“以电为中心”农村分布式低碳能源网络高效协同运行提供可靠的方法支撑。

（3）考虑农村能源数据特点和技术需求，建立适应农村的“互联网+”农村能源信息化互联支撑平台。能源革命与数字革命交汇期，农村能源优化配置需要驶入能源数字化转型的快车道。农村供能、用能分散化特性明显，导致农村能源数据点多、面广，数据采集技术需要持续创新；不同品类能源系统信息化水平差异较大，导致农村能源信息异构性凸显，数据融合技术需要重点突破；农村能源协同规划、协调优化运行离不开农村能源数据的支持，因此，借助“互联网+”技术，加快建设农村能源互联网，更好服务农村能源优化配置成为必然选择。因此，构建农村能源多源异构数据融合应用架构，提出农村能源互联网全品类数据接入规范，建成并投运首个县域能源大数据中心，形成台区级、变电站级、全县域级的“源网荷储”协同优化应用体系，设计融合信息流、能源流、价值流的农村能源互联网功能框架，研发农村能源互联网平台并实现首个工程应用，将能够为农村能源优化配置提供数字化平台支撑。

2.3.2 农村能源转型典型范式

我国农村能源革命关键是要提高农村能源消费清洁化水平和能源保障供给水平，构建清洁、低碳、安全、高效的能源保障体系。要大力发展分布式低碳能源网络，优化太阳能、风能、生物质、地热能等可再生能源的组合发展模式，推动农村天然气管网和天然气市场建设，加大天然气的使用比例；改造提升农村配电网建设水平，推动分布式与集中式电网并行建设，打造具有我国农村特色的多能互补、协调发展的分布式能源格局。

同时，由于我国当前广大农村地区还普遍存在能源利用方式低效、大量既有非节能建筑、农业生产过程高耗能等能源浪费现象。因此，我国农村能源革命首先要遵循“节能优先、效能为本”的实施路径，要把节能提效放在“第一能源”重要地位，以节约高效理念深入推进农村生产生活领域节能提效。节能是一种不需要资源的开源，要坚持“开源”“节流”并重，充分利用网络、电视、广播、报纸等多种媒体，加强农村节能宣传教育，不断增强农民的节能意识；引导农民改变原有粗放型能源消费方式，淘汰散煤、薪柴等劣质低效用能。探索城镇化和新农村建筑节能模式，从规划、法规、技术、标准、设计等方面全面推进农村绿色建筑和建筑节能，提高建筑能效水平。推进农村住宅建筑保温措施推广与示范，推进农村节能门窗幕墙技术及产品的应用；推进新农村屋顶光伏建筑、光热建筑一体化等可再生能源建筑技术应用，引导农民接受既有建筑节能改造。加强农业生产节能减排，完善农业发展循环经济的长效机制，按照循环经济发展的要求布局农业产业，推进农业废弃物集中资源化循环利用。全面强化农村节能环保，把农村生活生产节能、建筑节能放在突出的位置，推动农村能源生产和消费由粗放、低效型向高效、节能和环保型转变，将节能提效贯穿于农村经济社会发展全过程。

在此基础上，本文根据“战略引领，生态优先；清洁低碳、安全高效；因地制宜，多能互补；模式创新，全民参与”的战略方针，基于农村能源革命类型分析，结合农村能源革命的主要方向，面向农村用户多种用能需求，探索提出我国不同农村地区能源革命的典型范式及实施路径。

1. 经济发达的城郊型农村能源革命

对于以华东、华南地区为代表的经济发达的城郊型农村，能源基础设施相对完善，经济水平较高，外部能源输入便利等条件，属于城市发展辐射带动区域。该类型农村基础设施、服务体系都不是孤立的，要与城市规划统筹协调，以城市反哺农村、城乡融合发展的理念，按照“统筹规划、完善设施；城乡互动、能源互联”的能源革命典型范式，构建城乡一体化能源网络，推进农村能源革命。

（1）统筹规划、完善设施，以城市反哺农村理念推进农村能源基础设施建设与完善。以国家乡村振兴战略、区域协调发展战略为指导，通过城市圈带动效应，推动城市周边农村地区接轨城市。当地政府要统筹规划城市及周边农村地区的产业布局、能源供给、公共服务及基础设施建设，把农村能源问题纳入地区能源规划范围，统筹制定农村配电网基础设施改造规划，充分考虑新能源、分布式电源、电动汽车充电基础设施等多元化负荷接入需求进行农村配电网建设与改造，提高农村地区电网供电能力及可靠性；统筹规划城乡供气格局，以城区天然气主管网为依托，加快城市燃气管网向农村社区延伸建设，推动天然气替代民用散煤，提高该类农村地区天然气居民气化率；结合该类农村人口密集，生活水平较高，生活垃圾产量较大特点，推进城郊农村生活垃圾与城市生活垃圾一并集中进行资源化综合利用。

（2）城乡互动、能源互联，以融合发展理念打通城乡能源供给一体化关键环节。以实现城乡融合发展为目标，充分发挥各自优势，推动资源互动共享，实现城乡能源互联互通。充分利用城市工业余热为城市周边农村地区提供热源，充分开发利用农村地区的可再生能源，并利用“互联网+”智慧能源系统构建区域能源互联网平台，建设以智能电网为基础，与分布式低碳能源网络、天然气管网、热力管网、交通网络等互联互通，电、热、冷多种能源形态互相转化的能源互联网试验示范工程，形成与大电网结合互动的布局，打通城乡能源供给一体化关键环节，实现城乡能源互联互通，引领城乡能源协同发展。

2. 经济中等发达的传统型农村能源革命

对于经济中等发达的传统型农村，比如华北、华中、东北地区的农村，基本上远离城市和重要交通线，以农业为主，家庭收入处于中等水平，生物质能、风能、太阳能、地热能等可再生能源丰富，滞后的能源基础设施和服务体系与农民生活生产能源需求快速增长相矛盾，属于我国典型的传统型农村。因此，推荐这类农村地区采用“扬电引气、供需协调；多能互补、清洁高效”的能源革命典型范式，进行农村能源革命。

（1）扬电引气、供需协调，以清洁消费理念推动散烧煤由清洁能源替代。加强宣传与监管，严格控制农村散烧煤利用，最终实现全部替代。该类农村地区首先要以限制农村散煤消费和减少污染物排放为突破，以散煤治理为契机，推进农村能源革命。加强政府及职能部门对于禁止散烧煤的力度和决心，扩大散烧煤污染危害的宣传工作，在散烧煤严重地区严格控制散煤市场供应渠道，推出经济、洁净的清洁能源替代散烧煤的使用，引导农村居民消除对散烧煤的依赖。近期可优先选择一些经济基础相对较好、可再生资源丰富的农村试点推动“无煤村”示范建设，取缔散烧煤，推广使用清洁电力、天然气等清洁能源替代散烧煤消费，进而逐步应用到其他农村地区最终实现散烧煤利用的全部替代。

以优化农村能源消费结构、减少污染物排放为重点，逐步推进“以电代煤”“以气代煤”“以可再生能源代煤”提高农村能源消费清洁化水平。在充分考虑本地经济发展的承受能力及资源供应保障能力的基础上，逐步推进“以电代煤”工程设施建设，充分开发利用当地风能、太阳能、生物质能等可再生能源发电，稳步、有序提高清洁电力供应及在农村终端能源消费中的比例；加强供需协调，通过加大财政资金投入，引导社会资本入股等多渠道、多措施来加大扶持力度，全面实施农村配电网和农业生产供电设施升级改造行动，并加大对改造后农村基础设施的定期维护与检修，全面提升农村电力普遍服务水平，大幅提高该类型农村地区电气化水平。逐步推进“以气代煤”工程设施建设，一方面加快农村天然气管网优化建设，提高农村天然气管网覆盖面，在天然气管网不能覆盖的农村地区，推动建设小型 LNG 储罐，替代民用散煤，建立健全液化天然气配送体系，多元化解决供应渠道；另一方面积极推进生物质沼气工程，建设村级燃气供气站及小规模管网，保障清洁燃气供应能力，提升农村燃气普遍服务水平。同时，还要加大农村冬季清洁采暖扶持力度，保障重点农村地区清洁能源供热补贴资金，整体提高农村能源消费清洁化水平、清洁能源的保障供给水平，提高农村能源普遍服务水平。

（2）多能互补、清洁高效，以绿色供给理念建设分布式低碳能源网络。结合地域资源特色，构建清洁、高效、安全的多元化能源供应体系，促进农村地区能源资源优势转化为经济发展优势。随着可再生能源技术改进与政策支持，其开发利用成本将逐渐降低，结合农村丰富的可再生资源禀赋，其利用优势将更加凸显。要充分发挥这类农村地区多种资源能源共存的优势，规模发展风电、光伏发电、生物质、地热等可再生能源，推进农村生活垃圾和农业养殖畜禽粪便资源化能源化处理，建立可再生能源生产基地，构建多能互补的农村清洁能源供应体系，逐步使农村可再生能源由当前农村的补充能源逐步上升为主力能源，提高农村能源的“自给”能力，同步加强农村能源输电、配电网络和储备设施建设。推动以电、气、可再生能源发展多能互补、多轮驱动的综合利用系统示范村建设，通过创新能源供给、运营、参与模式，满足农民多样化的用能需求，实现农民增收，提高农民参与低碳网络建设的积极性，进一步推动农村能源革命。

以京津冀为代表的华北农村地区，普遍散烧煤利用严重，大气污染治理形势严峻，要充分利用这类农村地区风能、太阳能和地热能在部分地区比较富集的优势，推动“地热能-太阳能-生物质能”“风能-太阳能”“太阳能-生物质能”等多能互补的分布式低碳能源网络建设。地热资源丰富的地区，可借鉴推广河北雄县地热能供暖的模式，规范有序推进水热型（中深层）地热能开发利用，其他地区可推广开发浅层地热能供暖，经济高效替代散煤供暖，满足农村冬季农业生产和居民生活的采暖需求，根本上缓解农村地区大量使用散烧煤问题以及生物质低效利用问题；风能、太阳能丰富的内蒙古、张家口等农村地区，建设分散式风力发电和农户屋顶光伏、农业大棚光伏发电相结合的风光互补分布式发电系统，实现以用户自用和就近利用为主，多余电力送入当地配电网的分布式能源网络；对于煤炭资源丰富的山西、内蒙古等地农村，推动矿区煤层气等非常规天然气管网向附近农村地区延伸建设，就地就近推进非常规天然气用于农村炊事与采暖，推广使用清洁型煤+节能环保炉具，并给予适当的财政补贴，以满足该类型农村地区农民基本生活需要。

以河南为代表的华中地区，以农业生产为主，蕴藏着丰富的秸秆生物质资源，但秸秆就地焚烧及就地堆放现象严重。该类型农村地区能源革命要从以往单纯农村能源生产供应拓展到能源生产与解决农村环境、改善生态问题相结合的系统工程上来，要建设以秸秆等农业废物的生物质能利用为主，风能、太阳能、地热能等多种可再生能源协调发展的分布式低碳能源网络。优先发展秸秆等农业废物综合利用产业，构建农业废物分类、收、储、运、用体系，大力发展生物质燃料乙醇、生物质柴油并推广应用，规划建设秸秆等农业废物发电及热电联产工程；考虑农业生产规模分散的特点，推荐采用为农户提供加工设备租赁的商业模式发展生物质成型燃料产业。结合养殖业和畜牧业发达的优势，推动规模化标准化养殖业发展，引导规模化养殖场建设粪污收集、储运、处理利用设施，建设规模沼气工程，形成并入常规天然气管网、车辆加气、锅炉燃料等多元化消费模式，并建立沼液沼渣有机肥利用体系，推进畜禽粪便资源化能源化处理。同时，可充分利用风能、太阳能、地热能等其他可再生能源，依托新农村建设，创新“光伏+新农村”“地热+新农村”“风电+乡镇公共设施”等综合利用商业模式；依托农业种植、渔业养殖等，创新发展“光伏+农业”“地热+农业”“光伏+渔业”等富民工程，全面推进可再生能源在农村的大力发展与应用。

林业和农业生物质资源、太阳能资源丰富的东北地区，冬季严寒，供热需求量大，生物质低效原始利用问题较为严重，适合建设以农林废物等生物质规模化利用为主，太阳能利用为辅的分布式低碳能源网络。由于这类农村地区林业、农业规模较大且集中，便于集中将农林废弃物进行资源化处理，要加强对秸秆、林业废弃物等生物质资源综合利用的政策倾斜，推广“以奖代补”的方式，变堵为疏，调动广大农民的积极性。提升秸秆收储运专业化水平，规模发展生物质发电及热电联产、堆肥及成型燃料等生物质能源产业，重点发展农林废物等生物质成型燃料产业，配套推广生物质成型燃料炊事采暖炉等设备，保障当地农村居民生活用能需求的同时，还可为农民增收和就业带来新的机会。同时，充分利用太阳能资源丰富的优势，大力推广农村户用太阳能供暖系统与农村建筑相结合，并采用与生物质成型燃料供暖辅助配套的模式，保障这类农村地区冬季大量供暖需求。

3. 经济欠发达的偏远型农村能源革命

对于经济欠发达的偏远型农村，比如西北、西南地区的农村，一般地处偏远山区、塌陷区、滩涂、荒漠等自然条件恶劣区域，生产力低下，农业产出水平低下，基础设施落后，公共服务体系空白，习惯性使用薪柴等原始能源资源，但有广阔的荒山、荒地等土地资源，且风能、太阳能资源丰富。因此，推荐这类农村地区要在重视节能的基础上，采用“集中开发，外送为主；电能消费，需求保障”的能源革命典型范式，进行农村能源革命。

（1）集中开发、外送为主，以消纳优先理念充分发挥农村空间和可再生能源丰富的优势。西北地区，农村人口密度低，人员流动性也较强，导致远距离供电投资过大，大多数农村无法享受到大电网建设规划扩大后带来的收益，同时西北地区冬季漫长严寒，使得农户能源消费中冬季取暖占据很大部分。而西北地区风能和太阳能资源丰富，具有良好的使用基础，适合建设分散式风能和太阳能结合的分布式低碳能源网络。加快推动接入低电压配电网、就地消纳的分散式风电和光伏发电项目建设，推广户用太阳能供暖系统与农村建筑相结合，优化利用分散风能、太阳能资源，因地制宜提高西北地区风能和太阳能利用效率，有效解决农村居民的用电和采暖问题。考虑该类农村地区能源需求总量不大，需加强能源外送通道建设，“就近消纳+跨区域外送”实现新能源更大范围消纳。政府要统筹规划引进一批现代高载能工业、农业精深加工、现代装备制作等战略性新兴产业，建设循环产业园区，培育优质用电负荷，实现新能源更多的就地消纳。

西南地区，农村山区人口密集，经济落后，水利资源丰富，具有较多的林业生物质资源，适合建设以小水电为主，生物质能和太阳能利用为辅的分布式能源网络。主要发展小水电站的就地开发，就近供电，把小水电纳入电网应急保障体系。在西南农村地区电力规划、建设和运行各阶段充分考虑小水电的分布是电源的应急供电优势，充分发挥其保障电网安全和抗灾减灾作用。由于小水电发电系统稳定性不够，因此可考虑在小水电集中的区域配套建设农林废物的生物质发电、农村屋顶光伏发电，统一纳入该地区微电网系统建设。

（2）电能消费、需求保障，以扶贫攻坚理念保障农民基本用能需求。逐步改变传统用能习惯，提高农村电气化水平。该类农村地区总体经济水平较低，公共服务体系薄弱，电网建设相对滞后，农村配电网整体水平与全面建成小康社会目标仍有差距，该地区能源革命的前提是要首先保障农村生产生活的基本需求。重点要提高电能普遍服务水平，加大财政投入，开展农村配电网建设攻坚，推进村庄公共照明设施建设和农业生产供电设施改造升级，保障农村居民的基本用电需求。通过村委组织宣传教育，推动农村用能观念和方式的改变，引导农民逐步改变传统能源消费习惯，降低薪柴等低品质能源使用量，加大政府补贴，推进以电为主的能源消费方式，逐步实现高品质能源消费转变。

精准实施能源扶贫工程。强化定点扶贫，加大政府、企业对口支持力度，结合新能源扶贫工程和微电网建设，建设可再生能源局域电网，提高农村配电网接纳分布式新能源发电的能力，保障该类贫困农村地区农民生产生活用能需求。加强贫困农村地区能源规划布局，稳步推进“生物质扶贫”“光伏扶贫”等能源扶贫项目建设。建立长期可靠的项目运营管理机制和扶贫收益分配管理制度，增强贫困地区自我发展“造血功能”。确保能源扶贫项目与贫困人口精准对应，切实实现“精准扶贫、有效扶贫”。

2.4 本 章 小 结

本章从狭义和广义两个视角，对农村能源进行了系统性定义，厘清了我国当前农村能源的主要类型，分析了农村能源供需体系的发展现状，并从不同角度剖析了农村能源发展中存在的问题；然后，梳理了农村能源发展的相关政策，对比分析了传统农村能源系统和现代农村能源系统的特点，提出了我国农村能源发展转型思路；进而，明确提出了“规划配置-优化运行-互联平台”系统性的农村能源发展路径。最后，探索了经济发达的城郊型、经济中等发达的传统型和经济欠发达的偏远型农村能源转型的典型范式。

第 3 章

农村能源供给与需求特征刻画

近年来，由于农村经济的飞速发展与城镇化建设，农村能源的需求量也在急剧上升，其需求速度已经大大超过传统能源生产发展速度，能源供需矛盾日益突出。同时，以沼气、太阳能、生物质发电、生物质成型为代表的农村能源产业保持强劲的发展势头，综合效益明显。结合农村地区的能源资源条件，深入研究农村地区的能源供给与需求特征，是开展农村能源规划配置的重要基础。首先，本章分别从生产和消费两个维度研究农村能源供需影响因素；其次，提出基于不确定性的分布式电源场景分析方法，研究分布式电源的出力统计特性、场景生成、场景约减和场景评价技术，刻画农村分布式电源的供给特征；最后，提出非侵入负荷辨识模型的用能分析和考虑不同能源消费需求的农村主/被用能负荷需求预测方法，辨别不同用能特性下的能源消费需求，刻画农村能源需求特征。

3.1　农村能源供需影响因素

3.1.1　影响农村能源生产的因素

一个国家或地区能否生产或开发能源由诸多因素制约，包括自然因素，比如资源禀赋和储量；也包括外在因素，比如国家的投资政策、支持力度以及技术水平等，只有这些因素同时满足，该国家或地区能生产或开发出更多的能源。

1. 资源禀赋

目前我国经济社会生产中利用的能源主要是常规化石能源，这也就决定了我国“以煤为主”的能源供给结构。由于原油、天然气的各项能源储量都相对较低，在我国原油和天然气资源生产量也不高；我国的水能、核能开发前景极为乐观，开发潜力巨大。若想在一段时间内改变“以煤为主”的能源供给结构，大力开发水电、核电可行性最高，但想从根本上改变我国目前的能源生产结构，应该在生物质能、太阳能、风能和地热能等新能源上寻求突破。随着人们认识到常规能源的日益匮乏和新能源的源源不断，发展新能源终将成为我国能源开发利用的大趋势。

2. 国家投资

改革开放以来，为进一步提高能源的生产水平，我国对能源行业的生产建设投资规模庞大，能源工业固定资产投资明显逐年递增。对能源行业固定资产投资的大规模投入，促使我国能源生产量大幅度提升，随着我国经济的快速发展和国家对能源行业的高度重视，国家的投资力度可能成为影响我国能源生产的最重要因素。

3. 技术水平

随着改革开放的不断深化和发展，通过煤炭工业、油气工业和电力工业等各部门的技术革新，我国已在一定程度上突破了常规能源禀赋对工业发展的约束和牵制，能源工业的生产效率和能源资源的利用效率均不断提高，工业化进程也进一步加快。

3.1.2 影响农村能源消费的因素

事实上，能源消费就是能源需求，影响能源需求的因素多种多样，其中经济增长是影响能源需求总量最重要的因素，产业结构、能源消费结构、技术水平、人口数量和城市化率均制约着能源的消费水平，此外，能源价格、国际贸易、国家的宏观政策、居民消费水平等也都影响能源的需求。

1. 经济增长

能源行业的最大特点就是需要持久的大量的投资，一个国家或地区经济发展水平的优劣与该国家或地区的能源消费能力的高低息息相关，并且相互作用、相互影响，具体表现为能源需求是经济增长最重要的动力来源，它决定着经济增长量的大小和经济增长速度的快慢；经济增长为能源消费提供了良好的经济条件和消费环境，是能源需求发展的必要条件。纵观近现代经济史可以发现，经济发展的历程通常带动了能源需求的开发利用，三次轰动的能源结构革新相继使煤、石油和新能源踏上经济舞台，这三次能源革新诱发了经济发展史上三次质的飞跃。通常认为，一个国家或地区经济的增速同该国家或地区能源消费量的增速呈正相关，即国民经济发展速度越快，能源消费量增长越大。改革开放以来，中国经济持续、快速的发展，而这种特性的经济发展必然会使能源需求大幅度增加。

2. 产业结构

宏观经济学中说到，经济增长和特定的产业结构密切联系，所以产业结构影响能源需求。纵观社会经济发展历程，产业结构的改变对经济增长幅度的影响直接，因为经济增长的各投入要素最初要与特定的行业相结，最终体现在特定的产业部门中。如果对这钱投入要素的组合方式不进行充分估计和考虑，经济增长的复杂状态就无法考量。事实上，这些投入要素的组合方式就构成了宏观上的产业结构。产业结构是指构成我国的各产业之间的联系和比例关系。我国有三大产业，其中第一产业为广义农业，包括农林牧副渔五个行业，其产品来源为大自然；第二产业为工业和建筑业，其产品为初级产品的再加工产品；第三产业为服务业，除第一产业和第二产业的所有行业都属于第三产业。

改革开放以来，我国产业结构对能源需求变化影响显著，在国内生产总值构成中，第二产业尤其是工业，不仅是能源消费第一大产业，同时也是我国经济快速发展的动力来源。产业结构的变化在保证我国经济持续增长的同时，也对能源需求产生影响。虽然第二产业能源需求量一直最高，但近年来，第二产业能源需求量的增幅并不是最高。因为能源需求量的增幅与三大产业的增加值保持着正比关系。

3. 能源消费结构

能源消费结构是指各种能源资源占整个能源消费量的比例。目前，全球能源消费结构基本以石油、天然气等能源为主，核能、新能源和电力资源为辅，能源形式更趋于多元化。而目前我国的能源消费结构形式已经偏离世界能源消费结构趋势，由于我国资源禀赋为煤富油贫气贫，所以能源消费主要以煤炭为主，石油、天然气为辅，电力、新能源为补充，这种能源消费结构经能源协会预测，在未来 20 年内不可能发生根本性的实质变化。

国际研究通常认为油气资源的能源利用效率要远高于煤炭，而我国一直以煤炭为主，粗放型经济增长方式必然导致能源利用效率不高，能源资源浪费严重，环境遭到破坏。我国未来能源消费也应该顺应世界发展大趋势，优化能源结构，提高煤炭资源的能源利用效率，提高新能源的消费比例。

4. 技术水平

上节提到，我国应该提高煤炭的能源利用效率，提高新能源的消费比例，如何做到这一点，最根本的、最重要的就是提高科研技术水平和创新能力。伟大的改革开放总设计师邓小平同志曾经说过“科学技术是第一生产力”，科技水平一旦提高，煤炭生产机械装备将得到改良，煤炭生产效率将逐步提升，其实不仅仅是煤炭，油气资源也会随着技术水平的进步，单位产品能耗稳中有降，节能率不断。另外，科技水平的提高也能带动新能源产业的发展，加大力度开发利用建设生物质能、太阳能等新能源，引发能源消费的实质性改变，提高新能源的消费比例。

一直以来，传统工业如化肥工业、水泥工业等都能源消费大户行业，单位能源消耗极大，如果不积极采用新技术、新工艺等改造传统工业，增强创新能力，传统工业能源需求将会不断增加，节能水平一直极差，势必影响我国经济社会的快速发展。依靠科技水平的进步，促进科技与生产相结合，提高能源使用效率和劳动生产率，在完成相同目标的前提下使能源需求量减少。

5. 人口总量

人口是人类社会经济系统中最重要的基本元素，一个国家或地区的人口总量直接影响着该国家或地区的能源消费总量，同时影响着该国家或地区能源资源的人均占有量。一般规律认为，人口和能源需求量是成正比例变化的，即人口越多，能源需求越高；人口越少，能源需求越低。未来，我国能源消费总量必定随着人口的增长不断增加。

6. 城镇化率

从人口学方面来讲，城镇化通常以农村人口不断向城市迁移和聚集的过程，人口结构对能源需求影响很大，因为城市具备完善的电力、热力、天然气和煤气等能源供应设施，为城市居民提供了便利的能源服务，能源消费规律性强，有利于统计和规范；而农村并没具备完善的能源供应设施，其能源消费主要集中利用煤炭等传统常规能源和分散的生物质资源。城镇化进程的加快使更多的农村人口转入城镇生活，对城市能源的需求影响明显。城市化率的提高使我国城市人口增加，能源消费发生变化。

3.2 基于不确定性的分布式电源场景分析方法

场景分析（scenario analysis）是一种通过构建确定性场景来分析电力系统不确定性问题的方式，是刻画农村能源供给特征重要方法，是研究含分布式电源的农村能源系统规划和运行问题的基础。场景分析的目的就是通过生成符合农村分布式电源统计特征的时序场景来表征分布式电源的超前出力，从而将上述不确定性模型转换为确定性模型，以方便优化模型的求解运算。从研究内容上进行划分，场景分析法可分为场景生成技术和场景约简技术，场景生成技术需要构建可再生能源出力不确定性模型并从中提取出初始场景集；而场景约简技术则需要从大量的初始场景中选取少量场景构成经典场景集。

3.2.1 分布式电源出力统计特性分析

1. 分布式风电出力统计特性

风能是一种清洁的可再生能源，主要由于太阳辐射地球表面受热不均，引起大气层中受热不均匀，从而使空气沿着水平方向运动，空气流动所形成的动能，实际上是太阳能的一种转化，但风能开发利用的成本比太阳能开发利用的成本要低，是可再生能源中最具开发前景的一种能源，但同时也是一种很不稳定的能源，这表现在于风速在不同时间尺度上表现出来的间歇性以及波动性特点，并直接导致了风力发电的不确定性。长期的风速概率统计特性符合两参数威布尔分布（weibull distribution），风速的概率密度函数（probability density function，PDF）及累积分布函数（cumulative distribution function）。

$$f_{\mathrm{w}}(v)=\frac{k}{c}\left(\frac{v}{c}\right)^{k-1}\exp\left[-\left(\frac{v}{c}\right)^{k}\right] \tag{3-1}$$

$$F(v)=\int_{-\infty}^{v}f(v)\mathrm{d}v=1-\exp\left[-\left(\frac{v}{c}\right)^{k}\right] \tag{3-2}$$

式中　v ——较大时间粒度下的平均风速，一般属于 1～15min 级别；

c，k——威布尔分布的尺度参数与形状参数，均大于 0，两参数可以通过威布尔分布拟合历史风速数据得到。

通常，单台风力发电机的风速可以通过“风速-风功率转换公式”转换为风电输出功率，其解析表达式如下：

$$P_{\mathrm{w}}=\begin{cases}0, & v<v_{\mathrm{in}} \text{ or } v>v_{\mathrm{out}} \\ P_{\mathrm{n}}, & v_{\mathrm{n}} \leqslant v \leqslant v_{\mathrm{out}} \\ (v-v_{\mathrm{in}})P_{\mathrm{n}}/(v_{\mathrm{n}}-v_{\mathrm{in}}) & v_{\mathrm{in}} \leqslant v \leqslant v_{\mathrm{n}}\end{cases} \tag{3-3}$$

式中 v ——实际风速；

v_{in} ——风力发电机的切入风速；

v_{out} ——风力发电机的切出风速；

P_{n} ——风力发电机的额定功率；

P_{w} ——风力发电机的输出功率。

单台风力发电机周期内的连续风速数据可以转换为风电出力曲线，对应的单时刻风电功率的概率密度函数解析表达式如下

$$f(P_{\mathrm{w}})=\frac{khv_{\mathrm{in}}}{P_{\partial\mathrm{n}}c}\left[\frac{[1+(hP_{\mathrm{w}})/P_{\mathrm{n}}]v_{\mathrm{in}}}{c}\right]^{k-1}\times\exp\left\{-\left[\frac{(1+(hP_{\mathrm{w}})/P_{\mathrm{n}})v_{\mathrm{in}}}{c}\right]^{k}\right\} \tag{3-4}$$

其中，$h=v_{\mathrm{n}}/v_{\mathrm{in}}-1$。

2. 分布式光伏出力统计特性

在研究光伏出力曲线特性上，学术界已经对其出力曲线形状已经基本达成共识，即周期为一天的光伏出力一般呈单峰曲线，较长时间尺度的光伏出力呈“半包络”状，此外光伏出力还受季节、天气等因素影响，由于光伏出力大小与太阳辐射强度成正比，而太阳辐射角度在一年四季中是呈周期性变化，这导致了四季中太阳辐射强度是不同的，因此一般北半球夏季光伏平均出力较高，春秋季次之，冬季平均出力最低，另外基于类似的原因，光伏出力还易受到云层因素的影响，因此光伏出力曲线往往形状并不固定，并且天气变化也是导致光伏出力不确定性的主要原因。目前，学术界普遍认为两参数 beta 分布可以用来拟合长时间尺度下的太阳辐照强度的概率统计特性。

$$f(E)=\frac{\Gamma(\alpha+\beta)}{\Gamma(\alpha)+\Gamma(\beta)}\left(\frac{E}{E_{\max}}\right)^{\alpha-1}\left(1-\frac{E}{E_{\max}}\right)^{\beta-1} \tag{3-5}$$

式中　E ——太阳辐照强度；

$E_{\max}$ ——最大太阳辐照强度。

E 和 $E_{\max}$ 均是 beta 分布形状参数，由于 beta 分布只能用来拟合取值在 0～1 的变量，因此上述解析表达式对太阳光照强度做了归一化处理。此外，由光伏发电系统的构造特点可知，光伏出力与太阳辐射强度、光伏阵列有效面积以及光电转换效率相关，具体如下：

$$P=EA\tau \tag{3-6}$$

式中　P ——太阳辐照强度 E 下对应的光伏出力；

A ——光伏阵列有效面积；

τ ——光电转换效率。

由于一般光伏阵列有效面积以及光电转换效率是常数，因此光伏出力与太阳辐照强度呈正比关系，可以推导出光伏出力的概率分布函数：

$$f(P)=\frac{\Gamma(\alpha+\beta)}{\Gamma(\alpha)+\Gamma(\beta)}\left(\frac{P}{P_{\max}}\right)^{\alpha-1}\left(1-\frac{P}{P_{\max}}\right)^{\beta-1} \tag{3-7}$$

式中　$P_{\max}$ ——光伏最大出力。

由此，针对风光的不确定性，可以使用静态形状参数的 Weibull 及 Beta 函数表达风速及光伏辐射强度的分布函数并采取蒙特卡罗、改进蒙特卡洛、拉丁超立方抽样、Copula 函数等抽样方法模拟算法进行模拟分析。

3.2.2 基于不确定性的场景生成技术

1. 场景生成技术

场景生成问题可以从不确定性建模方法、时间序列构建方法以及抽样方法三大方面展开研究。不确定建模方法主要包括物理方法、统计方法、学习方法。时间序列方法主要有场景树、自回归滑动平均等。抽样方法主要有蒙特卡洛抽样、拉丁超立方抽样。

（1）不确定建模方法。

1）物理方法。物理方法主要是通过数字天气预报（numerical weather

Prediction，NWP）、模型、电站地理信息以及机组数据综合分析获取可再生能源不确定性模型。风光电的不确定性主要来源于一次能源的随机性与波动性，其中风是大气流动的一种自然现象，因此风电不确定性与大气运动的随机性密切相关。以中尺度大气运动模型和风速降尺模型为基础构建风速预测随机动态模型，其可有效反映区域内多风电场之间的相关性；而云量对太阳辐射的影响给光伏发电带来了不确定性，通过分析云量及云遮的随机性，并结合光电预测模型构建了光伏不确定性模型。使用物理方法进行风光电出力预测有着较为广泛的研究与应用，而对于其不确定性建模的研究较少。物理方法对数据量需求低，可适用于对新建电站或缺少历史数据的问题进行分析。但物理方法一般包含有较为复杂数学模型，其对计算需求较高；并且物理方法依赖于 NWP 数据与气象模型，NWP 数据的不准确或过度简化气象模型可能会降低不确定性模型的精度。

2）统计方法。统计方法不需要考虑物理过程，而是根据可再生能源历史数据构建不确定性模型。依据概率模型是否具有固定的数学表达式可将统计方法分为参数估计与非参数估计两类。①参数估计是指将可再生能源出力不确定性拟合为某一参数概率分布，使用历史数据拟合出概率分布参数。正态分布、Beta 分布以及 Weibull 分布常被用于估计风速、风功率预测参数的概率分布，但由于参数估计仅能通过改变概率分布中某些参数来拟合数据，适用性较差。②相对于参数估计，非参数估计方法对概率分布不做假定，而是直接利用数据构建边缘分布函数不基于固定的解析表达式，从而避免了参数估计中概率分布不适用带来的误差。因此非参数概率分布法相较于参数概率分布法有着更强的适应性，有学者使用历史数据构建累积经验分布描述风功率预测误差概率分布，使用核密度估计分别构建多个风电场与风电场集群出力概率模型。

3）人工智能方法。人工智能方法主要是指基于数据驱动的人工智能方法，随着近年来人工智能技术的不断发展，相关领域的研究也得到了发展。由于近年来计算机计算能力的飞速提升，使用深度人工神经网络拟合高度非线性映射成为可能。学习方法主要是通过构建人工神经网络，使用历史数据对其进行训练，使其学习到已知模型与不确定性模型之间的映射关系，其中前馈神经网络发源最早，也是目前应用最广泛的神经网络模型。前馈神经网络也最早被应用于可再生能源不确定性模型研究中，但逐渐随着人工智能技术的发展，前馈神经网络逐渐被各种功能性更为强大的网络模型所取代。

（2）时间序列方法。可再生能源出力不确定性在时序上并非随机的，相邻时段的不确定性而是存在一定的相关性，其有着较高的纵向相似性，即当前时刻状态与前一时刻关联度较高。但是针对可再生能源不确定性的建模仅考虑其出力的不确定性而未分析相邻出力之间的关系。无论在电力系统中长期规划还是短期调度中使用更为广泛的是时序性场景，因此在场景生成环节中需要针对时间序列建模进行研究。

1）场景树法。场景树法常用于构建时序场景，某一时刻场景的抽样建立在上一个时刻景基础之上。因此针对 T 个时刻单一随机变量概率分布进行抽样，每个时刻均可得到 M 个样本，最后生成的场景总数为 MT。通过场景树法生成的场景数目与采样点数呈指数相关。

2）自回归滑动平均法（auto-regressive and moving Average，ARMA）。ARMA 模型假设一个时间序列在某时刻的值可以用 p 个历史观测值的线性组合、q 个历史噪声值的线性组合以及当前时刻噪声值来表示。

使用时间序列法构建可再生能源出力时间序列会使预测误差随时间发散，但实际功率预测误差并不符合随时间误差逐渐增大的特征，而对于时序不长的短期时序场景构建依然可以适用。

（3）抽样方法。抽样方法包括蒙特卡罗法、抽样平均近似法、马尔可夫链蒙特卡罗法、持续与波动蒙特卡罗法和拉丁超立方抽样法等五种方法。其中，蒙特卡罗法（monte carlo，MC）是一种经典的抽样方法，该方法无需复杂的数学推导运算，但不能较好地获得可再生能源出力直接的自相关特征，且需要大量的样本匹配观测场景的统计特征；抽样平均近似法是一种典型的以 MC 为基础的改进方法，与传统的 MC 方法相比，可以以更少的场景数量逼近随机变量的特征；马尔可夫链蒙特卡罗法使用转移概率函数来生成未来时刻的场景，能够获得可再生能源电力的自相关特征，但不能量化表示时域特征；持续与波动蒙特卡罗法可以同时考虑可再生能源电力的持续性和波动性，其生成的场景可以更加全面地描述可再生能源电力的特征；拉丁超立方抽样法主要包括采样和排列个步骤，相比于传统 MC，其所需的样本数少且不用重复分层抽样，还能实现采样区域的全覆盖。

2. 场景约简技术

电力系统的规划、运行、调度等优化问题均涉及处理大量的电力时序场景，但大规模的场景分析会极大的影响到原优化算法的效率，因此有效的聚合缩减原场景集不仅可以从概率角度逼近原始解，同时可以进一步提升算法效率。场景缩减是指将大量的光伏、风电场景进行缩减至少量可以代表初始场景的方法，以达到在保证优化模型求解精度的条件下减少运算量的目的。

目前农村现代能源系统中常见的场景缩减方法一般分为两种类型：一种是经验缩减法，常见的如典型日法，即专家根据经验选择周期内典型日作为典型代表场景；另一种则是通过数学算法合并缩减初始场景来得到典型场景，常见的包括后向消减法（backward reduction，BR）、前向消减法（fast forward reduction，FFS）、类分析方法。

经典的场景缩减算法一般包括后向缩减法与快速前向缩减法两种，下面简要介绍这两种算法思路。①BR 后向缩减法的算法步骤是根据给定初始场景集，首先遍历每个场景与剩余场景的概率距离和，并找到距离和最小的场景，再将该场景剔除到删除集中，接着在保留集中找到与刚删除的场景距离最近的场景，并将场景概率加到场景上，以使保留集中剩余场景概率之和恒为 1；重复以上步骤，直至保留集中场景数目满足算法要求，算法结束。②FFS 快速前向选择法实际上是 BR 后向缩减法的简化逆向算法，即首先假定所有初始场景均在删除集，再遍历删除集中所有场景，找到与其他场景的概率距离和最小的场景并移至保留集中；重复以上步骤，直至保留集中的场景数目达到算法要求。但不同于 BR 算法的是，FFS 算法每次迭代后保留集中的各场景概率需按各自初始概率的比例来重新分配，以使保留集中场景总概率恒为 1。显然，由于经缩减后的场景数目一般要远小于初始场景数目，因此 FFS 算法的迭代次数亦远少于 BR 算法，因而算法质量会有所下降。

聚类分析算法是一种无监督类型的数据挖掘技术，旨在发现数据中具有相似模式的对象并分别归类，从而挖掘原始数据中大量、潜在的价值信息。数据经过聚类后就会形成各个类簇，聚类算法的核心就是要保证这些类簇之间差异性较大，而类簇中的数据差异性较小。通过对比聚类算法与场景缩减方法概念，不难发现，场景缩减的实际目的是要找到能最大程度代表初始场景的一组典型场景集，而聚类分析后的各类簇中心就符合这样的要求，因为各类簇中心既能保留各类簇场景的数据特点，而且彼此之间也互不相似，因此，将聚类分析技术的概念拓展至场景缩减方法是合情合理的。目前，聚类分析算法已经在包括统计学、人工智能、金融、大数据分析、电气工程、生物医学、社会科学等诸多领域得到了广泛的应用。

3. 发展趋势

近年来，机器学习被广泛应用于场景预测中。基于人工神经网络生成随机变量的场景，文献基于神经网络理论，将农村分布式电源的场景预测近似为具有斜坡事件特性的随机过程，能够有效地预测斜坡事件发生的概率。以上基于机器学习的方法一般是以历史采集数据为基础的，生成场景的质量对历史数据的依赖性较强。随着人工智能技术的迅速发展以及计算机效率的不断提升，通过数据驱动对历史数据进行分析以获得其内在的统计规律，从而构建可再生能源的不确定性模型。

3.3 非侵入负荷辨识模型的用户用能行为分析

3.3.1 数据选择与预处理

1. 数据来源

使用的实验数据来自公开数据集 UK_DALE、WikiEnergy，以及国网河南省电力公司提供的实际家庭负荷数据。目前 WiKiEnergy 数据集包含 600 多个家庭的各种电器的长期功率消耗信息以及整个家庭的功耗总量。

深度学习类算法通过学习功率数据的负荷特征规律构建模型，再对输入模型中的特征进行识别。基于深度学习的非侵入式负荷分解如图 3-1 所示，首先将预处理后的 WiKiEnergy 电力数据集分为训练样本和测试样本，使用滑动窗口将输入电力数据进一步处理成相同尺寸的数据，同时将总功率序列和单个电器序列输入深度学习网络模型进行训练，调节模型参数，并进一步优化模型。最后将测试样本中的总功率数据，输入训练好的模型中即能得到网络的输出，即单个目标电器的消耗功率。

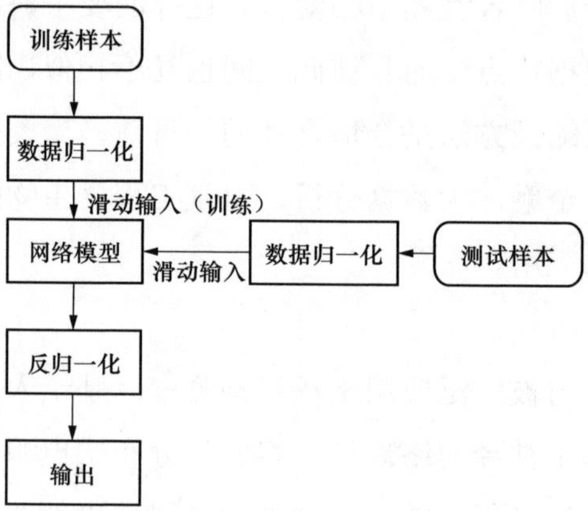

图 3-1　基于深度学习的负荷分解流程图

2. 数据预处理

不同评价指标往往具有不同的量纲和量纲单位。为了消除指标之间的量纲影响，需要进行数据归一化处理。通过采用最大值最小值归一化方法，使结果映射到［0，1］之间。归一化函数如下：

$$x_t^* = \frac{x_t - x_{\min}}{x_{\max} - x_{\min}} \tag{3-8}$$

式中　x_t ——t 时刻归一化总功率或目标电器的消耗功率；

$x_{\max}$ ——总功率序列最大值；

$x_{\min}$ ——总功率序列最小值；

x_t^* ——t 时刻的归一化结果。

3.3.2　空洞残差网络模型

1. 残差网络

深度残差网络（residual networks，ResNet）解决了网络深度变深以后的性能退化和梯度消失问题，并且最终能提升模型精度的网络。

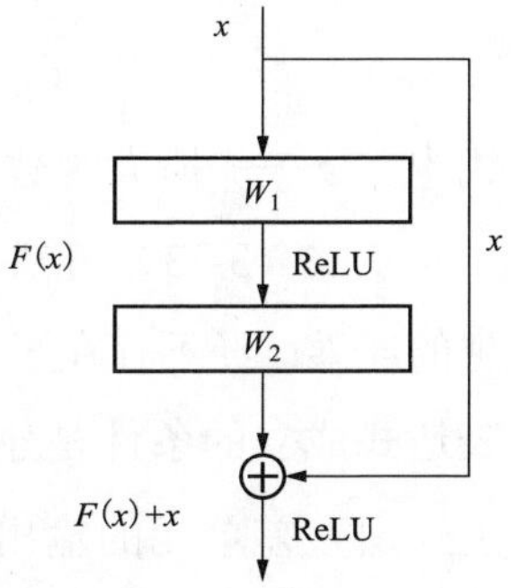

图 3-2　残差结构图

假设在单个残差结构中，残差块的输出是 $H(x)$，按照残差结构的思想来源，可以用一个由多个隐层堆叠的神经网络来拟合任意的一个函数，在残差结构中，需要拟合的函数是 $H(x)-x$，将神经网络的输入通过跨层连接将其加到堆叠隐层的输出上，就得到了 $H(x)$。这样就可以将 $H(x)-x$ 定义为 $F(x)$，残差结构如图 3-2 所示，每一个残差结构有两层，x 表示输入，W_1 和 W_2 表示权重向量，残差块中前向神经网络的表达式如下所示，其中 σ 表示激活函数 ReLU：

$$F(x)=W_2\sigma(W_1x) \tag{3-9}$$

通过增加一个恒等映射，即图 3-24 中右边的支路即为残差结构的捷径连接，将左边支路前向神经网络的输出和右边支路恒等映射的输出相加，并用激活函数激活，即得到残差结构的输出 y：

$$y=F(x,\{\boldsymbol{W}_{\mathrm{i}}\})+x \tag{3-10}$$

式中　$F(x,\{\boldsymbol{W}_{\mathrm{i}}\})$ ——需要学习的残差映射函数；

W_{i} ——隐层权重矩阵。

通过在捷径处对残差结构的输入 x 做一个线性变换 $W\bullet x$，能够使得输入的特征图数和输出的特征图数相等。具体表达式如下式所示：

$$H(x)=F(x,\{W_{\mathrm{i}}\})+W_{\mathrm{s}} \tag{3-11}$$

因为 x_{l+1} 和前一层 x_l 纯粹是线性叠加的关系，根据公式（3-11）递推可以得到多个残差块之间的关系：

$$x_L=x_l+\sum_{i=l}^{L-1}F(x_i,\boldsymbol{W}_l) \tag{3-12}$$

式中　x_L ——第 L 个残差单元的输入；

x_i ——第 i 个残差单元的输入，残差单元的输出通过一个激活函数激活。

由式（3-12）可知，第 L 个深层残差单元的输入可以表示为某一浅层残差单元的输入和其中所有复杂映射之和。那么误差反向传播的计算表达式如下所示：

$$\frac{\partial \varepsilon}{\partial x_l}=\frac{\partial \varepsilon}{\partial x_L}\cdot\frac{\partial x_L}{\partial x_l}=\frac{\partial \varepsilon}{\partial x_L}\left[1+\frac{\partial}{\partial x_l}\sum_{i=l}^{L-1}F(x_i,\boldsymbol{W}_i)\right] \tag{3-13}$$

式中　ε——损失函数。

从式（3-13）可知，在误差反向传播的过程中，传统误差反向传播网络所产生的连乘已经不存在了，也就是说梯度消失的问题得到了有效的解决。式（3-13）表达式成立的条件是建立在 $x_{l+1}=y_l$ 成立的条件下的，即当前残差单元的输入是上一层残差单元的输出，残差单元与残差单元之间不做任何的线性或非线性变换，由图 3-2 可以看出在残差单元与残差单元之间使用了激活函数，而 $x_{l+1}=y_l$ 成立的条件是需要移除残差单元之间的激活函数，但是必要的激活是必不可少的，这就需要对原始的残差结构进行重新设计。

2. 空洞卷积

空洞卷积[6]在图像分割中有着广泛的应用。这种卷积方法可以在不增加模型参数和计算复杂度的情况下大大增加感受野。正常情况下，池化和向下采样操作会使信息丢失，而空洞卷积能代替池化作用，成倍增加感受野，让每个卷积输出都能捕获较大范围的信息。空洞卷积不是填充像素之间的空白像素，而是在已有的像素上，跳过一些像素，或者可以理解为输入像素是不变的，在卷积核中插入一些 0 的权值，用“0”插入核的方式得到比普通卷积更大的感受野[7]。

如图 3-3（a）所示，空洞率为 1 的空洞卷积是一个普通的卷积，卷积核大小为 3×3，可以得到感受野大小为 3×3。如图 3-3（b）所示为空洞率为 2 的空洞卷积，实际卷积核大小仍然是 3×3，但扩张部分为 1，相当于放大卷积核，核大小为 5×5，卷积核中多余位置的权值为 0，卷积核的感受野为 5×5。如图 3-3（c）所示为空洞率为 4 的空洞卷积，卷积核的感受野为 9×9。可以看出卷积核的参数个数保持不变，感受野的大小大大增加。

同样的，设计了一个一维的卷积，即只对时间序列数据进行一维的卷积运算，对应的一维空洞卷积感受野的计算公式可以表示为：

$$R=k+(k-1)\times(r-1) \tag{3-14}$$

式中　k——卷积核的尺寸；

r——扩张率；

R——卷积核的感受野尺寸。

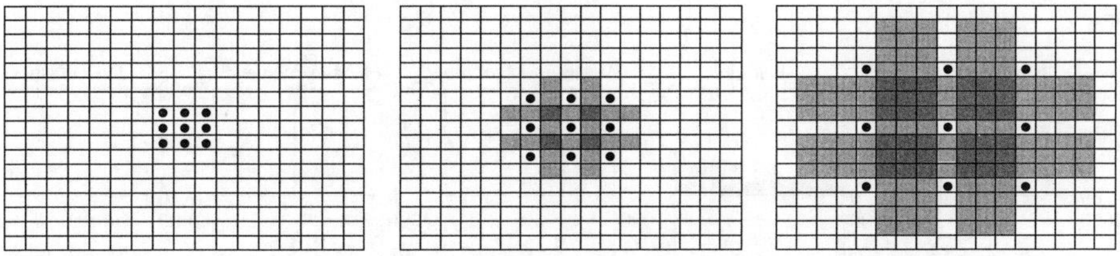

图 3-3　不同空洞率下的感受野变化图

（a）空洞率为 1；（b）空洞率为 2；（c）空洞率为 3

使用空洞卷积增大了感受野，捕获更多功率数据，提高了负荷分解的精度。

3. 基于空洞残差网络的负荷分解

对于一个一维的时序数据输入 x 和一个卷积核 $d:\{0,\ldots,k-1\}$，空洞卷积操作 D 对 x 感受野中长度为 S 的时序片段的操作可以表示为：

$$D(s)=\sum_{i=0}^{k-1} d(i)\times x_{s-r\cdot i} \tag{3-15}$$

式中　r——空洞率；

k——卷积核的大小；

$s-r\cdot i$——进行空洞卷积操作的元素所在的位置。

当空洞率 $r=1$ 时，空洞卷积就相当于一种普通的卷积。随着空洞率的增加，卷积核的感受野也随之增大。

3.3.3　结果分析

为了进一步验证，从国网河南省电力公司数据集中选取了 1 号家庭的 5 台电器进行了进一步的实验，如图 3-4 所示为国网河南省电力公司数据集中 1 号用户的分解结果。如图 3-4 所示可以看出，上述算法对空调基本都能实现有效的分解，且具有明显的规律性。在对电冰箱的分解结果中，CNN（S-P）和 KNN 算法在接近平均值的取值范围内波动较大；KNN 算法在洗衣机、微波炉、洗碗机等家电上的应用效果较差，说明 KNN 算法对使用频率较低的家电的分解能力不好；与 CNN（S-S）相比，DAE 的分解结果在功耗接近于零的时间范围内更稳定。此外，从如图 3-4 可以看出 CNN（S-P）的分解结果在低功耗的时间范围内波动较大。仿真结果表明，D-ResNet 可以实现对低使用率电器更准确的分解。

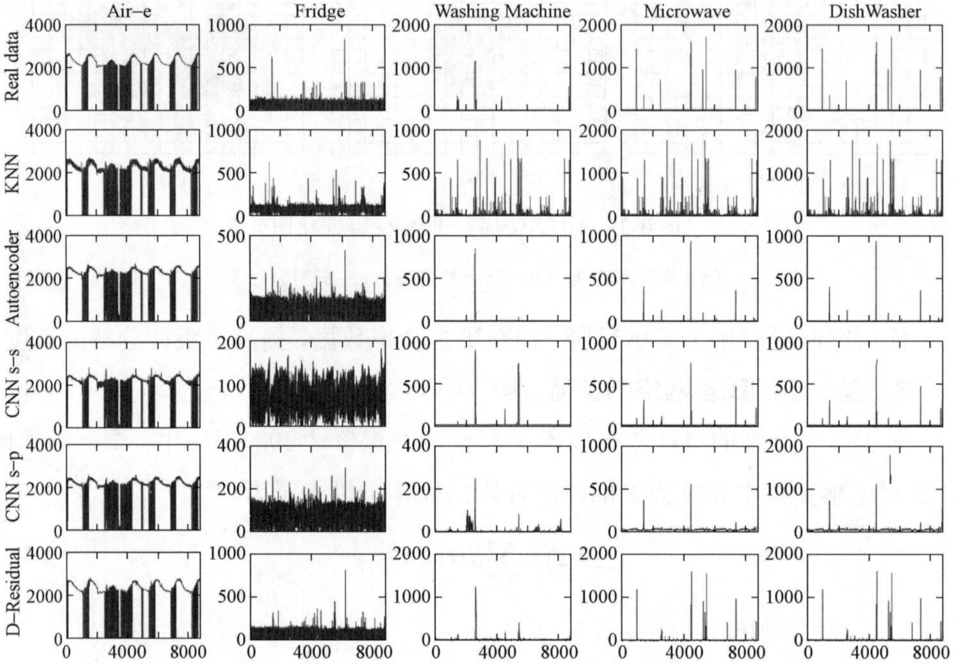

图 3-4　国网河南省电力公司数据集 1 号用户负荷分解结果对比

国网河南省电力公司数据集 1 号房屋负荷分解评价指标对比表见表 3-1。从表 3-1 可以看出，D-ResNet 方法在 MAE 和 SAE 指标上与其他方法相比具有明显的优势。在 MAE 指标中，D-ResNet 在空调、冰箱、微波炉、洗碗机上的性能优于其他算法。D-ResNet 算法实现了空调、洗衣机、微波炉和洗碗机的最小 SAE 值。

表 3-1　　1 号用户负荷分解 MAE 和 SAE 评价指标对比

指标	方法	空调	冰箱	洗衣机	微波炉	洗碗机
MAE	FHMM	426.230	59.695	333.501	405.658	388.749
	KNN	54.417	45.182	14.224	4.264	17.152
	DAE	78.947	25.906	9.775	3.700	19.992

续表

指标	方法	空调	冰箱	洗衣机	微波炉	洗碗机
MAE	CNNs-s	120.260	43.107	21.437	16.344	25.171
	CNNs-p	76.756	28.202	17.504	19.990	18.441
	Residual	20.287	16.119	15.278	4.625	10.243
SAE	FHMM	0.210	0.034	32.004	125.261	35.516
	KNN	0.0004	0.012	0.970	0.415	0.515
	DAE	0.013	0.023	2.140	0.616	0.557
	CNNs-s	0.035	0.079	0.511	0.773	0.749
	CNNs-p	0.002	0.023	0.456	0.817	0.654
	Residual	0.0006	0.027	0.343	0.384	0.430

3.4 考虑不同能源消费需求的农村主/被动用能负荷需求预测

本节对农村主动用能负荷进行分类，同时搭建了考虑政策影响的组合负荷预测模型对农村负荷进行精准预测。

1. 不同能源消费需求下农村“以电为中心”的主/被动负荷建模

（1）农村主/被动用能负荷分类

1）主动负荷。主动负荷指具有一定调节能力的电力负荷，如空调、冰箱、照明等，短时间投切或改变用电参数，不会对用电设备或产业造成明显负面影响，且能够保证用户对舒适度的要求。本节总结了国内外主动负荷研究的成果，给出 3 种主动负荷的分类标准与结果，如图 3-5 所示。

2）被动负荷。被动负荷有功功率日负荷曲线的分布规律基本不受电价的影响，但气象条件、日特征信息以及生产计划等常规负荷影响因素可能会影响被动负荷的负荷水平。被动负荷既包括不可调节的常规负荷，也包括不受电价影响的重要农业生产负荷。

（2）农村主/被动用能负荷的建模。

1）主动负荷建模。主动负荷的显著特点是负荷的价格敏感性与价格弹性，即用户会根据价格变化信息或激励信息主动地进行负荷削减或转移，有利于减缓电网峰荷值，引导用户有序用电，提高农村分布式能源的就地消纳水平，是一种促进电力供需平衡的负荷侧资源利用手段。

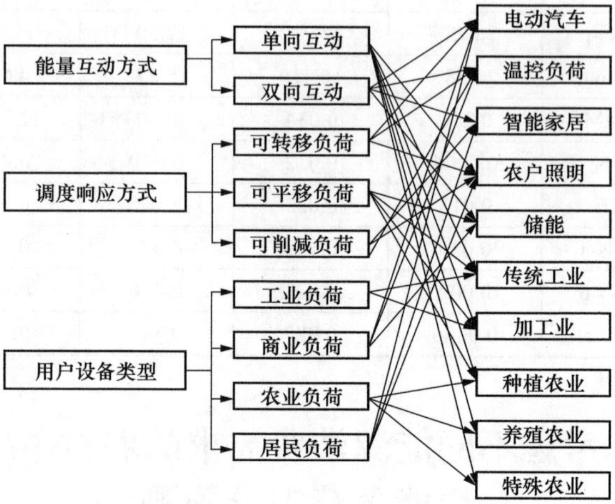

图 3-5　主动负荷分类

价格型需求侧响应和激励型需求侧响应是目前主动负荷参与需求响应的两种常见方式。从调度方式分类一般负荷可分为被动负荷、可削减负荷、可转移负荷及可平移负荷。

a．可削减负荷。可削减负荷通过改变工作状态，使其耗电量可在特定时段内减少，其负荷减少市场一般受用户舒适度限制：

$$C_{\text{cut}} = \sum_{t=1}^{T} (C_{\text{cut}}^{\text{fix}} u_{\text{cut}}^{\text{t}} + C_{\text{cut}}^{\text{p}} p_{\text{cut}}^{\text{t}}) \tag{3-16}$$

式中　C_{cut}——可削减负荷的调度成本；

$C_{\text{cut}}^{\text{fix}}$——可削减负荷的固定削减成本；

$C_{\text{cut}}^{\text{p}}$——单位容量负荷削减的调度成本系数；

$u_{\text{cut}}^{\text{t}}$——表示负荷在时刻 t 是否被削减的 0～1 变量；

$p_{\text{cut}}^{\text{t}}$——可削减负荷在时刻 t 的被削减量。

考虑到用户的实际需求，可削减负荷需满足负荷削减上下限约束以及削减频次约束：

$$P_{\text{cut}}^{\min} \leqslant P_{\text{cut}}^{t} \leqslant P_{\text{cut}}^{\max} \tag{3-17}$$

$$\sum_{t=1}^{T} u_{\text{cut}}^{\text{t}} \leqslant N_{\text{cut}}^{\max} \tag{3-18}$$

式中 $P_{\text{cut}}^{\min}$ ——可削减负荷的上限；

$P_{\text{cut}}^{\max}$ ——可削减负荷的下限；

$N_{\text{cut}}^{\max}$ ——一个调度周期内运行的最大负荷削减次数。

b. 可转移负荷。可根据系统运行需要，将部分或全部可将负荷转移至调度周期内其他时段，但需维持在一个调度周期内的总负荷量不变：

$$C_{\text{mov}} = \sum_{t=1}^{T} D_{\text{mov}} P_{\text{mov}}^{\text{t}} \tag{3-19}$$

式中 C_{mov} ——可转移负荷调度成本；

D_{mov} ——单位负荷转移的调度成本系数；

$P_{\text{mov}}^{\text{t}}$ ——可转移负荷在时刻 t 的转移量。

可转移负荷需满足负荷转移上下限约束以及负荷所需电能不变约束，即：

$$P_{\text{mov}}^{\min} \leqslant P_{\text{mov}}^{\text{t}} \leqslant P_{\text{mov}}^{\max} \tag{3-20}$$

$$\sum_{t=1}^{T} P_{\text{mov}}^{\text{t}} = 0 \tag{3-21}$$

式中 $P_{\text{mov}}^{\min}$ ——可转移负荷转移量的上限；

$P_{\text{mov}}^{\max}$ ——可转移负荷转移量的下限。

c. 可平移负荷。可平移负荷受生产流程约束，只能将负荷曲线在一定时间段内整体平移，具体体现在用电功率曲线的整体转移：

$$C_{\text{tr}} = \sum_{t_{\text{tr}}^{-} \in j} \left[\left(\sum_{t=t_{\text{tr}}^{-}}^{t_{\text{tr}}^{+}} D_{\text{tr}} P_{\text{tr}}^{t} \right) \left| t^{*} - t_{\text{tr}}^{-} \right| u_{\text{tr}}^{t} \right] \tag{3-22}$$

式中 C_{tr} ——可平移负荷调度成本；

D_{tr} ——单位容量负荷平移的调度成本系数；

t_{tr}^{-} ——可平移负荷的原起始时刻；

t_{tr}^{+} ——可平移负荷的终止时刻；

J ——可平移负荷原器是时刻的集合；

P_{tr}^{t} ——原始区间内在时刻 t 的平移负荷功率；

t^{*} ——负荷平移后的起始时刻；

u_{tr}^{t}——表示可平移负荷在时刻 t 是否被平移的 0～1 变量，取 1 时表示可平移负荷在时刻 t 被平移，取 0 则相反。

可平移负荷需满足在规定时间内启动负荷的需求：

$$0 \leqslant \left| t^{*} - t_{\mathrm{tr}}^{-} \right| \leqslant T_{\mathrm{lim}} \tag{3-23}$$

式中 T_{lim}——负荷时间延迟上限。

2）被动负荷建模。被动负荷只受气象条件、日特征信息以及生产计划等客观因素影响。因此，被动负荷一般不接受上级调度，其运行成本为：

$$C_{\mathrm{fix}} = \sum_{t=1}^{T} D_{\mathrm{fix}}^{t} P_{\mathrm{fix}}^{t} \tag{3-24}$$

式中 C_{fix}——被动负荷运行成本；

D_{fix}^{t}——单位被动负荷在时刻 t 的运行成本；

P_{fix}^{t}——在时刻 t 的被动负荷工作量。

2. 考虑政策因素影响的农村主/被动用能负荷预测

（1）灰色-偏最小二乘预测模型。

1）灰色等维递补模型。由于灰色等维递补预测模型是由几个 GM（1，1）模型构成，步骤流程如图 3-6 所示。

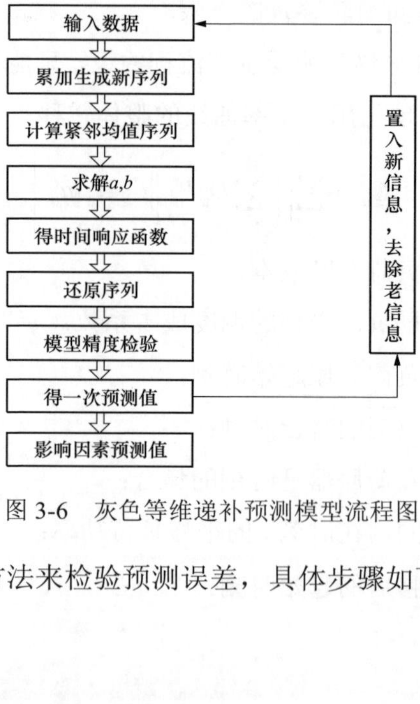

图 3-6　灰色等维递补预测模型流程图

采用后验差检验方法来检验预测误差，具体步骤如下：

设实际序列 $X^{(0)}$ 为：

$$X^{(0)} = \{X^{(0)}(1), X^{(0)}(2), \cdots, X^{(0)}(n)\} \tag{3-25}$$

设预测值序列为：

$$\widehat{X}^{(0)} = \{\widehat{X}^{(0)}(1), \widehat{X}^{(0)}(2), \cdots, \widehat{X}^{(0)}(n)\} \tag{3-26}$$

k 时刻实际值 $X^{(0)}(k)$ 和预测值 $\widehat{X}^{(0)}(k)$ 之差 $E(k)$称为残差：

$$E(k) = X^{(0)}(k) - \widehat{X}^{(0)}(k)\ （k=1，2，\cdots，n） \tag{3-27}$$

实际值 $\widehat{X}^{(0)}$ 的平均值为 $\bar{X}$ 为：

$$\bar{X} = \frac{1}{n}\sum_{k=1}^{n} X^{(0)}(k) \tag{3-28}$$

残差 $E(k)$，（k=1，2，…，m）的平均值为 $\bar{E}$ 为：

$$\bar{E} = \frac{1}{m}\sum_{k=1}^{m} E(k) \tag{3-29}$$

记实际值的方差为：

$$S_1^2 = \frac{1}{n}\sum_{k=1}^{n}[X^{(0)}(k) - \bar{X}]^2 \tag{3-30}$$

记残差的方差为：

$$S_2^2 = \frac{1}{m}\sum_{k=1}^{n}[E(k) - \bar{E}]^2 \tag{3-31}$$

则可求得后验差检验方法的两个重要指标：方差比值 C 和小误差概率 P。

$$C = \frac{S_2}{S_1} \tag{3-32}$$

$$P = P\{| E(k) - \bar{E} | < 0.6745 S_1\} \tag{3-33}$$

由表 3-2 可知，C 值越小越好，C 值越小表示预测值与实际值的离散程度越低，P 值越大越好，P 值越大表示残差与残差平均值之差小于 $0.6745S_1$ 的点越多。

表 3-2　　　　　　　精度检验等级参照表

预测精度等级	P	C
1 级（好）	＞0.95	＜0.35
2 级（合格）	＞0.8	＜0.5
3 级（勉强）	＞0.7	＜0.45
4 级（不合格）	≤0.7	≥0.65

2）偏最小二乘回归模型

a．建模步骤。偏最小二乘回归模型，步骤流程如图 3-7 所示。

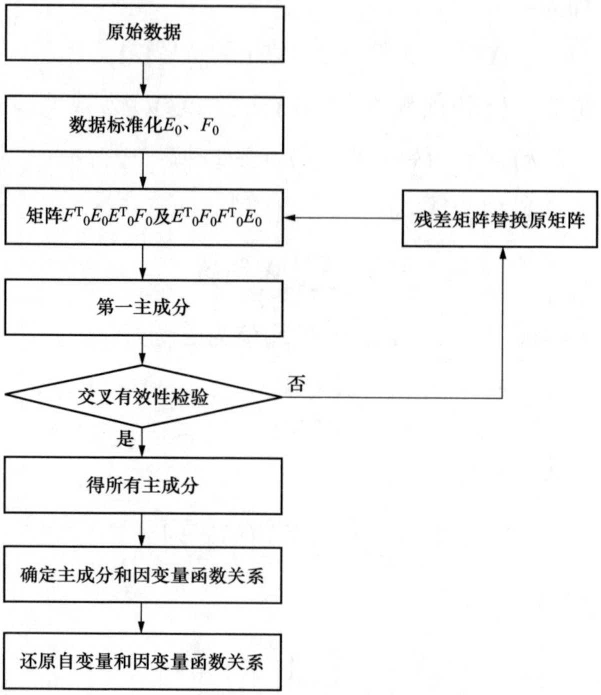

图 3-7　偏最小二乘回归模型计算流程

b．交叉有效性检验。一般情况下，偏最小二乘法并不需要选用全部的成分 t_1，…，t_m 进行回归建模，而是可以像主成分分析时一样，选择前 l（$l \leqslant m$）个成分就能得到一个预测性很好的模型。对于所需提取的成分个数 l，可以通过交叉有效性检验来确定。

每次舍去第 i 个观测（i=1，2，…，n），对余下的 N-1 观测值及 h 个主成分进行回归建模，然后把舍去的第 i 个观测点代入所拟合的回归方程，得到 y_j 在样本点 i 上的拟合值 $\widehat{y}_{hj}(-i)$。对 i=1，2，…，n 重复以上的测试，则可以定义 y_j 的预测误差平方和为：

$$PRESS_j(h) = \sum\nolimits_{i=1}^{n}(y_{ij} - \widehat{y}_{hj(-i)})^2 \tag{3-34}$$

定义 Y 的预测误差平方和为：

$$PRESS(h)=\sum_{i=1}^{p}PRESS_{j}(h) \tag{3-35}$$

另外，再采用所有的样本点，拟合含 h 个成分的回归方程。这时，记第 i 个样本点为 $\widehat{y}_{ij}(h)$，则可定义 y_j 的误差平方和为：

$$SS_{j}(h)=\sum_{i=1}^{n}(y_{ij}-\widehat{y}_{ij}(h))^{2} \tag{3-36}$$

定义 Y 的误差平方和为：

$$SS(h)=\sum_{j=1}^{p}SS_{j}(h) \tag{3-37}$$

当 $PRESS(h)$达到最小值时，对应的 h 即为所求的成分个数。通常总有 $PRESS(h)$大于 $SS(h)$，而 $SS(h)$）则小于 $SS(h-1)$。因此，在提取成分时，总希望比值 $PRESS(h)/SS(h-1)$越小越好；一般可设定限制值为 0.05。当 $PRESS(h)/ SS(h-1) \leqslant SS(h-1) \leqslant 0.95^2$ 时，增加成分 t_h 有利于模型精度的提高，反之，当 $PRESS(h)/ SS(h-1) > 0.95^2$ 时，则认为增加新的成分 t_h 对减少方程的预测误差无明显改善作用。

因此，定义交叉有效性为 $Q_h^2=1-PRESS(h)/SS(h-1)$，如果在第 h 步有 $Q_h^2<1-0.95^2=0.0975$，则模型达到精度要求，可停止提取成分；若 $Q_h^2 \geqslant 0.975^2$，则表示第 h 步提取的 t_{h} 成分的边际贡献显著，应继续第 h+1 步计算。

3）灰色-偏最小二乘预测模型的流程。首先利用灰色等维递补预测模型对影响农村能源消费量的几个核心因素进行预测，然后以农村的能源消费量历史数据为因变量，几个影响因素的历史值为自变量，利用偏最小二乘法进行回归分析，得到自变量和因变量之间的函数关系，最后将各类影响因素的预测值代入到所建回归函数中，对农村的能源需求量进行预测，如图 3-8 所示是预测流程。

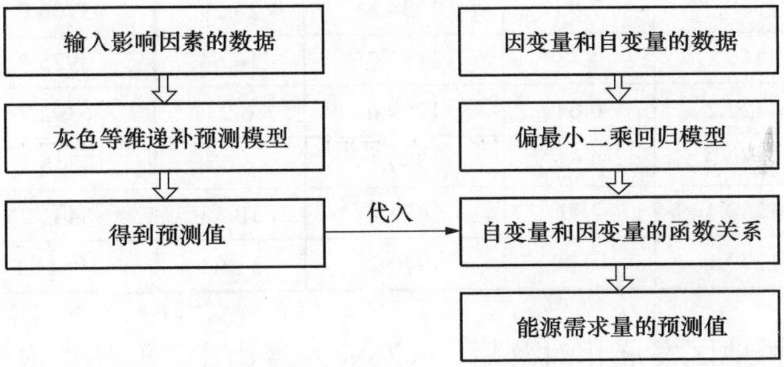

图 3-8　灰色-偏最小二乘预测流程图

（2）政策因素对农村负荷的影响分析。本节采用建立政策波动项的方法体现政策因素对负荷预测产生的波动，加入灰色预测模型中，政策波动项数学表达式如下：

$$e(t) = x'(t) \cdot A \cdot F(t) \tag{3-38}$$

由波动振幅 A 和政策隶属函数 $F(t)$ 共同构成，$x'(t)$ 为拟合得到的指数函数。

3. 模型有效性验证

（1）农村差异化分类。基于农村能源差异化发展场景研究，选取以下三个不同地区的负荷数据，如表 3-3 所示；三种类型农村地区历史负荷数据对比图如图 3-9 所示。数据分别来源于山东，甘肃，河南三种不同类型的农村。

表 3-3　　三类农村地区历年电力负荷数据

年份	第一类农村地区		第二类农村地区		第三类农村地区	
	电力负荷（kWh）	增长率（%）	电力负荷（$\times10^6$kWh）	增长率（%）	电力负荷（$\times10^6$kWh）	增长率（%）
2001	822.8	—	272.3	—	879.5	—
2002	844.1	2.59	368.1	35.18	970.9	10.39
2003	826.4	−2.10	427.6	16.16	1106.9	14.01
2004	834.1	0.93	499.4	16.79	1460.9	31.98
2005	876.9	5.13	486.9	−2.50	1769.5	21.12
2006	908.1	3.56	523.7	7.56	2316.9	30.93
2007	927.0	2.08	589.2	12.51	2723.6	17.55
2008	978.3	5.53	664.2	12.73	2935.5	7.78
2009	968.7	−0.98	748.4	12.68	3130.9	6.66
2010	989.7	2.17	842.3	12.55	3603.7	15.10
2011	1068.7	7.98	1034.3	23.29	3706.9	2.86
2012	1116.1	4.43	1185.7	14.64	4975.0	34.21
2013	1123.2	0.64	1259.6	6.23	6392.7	28.48
2014	1130.0	0.61	1336.1	6.07	7346.1	14.91
2015	1158.4	2.51	1474.4	10.35	8441.2	14.90
2016	1279.1	10.42	1970.2	33.63	10611.1	25.71

第一类农村地区发展相对落后，以农业发展为主，但是基本属于自产自销，用电形式固定，一般不存在很大的变动，增长率相对稳定且低；第二类农村地

区发展更多元化，三大产业均有涉及，但是发展程度都不太高，仍然是以农业为主，市场化程度较低，对国家政策的变化有一定的感知；第三类农村地区的发展程度最高，可以理解为拥有大型生产厂房的发展较好的新农村，这类地区与市场联系紧密，国家政策的变化会极大程度地影响其发展进程，对政策敏感。

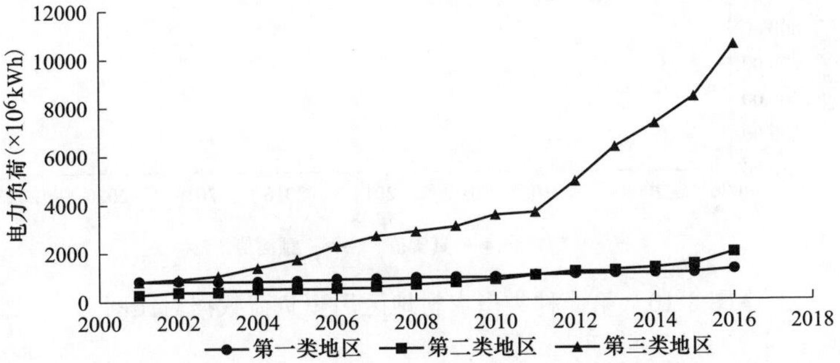

图 3-9 三种类型农村地区历史负荷数据对比图

（2）算例背景设置。针对第一类农村地区，考虑到该地区主要的电力负荷属于农业生产和居民用电，其中农业生产用电具有很强的季节性，但用电高峰周期短，最直接能够影响到该地区用电负荷的是天气和电价；第二类农村地区兼具发展农业与工业，工业的用电量和电力等级与农业相差较大，加之该地区农业市场化程度较低，所以能源转型会为该地区带来较大影响；第三类发展较好的农村具有完整的市场结构和电力配置，能源转型带来的不仅是用电量的变化，更会影响该地区的产业结构和生产方式。

为体现负荷变化趋势，以下预测数值均经过修正。

（3）算例结果分析。

1）第一类农村的隶属函数和负荷预测。根据前文分析，确定第一类农村地区的政策隶属函数 $F(t)$= [0.5 0 0 0]，以下是根据该地区的隶属函数使用组合模型进行预测的结果如图 3-10 和表 3-4 所示。

第一类地区原始数据虽然基数小，增长率低，但是波动较大，数据不太平稳。经过处理后的预测值与原始值曲线走势上大致相同，曲线相对平滑。根据 2.2.3 节的政策描述，2015 年实施改造计划投入大量资金，从原始数据也能明显感受到，2015～2016 年的负荷数据增速明显提高。但是由于该地区自身发展特性限制，本轮改造的最大影响力也就在这一年，后续会逐渐衰减，最后回归平稳发展，即 2017 年隶属函数值为 0.5，2018～2020 年平稳发展，隶属函数值为 0。

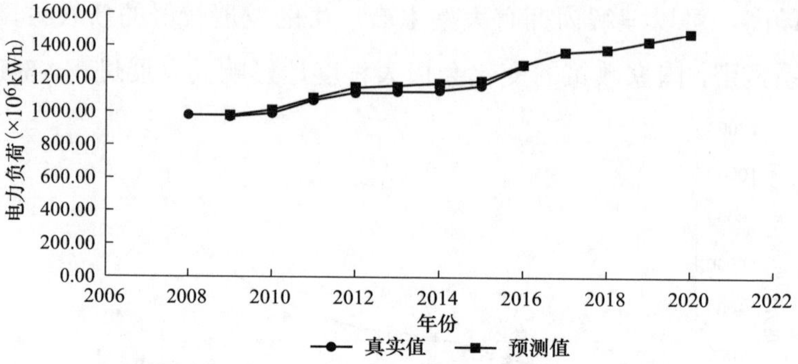

图 3-10　第一种类型农村地区历史负荷数据对比图

2）第二类农村的隶属函数和负荷预测。第二类农村的政策隶属函数 $F(t)$=［1 0.5 0 0］，以下是预测结果如图 3-11 和表 3-4 所示。

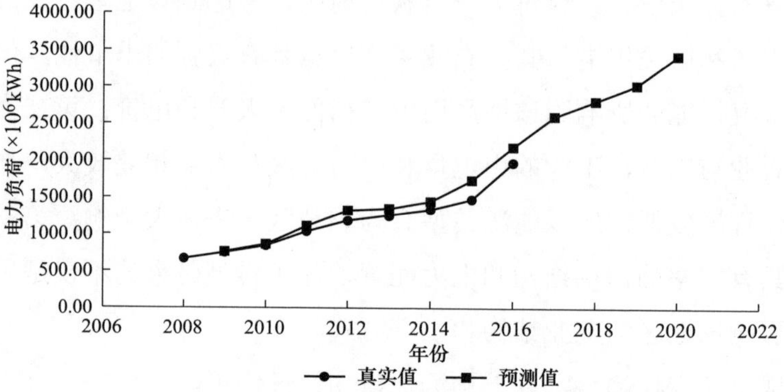

图 3-11　第二种类型农村地区历史负荷数据对比图

第二类地区起始数值小，但发展较好，增速较快且稳定。第二类地区以农业为主导，同时发展第二三产业，并且具有一定的市场化程度，因此相比于第一类地区，改造政策在这里的影响力持续时间更长，效果也更强。2016 年的政策隶属函数值可视为 0.5，2017 年达到峰值为 1，2018 年回落至 0.5，2019 年和 2020 年平稳发展。

3）第三类农村的隶属函数和负荷预测。第三类农村的隶属函数 $F(t)$ =［1 0.5 0.5 0］，预测结果如图 3-12 和表 3-4 所示。

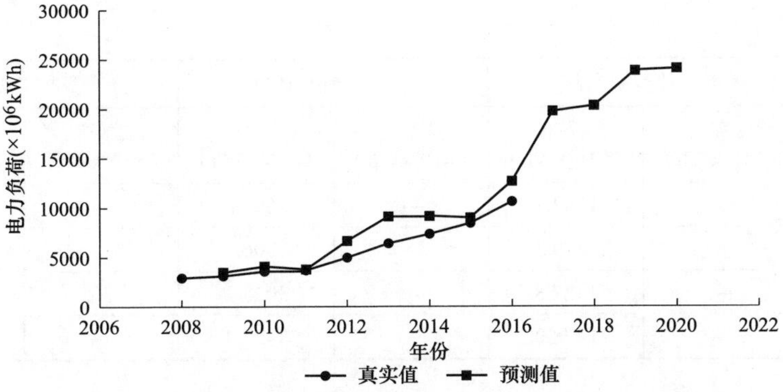

图 3-12　第三种类型农村地区历史负荷数据对比图

第三类农村地区是发展得最好最快的地区，市场化程度最高，三大产业共同发展，农业所占比重也不如前两类地区高。这些特征为这类地区带来繁荣的同时，也意味着该地区的发展容易受到政策的波动。从原始数据中可以看出，第三类地区的增速大多时段处于较高水平，但是并不能长久维持同一水平的增速。2016 年该地区负荷增长迅猛，隶属函数值在 0.5 的水平；由于该地区受政策影响大，2017 年会继续增长，并且处于更快的发展势头，函数值为 1；2018 年政策作用减缓，函数值在 0.5 左右，但是 2019 年仍会延续发展势头，维持 0.5 的数值，2020 年作用就会基本失效，步入平稳发展期，函数值为 0。

表 3-4　　　　　三类农村地区历年电力负荷真实和预测数据

年份	第一种类型农村		第二种类型农村		第三种类型农村	
	真实值（$\times10^6$kWh）	预测值（$\times10^6$kWh）	真实值（$\times10^6$kWh）	预测值（$\times10^6$kWh）	真实值（$\times10^6$kWh）	预测值（$\times10^6$kWh）
2008	978.3	—	664.2	—	2935.5	—
2009	968.7	976.0	748.4	760.3	3130.9	3501
2010	989.7	1010.4	842.3	862.0	3603.7	4111
2011	1068.7	1082.7	1034.3	1108.0	3706.9	3797
2012	1116.1	1146. 4	1185.7	1322.0	4975.0	6657
2013	1123.2	1160.3	1259.6	1349.0	6392.7	9107
2014	1130.0	1173.7	1336.1	1445.0	7346.1	9179
2015	1158.4	1186.7	1474.4	1734.0	8441.2	8999
2016	1279.1	1287.1	1970.2	2183.0	10611.1	12660

续表

年份	第一种类型农村		第二种类型农村		第三种类型农村	
	真实值（$\times10^6$kWh）	预测值（$\times10^6$kWh）	真实值（$\times10^6$kWh）	预测值（$\times10^6$kWh）	真实值（$\times10^6$kWh）	预测值（$\times10^6$kWh）
2017	—	1362.7	—	2598.2	—	19770
2018	—	1379.3	—	2806.1	—	20334
2019	—	1427.8	—	3023.2	—	23878
2020	—	1478.0	—	3427.4	—	24066

3.5 本章小结

本章分别从生产和消费两个维度研究农村能源供需影响因素，提出基于不确定性分析的分布式电源场景分析方法，深入研究农村分布式电源的出力特性、场景生成、场景约见及场景评价技术，刻画农村能源供给特征；进而，基于非侵入负荷辨识模型，对用户用能行为进行分析，挖掘农村不同类型电器用能变化规律。进一步，将用户用能负荷进行细分，建立考虑不同能源消费需求的农村主/被动用能负荷需求预测模型，刻画农村能源需求特征，并针对三种类型农村地区负荷进行实证研究。

第 4 章

农村能源差异化规划配置理论研究

能源技术进步为广大农村地区分布式能源资源开发提供了广阔空间。一方面，随着社会经济发展及新农村建设，农村地区用能的需求增加且呈现多样化发展；另一方面，我国农村地区蕴含着丰富的可再生能源，然而目前开发利用不足，能源利用率低，环境污染严重，在客观上造成了资源浪费。不同农村地区地理位置、发展阶段、产业结构的差异性，也致使了各地区能源电力消费需求、农村能源供需结构配置、网络规划方案差异化。因此，研究不同种类能源之间的耦合关系，如何有效利用多种形式能源的相关性和互补性，把日益增长的农村用能需求与丰富的资源有机结合起来，对农村能源系统进行优化规划配置，实现因地制宜、就地取材、就地消纳，成为当前解决农村能源问题的重中之重。

在上述背景下，本章充分考虑农村需求变化、地区差异性、多能耦合应用的影响，围绕能源需求分析、供需配置、网络规划关键技术进行研究。首先构建了基于地理位置差异、发展阶段差异、产业结构差异的多维农村差异化发展场景；其次，提出了基于差异化场景的农村能源供需配置理论；最后，提出了以“电为中心”的农村能源网络规划模型。

4.1 农村能源差异化发展场景

4.1.1 基于地理位置差异的农村能源发展场景

我国农村地区按照地理位置差异性可分为东部地区、西部地区及中部地区。下面根据对各个地区的能源利用及分布特点概念性建立相应的农村能源发展场景。

东部地区经济发展水平较高，冬季时间短，气候炎热多雨，沿海地区太阳能、风能资源一般，不利于大规模开发风电能源；农林牧副渔业发展靠前，生物质能丰富，农村经济水平较高，可重点发展生物质能等清洁能源，有大量秸秆产生的村庄可考虑建设相对集中、规模较大的沼气系统。像北京、天津、河北、山东等寒冷带地区，可考虑开发风能、光能、地源热泵等，而福建、广东、海南等夏热冬暖地区，由于冬季采暖率不高，使得地源热泵的节能效率不高，不建议采用地热资源。另外，在电力网架比较完善的基础上，重点提升全面感知量测能力以及供电服务能力，大力推广电力、天然气等清洁能源。东部地区的能源使用较其他地区更加多元化，东部地区农村能源结构如图 4-1 所示。

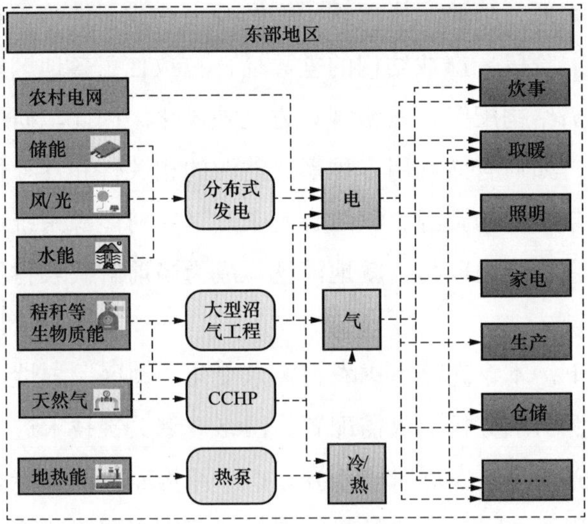

图 4-1　东部地区农村能源结构

中部地区气候适中，农村配电网建立较完善，能源结构以农村配电网为依托；秸秆资源丰富，结合畜牧业可重点推广沼气工程，发展沼气等生物质能，推动沼气发电和集中供气；太阳能、风能资源一般，可作小型电源供给就地消纳；由于部分为北方地区，存在冬季取暖需求，可考虑开发地源热泵、清洁炉灶、电能替代等技术。另外，继续实施农村配电网完善工程，对农村配电网薄弱地区进行改造。中部地区农村能源结构如图 4-2 所示。

西部地区包括西北严寒地区和西南四季温和地区。西北严寒地区冬季漫长严寒，农户能源消费主要用途为冬季取暖，而太阳能、风能、秸秆等可再生能源丰富，大力发展生物质能、光伏、风电、清洁炉灶利用，适当发展地热利用；

西南温和地区夏季炎热多雨，水电资源丰富，太阳能资源较丰富，风能资源一般，开发小水电、光伏等利用。总之，西部地区在完善电力基础网架的基础上，应大力发展光伏、风电、水电等利用，有条件的地区发展生物质能，解决部分新能源资源禀赋较丰富地区的能源供给问题。西部地区农村能源结构如图 4-3 所示。

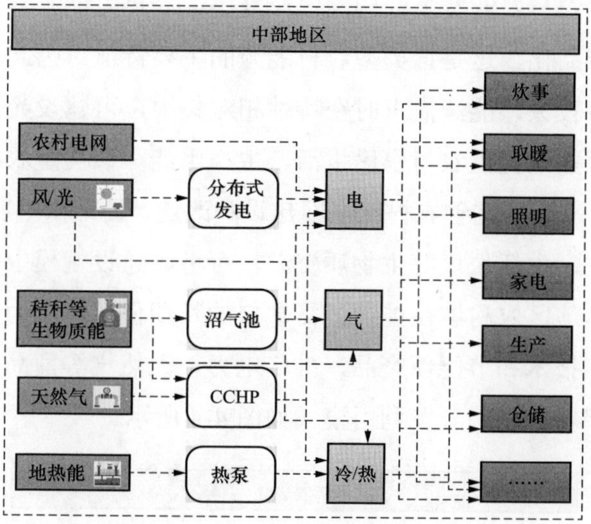

图 4-2　中部地区农村能源结构

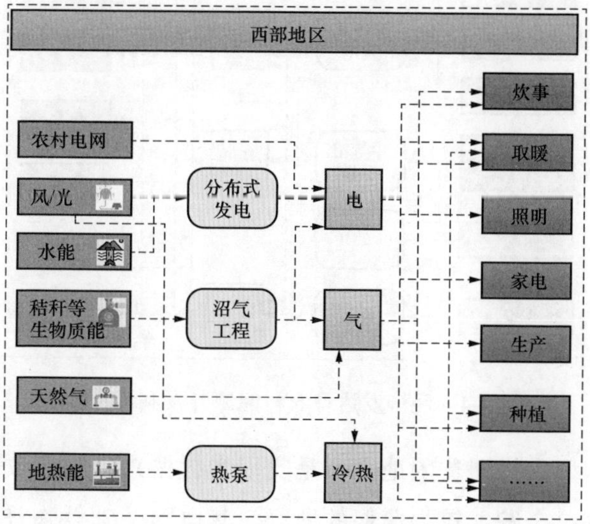

图 4-3　西部地区农村能源结构

4.1.2 基于发展阶段差异的农村能源发展场景

我国农村地区按照经济发展阶段差异性可主要分为经济发达型及经济欠发达型。下面根据对各个类型农村的能源利用及分布特点概念性建立相应的农村能源发展场景。

经济发达型农村农业及工业皆发展速度快，冷热电能源需求量大，能源消费结构趋向于商品化，这是该类型农村能源的主要特征。因此，考虑该类型农村居住密度相对较大，能源需求时空特性相对集中，可建设光热装置、供给天然气和开发地源热泵提供农村农民生活、生产用能；该类型农村增长迅速，存在大量的电力需求，需完善农村配电网建设和改造，提升供电服务能力；另外，存在大量的秸秆、生活垃圾等生物质资源，可考虑建设规模中等的沼气系统。节能是经济发达地区农村解决能源供需缺口的长期任务，大力推广成熟的具有实用价值的节能技术和节能新产品，推广电力、天然气等商品性能源是主要方向。经济发达型农村能源开发利用模式如图 4-4 所示。

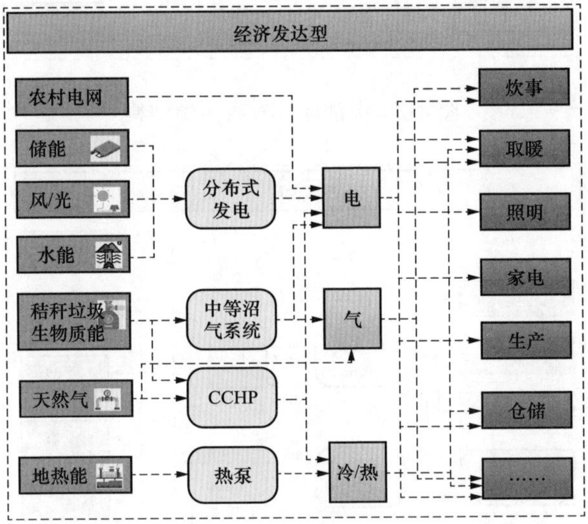

图 4-4　经济发达型农村能源开发利用模式

经济欠发达型农村即贫困地区，是实现乡村振兴、脱贫攻坚战略的重点对象，是我国经济社会发展较为薄弱的地区，其电网基础设施普遍相对落后，长期主要依赖传统生物质能源，能源品质低下，传统能源难以满足当地经济社会发展的需求。经济欠发达型农村居住密度相对较小，对资源利用相对分散、需求量少，能源供给条件差，不考虑采用规模性的天然气、开发地源热泵等资源；由于经济欠发达型农村具有天然的风光水等资源禀赋优势，可考虑开发利用风光水等可再生能源，采取“自发自用，余量上网”的模式，为薄弱的农村配电网提供支撑；另外，经济欠发达型农村存在大量的秸秆等生物质资源，当地农民大多采取直燃等形式，能源浪费且易造成环境污染，且其用能负荷十分分散，所以考虑建设户用或者小型分布式沼气系统。偏远的经济欠发达地区农村要充分利用自然资源，结合当地电源和负荷特性，分布式发电就地消纳。经济欠发达型农村能源开发利用模式如图 4-5 所示。

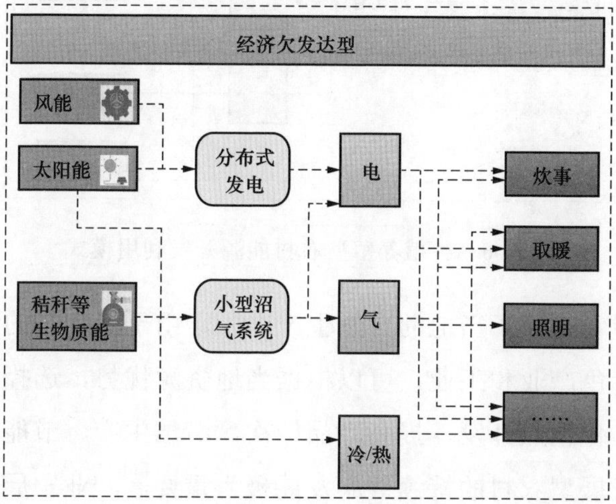

图 4-5　经济欠发达型农村能源开发利用模式

4.1.3　基于产业结构差异的农村能源发展场景

农村的第一产业为农业，包括种植业、渔业、畜牧业、林业、水产业等，因此，能够很好地实现“种植+养殖”资源多层次循环利用，对于种植养殖型农村能源开发利用实现低碳经济具有十分重要的现实意义。

种植养殖型农村能源开发利用以沼气为纽带，把养殖业和种植业结合起来，养殖业为种植业提供肥料，种植业为养殖业提供饲料，种养业废物可厌氧发酵产生沼气，开发沼气池建设是农村能源开发利用的关键；太阳能为日光温室蔬菜大棚提供热能，保证温度和湿度；养殖场屋顶可建设分布式光伏系统，保证养殖场用电用能需求；集中处理农作物秸秆、生活垃圾、人畜粪便等生物质能，满足农村生产、生活用能。种植养殖型农村能源开发利用模式如图 4-6 所示。

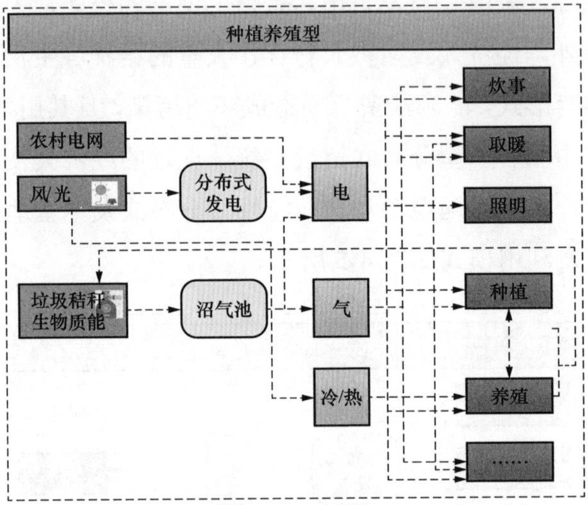

图 4-6　种植养殖型农村能源开发利用模式

产业发展型农村除了当地的自然生产以外，由于其良好的经济实力，可以较大程度发展特色产业和工业，可以根据当地资源优势，选择市场前景好和经济效益好的产品作重点开发，提高产品档次。清洁生产、节能减排、能源有效利用对于产业发展型农村的持续健康发展极为重要。产业发展型农村多具备大量的厂房，因此，可在其屋顶形成规模较大的分布式光伏系统，为厂房自身照明、普通电器等提供基本用电；该类农村具备良好的经济能力，生产、生活对冷热电负荷需求量大，且用电时间相对集中，可开通天然气管道和开发地源热泵，集中处理生活垃圾等生物质能，从而保障能源需求。产业发展型农村能源开发利用模式如图 4-7 所示。

特色旅游型农村是目前比较时兴的农村类型，是指除去依靠传统的木材、煤炭等能源之外，同时也依靠风能、水能、太阳能以及生物质能这类清洁能源生活、生产，依托良好的生态环境来发展农村旅游业。特色旅游型农村会建设大型游乐场所、农家乐等建筑，注重环境及经济因素。清洁能源开发在促进农

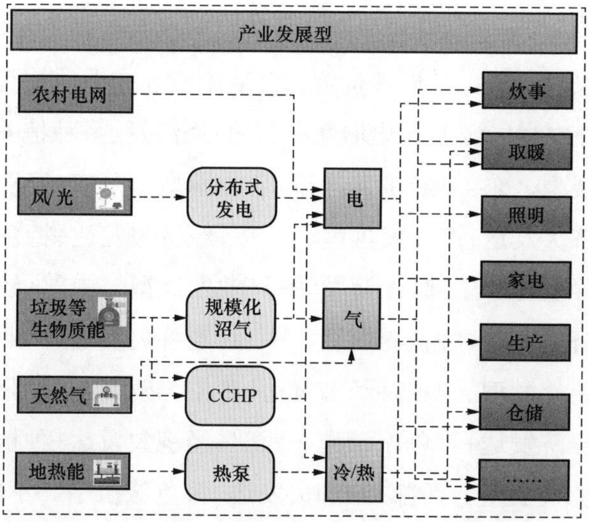

图 4-7　产业发展型农村能源开发利用模式

村旅游业发展中起到了至关重要的推动作用，是发展农村旅游业，实现绿色发展、循环发展、低碳发展的关键。由于特色旅游型农村对环境条件要求相对严苛，可在房屋屋顶建设分布式光伏，风能丰富地区可建设小型风力发电机组，依附农家乐建造沼气池进行生物质能供能，实现能源互补，同时可作为旅游点。另外，旅游型农村在餐饮、民宿等方面对冷热资源需求量大，且用电区域一般相对集中，可开发建设地源热泵、天然气。特色旅游型农村能源开发利用模式如图 4-8 所示。

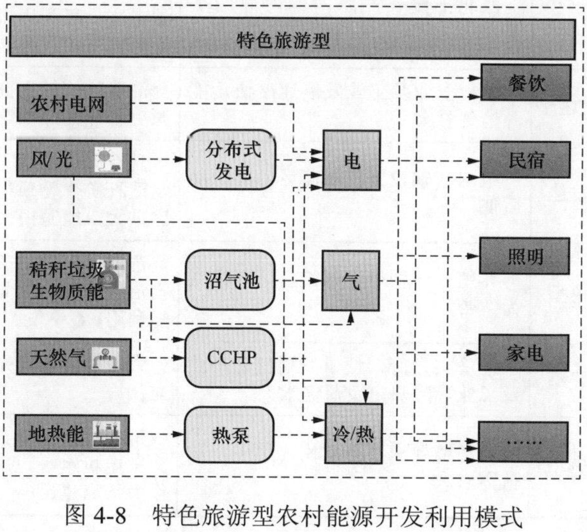

图 4-8　特色旅游型农村能源开发利用模式

综上所述，不同维度的农村能源差异化发展场景的特点和能源结构配置见表 4-1。就全国农村来说，从地理位置、发展阶段和产业结构等维度动态组合，我国大约有 18 种农村能源差异化场景：东部+经济发达+种植养殖型、东部+经济发达+产业发展型、东部+经济发达+特色旅游型、东部+经济欠发达+种植养殖型、东部+经济欠发达+产业发展型、东部+经济欠发达+特色旅游型、中部+经济发达+种植养殖型、中部+经济发达+产业发展型、中部+经济发达+特色旅游型、中部+经济欠发达+种植养殖型、中部+经济欠发达+产业发展型、中部+经济欠发达+特色旅游型、西部+经济发达+种植养殖型、西部+经济发达+产业发展型、西部+经济发达+特色旅游型、西部+经济欠发达+种植养殖型、西部+经济欠发达+产业发展型、西部+经济欠发达+特色旅游型。不同场景所对应的能源电力消费需求、农村能源供需结构配置、网络规划方案也各不相同。

表 4-1　　多维度农村能源差异化发展场景特点与能源结构配置

主维度	分维度	特点	能源结构配置
地理位置	东部	经济发展水平高，冬季时间短，采暖需求不大	太阳能，风能资源一般，重点发展生物质能等清洁能源
	中部	农村配电网较完善，气候适中，部分地区存在取暖需求	秸秆资源丰富，结合畜牧业可重点推广沼气工程，太阳能，风能资源一般，推动沼气供电和集中供气
	西部	西北部漫长严寒，西南部四季温和	西北可再生能源丰富，西南水电资源丰富，可利用太阳能、风能、秸秆等可再生能源清洁供暖
发展阶段	经济发达	农村农业及工业发展速度快，能源消费量大	消费结构趋于商品化、清洁化，能源更多样性，以电力、天然气为主
	经济欠发达	电网基础设施相对落后，能源品质低	具有天然的风光水等可再生能源以及秸秆等生物质能源，能源就地消纳比重大，能源损失少
产业结构	种植养殖型	养殖业与种植业相结合，以沼气为纽带	沼气池开发是关键，农林牧副渔废物沼气利用；大量垃圾粪便等生物质能利用
	产业发展型	经济实力好，便于发展特色产业及工业，冷热电负荷需求大	大规模分布式光伏系统，产业建筑+光伏
	特色旅游型	对环境要求严苛，用能集中，负荷需求大	可在屋顶建设分布式光伏，小型风力发电机组等，风光水等分布式能源作为景点建设

4.2 农村能源供需配置方法研究及应用

与城市相比，农村能源具有更强的分散性和差异性，城市能源配置模式不适用于农村，受经济发展、资源禀赋、地理位置等多重因素影响，农村能源供需配置的差异性满足问题亟待解决。本节基于农村地理位置、发展阶段、产业结构三个维度差异性，构建了不同场景下的农村可再生能源开发利用模式；分析了设备级、站点级、微电网级等多级系统的多能互补模式，针对农村用能特点提出了集中用能、家庭生活用能、养殖业用能、工业产业用能等多能互补典型方案；提出了考虑经济性、环保性、节能性多目标的农村能源供需配置方法，解决了差异化场景农村能源资源综合利用的问题，因地制宜的挖掘农村分布式能源资源潜力。

4.2.1 农村多能互补系统运行模式

1. 多能互补实现形式

基于多能互补系统组成结构分析，多能互补可以通过“源-源”互补，通过不同电源之间的耦合实现多能互补，如风-光互补、风-燃气机组互补等；可以通过“源-转”互补，通过电源与能源转换机组之间的耦合实现多能互补，如风-P2G 互补，风-电制冷机互补等；可以通过“源-储”互补，如风-储能互补，光-储能互补；也可以通过“源-荷”互补，如风电供能高发期，增加用电量，风电供能低谷期，减少用电量。在此基础上，“源”“转”“储”“荷”均可进行不同形式的耦合，进而实现多能互补。

基于基础的机组耦合实现多能互补，多能互补也有时间互补、热互补、热化学互补和系统及区域互补，多能互补利用的实现形式见表 4-2。目前实际工程应用中多采用时间互补和热互补的方式，热化学互补现阶段以理论分析和试验研究为主，系统及区域互补主要是利用时间互补、热互补、热化学互补的方式进行系统之间的能源互补。

2. 多能互补多级系统分析

（1）设备级——“冷-热-电”联供系统。

表 4-2　　多能互补利用的实现形式

互补形式	具体实现形式	技术特点	互补的效果	适用场合
时间互补	风-光互补、风光-天然气	根据能源波动特性和调节能力，将能源供应从时间角度互补利用和重新分配	提高风光利用率，提高电能输出可靠性及电网接纳可再生能源能力	大型风电、光伏基地，电力打捆外送；终端型供能系统，微小型发电设备，如海岛供电系统等
热互补	太阳能-地热能、太阳能-生物质、煤电-风光	将不同热能根据“温度对口，梯级利用”的原则引入至热力循环中适当的位置	提高能源转换效率，提升时间互补效果	可再生能源丰富地区；新建工业园区、电能替代工业园区、中小城镇；新疆维吾尔自治区、甘肃省及宁夏回族自治区东部等地区，新能源与传统煤电打捆外送
热化学互补	太阳能-天然气、太阳能-生物质、太阳能制氢、风电制氢	选取合适的吸热化学反应，将热能转化为燃料的化学能	提高能源转换效率，实现可再生能源储存和转运	太阳能与生物质能或天然气耦合生成合成气，实现化工动力多联产
系统及区域互补	本地能源系统-上级电网；本地不同区域之间	基于时间互补/热互补/热化学互补等方式，进行不同系统和不同区域之间互补	提高系统综合利用率	不同系统之间供需存在互补

1）典型系统及运行方式。冷热电联供系统作为一种分布式能源利用形式，是一种能源节约型、环保型和同时增加电力供应的新型能源利用模式。冷热电联供系统由燃气轮机、余热回收装置、换热装置、吸收式制冷机等组成，是一种建立在能量梯级利用基础上的综合产、用能分布式系统。冷热电联供系统的主要设备有发电机组、吸收式制冷机组及余热利用机组等。

2）应用范围。作为缓解能源危机的重要手段之一，“冷-热-电三联供”具有污染排放低、布置灵活方便、运行可靠性高及高效节能等优点，是实现冷、热、电联产终端能源供给的新技术。“冷-热-电三联供”可以作为单体使用，也可以并网运行，具有双向互补的特点。

“冷-热-电”三联供多应用于对电力负荷稳定性有特定要求，且存在夏季供热或冬季供冷需求的场合。例如城市中商用、办公、生活小区具有建筑单体大、耗能多、冬季供冷夏季供热的特点，分布式冷热电三联供系统可同时满足其冷热电的需求。因此，设备级“冷-热-电”联供系统可应用于靠近用户消费终端的某些办公建筑、工业园区、生活小区等小型社区。

（2）站点级——能源站系统。

1）典型系统及运行方式。站点级能源站采用集中供冷、供热、供电系统，一般可再生能源系统（太阳能发电，生物质发电等）、热泵系统占据核心地位，搭配燃气轮机、冷热电三联供系统及蓄能装置等多个供能设备，共同组建成一个能源站。

2）应用范围。能源站系统在充分利用可再生能源的基础上，搭配燃气轮机、冷热电三联供系统及蓄能装置等多个稳定型供能设备，既可以提高能源的利用效率，降低对环境的影响，也有利于增强系统的安全性、可靠性。能源站系统多应用于可再生能源资源丰富、对冷、热、电负荷均具有需求的区域，满足较大规模的区域级供能。

（3）微电网级——多能互补智能微电网。

1）典型系统及运行方式。微电网级多能互补系统是一种靠近用户侧的微型综合能源系统，涵盖天然气、太阳能、风能等一次能源及电力二次能源，涉及电热气多种能源输配网络、负荷、储能、控制和保护设备及信息化平台。微电网级多能互补系统以电能为核心，通过多能互联、信息能量耦合及市场经济引导，实现多能“供-需-储”协调优化和自我平衡。

2）应用范围。微电网级多能互补系统耦合设备级多能互补系统和站点级多能互补系统的特点，应用范围一般为城市综合体，即某些具有冷热电负荷需求的办公建筑、工业园区、生活小区、高等院校等大、小型社区，也可用于满足较大规模的区域级供能。

3. 农村多能互补典型方案

（1）农村集中用能互补方案。农村集中用能互补方案适用于农村集中用能，从集中式供能角度为河南农村设计多能互补模式，河南农村集中式多能互补方案如图 4-9 所示。

（2）农村家庭生活用能互补方案。农村家庭生活用能互补方案适用于农村家庭生活用能，从家庭式供能角度为河南农村家庭用户设计小型多能互补模式，河南农村家庭式小型多能互补方案如图 4-10 所示。

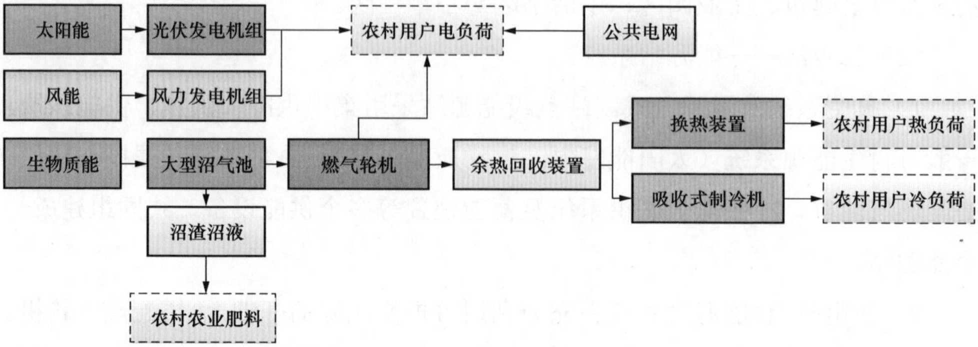

图 4-9　河南农村集中式多能互补方案

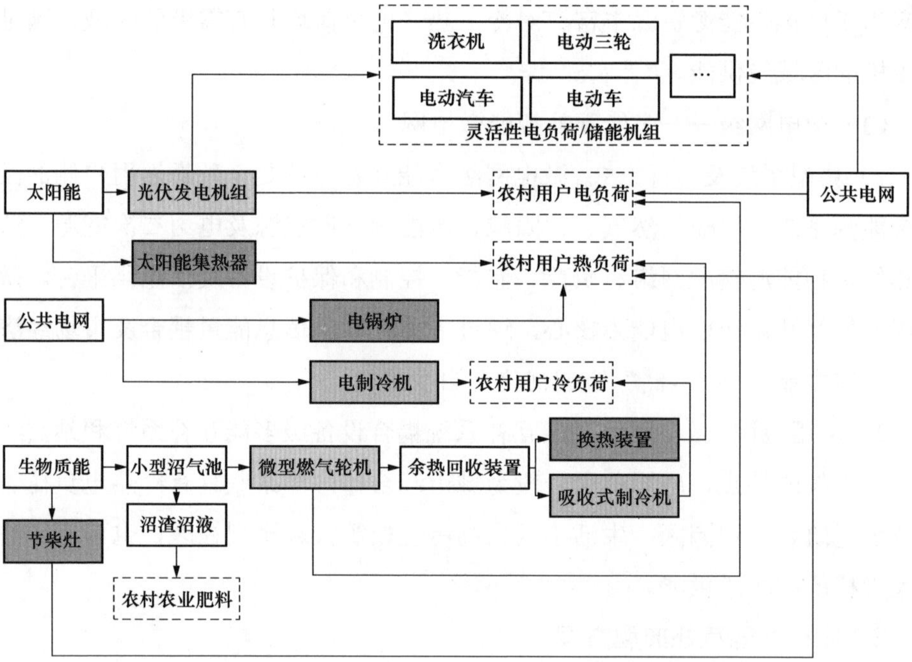

图 4-10　河南农村家庭式小型多能互补方案

（3）农业养殖业用能互补方案。农业养殖业用能互补方案适合农村农业养殖业用能，本节为河南农村农业养殖业设计多能互补模式，如图 4-11 所示。

（4）农村工业产业用能互补方案。农村工业产业用能互补方案适合农村工业产业用能，本节为河南农村工业产业设计多能互补模式，如图 4-12 所示。

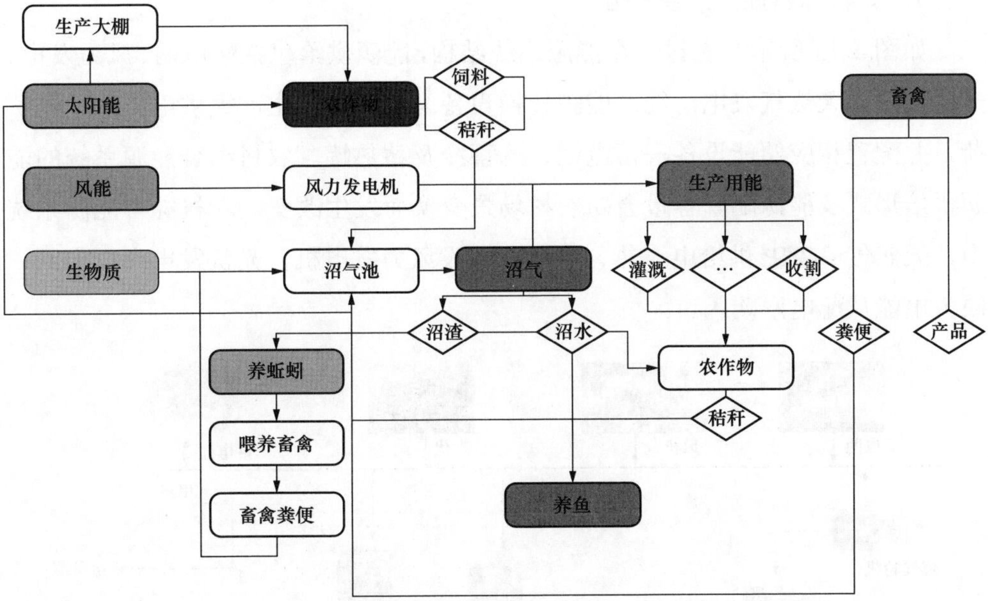

图 4-11　河南农村农业养殖业多能互补模式

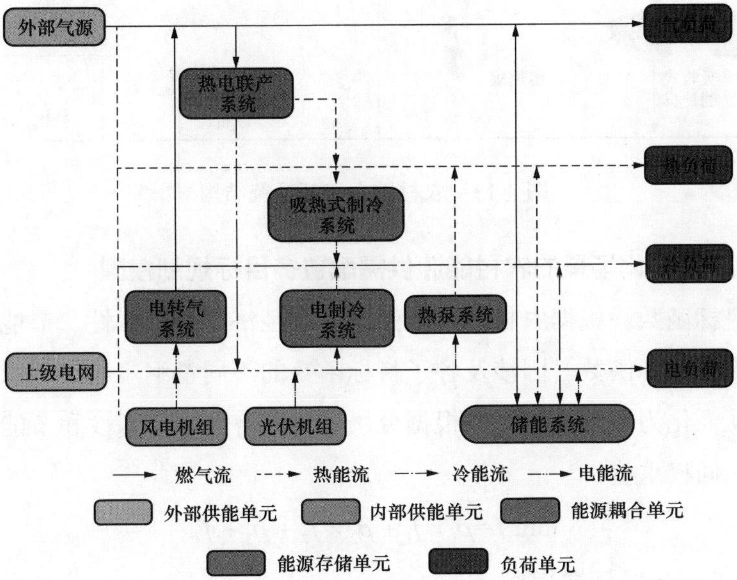

图 4-12　河南农村工业产业多能互补模式

4.2.2 农村能源供需配置模型

1. 农村综合能源系统构建

如图 4-13 所示为农村综合能源系统结构，能源供给包括配电网、风力发电、光伏发电、天然气发电，经过能源转换设备为农村生活生产提供电、热、冷负荷，并配置相应储能设备—蓄电池、冰蓄冷及蓄热罐。农村综合能源系统的能源供给形式及能源配置容量会随农村场景变换而发生改变。农村综合能源系统中，天然气 CCHP 供给电、热、冷能，假设风力发电机、光伏发电全额上网，缺失电能从配电网购入。

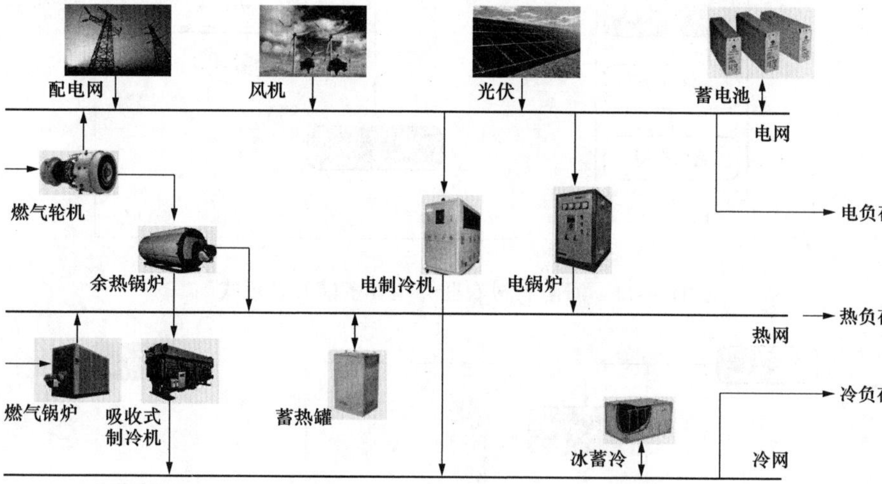

图 4-13 农村综合能源系统结构

2. 基于差异化场景的农村能源供需配置多目标规划模型

（1）目标函数。根据农村综合能源系统在经济性、环保性、节能性三方面的追求设定多目标函数，因涉及各子目标函数的不同量纲难题，所以均做经济性处理，从而化为单一目标，并根据分场景对经济性、环保性和节能性的不同要求赋予不同权重值。

$$\min f=\rho_1\times f_1+\rho_2\times f_2+\rho_3+f_3 \tag{4-1}$$

式中 f_1——经济性指标；

f_2——环保性指标；

f_3——节能性指标；

ρ_1、ρ_2、ρ_3——三个指标的权重值。

1）经济性指标。农村综合能源系统经济性指标定义为年经济成本，包括：等年值投资成本、运行成本及购能成本。等年值投资成本指购买能源设备的支出；运行成本指农村综合能源系统正常运行维护的支出；购能成本为设备运行的能耗费用，主要包括电能及天然气。

本文采用动态评价法中的等年值法计算方法，通过资金回收系数实现对投资成本的年等值化。

$$f_1 = C_{\text{inv}} + C_{\text{op}} + C_{\text{e}} \tag{4-2}$$

$$C_{\text{inv}} = \frac{r(1+r)^{\text{T}}}{(1+r)^{\text{T}} - 1} \sum\nolimits_{\text{m}}^{\Omega} C_{\text{inv,m}} P_{\text{m}} \tag{4-3}$$

$$C_{\text{op}} = 365 \times \sum\nolimits_{j=1}^{24} \sum\nolimits_{\text{m}}^{\Omega} C_{\text{op,m}} P_{\text{m,j}} \tag{4-4}$$

$$C_{\text{e}} = \varepsilon_{\text{Grid}} \times 365 \times \sum\nolimits_{j=1}^{24} P_{\text{Grid},j} + \varepsilon_{\text{G}} \times 365 \times \sum\nolimits_{j=1}^{24} (G_{\text{GT},j} + G_{\text{GB},j}) \tag{4-5}$$

式中 C_{inv}——投资成本；

C_{op}——运行成本；

C_{e}——购能成本；

P_{m}——第 m 个能源设备的配置容量；

Ω——m 个能源设备集合（燃气轮机，燃气锅炉，吸收式制冷机、电锅炉、电制冷机、蓄电池、冰蓄冷、蓄热罐）；

$P_{\text{m},j}$——第 j 时刻第 m 个设备的出力值；

$C_{\text{inv,m}}$——第 m 个设备的单位容量投资成本；

$C_{\text{op,m}}$——第 m 个设备单位容量的运行成本；

$P_{\text{Grid},j}$——第 j 时刻从配电网购电量；

$G_{\text{GT},j}$——燃气轮机的购气量；

$G_{\text{GB},j}$——燃气锅炉的购气量；

$\varepsilon_{\text{Grid}}$——电价；

ε_{G}——天然气价格；

r——基准折现率；

T——设备使用年限。

2）环保性目标。目前部分国家已对碳排放实施征税政策，本文将环保性指标作经济性处理，用碳排放税费用表示。光伏发电、风力发电及沼气发电为清洁能源发电，在这里视其碳排放为零。

$$f_2 = \omega^{\mathrm{Ctax}}\left(E_{\mathrm{G}} \times 365 \times \sum_{t=1}^{24} (G_{\mathrm{GT},j} + G_{\mathrm{GB},j}) + E_{\mathrm{Grid}} \times 365 \frac{\sum_{j=1}^{24} P_{\mathrm{Grid},j}}{\eta_{\mathrm{Grid}}} \right) \tag{4-6}$$

式中　E_G——天然气单位耗能的碳排放量；

t——时间；

E_{Grid}——电厂单位产能的碳排放量；

η_{Grid}——电网传输效率；

ω^{Ctax}——碳税。

3）节能型性目标。负荷需求一定时，设备的能源转换效率越高，所需的电能及其他一次能源的量越少，总能源利用效率越高。其定义一般为：

$$\eta_{\mathrm{C}} = \frac{Q_{\mathrm{out}}}{Q_{\mathrm{in}}} \tag{4-7}$$

式中　Q_{out}——输出的能量值，包括农村生产生活的电、冷、热负荷；

Q_{in}——输入的能量值，包括从配电网购入电能和其他一次能源。

然而，本文采用多目标规划，为实现统一，需将单目标作经济性处理，所以本文用弃风、弃光惩罚费用表示节能性。

$$f_3 = f_{\mathrm{punish}} = \sum_{t=1}^{24} (\lambda_{\mathrm{W}} E_{\mathrm{W},j} + \lambda_{\mathrm{P}} E_{\mathrm{P},j}) \tag{4-8}$$

式中　$E_{\mathrm{W},j}$——第 j 时刻的弃风电量；

$E_{\mathrm{P},j}$——第 j 时刻的弃光电量；

λ_{W}——单位弃风对应的惩罚费用；

λ_{P}——单位弃光量对应的惩罚费用。

（2）权重分配。在多目标规划场景中，需综合考虑经济性、环保性、节能性等多项性能，且每种场景对指标要求的侧重不同，通过对差异化场景的分析，可在地理位置、发展阶段和产业结构三个维度下对农村能源进行供需优化配置。

权重分配流程具体如下：

1）对每个分维度设置相应的经济性、环保性、节能性权重，形成列向量。

$$A=\begin{bmatrix}\theta_{11}\\ \theta_{12}\\ \theta_{13}\end{bmatrix}=\begin{bmatrix}\theta_{11}^1 & \theta_{11}^2 & \theta_{11}^3\\ \theta_{12}^1 & \theta_{12}^2 & \theta_{12}^3\\ \theta_{13}^1 & \theta_{13}^2 & \theta_{13}^3\end{bmatrix} \tag{4-9}$$

$$B=\begin{bmatrix}\theta_{21}\\ \theta_{22}\end{bmatrix}=\begin{bmatrix}\theta_{21}^1 & \theta_{21}^2\\ \theta_{22}^1 & \theta_{22}^2\end{bmatrix} \tag{4-10}$$

$$C=\begin{bmatrix}\theta_{31}\\ \theta_{32}\\ \theta_{33}\end{bmatrix}=\begin{bmatrix}\theta_{31}^1 & \theta_{31}^2 & \theta_{31}^3\\ \theta_{32}^1 & \theta_{32}^2 & \theta_{32}^3\\ \theta_{33}^1 & \theta_{33}^2 & \theta_{33}^3\end{bmatrix} \tag{4-11}$$

式中 A ——主维度中的地理位置的权重分配矩阵；

B ——主维度中的发展阶段的权重分配矩阵；

C ——主维度中的产业结构的权重分配矩阵；

θ_{11} ——地理位置的东部分维度权重分配；

θ_{12} ——地理位置的中部分维度的权重分配；

θ_{13} ——地理位置的西部分维度的权重分配；

θ_{21} ——发展阶段的发达分维度—的权重分配；

θ_{22} ——发展阶段的欠发达分维度的权重分配；

θ_{31} ——产业结构的种植养殖分维度的权重分配；

θ_{32} ——产业结构的产业发展分维度的权重分配；

θ_{33} ——产业结构的特色旅游分维度的权重分配；

θ_{11}^1 ——主维度地理位置下的分维度东部地区的经济性权重分配；

θ_{11}^2 ——主维度地理位置下的分维度东部地区的环保性权重分配；

θ_{11}^3 ——主维度地理位置下的分维度东部地区的节能性权重分配。

θ_{11}^1、θ_{11}^2、θ_{11}^3 满足值的和为 1。

2）对矩阵变量赋值。基于对差异化场景的理论分析及经验判断，为 A、B、C 中变量赋值，具体赋值见表 4-3。

表 4-3　　基于差异化场景的分维度权重分配

主维度	分维度	权重分配		
		经济性	环保性	节能性
地理位置	东部	0.2	0.3	0.5
	中部	0.3	0.3	0.4
	西部	0.5	0.2	0.3
发展阶段	发达	0.2	0.2	0.6
	欠发达	0.6	0.2	0.2
产业结构	种植养殖	0.3	0.3	0.4
	产业发展	0.4	0.2	0.4
	特色旅游	0.2	0.6	0.2

3）根据场景特点，组合各分维度，得总经济性、环保性及节能性权重值ρ_1、ρ_2、ρ_3；分别从A、B、C矩阵中取对应的一行数据，并令代表相同指标的三个数据相乘，根据表 4-3 计算即得总权重值。

（3）约束条件。

1）系统能量平衡约束：

$$P_{\mathrm{W}}+P_{\mathrm{P}}+P_{\mathrm{Grid}}+P_{\mathrm{GT}}-P_{\mathrm{EB}}-P_{\mathrm{EC}}+P_{\mathrm{dis}}-P_{\mathrm{ch}}=P_{\mathrm{Load}} \tag{4-42}$$

$$H_{\mathrm{GB}}+H_{\mathrm{AC}}+H_{\mathrm{EB}}+H_{\mathrm{dis}}-H_{\mathrm{ch}}=H_{\mathrm{Load}} \tag{4-13}$$

$$C_{\mathrm{AC}}+C_{\mathrm{EC}}+C_{\mathrm{dis}}-C_{\mathrm{ch}}=C_{\mathrm{Load}} \tag{4-14}$$

式中　P_{W}——风力发电产生的电能；

P_{P}——光伏发电产生的电能；

P_{Grid}——从配电网购电产生的电能；

P_{GT}——燃气轮机发电产生的电能；

P_{EB}——电锅炉消耗的电能；

P_{EC}——电制冷机消耗的电能；

P_{dis}——蓄电池的放电量；

P_{ch}——蓄电池的充电量；

H_{GB}——燃气锅炉产生的热能；

H_{AC}——吸收式制冷机产生的热能；

H_{EB} ——电锅炉产生的热能；

H_{dis} ——蓄热罐的释放热能量；

H_{ch} ——蓄热罐的充热量；

C_{AC} ——吸收式制冷机产生的冷能；

C_{EC} ——电制冷机产生的冷能；

C_{ch} ——冰蓄冷的充冷量；

C_{dis} ——冰蓄冷的释放冷能量；

P_{Load} ——电负荷量；

H_{Load} ——热负荷量；

C_{Load} ——冷负荷量。

2）设备配置容量约束：

$$\gamma P_{m,\min} \leqslant P_m \leqslant \gamma P_{m,\max} \tag{4-15}$$

式中 γ ——0～1 状态变量，等于 1 表示安装了设备 m，等于 0 代表不安装；

$P_{m,\min}$ ——设备 m 允许的装机容量最小值；

$P_{m,\max}$ ——设备 m 允许的装机容量最大值。

3）设备运行约束：

$$\begin{cases} P_{GT}^{\min} \leqslant P_{GT,j} \leqslant P_{GT}^{\max} \\ H_{GB}^{\min} \leqslant H_{GB,j} \leqslant H_{GB}^{\max} \\ C_{EC}^{\min} \leqslant C_{EC,j} \leqslant C_{EC}^{\max} \\ H_{EB}^{\min} \leqslant H_{EB,j} \leqslant H_{EB}^{\max} \\ C_{AC}^{\min} \leqslant C_{AC,j} \leqslant C_{AC}^{\max} \\ 0 \leqslant P_{Grid,j} \leqslant P_{Grid,j}^{\max} \end{cases} \tag{4-16}$$

式中 $P_{GT}^{\max}$ ——燃气轮机功率上限；

$P_{GT}^{\min}$ ——燃气轮机功率下限；

$H_{GB}^{\max}$ ——燃气锅炉功率上限；

$H_{GB}^{\min}$ ——燃气锅炉功率下限；

$C_{EC}^{\max}$ ——电制冷机功率上限；

$C_{EC}^{\min}$ ——电制冷机功率下限；

$H_{\text{EB}}^{\max}$——电锅炉功率上限；

$H_{\text{EB}}^{\min}$——电锅炉功率下限；

$C_{\text{AC}}^{\max}$——吸收式制冷机功率上限；

$C_{\text{AC}}^{\min}$——吸收式制冷机功率下限；

$P_{\text{Grid}}^{\max}$——从电网购电上限。

4）储能装置约束：

$$\begin{cases} 0 \leqslant X_{\text{ch},j} \times P_{\text{ch},j} \leqslant P_{\text{ch}}^{\max} \\ 0 \leqslant X_{\text{dis},j} \times P_{\text{dis},j} \leqslant P_{\text{dis}}^{\max} \\ X_{\text{ch},j} + X_{\text{dis},j} \leqslant 1 \end{cases} \tag{4-17}$$

式中 $X_{\text{ch},j}$、$X_{\text{dis},j}$——在第 j 个时刻的充、放能状态，$X_{\text{ch},j}=1$ 表示充能状态，$X_{\text{ch},j}=0$ 表示放能状态，二者不能同时为 1；

$P_{\text{ch}}^{\max}$——充能容量上限值；

$P_{\text{dis}}^{\max}$——放能上限值。

3. 基于混合模拟退火粒子群（PSO−SA）的求解算法

（1）模拟退火算法（SA）基本原理。模拟退火算法（simulated annealing，SA）是一种启发式算法，模拟了热力学中经典粒子系统降温的物理过程。当孤立粒子系统的温度 T 降低的速度非常缓慢时，可以认为该系统处于热力学平衡状态，此时系统能量最低。在 SA 算法中，采用 Metropolis 接受准则（以概率来接受新状态，而不是使用完全确定的规则）来判断控制温度参数 T 的所有取值，即重复进行“产生新解-进行判断-接受或舍弃”这一迭代过程，最终找到该系统在 T 温度下的平衡状态，即得到最优解。

SA 算法流程为：

1）参数设定，包括控制温度参数 T 的初始值 T_0、终值 T_{end}、马尔科夫链长度 L 及温度衰减系数 A 等；初始化解 x_0 并设置适应度函数 $f(x_0)$。

2）当温度参数 $T=T_k$ 时，对当前解 x_k 按式（4-18）进行更新。

$$x_{k+1} = x_k \oplus random \tag{4-18}$$

3）随机产生一个均匀分布数 β，$\beta \in (0,1)$，由式（4-19）计算在当前温度 T_k 下，当前解采用 Metropolis 接受准则的转移概率 P：

$$P=\begin{cases}1, f(x_{k+1})<f(x_k)\\ \exp\dfrac{f(x_k)-f(x_k+1)}{T_k}, f(x_k+1)\geqslant f(x_k)\end{cases} \tag{4-19}$$

当$\beta<P$时，接受新解，即$x_k=x_{k+1}$，反之保持当前解不变。

4）判断是否满足终止条件，如果是则结束算法程序，否则返回第二步继续迭代，并更新温度参数T_k为T_{k+1}。

（2）粒子群算法（PSO）基本原理。粒子群优化（panicle swarm optimization，PSO）算法是一种基于迭代优化的群智能进化计算技术，算法初始化为一群随机粒子，然后通过迭代搜索到最优解。在每一次迭代中，粒子通过跟踪两个极值来更新粒子自身的速度和在下一轮迭代中的位置，一个是粒子本身所找到的最优解，称为个体极值，称为个体极值P_{ibest}；另一个是当前整个种群找到的最优解，称为全局极值 g_{best}。找到这两个极值后，每个粒子根据决定自己的飞行速度和距离。

假设在一个d维的搜索空间中，有m个粒子组成一个种群，其中第i个粒子表示为一个d维的向量$x_i=(x_{i1},x_{i2},\cdots,x_{id})$，即第$i$个粒子在$d$维的搜索空间中的位置是$x_i$。第$i$个粒子的飞行速度也是一个$d$维的向量，记为$v_i(v_{i1},v_{i2},v_{id})$，第$i$个粒子至今为止搜索到的最优位置为$P_i=(p_{i1},p_{i2},\cdots,p_{id})$，整个种群至今为止搜索到的最优位置为$P_{\mathrm{g}}=(p_{\mathrm{g}1},p_{\mathrm{g}2},\cdots,p_{\mathrm{g}})$。

标准粒子群优化算法采用下列公式对粒子速度和位置进行更新：

$$v_{id}=wv_{id}+c_1r_1(P_{id}-x_{id})+c_2r_2(p_{gd}-x_{id}) \tag{4-20}$$

$$x_{id}=x_{id}+v_{id} \tag{4-21}$$

式中　w——惯性权重系数；

c_1、c_2——两个非负常数，称为加速常数，取$c_1=c_2=2$；

r_1、r_2——［0，1］之间的随机数。

尽管粒子群算法具有很好的收敛性，但易陷入局部最优。模拟退火算法是一种随机性组合优化算法，以一定的概率来接受一个比当前解要差的解，因此有可能会跳出这个局部的最优解，达到全局的最优解。所以本文采用模拟退火算法混合粒子群算法，优化粒子群算法的寻优能力。

4.2.3 农村能源供需配置方案验证

（1）基础数据来源。本文选取不同地理位置、发展阶段、产业结构三个维度组合的差异化场景农村进行算例分析，选取山东青岛 A 县、河南南阳 B 县、甘肃敦煌 C 县作为典型省份验证场景。

1）典型农村主体信息。

a. 东部经济发达产业发展型农村——Case1。东部经济发达产业发展型农村选取山东青岛 A 县，Case1 基本信息见表 4-4。

表 4-4　　Case1 基本信息

差异化场景农村	基本情况	能源结构	产业结构
东部经济发达产业发展型—山东青岛 A 县（Case1）	地处山东西南部，光照充足，四季分明，夏季湿热多雨，冬季寒冷干燥，基本无原生自然植被	能源消费以煤炭、电力为主，清洁能源占比较小	产业以工业为主，被列为工业百强县，经济较中西部更发达

b. 中部经济发达种植养殖型农村——Case2。河南南阳 B 县位于内陆地区，Case2 基本信息见表 4-5。

表 4-5　　Case2 基本信息

差异化场景农村	基本情况	能源结构	产业结构
中部经济发达种植养殖型—河南南阳 B 县（Case2）	位于内陆地区，地势平坦，冬夏长，春秋短，四季分明，平均日照时间为 1850h，雨热同期，对植物生产极为有利	能源消费主要以原煤为主，占比较高，而天然气、电力等清洁能源占比较低，能源消费格局相对单一	全国著名的商品粮、棉、油基地，农业资源丰富，生态农业正逐渐调整着种植、养殖的生产结构

c. 西部经济欠发达特色旅游型农村——Case3。甘肃敦煌 C 县地处甘肃西北地区，Case3 基本信息见表 4-6。

表 4-6　　Case3 基本信息

差异化场景农村	基本情况	能源结构	产业结构
西部经济欠发达特色旅游型—甘肃敦煌 C 县（Case3）	地处甘肃西北地区，日照时间长，夏热冬冷，光能资源丰富，是中国太阳能辐射最强的地区之一，四季多风，风能资源丰富	全力推进光伏、风力发电建设，提高新能源就地消纳能力	深处西北内陆地区，经济发展缓慢，整体水平相比东中地区滞后，旅游资源具有不可复制性

2）负荷特性分析。Case1 为东部发达产业发展型农村，其负荷需求以工业设施为主，产业类型包括农产品加工、食品生产等。因为生产时间限制，电、冷、热负荷的使用集中于白天工作时间，峰值出现在 10:00～18:00，低谷负荷值基本稳定，从年典型日的整体情况来看，该类型农村负荷因主要能源消耗源为电力设施，具有以热、电负荷为主的特点。Case1 典型日负荷曲线如图 4-14 所示。

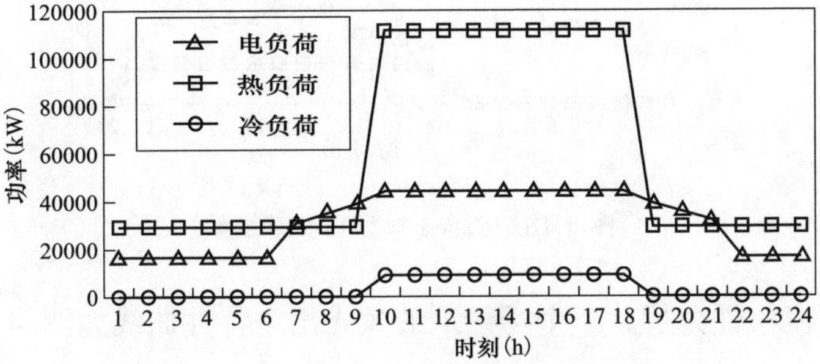

图 4-14　Case1 典型日负荷曲线

Case2 为中部发达种植养殖型农村负荷，该类负荷主要用于农田灌溉收割、禽类养殖保温、消毒等。电负荷以白天消费为主，在 7:00～17:00 负荷较大，由于农民的农业生产习惯，一般出现早、午两个高峰；而冷、热负荷主要用于养殖厂的温度调节，热负荷集中于 18:00～24:00，冷负荷需求集中于白天温度较高时。Case2 典型日负荷曲线如图 4-15 所示。

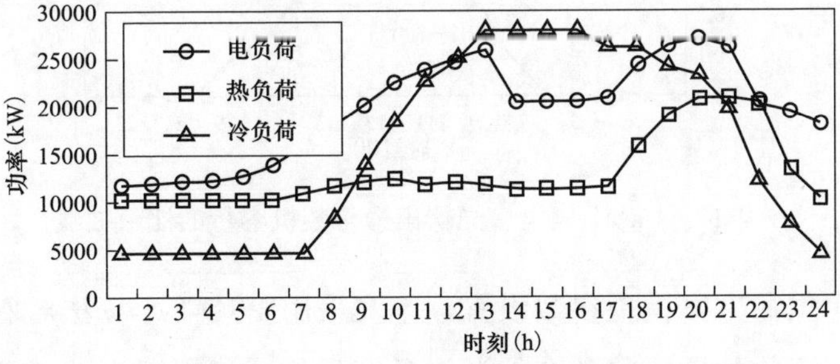

图 4-15　Case2 典型日负荷曲线

Case3 为西部欠发达特色旅游型农村负荷，因其经济较落后，其负荷总需求量相对 Casa1 和 Case2 较低，旅游型为主的产业特色决定其旅游相关公共设施的大部分负荷基本集中于白天，农家乐等食宿地点因取暖制冷以电为主，所以晚上基本无冷热负荷需求。Case3 年典型日负荷曲线如图 4-16 所示。

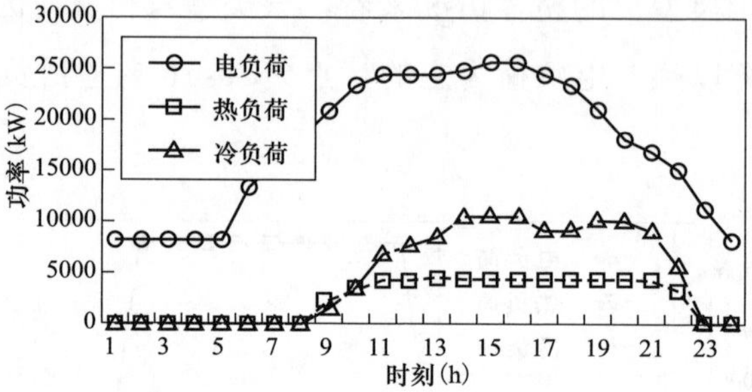

图 4-16　Case3 典型日负荷曲线

3）能源流特性分析。三个场景下的风光出力特性曲线如图 4-17～图 4-19 所示。对比分析图 4-17～图 4-19 可知，Case1 处于东部沿海地区，风力资源优于 Case2 内陆地区，而太阳能资源与 Case2 情况基本相同；Case3 因处于西部地区，太阳能辐射量最大，风能资源丰富，所以风光出力均优于其他两种场景，由于地势复杂，风电出力变化幅度最大。

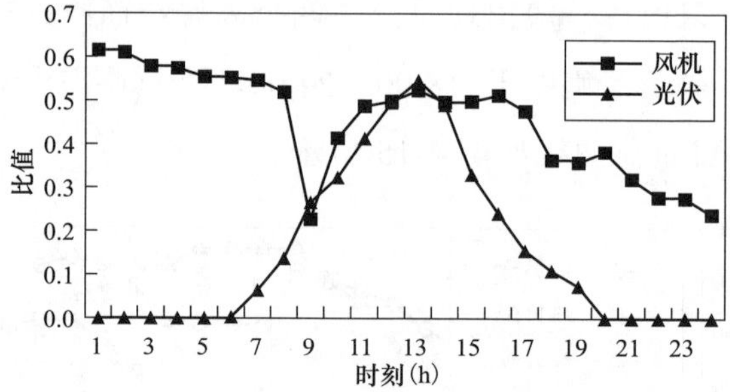

图 4-17　Case1 风电、光伏出力与装机容量的比值曲线

（2）能源供需方案模型参数设置。本文采用 PSO-SA 算法对农村综合能源系统进行供需优化配置，得各个能源设备容量值。模拟退火粒子群算法具体参数设置为：种群规模为 90，最大迭代次数 200，学习因子 $c_1=c_1=2$，初始温度为 1000℃，降温速率 0.9。设备参数见表 4-7。

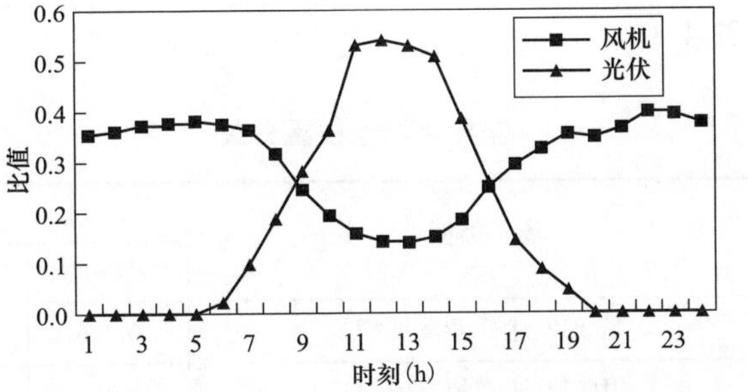

图 4-18　Case2 风电、光伏出力与装机容量的比值曲线

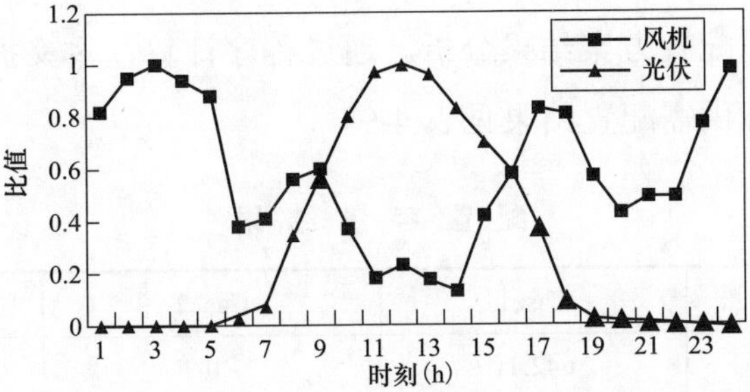

图 4-19　Case3 风电、光伏出力与装机容量的比值曲线

表 4-7　　　　　　　　　　设 备 参 数

设备	单位容量投资成本等年值［元/（kW·年）］	单位容量维护成本（元/kWh）
光伏	1000	0.0096
风力发电机	1200	0.01
燃气轮机	532	0.025
燃气锅炉	34	0.02
吸收式制冷机	121	0.007
电制冷机	84	0.01
电锅炉	68	0.03
蓄电池	123	0.0018
蓄热罐	4.3	0.0016
冰蓄冷	43	0.0017

根据算例三个场景的类型归属，对各子目标权重 ρ_1、ρ_2、ρ_3 根据权重分配原则分别进行计算，得出经济性、环保性、节能性的权重值，计算结果见差异

化场景权重分配表 4-8。

表 4-8　　差异化场景权重分配

项目	场景类型	权重		
		经济性	环保性	节能性
Case1	东部发达产业发展型	0.016	0.012	0.12
Case2	中部发达种植养殖型	0.018	0.018	0.096
Case3	西部欠发达旅游发展型	0.06	0.024	0.012

（3）能源供需配置方案结果分析。通过程序计算，本文提出的基于三个不同场景的农村能源供需配置结果见表 4-9。

表 4-9　　配置容量结果

设备	Case1	Case2	Case3
燃气轮机（kW）	642.41	0	0
燃气锅炉（kW）	9100	2055.73	425.27
光伏机组（kW）	2761.95	362.88	2487.64
风电机组（kW）	2747.42	3751.3	1465.91
吸收式制冷机（kW）	171.52	0	4.64
电制冷机（kW）	552.31	2544.74	754.52
电锅炉（kW）	906.46	146.8	242.02
蓄电池（kWh）	7283.92	603.13	1841.52
蓄热罐（kWh）	10000	0	1086
冰蓄冷（kWh）	3237.99	10000	3582.64

能源设备规划容量与三个场景的电、冷、热负荷特性及风光出力特性有关。由负荷曲线可知，Case1 热负荷需求量最大，所以配置的燃气锅炉容量较大，为 9100kW，因相比于 Case2 和 Case3 不作严格经济限制，所以配置了成本较高的燃气轮机辅助供热，其余热可经过吸收式制冷机供给冷负荷，从而提高能源利用效率，蓄热罐容量较大，为 10000kWh；Case2 的电、冷能需求较大，热需求少，所以配置了较大容量的电制冷机和冰蓄冷；Case3 处于甘肃经济相对

不发达地区，以满足基本电能需求为主，冷、热能需求远远小于电能，其风光资源丰富且出力特性优于 Case1 和 Case2，配置了较大容量的光伏发电机组（2487.64kW）及风电机组（1465.91kW），风光联合清洁发电，从而减少商品能源购入量，同时配置容量较大的蓄电池，为 1841.52kWh。

规划后三个场景的年经济性费用、碳排放税费用及弃能的费用见表 4-10，Case1 与 Case2、Case3 相比较，因其处于东部发达地区，用能量最高，所以其购电量及购气量必然多，导致其经济性费用及碳税费用均高于 Case2 和 Case3，分别为 2315.87 和 148.11 万元；而其弃能费用为 0.08 万元，与 Case2 费用相近，远远低于 Case3 的弃能费用（40.13 万元），证明了优化配置结果实现 Case1、Case2 高度节能性要求的有效性，实现 Case3 经济性要求的有效性。

表 4-10　　分场景子目标年费用（万元）

场景	经济性费用	碳税费用	弃能费用	年总费用
Case1	2315.87	148.11	0.08	2464.06
Case2	1153.53	28.40	0.14	1181.92
Case3	633.71	4.83	40.13	678.67

由于三个场景的负荷总量不同，无法直观评价规划结果，所以为了更清晰地表现出该差异化场景配置方法对年经济成本、碳排放税及弃能费用结果的影响，将表 3-33 中的费用作标幺化处理，得各个子目标比例，同时也将子目标权重作标幺化处理，从而得分场景子目标权重及规划结果对比分析见表 4-11。

表 4-11　　分场景于目标权重及规划结果对比分析

场景	经济性权重	经济性费用	环保性权重	碳排放税	节能性权重	弃能费用
Case1	0.11	0.975	0.09	0.060	0.8	3.10×10^{-05}
Case2	0.14	0.938	0.14	0.024	0.72	3.38×10^{-05}
Case3	0.63	0.933	0.25	0.007	0.12	0.059

由表 4-11 可知，Case1 虽然其负荷需求量大，但是由于其经济发达，可舍弃一部分经济性而追求高节能性，所以弃能费用占比比另外两个场景都要少，

为 3.10E-05，几乎为零，相比于 Case3 下降了约 5.9%；而 Case3 因为更追求经济性，所以它的经济费用占比比另外两个场景都小，为 93.3%，相比 Case2 和 Case3 分别下降了 4.2%和 0.5%；Case2 的费用比例情况与 Case1 相似，相比较而言环保性费用占比更低，放弃了一部分经济性，所以其碳税费用占比比 Case1 略低，而经济性费用比 Case1 略高，与经济性与环保性权重分配情况吻合。

综上可得，该优化配置方法可实现基于地理位置、发展程度、产业结构的差异性适配不同目标权重，配置农村综合能源系统设备容量，从而满足差异化场景农村能源供需配置的目的，更好的实现经济性、环保性和节能性。

4.3 以“电为中心”的农村能源网络规划模型研究

随着新型农村建设进程的加快，农村的用能结构正实现从单一电能供应向电能、太阳能等多能结合的转变，农村分布式能源系统将逐渐成为主调，但是，电能在农村分布式能源系统中的中枢地位不可取代。电能是清洁、高效、便捷的二次能源，能显著减少污染物排放，改善生活环境质量，应发展“以电为中心”的农村分布式能源系统，将农村地区丰富的生物质能、太阳能、风能等资源转换为电力，替代化石能源发电。

4.3.1 “以电为中心”的农村分布式能源系统

随着新型农村建设进程的加快，清洁可替代能源技术的进步与发展，以及政府对节能减排项目的大力扶持，我国新农村建设过程中，节能减排也越来越受农民和各地地方政府的重视，农村的用能结构正实现从单一电能供应向电能、太阳能等多能结合的转变，农村分布式能源系统将逐渐成为主调。但是，电能在农村分布式能源系统中的中枢地位不可取代。如图 4-20 所示是农村分布式能源系统结构示意图。

4.3.2 农村分布式能源发电建模技术

农村分布式能源系统的包括有太阳能、风电等可再生能源发电设备，燃气轮机等常规能源发电设备，制热设备和制冷设备、储能设备等。

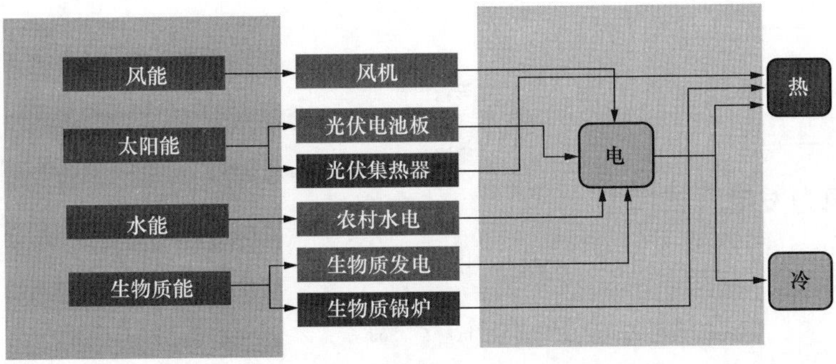

图 4-20　农村分布式能源系统结构示意图

1. 太阳能发电系统模型

太阳能电池板的发电功率可计算如下：

$$P_{\mathrm{pv,K},t} = p_{\mathrm{pv,k}}^{\mathrm{stc}} G_{\mathrm{AC,k},t} \cdot [1+K_{\mathrm{T}}(T_{\mathrm{c,k},t} - T_{\mathrm{r}})] / G_{\mathrm{Stc}} \tag{4-22}$$

光伏发电场的总发电功率可用下面式子表示：

$$P_{\mathrm{PV,K},t} = \eta_{\mathrm{PV}} \cdot H_{\mathrm{s}} \cdot A_{\mathrm{P}} \cdot N_1 / G_{\mathrm{Stc}} \tag{4-23}$$

式中　A_{P}——单个光伏电池板的面积，m^2；

N_1——光伏电池板的总数目；

η_{PV}——光伏发电转化效率系数。

光热发电：

光热发电是通过“光-热-电”形式进行能量转换的。光接收器收集到的太阳能为：

$$Q_{\mathrm{CSP}} = \eta_1 \cdot H_{\mathrm{s}} \cdot A_{\mathrm{ap}} \cdot \eta_{\mathrm{r}} \cdot N_2 \tag{4-24}$$

式中　A_{ap}——单个光接收器的面积，m^2；

η_1——热转换效率；

N_2——光接收器总个数；

H_{s}——太阳光的辐射密度，$\mathrm{W/m}^2$；

η_{r}——接收器的效率。

带储热的光热发电功率可计算如下：

$$P_{\mathrm{CSP}} = \eta_2 (Q_{\mathrm{CSP}} - Q_{\mathrm{in}}^{\mathrm{TES}} + Q_{\mathrm{out}}^{\mathrm{TES}}) \tag{4-25}$$

式中 η_2——热转化电的效率；

Q_{in}^{TES}——储热设备的输入热功率；

Q_{out}^{TES}——储热设备的输出热功率。

2. 风力发电系统模型

风力发电机组出力的数学模型可描述如下：

$$P_{Wind}=\begin{cases} o, v<v_{in}, v>v_{out} \\ P_{Wind}^{nom}\cdot\dfrac{v-v_{in}}{v_{non}-v_{in}}, v_{in}\leqslant v_t<v_{nom} \\ P_{Wind}^{nom}, v_{nom}\leqslant v<v_{out} \\ 0, v_{out}<v_t \end{cases} \tag{4-26}$$

式中 P_{Wind}——风力发电机在电功率；

P_{Wind}^{nom}——风力发电机的额定电功率；

v——风力发电机实际风速；

v_{in}——风力发电机的切入风速；

v_{nom}——风力发电机的额定风速；

v_{out}——风力发电机的切出风速。

3. 水力发电系统模型

水力发电的出力功率主要由当地的水力流量和当地水头决定，数学模型可描述如下：

$$P_{water}=9.81\eta_j Q_p H_p \tag{4-27}$$

$$Q_p=(w_{IN}+V_{set})/T_{in} \tag{4-28}$$

$$H_p=Z_H-Z_L-H_W \tag{4-29}$$

式中 P_{water}——水电站的电功率；

Q_p——水电站的设计供水期的调节流量；

w_{IN}——在水电站的天然来水量；

V_{set}——水电站的设计有效库容（兴利库容）；

T_{in}——水电站的供水时间；

Q_p——自放电率各水电站供水期的平均水头；

H_p ——上游水位差；

Z_H ——在上游的水位；

Z_L ——下游的水位；

H_W ——水头损失；

η_j ——水电站水轮机和发电机机组总效率系数，由机组的大小和传动方式确定。

4. 天然气发电系统模型

天然气发电系统包括：燃气轮机发电模型、燃气内燃机发电模型、燃气锅炉模型。

（1）燃气轮机发电模型。燃气轮机发电功率的数学模型可描述如下：

$$P_{GT} = F_{GT} \cdot \eta_{GT} \cdot q_g \tag{4-30}$$

式中 F_{GT} ——燃气轮机天然气耗量，m^3/s；

η_{GT} ——燃气轮机的发电效率；

q_g ——天然气热值，J/m^3。

燃气轮机余热输出功率的数学模型可描述如下：

$$Q_{GT} = F_{GT} \cdot \eta_{GT}^{h} \cdot q_g \tag{4-31}$$

式中 η_{GT}^{h} ——燃气轮机的制热效率。

燃气轮机的发电效率和制热效率都和设备实际负荷大小有关，定义实际功率输出与额定功率输出的比值为负荷率，其变工况特性可总结如下式：

$$\eta_{GT}^{e} = (a_1 \cdot f_{GT}^3 + b_1 \cdot f_{GT}^2 + c_1 \cdot f_{GT} + d_1) \cdot \eta_{GT}^{e,N} \tag{4-32}$$

$$\eta_{GT}^{h} = (a_2 \cdot f_{GT}^2 + b_2 \cdot f_{GT} + c_1) \cdot \eta_{GT}^{h,N} \tag{4-33}$$

式中 f_{GT} ——燃气轮机的负荷率；

η_{GT}^{e} ——燃气轮机的额定发电效率；

η_{GT}^{h} ——燃气轮机的限制制热效率；

a_1、b_1、c_1、d_1 ——燃气轮机的发电效率系数；

a_2、b_2、c_1 ——燃气轮机的制热效率系数。

（2）燃气内燃机发电模型。燃气内燃机发电功率的数学模型可描述如下：

$$P_{GE} = F_{GE} \cdot \eta_{GE} \cdot q_g \tag{4-34}$$

式中　F_{GE} ——燃气内燃机天然气耗量，m^3/s；

η_{GE} ——燃气内燃机的发电效率；

燃气内燃机制热功率的数学模型可描述如下：

$$Q_{GE} = F_{GE} \cdot \eta_{GE}^{h} \cdot q_g \tag{4-35}$$

式中　η_{GE}^{h} ——燃气内燃机的制热效率。

燃气内燃机的发电效率和制热效率都和设备的实际负荷大小有关，其变工况特性可总结如下式：

$$\eta_{Ge}^{e} = (a_3 \cdot f_{G3}^{3} + b_3 \cdot f_{GT}^{2} + c_3 \cdot f_{GE} + d_3) \cdot \eta_{GE}^{e,N} \tag{4-36}$$

$$\eta_{GE}^{h} = (a_4 \cdot f_{GE}^{2} + b_4 \cdot f_{GE} + c_4) \cdot \eta_{GE}^{h,N} \tag{4-37}$$

式中　f_{GE} ——燃气内燃机的负荷率；

η_{GE}^{e} ——燃气轮机的额定发电效率；

η_{GE}^{h} ——燃气轮机的限制制热效率；

a_3、b_3、c_3、d_3 ——燃气内燃的发电效率系数；

a_4、b_4、c_4 ——燃气内燃的制热效率系数。

（3）燃气锅炉模型。燃气锅炉出力的数学模型可描述如下：

$$Q_{GB} = F_{GB} \cdot \eta_{GB}^{h} \cdot q_g \tag{4-38}$$

式中　F_{GB} ——燃气锅炉天然气耗量，m^3/s；

η_{GB}^{h} ——燃气轮机的发电效率；

q_g ——天然气热值，J/m^3。

5. 制冷设备模型

（1）电制冷机模型。电制冷机提供冷能与耗电量和能效比，其数学模型可描述如下：

$$Q_{Ec} = P_{Ec} \cdot COP_{Ec} \tag{4-39}$$

式中　Q_{Ec} ——电制冷机在的单位时间输出冷功率；

P_{Ec} ——电制冷机在单位时间输入电能；

COP_{Ec} ——电制冷机制冷系数。

电制冷机的制冷系数 COP_{Ec} 跟其负荷率密切相关，根据前面学者的经验，电制冷机的变工况特性可用式（4-40）表示：

$$COP_{EC}=(a_5 \cdot f_{EC}^2+b_5 \cdot f_{EC}+c_5) \cdot COP_{EC}^{N} \tag{4-40}$$

式中 f_{EC} ——电制冷机的负荷率；

COP_{EC}^{N} ——电制冷机的额定制冷系数；

a_5、b_5、c_5 ——电制冷机制冷系数影响因数。

（2）吸收式制冷机模型。吸收制冷机可以将热回收系统和燃气锅炉产生的热能转化为冷能：

$$Q_{AC}=COP_{AC} \cdot Q_{AC}^{H} \tag{4-41}$$

式中 Q_{AC} ——吸收制冷机提供的冷功率，kW；

Q_{AC}^{H} ——吸收式制冷机的输入热功率，kW；

COP_{AC} ——吸收制冷机的制冷系数。

吸收式制冷机的性能系数 COP_{AC} 主要与负荷率有关，其变工况特性如下：

$$COP_{AC}=(a_6 \cdot f_{AC}^3+b_6 \cdot f_{AC}^2+c_6 \cdot f_{AC}+d_6) \cdot COP_{AC}^{N} \tag{4-42}$$

式中 f_{AC} ——电制冷机的负荷率；

COP_{AC}^{N} ——电制冷机的额定制冷系数；

a_6、b_6、c_6 ——电制冷机制冷系数影响因数。

6. 储能设备模型

蓄电池作为常用的储能设备，剩余电量与自放电率、充放电容量都有关，剩余容量公式如下：

$$S_{\mathrm{Bat},l,t}=S_{\mathrm{Bat},l,t-1}(1-\sigma_{\mathrm{Bat},l})+(P_{\mathrm{Bat},l,t}^{\mathrm{cha}} \cdot \eta_{\mathrm{Bat},l}^{\mathrm{cha}}+P_{\mathrm{Bat},l,t}^{\mathrm{dis}}/\eta_{\mathrm{Bat},l}^{\mathrm{dis}})\Delta t \tag{4-43}$$

式中 $S_{\mathrm{Bat},l,t}$ ——蓄电池组 l 在 t 时段的剩余容量；

$S_{\mathrm{Bat},l,t-1}$ ——蓄电池组 l 在 t-1 时段的剩余容量；

$\sigma_{\mathrm{Bat},l}$ ——蓄电池组 l 的自放电功率；

$P_{\mathrm{Bat},l,t}^{\mathrm{cha}}$ ——蓄电池组 l 在 t 时段的充电功率；

$P_{\mathrm{Bat},l,t}^{\mathrm{dis}}$ ——蓄电池组 l 在 t 时段的放电功率，放电时功率为负值；

$\eta_{\mathrm{Bat},l}^{\mathrm{cha}}$ ——蓄电池组 l 在 t 时段的充电效率；

$\eta_{\mathrm{Bat},l}^{\mathrm{dis}}$ ——蓄电池组 l 在 t 时段的放电效率。

储热箱和储冷箱参考蓄电池模型。

4.3.3 农村能源系统多目标规划模型

1. 多种能源耦合关系研究

本文采用能源集线器的方法来解决农村能源网络中的多能耦合问题，将一个多能源系统抽象成文如图 4-21 所示的输入与输出的双端口网络，中间的方框部分即为待分析的多能源系统，利用能源集线器抽象描述。

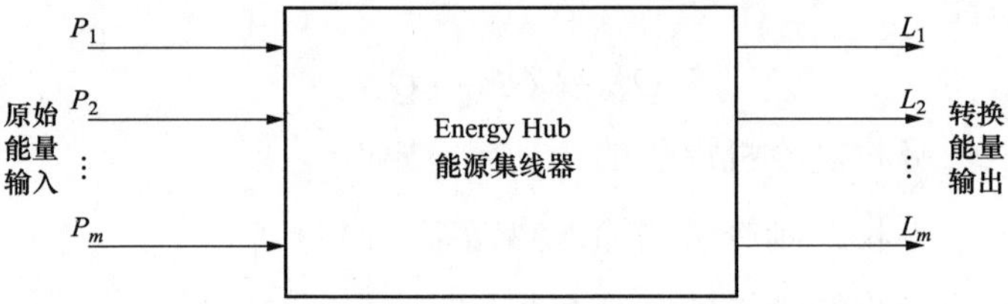

图 4-21 多能源系统的输入输出端口模型

能源集线器左端的 P 向量表示多能源系统的原始能源输入，右端的 L 向量表示经过转换后的能源输出。因此，在数学层面上的能源集线器是一个输入 P 到输出 L 的一个函数：

$$L=f(P) \tag{4-44}$$

式中，函数 $f(\bullet)$ 可以考虑到各种形式能源的传输、转换存储等环节。

能源集线器实质上是在描述多能源输入到输出的函数关系，由于系统中存在能源传输、转换和存储等设备，因此可以利用一个耦合矩阵来描述二者之间的关系，记为 C：

$$\begin{bmatrix} L_1 \\ L_2 \\ \vdots \\ L_n \end{bmatrix} = \begin{bmatrix} C_{11} & C_{12} & \cdots & C_{1m} \\ C_{21} & C_{22} & \cdots & C_{2m} \\ \vdots & \vdots & \ddots & \vdots \\ C_{n1} & C_{n1} & \cdots & C_{m} \end{bmatrix} \begin{bmatrix} P_1 \\ P_2 \\ \vdots \\ P_m \end{bmatrix} \tag{4-45}$$

式中 C_{ij}——耦合因子，表示第 j 种形式能源输出与第 i 种形式能源输入的比值。

本文提出一种改进的五层级能源集线器模型来处理农村综合能源系统中多能耦合问题，如图 4-22 所示。

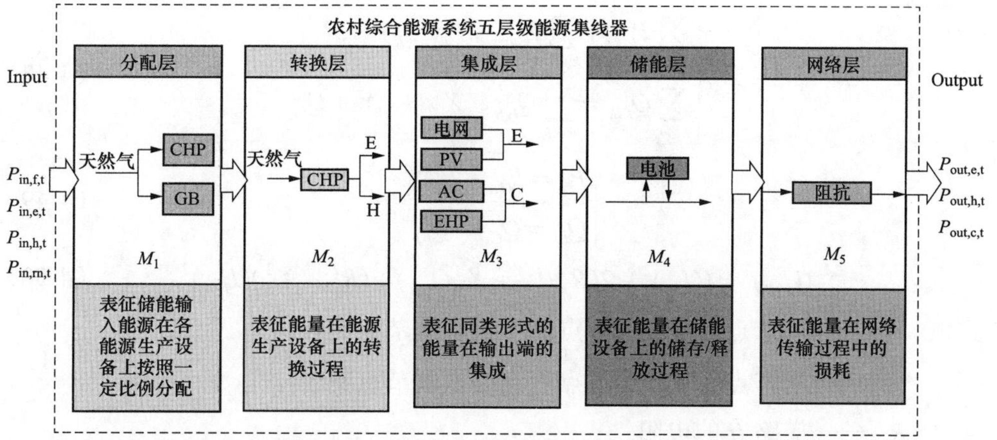

图 4-22　基于五层级能源集线器模型的农村多能耦合结构

基于图 4-22，可得到能源集线器总输入与总输出之间的关系可表示为：

$$M[P_{\text{in},1,t}\quad P_{\text{in},2,t}\quad P_{\text{in},3,t}\quad P_{\text{in},4,t}\quad P_{\text{in},5,t}\quad P_{\text{in},6,t}\quad P_{\text{in},7,t}\quad P_{\text{in},8,t}\mid P_{\text{in},\text{st},t}]^{\text{T}} = [P_{\text{out},e,t}\quad P_{\text{out},h,t}\quad P_{\text{out},c,t}]^{\text{T}} \tag{4-46}$$

$$M = M_5[M_3M_2M_1 \mid M_4] \tag{4-47}$$

式中　M——总传递矩阵；

M_1——分配层的传递矩阵；

M_2——转换层的传递矩阵；

M_3——集成层的传递矩阵；

M_4——储能层的传递矩阵；

M_5——网络层的传递矩阵。

进一步构建基于五层级能源集线器模型的农村综合能源系统。

在网络层中，网络约束主要包括电力系统约束、天然气系统约束、热网约束。由于农村能源系统常通过分散式燃烧、电能供应、热网等方式支撑冷/热负荷，同时，热网结构简单，气网结构单一，电网结构相对复杂，电能在配用过程中传输速度快，造成的损耗小，因此，农村能源网络一般“以电网为中心”进行网络层的潮流计算。网络层的网络约束如下：

（1）系统电力潮流约束为：

$$\begin{cases}\sum\limits_{k\in\psi_i}P_{t,ik}=\sum\limits_{k\in\Phi_i}P_{t,ji}-R_{ji}(I_{t,ji})^2+P_{t,i}\\\sum\limits_{k\in\psi_i}Q_{t,ik}=\sum\limits_{k\in\Phi_i}Q_{t,ji}-X_{ji}(I_{t,ji})^2+Q_{t,i}\end{cases}\tag{4-48}$$

$$\begin{cases}P_{t,i}=P_{G,i}-P_{t,i}^{\text{Load}}\\Q_{t,i}=Q_{G,i}-Q_{t,i}^{\text{Load}}\end{cases}\tag{4-49}$$

$$(U_{t,i})^2=(U_{t,i})^2-2(R_{ji}P_{t,ji}+X_{ji}Q_{i,ji})+(R_{ji}^2+X_{ji}^2)(I_{t,jt})^2\tag{4-50}$$

式中 F_i——以节点 i 为末端节点的支路首端节点集合；

Y_i——以节点 i 为首端节点的支路末端节点集合

R_{ji}——支路 ji 的电阻；

X_{ji}——支路 ji 的电抗；

$P_{t,jk}$——t 时段节点 j 流向节点 i 的有功功率；

$Q_{t,jk}$——t 时段节点流向节点 i 的无功功率；

$P_{t,j}$——时段节点 i 上注入的净有功功率；

$Q_{t,i}$——t 时段节点 i 上注入的净无功功率；

$P_{G,i}$——t 时段节点 i 上的发电机注入有功功率；

$Q_{G,i}$——t 时段节点 i 上的发电机注入无功功率；

$P_{t,i}^{\text{Load}}$——t 时段节点 i 上的负荷的有功功率；

$Q_{t,i}^{\text{Load}}$——t 时段节点 j 上的负荷的无功功率；

$U_{t,i}$——t 时段节点 i 的电压幅值；

$U_{t,j}$——t 时段节点 j 的电压幅值；

$I_{t,ji}$——t 时段节点 j 流向节点 i 的电流幅值。

节点电压约束：

$$U_{i\min}<U_{t,i}<U_{i\max}\tag{4-51}$$

式中 $U_{i\min}$——节点 i 的电压下限值；

$U_{i\max}$——节点 i 的电压上限值。

支路电流约束：

$$I_{t,ij}\leqslant I_{ij\max}\tag{4-52}$$

式中 $I_{ij\max}$——节点 i 流向节点 j 的电流幅值上限。

（2）天然气网潮流约束。

节点气负荷约束：

$$M_{\mathrm{e,b}}(t)=M_{e,\mathrm{l}}(t) \tag{4-53}$$

供气节点的压强密度约束：

$$\begin{cases}\rho_{e,\mathrm{a}}(t)=\rho_0\\ \rho_{e,\mathrm{a}}(t)=\rho_0\end{cases} \tag{4-54}$$

压强上下限约束：

$$M_{\min}\leqslant M_{e,\mathrm{a}}(t),M_{e,\mathrm{a}}(t)\leqslant M_{\max} \tag{4-55}$$

$$M_{\min}\leqslant M_{e,\mathrm{b}}(t),M_{e,\mathrm{b}}(t)\leqslant M_{\max} \tag{4-56}$$

$$p_{\min}\leqslant p_{e,\mathrm{a}}(t),p_{e,\mathrm{a}}(t)\leqslant p_{\max} \tag{4-57}$$

$$p_{\min}\leqslant p_{e,\mathrm{b}}(t),p_{e,\mathrm{b}}(t)\leqslant p_{\max} \tag{4-58}$$

式中　$M_{e,\mathrm{l}}$——管道 e 末端的天然气负荷；

ρ_0——天然气供应节点的密度；

p_0——天然气供应节点的压力；

$M_{\min}$——天然气管道 MFR 下限；

$M_{\max}$——天然气管道 MFR 上限；

$p_{\min}$——天然气管道的压力下限；

$p_{\max}$——天然气管道的压力上限。

（3）热网潮流约束。

供水、回水网络水流热功率和水温约束：

$$q_{\mathrm{k},t}^{\mathrm{in}}=c_{\omega}G_{\mathrm{k}}T_{\mathrm{k},t}^{\mathrm{in}} \tag{4-59}$$

$$q_{\mathrm{k},t}^{\mathrm{out}}=c_{\omega}G_{\mathrm{k}}T_{\mathrm{k},t}^{\mathrm{out}} \tag{4-60}$$

供水、回水网络中水温上下限约束：

$$\begin{cases}T_{\mathrm{s}}^{\min}\leqslant T_{k,t}^{\mathrm{in}}\leqslant T_{\mathrm{s}}^{\max}\\ T_{\mathrm{s}}^{\min}\leqslant T_{k,t}^{\mathrm{out}}\leqslant T_{\mathrm{s}}^{\max}\end{cases} \tag{4-61}$$

$$\begin{cases}T_{\mathrm{r}}^{\min}\leqslant T_{k,t}^{\mathrm{in}}\leqslant T_{\mathrm{r}}^{\max}\\ T_{\mathrm{r}}^{\min}\leqslant T_{\mathrm{k},t}^{\mathrm{out}}\leqslant T_{\mathrm{r}}^{\max}\end{cases} \tag{4-62}$$

式中　$q_{\mathrm{k},t}^{\mathrm{in}}$——$T_{\mathrm{k},t}^{\mathrm{in}}$ 温度下的水流热功率；

$q_{k,t}^{out}$ ——$T_{k,t}^{out}$ 温度下的水流热功率；

$q_{k,t}^{in}$ ——$T_{k,t}^{in}$ 温度下的水流热功率；

$q_{k,t}^{out}$ ——$T_{k,t}^{out}$ 温度下的水流热功率；

T_s^{min} ——供水网络中管道水流温度下限；

T_s^{max} ——供水网络中管道水流温度上限；

T_r^{min} ——回水网络中管道水流温度下限；

T_r^{max} ——回水网络中管道水流温度上限。

其中，$M_1 \sim M_5$ 的具体数值可由给定系统的结构参数计算得出。可参考前一部分的分布式能源建模。储能可视作一类输出功率可正可负的能源生产设备，其在 t 时刻的功率 $P_{in,st,t}$ 以增广的形式列于能源生产设备之后，而储能的传递矩阵 M_4 也可以以增广的形式列于总传递矩阵 j 之中。

2. 多种能源耦合下的农村能源系统多目标优化规划

针对供用电较为分散的农村能源系统，设计基于五层级能源集线器模型的农村综合能源系统（见图 4-23），以最小化全寿命周期成本为优化目标，建立兼顾设备容量规划和运行调度优化的农村能源系统多目标规划模型。农村能源系统多目标规划模型既充分考虑了包含农村特色丰富的生物质能，又考虑了区域资源禀赋与供需关系，辅助实现农村能源系统的多能耦合互补与经济环保的规划运行。

（1）农村分布式能源设备工况设定。在建立农村分布式能源系统模型的基础上，为了简化分析，设备的变工况特性被忽略不计，也就是说设备的效率为常数。但考虑到一些设备的效率随着负荷率的减小会发生较大变化，当设备的实际效率过低时，此时设备运行的经济性很低。因此此处设定了一个负荷率边界值，当设备负荷率低于该值时，因为其效率过低，系统会选择关闭该设备。所以，设备的输出功率可通过下面式子计算：

$$P_i^{out} = \begin{cases} \eta_i \cdot P_i^{in}, g_i \leqslant l_i \leqslant 100\% \\ 0, 0 \leqslant l_i \leqslant g_i \end{cases} \tag{4-63}$$

式中 i ——第 i 类设备；

P_i^{in} ——设备 i 的输入功率；

η_i ——设备的效率；

l_i ——设备的负荷率；

g_i ——设备的负荷率边界值。

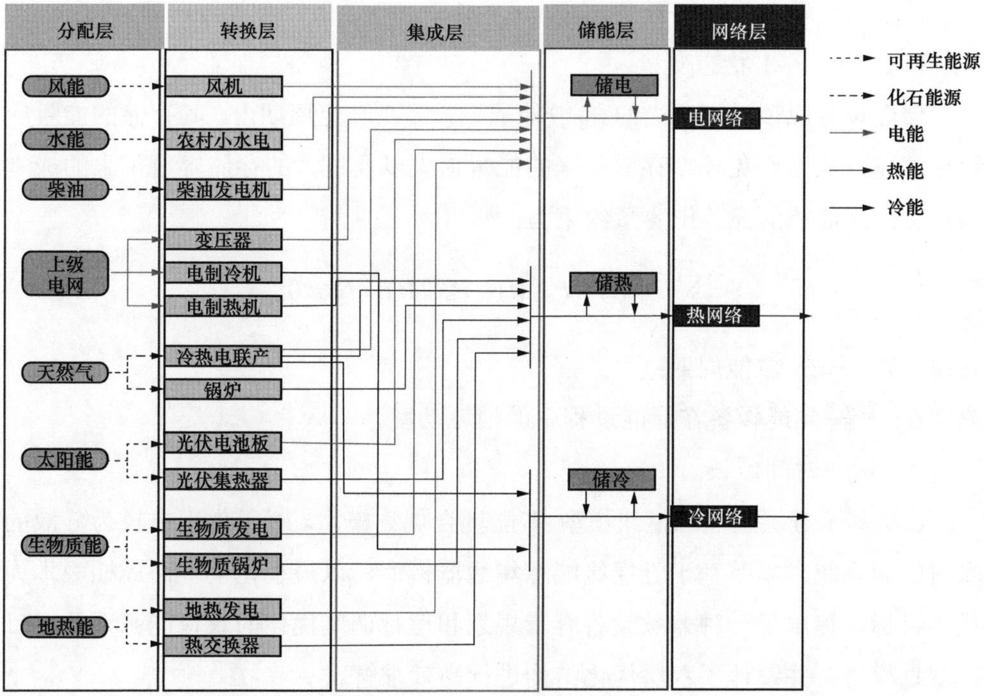

图 4-23　基于五层级能源集线器模型的农村综合能源系统

根据对燃气轮机、电制冷机、吸收式制冷机等多种设备建模分析，可按照式（4-64）对其负荷率边界值及效率值进行取值，如燃气轮机的负荷率边界值取 0.4，电制冷机的负荷边界值取 0.1。

储能设备的充-放能功率在一定的范围内连续可调，但充-放能过程不能同时进行，因此储能的充放电功率约束为：

$$\begin{cases} 0 \leqslant P_B^{\text{in}}(t) \leqslant P_{B,\max}^{\text{in}} X \\ 0 \leqslant P_B^{\text{out}}(t) \leqslant P_{B,\max}^{\text{out}} Y \\ X + Y \leqslant 1, X \subseteq \{0,1\}, Y \subseteq \{0,1\} \end{cases} \tag{4-64}$$

式中　B ——储能设备的种类；

$P_B^{\mathrm{in}}(t)$ ——t 时刻的充能功率；

$P_B^{\mathrm{out}}(t)$——t 时刻放能功率；

$P_{B,\max}^{\mathrm{in}}$ ——最大充能功率；

$P_{B,\max}^{\mathrm{out}}$ ——最大放能功率；

X 和 Y——0～1 状态变量。

储能设备应该设定适当的充-放能周期，即在一定周期内，其存储的能量应该释放完，从而避免长期存储带来的能量损失以及过大的存储容量带来的成本增加。因此储能的充放电容量约束为：

$$\sum_{t=1}^{T}[P_B^{\mathrm{in}}(t)-P_B^{\mathrm{out}}(t)-P_B^{\mathrm{store}}(t)]\bullet\Delta t=0 \tag{4-65}$$

式中 T——充-放能周期；

$P_B^{\mathrm{store}}(t)$ ——储能设备在储能过程中的消耗功率；

Δt ——时间步长。

（2）基于五层级能源枢纽模型-多能耦合规划模型。对于供用电较为分散的农村能源系统，本节基于五层级能源集线器模型，以最小化全寿命周期成本为优化目标，提出了一种兼顾设备容量规划和运行调度优化的农村能源系统多目标规划模型，并设计了双层优化结构进行高效求解。

1）经济性建模。用全寿命周期成本等年值用以描“以电为中心”的农村能源模型在规划水平年内的经济性，其由 4 部分构成：初始投资成本年值 C_{inv}、运行维护成本 C_{mat}、能耗成本 C_{csu}、环境成本 C_{env}，即

$$C_{\mathrm{ATC}}=C_{\mathrm{inv}}+C_{\mathrm{mat}}+C_{\mathrm{csu}}+C_{\mathrm{env}} \tag{4-66}$$

式中 C_{ATC} ——农村能源系统的全寿命周期成本等年值；

C_{inv} ——初始投资成本年值；

C_{mat} ——运行维护成本；

C_{csu} ——能耗成本；

C_{env} ——环境成本。

C_{inv} 计及了资金的时间价值，通过贴现率将设备的一次性初始投资成本折算成等年值，从而可与其他成本相比较。

C_{inv} 的其计算方法如下：

$$C_{\mathrm{inv}\text{（初始成本年值）}}=\sum_{i\in\Omega_{\mathrm{out}}}\left[\sum_{j}C_{\mathrm{inv},i,j}^{\mathrm{sp}}Y_{i,j}^{\mathrm{sp}}+\sum_{k}C_{\mathrm{inv},i,k}^{\mathrm{sk}}Y_{i,k}^{\mathrm{st}}\right]\frac{r(1+r)^{N}}{(1+r)^{N}-1} \tag{4-67}$$

式中　j——能源生产设备编号；

k——储能设备编号；

$C_{\mathrm{inv},i,j}^{\mathrm{sp}}$——能量形式 i 中的第 j 种能量生产设备的单位配置成本；

$Y_{i,j}^{\mathrm{sp}}$——能量形式 i 中的第 j 种能量生产设备的容量；

$C_{\mathrm{inv},i,k}^{\mathrm{sk}}$——能量形式 i 中的第 j 种能量存储设备的单位配置成本；

$Y_{i,j}^{\mathrm{st}}$——能量形式 i 中的第 j 种能量存储设备的容量；

r——贴现率；

N——年份。

C_{inv} 为设备年运行维护成本，表达式为：

$$C_{\mathrm{mat}\text{(运维成本)}}=\sum_{i\in\Omega_{\mathrm{out}}}\left[\sum_{j}C_{\mathrm{mat},i,j}^{\mathrm{sp}}Y_{i,j}^{\mathrm{sp}}+\sum_{k}C_{\mathrm{mat},i,k}^{\mathrm{sk}}X_{i,k}^{\mathrm{st}}\right] \tag{4-68}$$

式中　$C_{\mathrm{mat},i,j}^{\mathrm{sp}}$——能量形式 i 中的第 j 种能量生产设备的年运行维护成本；

$C_{\mathrm{mat},i,k}^{\mathrm{sk}}$——能量形式 i 中的第 k 种储能设备的年运行维护成本；

$X_{i,k}^{\mathrm{st}}$——$C_{\mathrm{mat},i,k}^{\mathrm{sk}}$ 为能量形式 i 中的第 k 种储能设备的额定功率。

$$C_{\mathrm{csu}\text{（能耗成本）}}=\sum_{t=1}^{8760}P_{\mathrm{in,e},j}\bullet o_{\mathrm{a},j}\bullet\Delta t+\sum_{t=1}^{8760}c_{\mathrm{ft}}\bullet p_{\mathrm{in,f},t}\bullet\Delta t \tag{4-69}$$

式中　$P_{\mathrm{in,e},j}$——电能在时刻 t 的输入功率；

$o_{\mathrm{a},j}$——电能在时刻 t 的单位价格；

$p_{\mathrm{in,f},t}$——化石燃料在时刻 t 的输入功率表；

c_{ft}——化石燃料在时刻 t 的单位价格。

C_{env}——农村能源系统消耗各形式能量过程中产生的碳排放成本，表达式为：

$$C_{\mathrm{env}\text{（环境成本）}}=\sum_{t}(P_{\mathrm{in,e},j}\delta_{\mathrm{e}}+p_{\mathrm{in,f},t}\delta_{\mathrm{f}})D_{\mathrm{ctax}} \tag{4-70}$$

式中　D_{ctax}——碳税价格；

δ_{e}——电能的碳排放因子；

$\delta_{\rm f}$——化石燃料的碳排放因子。

2）目标函数。上层模型的决策变量包括 3 类变量，即能源生产设备的配置容量 $Y_{\rm j}^{\rm sp}$、储能设备的配置容量 $Y_{\rm k}^{\rm st}$、储能设备的额定功率 $X_{\rm k}^{\rm st}$；下层模型的决策变量包括 3 类变量，即能源集线器输入功率（$P_{{\rm in,j},t}$）、储能设备功率（$P_{{\rm k,st},t}$）、能源分配系数（$\upsilon_{{\rm i,j},t}^{\rm sp}$）。

a．上层模型为规划的主模型，其目标函数为最小化全寿命周期成本。

$$f_1 = \min C_{\rm ATC} \tag{4-71}$$

式中　f_1——全寿命周期成本的最小值。

f_1的值无法仅仅靠上层决策变量（$Y_{\rm k}^{\rm st}$，$X_{\rm k}^{\rm st}$，$Y_{\rm j}^{\rm sp}$）直接计算得出，因为 $C_{\rm env}$ 和 $C_{\rm csu}$ 均需取决于设备的运行调度方案，而这些将由下层模型优化得到并返回。

b．下层模型为上层模型的子模型，用以求解基于能源集线器农村综合系统中各类设备的运行调度优化子问题。下层模型为上层模型的子模型接受第 n 次迭代中上层模型传递来的数据，并作为边界条件进行运行调度优化。下层模型为上层模型的子模型的优化目标为：

$$f_2 = \min(C_{\rm csu} + C_{\rm env}) \tag{4-72}$$

式中　f_2——耗能成本和环境成本之和的最小值。

在优化过程的第 n 次迭代中，下层模型通过优化得出运行调度方案并返回上层，从而能够完整地计算出 $C_{\rm ATC}$ 的值，并作为第 n+1 次迭代的初值。

3）约束条件。五层级农村能源集线器的能量输出应大于或等于此农村区域内所有用户的总能量需求：

$$M[P_{{\rm in},1,t} \quad P_{{\rm in},2,t} \quad P_{{\rm in},3,t} \quad P_{{\rm in},4,t} \quad P_{{\rm in},5,t} \quad | P_{\rm k,st,t}]^{\rm T} \geqslant [L_{{\rm out,e},t} \quad L_{\rm out,h,t} \quad L_{\rm out,c,t}]^{T} \tag{4-73}$$

设备配置容量上下限约束、设备运行上下限约束，分别如下所示：

$$0 \leqslant Y_j^{\rm sp} \leqslant Y_{j,\rm lim}^{\rm sp} \tag{4-74}$$

$$P_{i,j,\min}^{\rm sp} \leqslant P_{i,j,t}^{\rm sp} \leqslant P_{i,j,\max}^{\rm sp} \tag{4-75}$$

$$P_{i,j,\min}^{\rm sp} = \rho_{i,j,\min}^{\rm sp} Y_{i,j}^{\rm sp} \tag{4-76}$$

$$P_{i,j,\max}^{\rm sp} = \rho_{i,j,\max}^{\rm sp} Y_{i,j}^{\rm sp} \tag{4-77}$$

$$P_{i,j,t}^{\rm sp} = \upsilon_{i,j,t}^{\rm sp} P_{{\rm in},i,t} \tag{4-78}$$

式中 $Y_{i,j,\min}^{\mathrm{sp}}$ ——能量形式 i 中的第 j 台能分布式能源生产设备的容量配置上限；

$P_{i,j,\min}^{\mathrm{sp}}$ ——分布式能量形式 i 中的第 j 台能分布式能源生产设备的功率下限；

$P_{i,j,\max}^{\mathrm{sp}}$ ——分布式能量形式 i 中的第 j 台能分布式能源生产设备的功率上限；

$P_{i,j,t}^{\mathrm{sp}}$ ——分布式能量形式 i 中的第 j 台能分布式能源生产设备在时刻 t 的输出功率；

$P_{i,j,\max}^{\mathrm{sp}}$ ——能量形式 i 中的第 j 台能分布式能源生产设备的功率上限系数；

$\rho_{i,j,\min}^{\mathrm{sp}}$ ——能量形式 i 中的第 j 台能分布式能源生产设备的功率下限系数。

本模型中考虑了电池储能、蓄热罐、水蓄冷这三类储能设备，均按照储能功率设定和约束之外，此外还满足以下共性约束：

$$0 \leqslant Y_{i,k}^{\mathrm{sp}} \leqslant Y_{i,k,\mathrm{lim}}^{\mathrm{sp}} \tag{4-79}$$

$$\varphi_{\min} \leqslant \frac{Y_k^{\mathrm{st}}}{X_k^{st}} \leqslant \varphi_{\max} \tag{4-80}$$

$$-X_{i,k}^{\mathrm{st}} \leqslant P_{i,k,t}^{\mathrm{st}} \leqslant X_{i,k}^{\mathrm{st}} \tag{4-81}$$

$$\rho_{i,k,\min}^{\mathrm{sp}} Y_{i,k}^{\mathrm{st}} \leqslant S_{i,k,t}^{\mathrm{st}} \leqslant \rho_{i,k,\max}^{\mathrm{sp}} Y_{i,k}^{\mathrm{st}} \tag{4-82}$$

$$S_{i,k,t+1}^{\mathrm{st}} = \eta_{i,k,h}^{\mathrm{st}} S_{i,k,t}^{\mathrm{st}} + \eta_{i,k,in}^{\mathrm{st}} P_{i,k,t}^{\mathrm{st},+} - \frac{P_{i,k,t}^{\mathrm{st},-}}{\eta_{i,k,\mathrm{out}}^{\mathrm{st}}} \tag{4-83}$$

式中 $Y_{i,k,\mathrm{lim}}^{\mathrm{sp}}$ ——能量形式 i 中的第 k 台储能设备的配置容量上限；

$\varphi_{\max}$ ——储能容量-功率比上限；

$\varphi_{\min}$ ——储能容量-功率比下限；

$\rho_{i,k,\max}^{\mathrm{sp}}$ ——储能剩余能量上限系数；

$\rho_{i,k,\min}^{\mathrm{sp}}$ ——储能剩余能量下限系数；

$\eta_{i,k,h}^{\mathrm{st}}$ ——储能待机效率；

$\eta_{i,k,in}^{\mathrm{st}}$ ——充能效率；

$\eta_{i,k,\mathrm{out}}^{\mathrm{st}}$ ——放能效率；

$P_{i,k,t}^{\mathrm{st},+}$ ——储能的充能功率；

$P_{i,k,t}^{\mathrm{st},-}$ ——储能的放能功率。

（3）模型有效性验证。本算例提炼某农村的地理特性与资源禀赋，抽象成理论模型，作为配置模型的算例仿真对象。该村生物质能资源及太阳能和风能丰富，夏季炎热，冬季寒冷，总建筑面积为 50414m^2；基于问卷调查得到用户的冷热电负荷数据，利用 EnergyPlus 8.6 软件模拟计算，得出 4 个阶段典型日负荷曲线，如图 4-24 所示。为了统一分析，将所有能量形式的量纲转换为 MW。使用第二节所构建的能源集线器，在五层级能源集线器网络层传递矩阵 M_5 中，电、热和冷能源网络的传输损耗分别设定为 10%、20%、25%。构建三种能源系统，农村分布式综合供能系统组成见表 4-12。

表 4-12　　农村分布式综合供能系统组成

能源系统	编号	系统组成
集中式系统	S1	电网+电制冷机+燃气锅炉
经典分布式系统	S2	电网+内燃机发电机组+电制冷机+吸收式制冷机+余热锅炉+蓄能设备
新型可再生能源系统	S3	电网+内燃机发电机组+电制冷机+电制热+吸收式制冷机+热交换器+可再生能源设备+蓄能设备

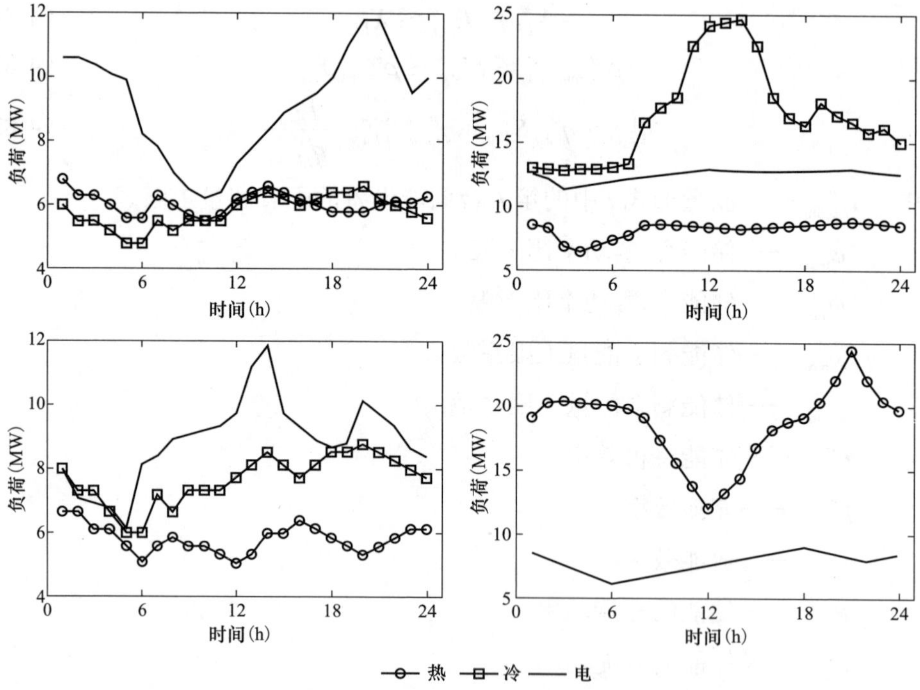

图 4-24　典型日负荷

待选的能源生产设备包括前节建立的分布式发电模型：变压器、光伏、风力发电机、电热泵、燃气内燃机；待选的储能设备包括蓄热罐、冰蓄冷、电储能，按照农村分布式能源设备工况特性简化对设备的效率的简化，待选设备的详细参数见表 4-13 和表 4-14。本算例中，电价、天然气气价、热价设定为常数，见表 4-15。

表 4-13　　待选能源生产设备参数

设备	转换效率	配置成本（美元/kW）	运行成本（美元/kWa）	寿命（年）
变压器	0.98	135	3.57	20
光伏电池	0.16	1300	27.3	20
风力发电机	0.31	1000	21.5	20
CHP	0.35/0.45	655	7.2	15
锅炉	0.85	135	5.4	15
生物质能	0.79	125	4.6	15
电制冷机	0.95	224	3.8	20
电热泵	0.85	215	4.5	20

表 4-14　　待选能源生产设备参数表

设备	效率	[$\rho_{\mathrm{st,min}}$，$\rho_{\mathrm{st,min}}$]	配置成本（美元/kW）	运行成本（美元/kWa）
BAT（电池）	$\eta_{e,\mathrm{k,h}}^{\mathrm{st}}-0.98$	[0.1，0.9]	358	3.1
	$\eta_{e,\mathrm{k,in}}^{\mathrm{st}}-0.9$			
	$\eta_{e,\mathrm{k,out}}^{\mathrm{st}}$ 0.9			
HST（蓄热泵）	$\eta_{e,\mathrm{k,h}}^{\mathrm{st}}-0.95$	[0.1，0.9]	44	0.8
	$\eta_{e,\mathrm{k,in}}^{\mathrm{st}}-0.88$			
	$\eta_{e,\mathrm{k,out}}^{\mathrm{st}}-0.88$			
CWS（蓄冷）	$\eta_{e,\mathrm{k,h}}^{\mathrm{st}}-0.9$	[0.1，0.9]	127	2.2
	$\eta_{e,\mathrm{k,in}}^{\mathrm{st}}-0.88$			
	$\eta_{e,\mathrm{k,out}}^{\mathrm{st}}-0.88$			

注　表中的效率公式代号来源于式（4-83），*i*=e、h、c，其中，e 表示电池设备，h 为热蓄泵，c 为蓄冷设备。

表 4-15　　电价、天然气气价、热价参数表

元素	数值	时段
电价（美元/kWh）	峰时段～0.1529	14:00～17:00，19:00～22:00
	谷时段～0.00463	00:00～08:00
	平时段～0.00926	其他
天然气气价（美元/m^3）	0.40803	00:00～24:00
热价（美元/t）	67.3	00:00～24:00

基于上述数据，进行算例分析，采用 S1、S2、S3 模式的优化配置方案与经济性成本分别见表 4-16 和表 4-17。

表 4-16　　S1、S2、S3 模式的优化配置方案

方案		S1	S2	S3
TF		48.5	21.5	14.5
PV		0	0	5.98
WT		0	0	4
BB		0	0	12.5
CHP	E	0	11.3	11.5
	H	0	12.5	6.7
GB		35.6	15.6	10.3
ELB		0	8.5	12.4
EHP		29.8	13.5	12.5
HC		0	0	5.9
AC		0	15.6	11.6
BAT		0	0.73	2.04
HST		0	4.5	3.9
CWS		0	0.6	0.41

表 4-17　　S1、S2、S3 模式的经济性成本

模式	C_{inv}	C_{mat}	C_{csu}	C_{env}	C_{ATC}
S1	680	69	3699	295	4743
S2	855	71	5068	278	6272
S3	748	69	3801	285	4904

由表 4-16 可知 S3 比 S1 总费用多但比 S2 总费用低。导致这个结果的原因如下：①相比于 S1，S3 的设备复杂且昂贵，由于综合能源系统的相关补贴政策不完善，本模型并未考虑政策补贴费用。②相比较于 S2，S3 可利用可再生能源辅助供能，其燃料费用小。生物质锅炉的造价较低，使得设备费用也相对减少。③PV 和 WT 都达到了其配置上限，尽管二者配置成本很高，但由于节省了化石燃料，在全寿命周期内的收益足以覆盖其配置成本。由此，PV 和 WT 作为清洁能源具有良好的经济性，应予以提倡。

4.3.4 实例分析

为了进一步验证本文搭建模型有效性，本章选取农村能源差异化发展的典型场景，本文所研究“以电为中心”的农村能源网络规划仿真模型进行实践与应用。本章选取的农村能源差异化发展的典型场景如下：

（1）中部发达种植养殖型农村。中部发达种植养殖型农村为河南南阳 B 县，该地区冷热电能源需求量大，能源消费结构趋向于商品化，因为该类型农村居住密度相对较大，农村负荷增长迅速，存在大量的电力需求，需要完善农村配电网建设和改造，提升供电服务能力。

中部发达种植养殖型农村地区气候适中，农村配电网建立较完善，能源结构以农村配电网为依托；秸秆等生物质资源丰富，结合畜牧业可发展燃煤耦合生物质发电，推动生物质资源集中利用；但太阳能、风能资源总体一般，可建设光热装置并进行就地消纳。北方某些地区也属于此类型，存在冬季取暖需求，可考虑开发地源热泵、清洁炉灶、电能替代等技术。

中部发达种植养殖型的突出特点是农业自然资源丰富，具有风光等清洁型能源禀赋优势，农村第一产业比重较高，同时农业发展的市场化程度也较高，对电力、天然气等一次能源的需求量大；种植养殖型农村能源开发利用以沼气为纽带，可以实现养殖业和种植业共生、互促：养殖业为种植业提供肥料，种植业为养殖业提供饲料；此类型适宜推广生物质燃煤耦合发电技术。

（2）东部发达产业发展型农村。东部发达产业发展型农村为山东青岛 A 县，该地区经济发展水平较高，农村农业及工业发展速度快，热电能源需求相对较大，能源需求时空特性相对集中，农村负荷增速相对中等。

冬季时间短，气候炎热多雨，沿海地区太阳能、风能资源丰富，适宜于大规模开发风电能源；此类冷热电能源需求量大，能源消费结构趋向于商品化。

产业发展型农村除了当地的自然生产以外，由于其良好的经济实力，可以较大程度发展特色产业和工业。根据当地资源优势，选择市场前景好和经济效益好的产品作重点开发，提高产品档次。第一产业的比重非常小，第二、第三产业占据绝对主导地位，在农村社会总产值中占据比例在95%以上；农村基础设施非常发达，依托大都市发展的带动，基本实现了农村电力现代化和商品能源购买自由化，清洁生产、节能减排、能源有效利用对于产业发展型农村持续健康发展极为重要；农林牧副渔业发展靠前，生物质能丰富，农村经济水平较高，适宜推广生物质燃煤耦合发电技术。

（3）西部欠发达特色旅游型农村。西部欠发达特色旅游型农村为甘肃敦煌C县，是实现乡村振兴、脱贫攻坚战略的重点对象，是我国经济社会发展较为薄弱的地区，其电网基础设施普遍相对落后，能源品质低下，传统能源难以满足当地经济社会发展的需求。该类型农村居住密度相对较小，对资源利用相对分散、需求量少，能源供给条件差，不考虑采用规模性的天然气、开发地源热泵等资源；对环境条件要求相对严苛，可在房屋屋顶建设分布式光伏，风能丰富地区建设小型风力发电机组；另外，旅游型服务区在餐饮、民宿等方面主要对电负荷需求较大，且用电区域一般相对集中。

西部欠发达特色旅游型农村大多处于西部地区包括西北严寒地区和西南四季温和地区。西北严寒地区冬季漫长严寒，农户能源消费主要用途为冬季取暖，而太阳能、风能丰富，应大力发展光伏、风电、清洁炉灶的利用。西部地区在完善电力基础网架的基础上，应大力发展光伏、风电、水电等利用，有条件的地区发展分散式生物质能，解决部分新能源资源禀赋较丰富地区的能源供给问题。由于该类型农村具有天然的风光水等资源禀赋优势，可考虑开发利用风光水等可再生能源，采取“自发自用，余量上网”的模式，为薄弱的农村配电网提供支撑。

该类农村整体发展水平较低，结构仍以农业为主，非农产业起步晚，近年来虽然有了一定程度的发展，但是发展水平仍然较低，农村能源建设基础设施差，市场化程度低，农村整体发展速度较慢，生物质资源有限，且多为分散式利用，不适宜推广生物质燃煤耦合发电。

1. 在中部发达种植养殖型农村的实践应用

（1）算例背景设置。该农村气候适宜，已建立较为完善的配电网，能源结构以农村配电网为依托并配合有部分气网结构。在本算例研究过程中，选取 IEEE33 节点网络，结合节点 9 天然气传输网络作为该类农村能源网络结构，如图 4-25 所示。节点 28 与 22 适宜安装光伏发电，节点 9 与 14 适宜安装风力发电机，节点 33 适宜安装 CCHP 耦合电力网络与燃气网络。

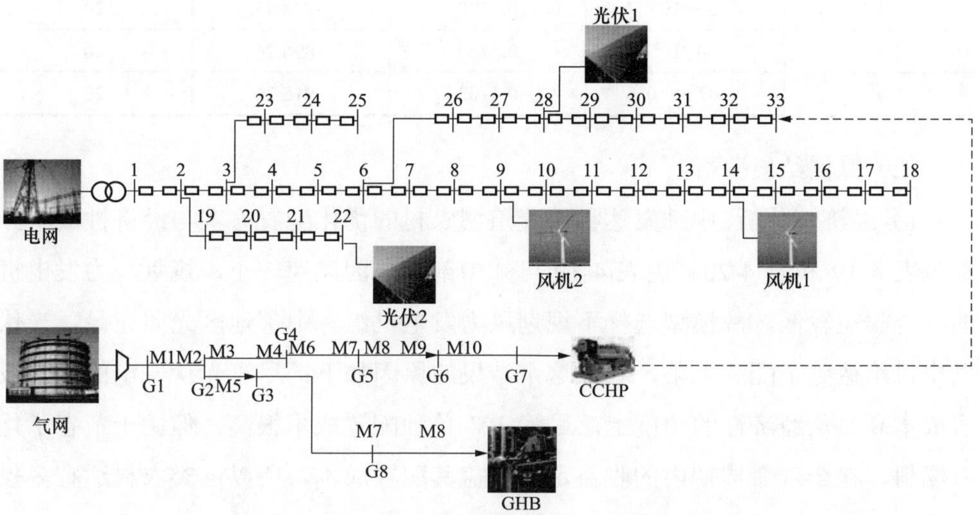

图 4-25　中部发达种植养殖型农村能源网络结构

根据历史数据类聚得出夏季、过渡季、冬季典型日负荷曲线，中部发达种植养殖型农村典型日负荷曲线如图 4-26 所示。为了统一分析，将所有能量形式的量纲转换为兆瓦。

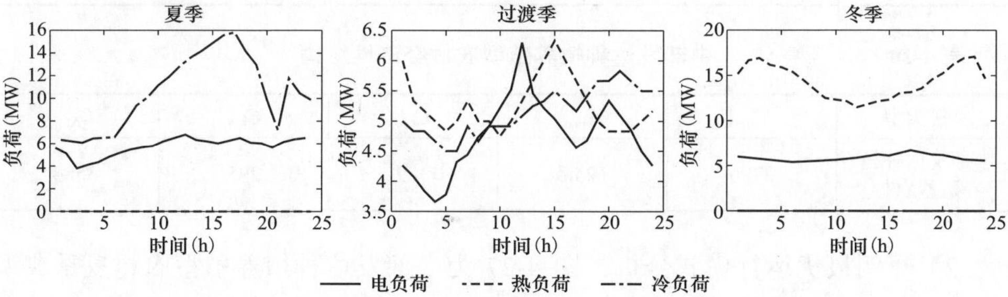

图 4-26　中部发达种植养殖型农村典型日负荷曲线

本算例中，参考欧洲碳税政策，将碳税设定为 0.12 元/kg。待选 CCHP 参数见表 4-18。

表 4-18　　待选 CCHP 方案参数

额定容量（MW）	配置成本（元/kW）	α^{GE}（kW）	β^{GE}（kW）	寿命（年）
1	12×10^6	0.4211	–222.4112	20
2	24×10^6	0.4662	–657.42	20
3	35×10^6	0.4790	–758.95	20
5	54×10^6	0.4729	–896.26	20
9	102.6×10^6	0.4702	–915.26	20

（2）算例结果分析。

1）经济性分析。中部发达种植养殖型农村的优化配置方案与经济性成本分别见表 4-19 和表 4-20。由表 4-19 可知中部地区因风速较小，规划风力发电机的综合收益较低，故模型选择不规划风力发电机组。中部地区光照充足，光伏发电机组达到了配置上限，导致这个结果的原因如下：尽管光伏发电的一次投资成本高，从经济性的角度上，尽管 PV 单独配置成本很高，但由于节省了化石燃料，在全寿命周期内的收益足以覆盖其配置成本，所以该类农村适宜多投放光伏发电机组。

表 4-19　　中部发达种植养殖型农村设备配置规划结果

设备类型	PV	WT	CCHP	GB	ELB	EHP	AC	BAT	HST	CWS
中部发达种植养殖型农村	10	0	5.0×2	3.75	3.8	4.2	6.8	2.5	4.6	0.6

表 4-20　　中部发达种植养殖型农村经济性结构

农村类型	C_{inv}	C_{mat}	C_{csu}	C_{env}	C_{ATC}
中部发达种植养殖型农村	2796	124.8	369	295	3584

2）算例最优运行模式分析。图 4-27 为中部发达种植养殖型农村夏季典型日最佳供电平衡模式图，大部分时间内均能维持很好的电能需求关系。从 07:00

到次日 06:00 表现为 1 个用能周期：01:00～08:00 向电网购电价格较低，更多地借助于电网即来满足居民的用电需求；09:00～24:00，电价一般，系统的最优运行方式是更多地让光伏与 CHP 发电。

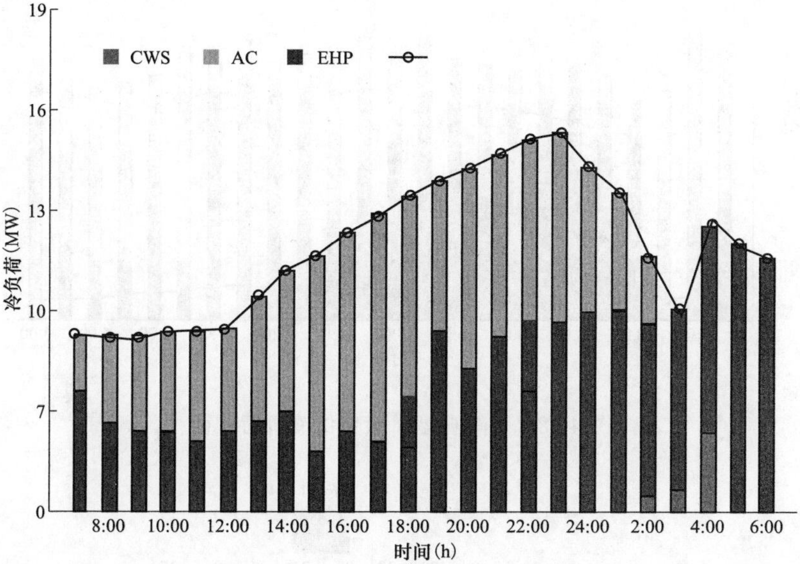

图 4-27　夏季典型日最佳供电负荷平衡

图 4-28 为中部发达种植养殖型农村夏季典型日最佳供冷负荷平衡，可以看出夏季典型日的冷负荷能供需情况较好，01:00～08:00 因电价相对较低主要由电制冷机提供冷能；09:00～24:00 则主要借助于吸收式制冷机获取冷能，电制冷机则起辅助作用，电制冷机在夏季典型日的冷负荷平衡中尤为重要。

2. 在东部发达产业发展型农村的实践应用

（1）算例背景设置。该农村已有较为成熟的电力网络，在本算例研究过程中，选取 IEEE27 节点网络，结合 9 节点天然气传输网络作为该类农村能源网络结构，如图 4-29 所示。节点 28 与节点 19 适宜安装光伏发电，节点 9 与节点 14 适宜安装风力发电机，节点 27 适宜安装 CCHP 耦合电力网络与燃气网络。

根据历史数据类聚得出过渡季、冬季、夏季典型日负荷曲线，东部发达产业发展型农村典型日负荷曲线如图 4-30 所示。为了统一分析，将所有能量形式的量纲转换为兆瓦。

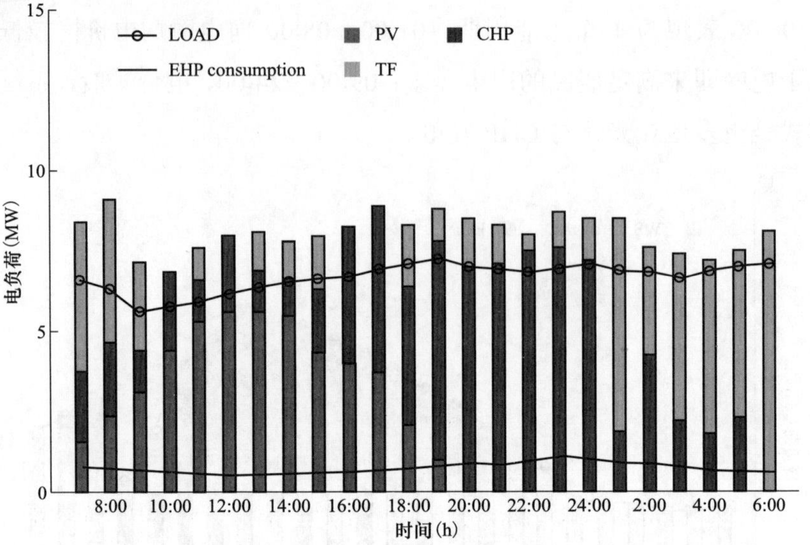

图 4-28　夏季典型日最佳供冷负荷平衡

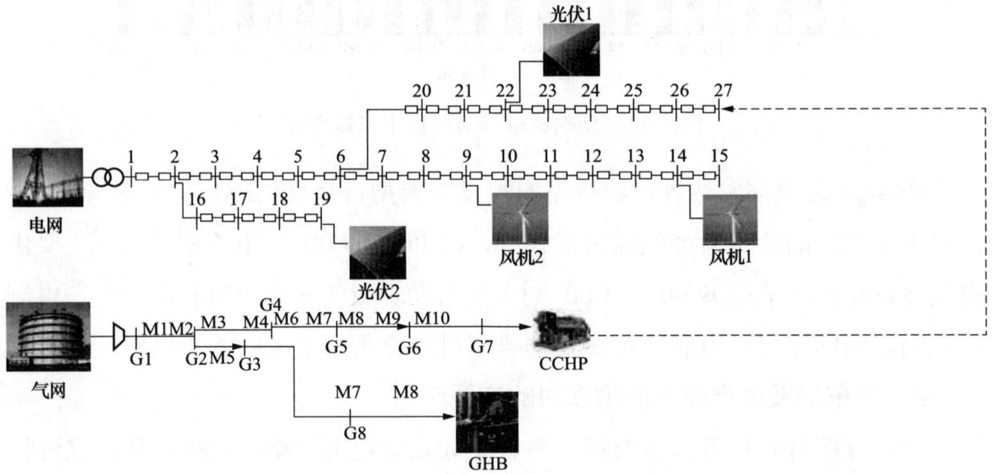

图 4-29　东部发达产业发展型农村系统网络结构图

待选的能源生产设备包括分布式发电模型：光伏发电板，风力发电机，电热泵，燃气轮机，详细参数见表 4-13；待选的储能设备包括蓄热罐，冰蓄冷，电储能，详细参数见表 4-14。参考欧洲碳税政策，将碳税设定为 0.12 元/kg。待选 CCHP 参数见表 4-18。

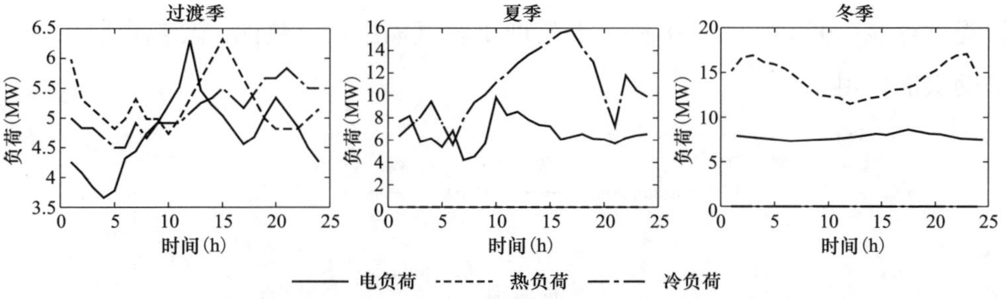

图 4-30　东部发达产业发展型农村典型日负荷曲线

（2）算例结果分析

1）经济性分析。东部发达产业发展型农村的优化配置方案与经济性成本分别见表 4-21 和表 4-22。由表 4-20 可知东部地区风速较大，而光照强度较低，规划光伏发电机的综合收益较低，故模型规划的光伏容量相较于中部养殖型发达农村相对较低。

表 4-21　　东部发达产业发展型农村设备配置规划结果

设备类型	PV	WT	CCHP	GB	ELB	EHP	AC	BAT	HST	CWS
东部发达产业发展型	5.7	10	3.0×2	4.75	2.6	2.2	5.8	1.5	3.6	0.9

表 4-22　　东部发达产业发展型农村规划经济性

农村类型	C_{inv}	C_{mat}	C_{csu}	C_{env}	C_{ATC}
东部发达产业发展型	3596	128.8	379	295	4398.8

2）算例最优运行模式分析。图 4-31 为东部发达产业发展型农村夏季典型日最佳供电平衡模式图，大部分时间内均能维持很好的电能需求关系。从 07:00 到次日 06:00 表现为 1 个用能周期：01:00～08:00 向电网购电价格较低，更多地借助于电网来满足居民的用电需求；09:00～24:00，电价一般，系统的最优运行方式是更多地让光伏、风力发电机与 CCHP 协同发电。

图 4-32 为东部发达产业发展型农村冬季典型日最佳供热负荷平衡图，大部分时段内热负荷能供需情况较好，01:00～08:00 因为电价相对较低，由电制热

机提供热能；09:00～12:00 则主要借助于燃气锅炉获取热能，冷热电联供则起辅助供能作用。

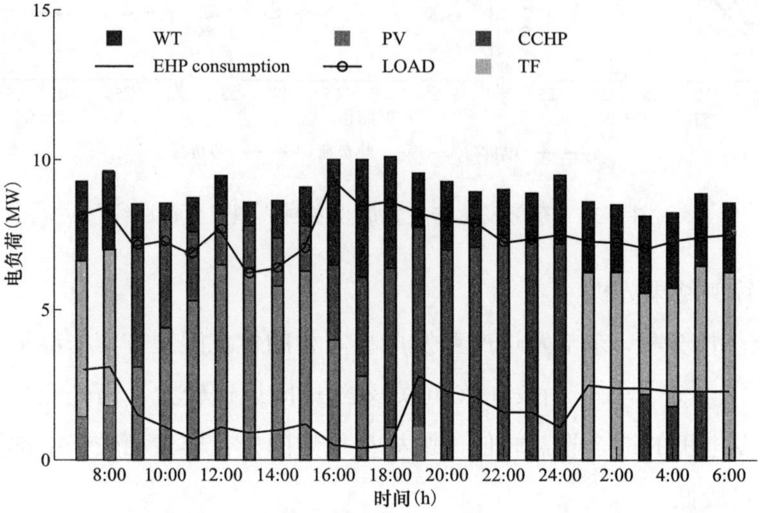

图 4-31 夏季典型日最佳供电负荷平衡

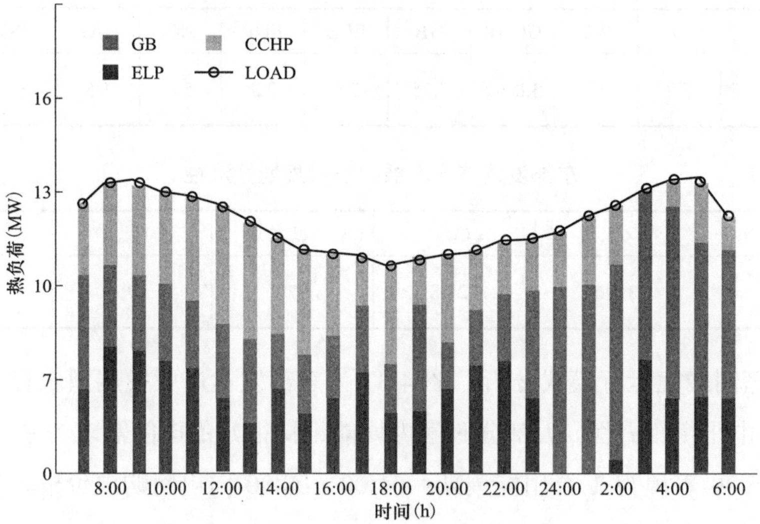

图 4-32 冬季典型日最佳供热负荷平衡

3. 在西部欠发达特色旅游型农村的实践应用

（1）算例背景设置。在本算例研究过程中，取 IEEE19 节点网络作为该类农村的能源网络，如图 4-33 所示。节点 14 与 17 适宜安装光伏发电，节点 4 与节点 9 适宜安装风力发电机。

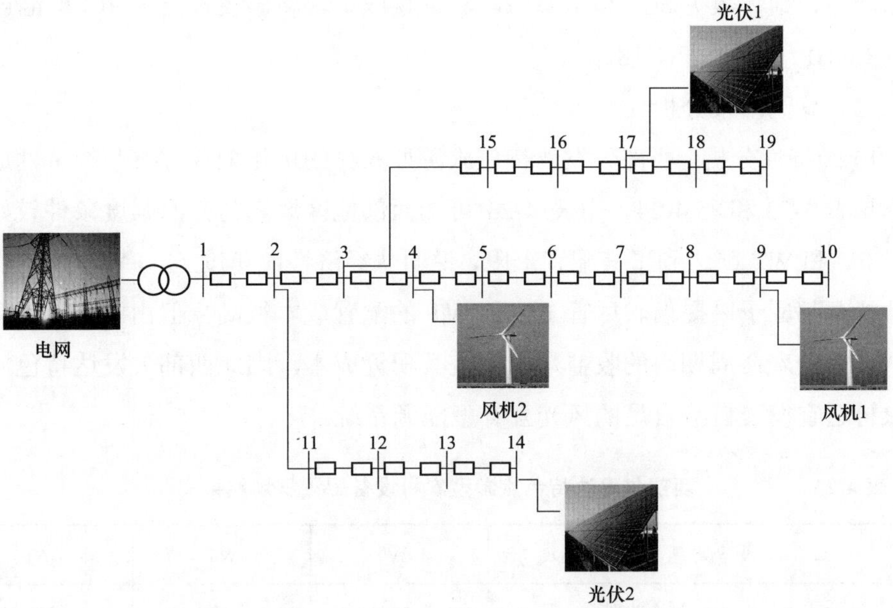

图 4-33　西部欠发达特色旅游型农村系统网络结构图

根据历史数据类聚得出夏季、过渡季、冬季典型日负荷曲线，西部欠发达特色旅游型农村典型日负荷曲线如图 4-34 所示。由于为欠发达农村，所以典型日中只考虑电负荷。此外，为了统一分析，将所有能量形式的量纲转换为兆瓦。

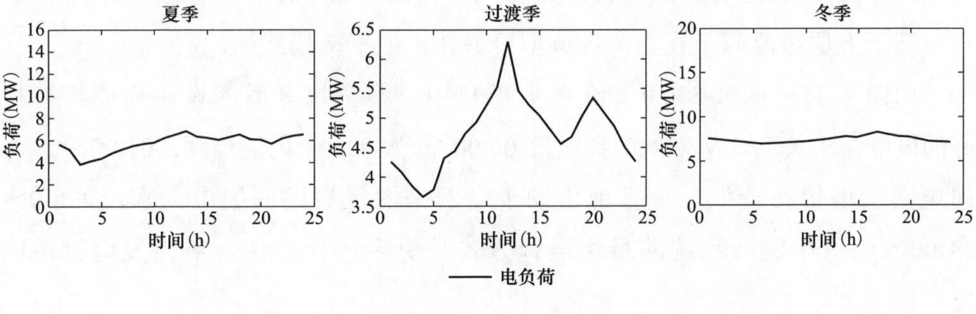

图 4-34　西部欠发达特色旅游型农村典型日负荷曲线

待选的能源生产设备包括分布式发电模型：光伏发电板，风力发电机，电热泵，燃气轮机，详细参数见表4-13；待选的储能设备包括蓄热罐，冰蓄冷，电储能，详细参数见表4-14。参考欧洲碳税政策，将碳税设定为 0.12 元/kg。待选 CCHP 参数见表4-18。

（2）算例结果分析。

1）经济性分析。西部欠发达特色旅游型农村的优化配置方案与经济性成本分别见表4-23和表4-24。由表4-23可知西部地区风速与光照强度条件较好，同时PV和WT都达到了其配置上限，说明从经济性的角度上，PV和WT作为清洁能源都应予以提倡。尽管PV和WT的配置成本很高，但由于节省了化石燃料，在全寿命周期内的收益足以覆盖其配置成本，因此西部欠发达特色旅游型农村适宜发展自给自足的风光互补型能源系统。

表4-23　　西部欠发达特色旅游型农村设备配置规划结果

设备类型	PV	WT	BAT
西部欠发达特色旅游型	10	10	1.5

表4-24　　西部欠发达特色旅游型农村规划经济性

农村类型	C_{inv}	C_{mat}	C_{csu}	C_{env}	C_{ATC}
西部欠发达特色旅游型	1570	139.8	368	275	2352.8

2）算例最优运行模式分析。如图4-35～图4-37为西部欠发达特色旅游型农村基于五层级能源集线器的各典型日最佳供电平衡模式图。

由图4-35～图4-37可知在各典型日内，模型规划后的设备均能维持很好的电能需求关系。从07:00到次日06:00表现为1个用能周期：01:00～08:00向电网购电价格较低，更多地借助于电网来满足居民的用电需求；09:00～24:00，电价一般，系统的最优运行方式是更多地让光伏、风力发电机协同发电。

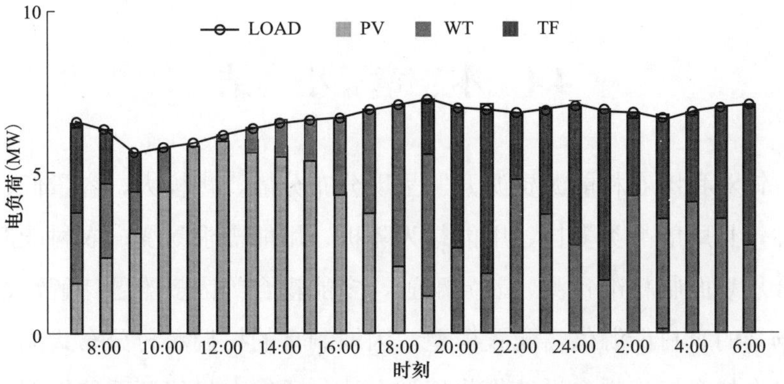

图 4-35　夏季典型日最佳供电负荷平衡

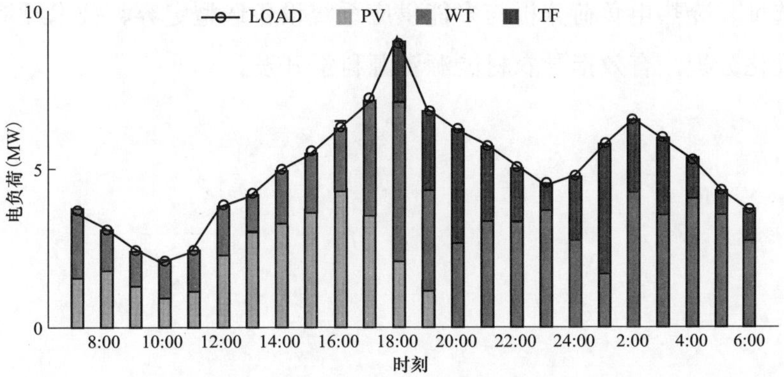

图 4-36　过渡季典型日最佳供电负荷平衡

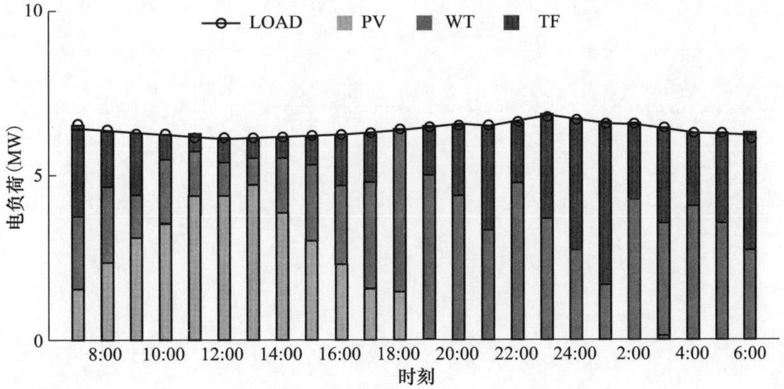

图 4-37　冬季典型日最佳供热负荷平衡

4.4 本 章 小 结

本章针对我国农村能源资源开发呈现分布分散、规模大、容量低、随机性强等特性，且用能品类多样、用能行为随机、用能需求易变，农村能源供需配置和综合规划面临精准预测、差异配置、多能耦合等诸多难题待解，建立基于差异化场景的农村能源供需配置模型，因地制宜的挖掘农村分布式能源资源潜力；提出农村多能流耦合系统优化规划方法，研发农村能源系统规划仿真分析平台，支撑综合考虑电、热、气/冷的农村能源网络规划；实现了分布式能源场站宏观选址、冷热电负荷分析与多能供应系统设备选型定容、技术经济模拟、多目标优化分析，有效指导农村能源资源科学开发。

第5章

农村能源集群化协同运行关键技术研究

当前，我国能源转型正加速推进，大力发展新能源已成为顺应我国能源生产和消费革命的发展方向。随着新能源技术进步及成本降低，我国新能源发展迅速，农村是新能源发展的主战场，装机规模倍增扩大。农村分布式能源具有随机性、波动性的物理特征以及点多、面广的空间特征，由于电源容量小、传统电力通信手段覆盖成本昂贵，分布式电源运行基本上处于自由状态。随着农村地区分布式可再生能源的大规模开发利用，农村地区配电网特性发生根本性变化，潮流双向流动对电网运行影响愈发明显，传统配电网管理策略暴露出诸多问题。为应对这一趋势，亟待加快突破分布式可再生能源柔性控制、源荷互动、就地最大化消纳等相关技术，有效解决分布式能源规模化接入配电网中存在的技术瓶颈，提高可再生能源的利用率。本章围绕电源控制、电能协调、多能协同三个层面，深入研究了农村大规模分布式能源群控群调技术、基于“5G+虚拟电厂”的农村能源协调优化技术、含多种能源的微能网能量优化技术，建立多分布式能源协同运行策略体系。

5.1　农村大规模分布式能源群控群调技术研究

5.1.1　虚拟电源概念及架构

1. 虚拟电源的提出

分布式电源将成为未来配电网中的有功和无功电源。借助信息与通信技术，将虚拟发电厂中的电源类设备，例如可再生能源发电机组、燃料发电机组、储能装置等分布式电源，聚合成一个集成的实体，通过优化调度，实现其有效管理，从而具有与常规电厂相似的可调控的运行功能，以参与电力市场的交易和系统调度，称之为“虚拟电源（VP）”。

虚拟电源是将连入配电网的不同节点，使用相关技术将可实现性的分布式电源集合在一起，利用丰富的操作模式使其运行互动性和协调性明显。虚拟电源的良好外特性一方面是基于对其内部资源的协调管理和综合控制，从而达到内部各类型电源的优势互补；另一方面，其强大的通信控制系统为其与电网之间的互动提供了条件，同时通过虚拟电源间的互动实现了广域上的资源优化利用，促进了分布式电源的消纳。

随着分布式电源在电力能源中所占的比例增加，高渗透率给电网带来的影响越来越大。虚拟电源并未改变每个分布式发电（distributed generation，DG）并网的方式，而是通过先进的控制、计量、通信等技术聚合 DG、储能系统等不同类型的分布式能源，并通过更高层面的软件构架，分层分区分级的实现多个 DG 的协调优化运行，更有利于资源的合理优化配置及利用。虚拟电源的概念更多强调的是对外呈现的功能和效果，无需对电网进行改造而能够聚合 DG 对公网稳定输电，并提供快速响应的辅助服务，降低了在市场中孤网运行的失衡风险，可以获得规模经济的效益。同时，虚拟电源的协调控制优化大大减小了以往 DG 并网对公网造成的冲击，降低了 DG 增长带来的调度难度，使配电管理更趋于合理有序，提高了系统运行的稳定性。

虚拟电源的出力特性表现为两大方面：

（1）内部协调特性。内部协调特性指虚拟电源的首要职责是管理区域内部的分布式电源，协调控制自身内部各分布式电源。虚拟电源内部技术特征如下：

1）“出力”在一定范围内具有“伸缩性”。虚拟电源的提出是为了消纳和管理大量接入系统的分布式电源。虚拟电源中若配置了一定容量的储能、常规旋转机组作为备用，则系统整体出力在一定范围内具有可伸缩性，出力可调，并具有和常规机组相当的可调度性。

2）运行协调性。虚拟电源的良好特性之一是对其内部资源的协调管理和综合控制，从而达到系统内部各类型电源的优势互补。

虚拟电源内部协调运行的目标为满足电力网络安全运行和分布式电源自身物理约束，并最大化利用可再生能源（消纳光伏、风电出力）、最小化发电成本，实现虚拟电源的经济效益最优。协调运行目标函数确定后，应考虑的约束条件包括功率平衡、各分布式电源出力限制、分布式储能（state of charge，SOC）限制，以及备用容量的约束等。

（2）外在调度特性。外在调度特性指虚拟电源概念强调的是对外呈现的功能和效果，对外表现的特性如下：

1）与配电网有不止一个联络点，联络呈永久性，虚拟电源对外是开放系统。虚拟电源内的元素在空间上分布广域，管理上呈一个整体。这些元素存在于配电网中，与配电网的联络点较多，且并不能像微电网一样能与配电网解列孤岛运行，呈始终“并网”运行状态。

2）可调度性强。虚拟电源通过自组织协调和广域的分布式电源间协调实现其内部间歇性电源的自我消纳，使在一定范围内具有和传统电源相当的可调度性，并主动参与电力市场竞争。此特性使得虚拟电源在调度时具有比传统电源更大的空间，在市场中具有特殊的地位。

2. 分布式电源分层控制架构

分布式电源接入配电网后，分布式电源的控制分为集中控制调度策略和协同自律控制的调度策略。分布式电源的分布式特性、海量的控制数据以及灵活多变的控制方式使得采用以往由调度中心统一判断、调度的集中式控制方式难以实现灵活、有效的调度；采用协同自律控制策略时，利用“集中调度、分层控制”整体架构，自律控制系统只需少量信息即可完成协调控制，有利于调控的可靠性与高效性。

虚拟电源以其良好的内部协调特性和外在调度特性，使其能够在协同自律控制模式中发挥承上启下的关键作用。在智能配电网中，虚拟电源协调控制系统作为电网中一个区域代理，监测并存储内部分布式电源信息，包括分布式电源种类信息（太阳能发电，微型燃气轮机发电、燃料电池等）、功率以及分布式电源运行状况等信息，协调管理内部各种分布式电源的运行。虚拟电源协调控制系统组织框架图如图 5-1 所示。

虚拟电源协调控制系统除了实现内部各分布式电源的协调优化运行外，还与上级配电网协调调度，起到承上启下的桥梁作用；当该系统内部含储能控制单元时，可实现系统联网运行和孤岛运行，并可在两种模式之间切换。

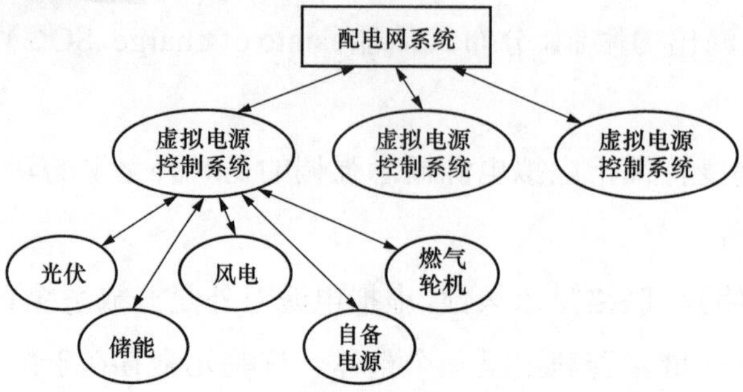

图 5-1　虚拟电源协调控制系统组织框架图

针对大量分布式电源共同接入配电网的复杂运行状态，需要采用分层控制结构对其进行控制，其中主要包括两个方面：一方面包括上层能量优化协调控制，通过能量管理系统选择恰当的优化算法后，对接入配电网中的所有虚拟电源的功率进行优化分配，使配电网运行在最优状态；另一方面是下层虚拟电源的自律模糊控制策略，包括对 Agent 系统模糊控制算法和功率平抑控制策略，采集其管辖范围内所有分布式电源的运行参数，通过对其发电互补特性、出力特征进行综合分析，制定协同自律优化策略。

（1）上层能量优化控制。多虚拟电源通过其监控系统和能量管理系统共同控制，集中控制整个配电网区域，响应时间为秒级。

1）监控系统。监控系统通过低压测控单元、分布式电源逆变器等实时采集模拟量、开关量等信息量，完成整个配电网区域运行工况的监视。

2）能量管理系统。能量管理系统是基于 SCADA 基础之上的分析和计算，实现实时统计和高级分析功能，其中高级分析包括能量调度、自动维持配电网内供用电的功率平衡等功能。

在上层控制范畴内配置有远动装置，调度层在配电网调度自动化系统中接收配电网内各个虚拟电源接入点处的运行信息，根据配电网的经济运行分析，可以下发各个虚拟电源的交换功率调节命令，从而使配电网区域内的全部虚拟电源成为一个可控单元。

配电网调度层在配电网正常运行时，可通过下发调度命令指定单个虚拟电源或虚拟电源集群的交换功率，辅助配电网实现削峰填谷、经济优化调度、故障快速恢复等工作，响应时间为 min 级。上层能量优化控制的主要任务是合理的选择不同类型的虚拟电源的输出功率，使其满足经济性和排放最小的要求。

（2）下层分散控制。Agent 本地控制层包括低压测控单元、同步发电 Agent 控制器，永磁直驱储能 Agent 控制器、双馈储能 Agent 控制器、光伏储能 Agent 控制器，完成虚拟电源对频率和电压的一次调节，实现微电网暂态控制，响应时间为毫秒级。

1）低压测控单元。低压测控单元具有交流采样、测量、就地断路器紧急操作及测量数字显示等功能，对支路的信息进行采集、转换、处理和传送。微电网数据采集系统（supervisory control and data acquisition，SCADA）、微电网能量管理系统的数据均来源该类设备，并且后台监控系统和能量管理系统对断路器的控制也是通过这类设备实现。

2）同步发电 Agent 控制器。同步发电 Agent 控制器采集同步发电单元励磁电压、定子电流、定子电压、有功功率/无功功率、功率因数、直流母线电压、绝缘栅双极型晶体管（insulated gate bipolar transistor，IGBT）温度等数据。在微电网并网运行时，同步发电系统采用控制，输出制定有功功率/无功功率；在微电网离网时采用电压频率 V/f 控制方式，以恒压恒频输出自动补偿微电网内部的功率缺额，维持微电网系统内的电压和频率稳定。

3）永磁直驱发电储能 Agent 控制器。永磁直驱发电储能 Agent 控制器采集永磁直驱风力三相定子电流、定子电压、有功功率/无功功率、功率因数、直流母线电压、IGBT 温度等数据。在微电网并网运行时，永磁直驱风力发电系统采用控制，输出指定有功功率/无功功率，维持微电网系统内的电压和频率稳定。

4）双馈异步发电储能 Agent 控制器。双馈异步储能发电 Agent 控制器采集双馈发电机单元励磁电压、定子电流、定子电压、有功功率/无功功率、功率因数、直流母线电压、IGBT 温度等数据。在微电网并网/孤网运行时，双馈异步储能发电系统采用控制，输出指定有功功率/无功功率。

5）光伏储能 Agent 控制器。光伏储能 Agent 控制器能采集分布式电源直流测电压、电流、功率；交流侧电压、电流、有功功率/无功功率、功率因数、电量、交/直流侧温度数据，并根据采集数据完成最大功率跟踪，实现最大功率的输出，微电网光伏逆变器以最大出力运行。

5.1.2 虚拟电源与配电网的信息交互技术

1. 多智能主体系统（multi-agent system，MAS）信息交互体系

随着分布式电源接入电网数量增加，分布式电源之间的协调对提高电网运行的可靠性和灵活性具有重要意义，分布式电源之间的实时信息交互也显得尤为重要。MAS 的功能是将大的复杂系统划分成小的、彼此相互通信及协调的、易于管理的系统，具有很好的自主性和启发性。多代理系统 MAS 中 Agent 的自治、通信、可协调等特点以及 MAS 系统特性可以有效解决上述问题。

Agent 是一种具有知识、目标和能力，并能单独或在人的指导下进行推理决策的能动实体，基本构成如图 5-2 所示。

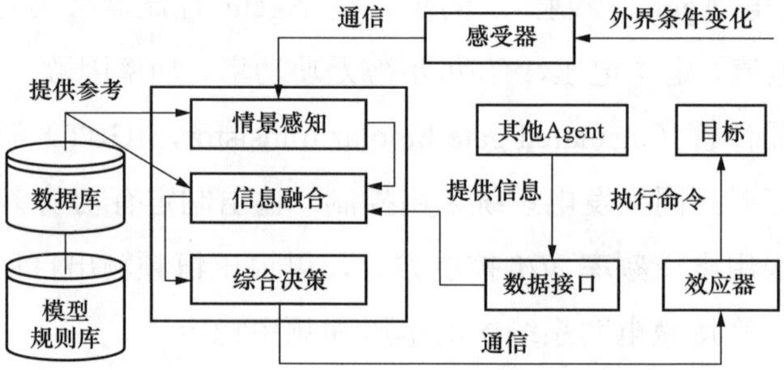

图 5-2　Agent 基本结构

相对于传统的协调控制，多代理系统具有以下几方面优势：

（1）充分满足配电网分布化的趋势，达到分布电源合理利用的目的。多代理系统的最小单位就是每个代理商，以每个代理商所代理的电网为单元，作为分布化电网的最小单元。每个代理商可以通过适当的改变，来改变其代理范围内的电网环境，比如：当夜间用电量处于低谷时，代理商可将其范围内的储存单元调整为储存能量的模式，将多余的电量储存，在用电高峰期再投放至电网，以达到合理利用能源的目的。

（2）达到对分布式电源协调自律系统与配电网之间的协调控制。多代理系统通过在各个代理间构建通信系统以实现其体系下的信息互动和协调控制，达到对环境变化应急调整的目的。通过多代理系统将分散控制的分布式电源联系在一起，实现了分布式电源协调自律系统之间的信息互通与协调。

（3）达到对配电网电能质量的优化。多代理系统下的代理商对其负责的分布式电源拥有一定的自主权。这意味着，代理商可以在没有中央处理器的指挥下做出决定，每个代理商都拥有相关的资源，例如：现有的燃料，一旦发现电能质量问题，代理商可通过自行调整已达到优化电能质量的目的。多代理系统另一个特点是，每个代理商了解其代理范围内的环境，每个代理商了解其代理范围内的电站以及电站可承受的负载，并可以通过信息交换了解其周围代理的能力。这样的特点，使得各个代理商可以因时因地并依据各自的能力对电网输出电能。

2. 虚拟电源的自律控制通信模型

配电网系统已经由传统单一电能分配的角色转变为集电能收集、电能传输、电能存储和电能分配于一体的新型电力交换系统。通过配电网的实时信息交互技术并建立相关模型，定义统一的通信和控制接口，为配电网对与其相连的各个分布式电源进行监控、管理提出了方便。

IEC61850 国际通信标准，可以面对对象进行信息建模，这使得设备具有特性自描述能力从而有利于设备互操作。IEC61850 国际通信标准只定义了抽象通信接口，没规定具体的通信协议，这种架构能够实现应用的开放性。目前国内针对 IEC61850 标准的研究主要应用在智能变电站中，随着标准的不断更新和扩展，2009 年发布的 IEC61850-7-410 标准定义了水电站建模部分，IEC61850-7-420 标准定义了分布式发电建模部分，而且还要继续向电力系统自动化部分扩展。所以将 IEC61850 标准应用到分布式发电接入的配电网中，这为实现分布式能源资源（distributed/decentralized energy resource，DER）设备集成、信息模型的灵活扩展与互操作等重要功能提供行之有效的技术手段，并且能够降低系统通信成本与控制难度。

将 IEC61850 通信标准应用到分布式电源接入的配电网通信中的现实意义体现在以下两个方面：首先 IEC61850-7-420 中非常详细的定义了分布式电源系统结构，分布式电源各智能电子设备的数据模型，有利于新型电网系统内设备建模；其次 IEC61850 标准是国际电力系统通信标准，在国外已经得到广泛应用，技术发展相对成熟，而且国内也已经逐步在智能变电站开始应用。分布式电源与电网相互通信，接受统一监控和调度。若使用统一的通信标准，会使设备和网端通信质量提高，因此，将IEC61850通信标准应用到分布式电源接入的配电网通信中对会智能电网的发展起着重要的作用，同时对于新能源的应用有着重要意义。

3. 虚拟电源的动态SCADA数据采集系统

分布式电源接入到配电网后，由于电网结构的不确定性与分布式电源出力的瞬变性，将导致传统数据采集平台不能满足其实时性，因此对虚拟电源协调控制系统中实时信息交互技术、现场数据采集技术、动态实时数据采集与监控技术等关键性问题进行研究，提出解决方案，以充分利用虚拟电源协调控制系统的优势提高电力系统供电可靠性。

在智能配电网的建设中，需要大量接入分布式能源，此时不仅要求分布式电源分区控制系统SCADA能够快速地采集分区管辖范围内量测点的数据，也要求其通信系统具备处理大量高速数据的能力。目前SCADA难以满足智能配电网数据采集需求。为实现更快速有效的分析、决策、保护及控制，需将SCADA系统升级为动态SCADA系统。实现动态SCADA系统平台所需的关键技术包括：高速动态数据采集处理、高速实时数据库存取、高密度时间序列历史数据库压缩存储、动态实时报警等。

（1）高速实时数据采集处理。新型多源-荷互动配电网采用分层分区的多代理控制技术，在分布式电源控制代理内部，通过动态远程终端设备（dynamic remote terminal unit，DRTU），实现信息采集，通过IEC61850通信规约实现信息共享。因此对高速实时数据的解析及处理，是实现分布式电源自律控制等区域高级功能的基础。

IEC61850-GOOSE支持由数据集（data-set）组成的公共数据交换，采用对等（peer-to-peer）信息交换（多播）方式，当GOOSE引用的数据集（data-set）中一个或多个成员变量发生改变时，智能电子设备（intelligent electronic device，IED）将按照IEC61850中规定的机制发送GOOSE报文；保护、测控等设备从网络接收、过滤并分析本机订阅的GOOSE报文，从而实现设定的自动功能。

GOOSE实时解析和预警系统也同样需要接收分析GOOSE报文，但GOOSE

实时解析和预警系统不实现二次功能。GOOSE 实时解析和预警系统的设计目的是接收、实时分析过程层网络上所有 GOOSE 报文，记录报文的内容，检查报文的语法，提取报文的传输特征等，并利用这些信息分析、监视 IED 设备和通信网络的运行状态，从这个意义上讲，GOOSE 实时解析和预警系统不属于自动装置。

（2）实时在线预警。预警是指在危害（二次设备故障）发生之前，根据以往的规律分析得到的危害前兆，及时告警并通知运行人员检查，从而最大程度的降低危害造成的损失的行为。网络流量突然变化、GOOSE 链路频繁断线、通信误码率增高、光纤链路频繁通断等都是网络设备、IED 设备异常的前兆。由于装置的设计目的不同，保护装置更关注本身的自动功能，对不相关的异常 GOOSE 报文的处理比较简单，这样就丧失了发现问题的机会，GOOSE 实时解析和预警系统则能够全部记录并分析异常问题。实时预警系统提取 IED 设备之间通信过程的特征；分析 IED 设备的通信行为、报文的传输特征和报文内容；检测、监视通信网络的运行状态，通过这些对 GOOSE 报文的实时分析，可以及时发现异常来达到实时预警的目的。实时预警的重要意义在于能够准确定位故障、消除事故隐患，真正地做到防患于未然。

（3）高速实时数据库。实时数据库（real time data base，RTDB-）就是其事务和数据都可能有定时特征或显式的定时限制的数据库系统，是 SCADA 系统的核心之一。数据的正确性不仅依赖于逻辑结果（数据的内部一致性），而且依赖于逻辑结果的产生时间和导出结果所使用数据的时间一致性。高速 RTDB 组合了实时任务和传统数据库事务两者的特征，并且在存取速度上更快速更流畅。

（4）高密度历史数据库压缩存储。动态 SCADA 是由动态 RTU（DRTU）与按分布式电源类型、容量配置、接入位置等内容划分的分布式电源分区控制器组成的一套监视控制系统。该系统能被运行人员和分析人员在远方连接并提供该控制器管理范围内的分布式电源群运行时的动态过程。由于动态 SCADA 的动态数据具有高速度、高密度、高精度的特点，平均每个监测点每秒上送 10 帧甚至 20 帧动态数据，虽然分布式电源分区控制器仅管理一定范围内的分布式电源，但由于分布式电源的分区控制器不可能采用大型服务器系统，因此配置硬件性能、硬盘空间等不可能太大，如果这些数据直接存储，系统将面对极大的存储压力。同时，由于数据的高密度、高精度，所存储的数据又有很多重复特征，因此如何高效存储动态数据将是动态 SCADA 需要重点研究的技术之一。

5.1.3 虚拟电源优化控制策略

1. 虚拟电源互补优化控制

虚拟电源由光伏发电、风力发电等可再生能源发电和柴油发电机、火力发电机、微型燃气轮机等非可再生发电设备，在虚拟电源优化控制中，由于光伏发电、风力发电环保、无能源消耗成本，因此基于发电成本的经济优化控制中，光伏发电、风力发电具有最高发电优先级。

（1）虚拟电源中光伏优化控制。

1）光伏最大化出力控制。光伏发电是可再生能源发电，并且发电相对较稳定，因此在多种类型分布式电源联合供电时，光伏发电具有最高优先权。即通常情况下光伏以最大功率出力，仅当光伏发电出力大于负荷用电，且储能已无充电能力时方抑制光伏发电出力。

2）光伏逆变器群控。光伏逆变器工作效率在（40%～60%）其转换效率和电能质量处于最佳。光伏逆变器的转换效率与输入功率有关，在输入功率比逆变器额定功率小很多时（例如小于20%时），逆变器的转换效率开始大幅下降。另外，光伏逆变器的输出谐波含量与其输入功率有关，一方面逆变器输出电流谐波畸变率（total harmonic distortion，THD）随输入功率的增加而减小，在逆变器轻载时，谐波会明显变大，在 20%额定出力以下时，电流 THD 会超过 5%；在 10%额定出力以下时，电流 THD 甚至会达到 20%以上。另一方面，输入功率大于额定功率的 80%时，逆变器的发电效率也会降低。因此虚拟电源自律系统采用光伏群控技术提高光伏逆变器的总体工作效率。

图 5-3 所示为光伏发电群控的设备接线图。光伏发电群控技术是将光伏分组，在一组内的光伏直流电流可通过切换开关分散为多个逆变器转换，也可通过一个集中逆变器进行转换，在自律控制系统中，光伏群控策略为：

早晨启动时，根据光照情况先将一台变流器投入运行，等功率接近变流器满载时，再投入另外一台，依次投入其他变流器；傍晚停机时，根据电池板输出功率的减少逐台停机。这种控制方法对每天正常光照变化和阴天进行判断，避免并联开关因光照的短暂变化引起的不必要动作。在一天内对变流器的输入功率进行检测，当逆变器输入功率过低时控制光伏直流侧切换开关，汇集直流电流于一台逆变器，保证逆变器的转换效率不会随着输入功率下降而降低。

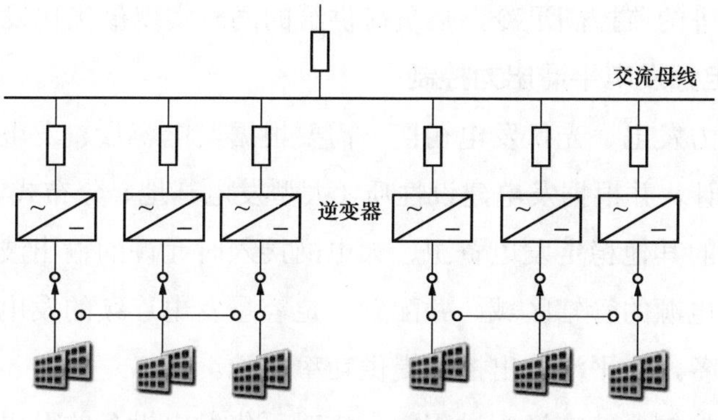

图 5-3　光伏发电群控的设备接线图

（2）虚拟电源中风力发电优化控制。风资源的不确定性和风电机组本身的运行特性使风电机组的输出功率存在较大波动，这种波动常常引起电压偏差、电压波动和闪变等问题，因此在自律控制系统中风力发电控制首先需要解决风力发电机出力波动性对电力系统带来的扰动问题。

如果自律控制系统配置储能，则当电源出力波动引起电网频率或电压有较大波动时，自律控制系统通过 GOOSE 网络获得系统广域测量数据（按 20ms/帧的时间间隔发送），快速调节储能（power conversion system，PCS）的出力，弥补风力发电出力波动，实现风力发电的平滑。

当储能设备功率受限（如储能电池 SOC 过低或过高）时，自律控制系统可以通过向风力发电机逆变器下发功率输出命令来短时抑制风力发电机的输出，只要下发功率变化比较平缓则可保证风力发电机最终输出功率的平滑。该控制方式会限值风力发电机的最大化出力。

当风力发电机具有平滑出力控制措施后，为了最大化利用风力资源，可通过上述控制手段实现风力发电机的最大化出力，但当系统频率过高时出于稳定性的考虑需减少电源的出力，在制定切机方案时采用先切换风力发电机而全力保证光伏发电最大化的策略。

（3）虚拟电源中耗能型发电设备优化控制。根据一次能源类型，优先安排可再生能源如沼气、生物质能等发电设备发电，对不可再生能源发电，根据发电成本，优先安排低成本的发电设备发电，有冷热电三联供或热电联供的系统，在通过对温度等的监控满足冷、热负荷供给的同时实现最优化发电控制。

2. 虚拟电源发电平滑出力控制

在建设风力发电、光伏发电初期，需要根据发电容量、发电功率估计、发电功率波动估计，并根据发电建设性质（大型发电基地、分布式电源发电）、是否存在可利用的其他稳定发电资源、大电网接入时允许的输出波动率等因素，合理规划虚拟电源的管辖区域，并配置一定容量发电连续的发电设备或储能作为补偿发电设备，为平滑输出控制提供功率支撑。

虚拟电源控制系统在运行过程中，实时采集发电设备的发电功率，并计算发电功率变化率，如果发电变化率持续大于允许值，则控制补偿发电设备的发电功率，使最终的综合出力波动小于允许值，从而使发电出力平滑。

因此，平滑控制中首先需要确定补偿发电设备类型与容量，其次需要制定合理的补偿发电出力平滑控制算法。

（1）补偿发电设备类型和容量选择。对分布式电源，其发电容量较小且发电就地消耗，因此可配置小容量的储能用于抑制发电波动，如果在冷热电联供系统中也可以通过调节微型燃气轮机实现总体输出平滑。补偿发电设备容量计算公式如下所示：

$$P_{\mathrm{a}} = K \times \sum_{i} (R_i \times P_{i\_\max}) \tag{5-1}$$

式中 P_{a}——补偿发电设备容量的规划值；

$P_{i\_\max}$——第 i 个不具有自功率波动抑制的可再生能源的最大发电功率估计值；

R_i——该发电设备的最大功率波动值；

K——裕度值，通常可设置 $K>1$。

（2）发电出力平滑控制算法发电功率变化率计算。自律控制系统实时采集发电设备的发电功率，并计算发电功率变化率。发电功率变化率公式如下所示：

$$R_{\mathrm{g}}=(\sum_{i} P_{i\_t}-\sum_{i} P_{i\_t-1}) / \sum_{i} P_{i\_t} \tag{5-2}$$

式中 R_{g}——当前发电功率变化率；

P_{i_t}——第 i 个发电设备的当前出力；

$P_{i\_t\text{-}1}$——该设备前一时刻出力。

当发电功率变化率大于零时，说明整个系统发电出力在增加；当发电功率变化率小于零时，整个发电出力降低；当发电功率变化率大于最大允许变化率时，此时需要调节补偿发电设备出力进行功率补偿。

1）当前变化率绝对值大于最大允许变化率的补偿功率计算。当前变化率绝对值大于最大允许变化率时，此时发电出力增长或减低过快，需要快速计算需要增加或减小补偿功率的大小。当前变化率大于零时，此时发电功率增加过快，需要通过减小补偿功率，或通过增大储能充电功率来抑制功率波动，补偿功率计算如下所示：

$$P_{\mathrm{a}\_t}=(R_{\max}-R_{\mathrm{g}}) \times \sum_{i} P_{i\_t}+P_{\mathrm{a}\_t\text{-}1} \tag{5-3}$$

式中 P_{a_t}——本次补偿功率；

$R_{\max}$——最大允许变化率；

$P_{\mathrm{a}\_t\text{-}1}$——上一时刻的补偿功率。

当前变化率小于零时，此时发电功率降低过快，需要通过增加补偿功率抑制功率波动，补偿功率计算如下所示：

$$P_{\mathrm{a}\_t}=(|R_{\mathrm{g}}|-R_{\max}) \times \sum_{i} P_{i\_t}+P_{\mathrm{a}\_t-1} \tag{5-4}$$

2）当前变化率小于最大允许变化率时补偿功率计算。如果当前变化率小于最大允许变化率，并且补偿功率不为零则需要将补偿功率缓慢降到 0，补偿功率降低的幅度满足总发电出力变化率小于最大允许变化率。

当前补偿功率大于 0 时，说明补偿发电设备正处于弥补发电中，此时控制目标是使补偿功率值减小。

$$P_{a\_t} = (R_g - R_{max}) \times \sum_i P_{i\_t} + P_{a\_t-1} \quad (5\text{-}5)$$

当前补偿功率小于 0 时，说明辅助发电设备正处于抑制发电中，此时控制目标是使补偿功率绝对值减小。

$$P_{a\_t} = (R_{max} - R_g) \times \sum_i P_{i\_t} + P_{a\_t-1} \quad (5\text{-}6)$$

当本次补偿功率与上次补偿功率方向相反（针对补偿发电设备为储能，对储能的功率需要由充电变为放电，或由放电变为充电时补偿功率方向相反），或本次补偿功率非常小接近零时，可认为调节目标达到。

实时采集各发电设备的发电功率，并计算功率变化率；判断功率变化率是否大于允许值，如果大于允许值，则查看上一次是否已经在进行抑制控制，如果未进行抑制控制，则功率变化率连续多次（次数可以设定）超过允许值才进行平滑控制计算，这样做的目的是避免偶然的功率突变而引起的不必要的功率平滑调整；如果出力波动结束，则需要逐步恢复补偿设备的功率输出为下一次的平滑控制做准备。

（3）平滑出力控制总流程。当变化率大于允许波动变化率时通过调整分布式电源出力以平滑出力，当变化率小于允许波动变化率时可适当恢复默认的分布式电源出力状况。

如果功率变化率大于允许值，则进行对补偿发电设备出力的计算。将所有还具有可调出力能力（当前出力小于最大出力）的补偿发电设备形成列表。如果补偿发电设备类型不止一种，则可将不消耗燃料的补偿发电设备如抽水蓄能发电、储能电池等安排在列表的前面，将消耗燃料的补偿发电设备如燃料电池、微型燃气轮机、火力发电机组等安排在列表的后面。根据最大变化率限制，计算总的补偿功率。

对补偿发电设备列表中的设备逐一分配补偿功率，每个补偿发电设备的最大补偿功率等于最大发电能力减当前发电功率，如果补偿发电设备的最大补偿功率大于当前总的剩余补偿功率，说明本设备有能力承担所需的全部剩余补偿功率，无需列表中其他设备参与控制；否则还需要寻找下一个补偿设备对其进行补偿功率的分配，直到分配的补偿功率满足总的补偿功率需求。

如果补偿发电设备为储能，除考虑储能的充放电功率外，出于对储能寿命的考虑还得同时查看储能的剩余容量 SOC，当 SOC 不满足充放电时（即当储能剩余容量 SOC 过大而实际需要储能充电，或储能剩余容量 SOC 过小而实际需要储能放电时）该储能不能参与控制。平滑输出控制服务计算获得每个补偿发电设备分摊的补偿功率值后，服务将遥控命令下发给各补偿发电设备，补偿发电设备接受遥控命令后并执行，完成本次平滑控制。

当功率变化率小于允许值时，说明功率波动结束或未发生功率波动，如果上次的补偿功率不为零（功率波动结束）则需要将补偿功率缓慢降到 0 使其恢复到热备用状态。

在恢复补偿发电设备出力过程中，补偿发电设备减少的出力以不使发电设备总的发电出力变化率超出其允许范围外，根据该要求计算本次补偿功率。将补偿功率不为 0 的补偿发电设备形成列表，即将消耗燃料的补偿发电设备如燃料电池、微型燃气轮机、火力发电机组等安排在列表的前面，将不消耗燃料的补偿发电设备如抽水蓄能发电、储能电池等安排在列表的后面以减小燃料的消耗。

对补偿发电设备列表中的设备逐一检查当前补偿功率，如果补偿发电设备当前补偿功率小于当前总的剩余补偿功率，说明可以将本设备的补偿功率恢复为 0，并且还可以进行下一个循环查看补偿发电设备列表中的下一个设备是否可以减少补偿出力；直到补偿发电设备的当前补偿功率大或于当前总的剩余补偿功率，说明仅能恢复本设备的部分补偿功率，该设备能恢复的功率为总补偿功率减列表中本设备前面设备的补偿出力的总和。

3. 虚拟电源协同发电计划自律控制

当配电网接入高渗透率的分布式电源后时，电源接入的分布式特性、海量的控制数据以及灵活多变的控制方式使得采用以往由调度中心统一判断、调度的集中式控制方式难以实现灵活、有效的调度。因此本报告利用虚拟电源将一定范围内的分布式电源集中起来形成一级控制代理，对下收集各分布式电源运行参数，并汇总本管理范围内分布式电源的最大发电功率、最小发电功率、当前发电功率等综合信息并上报至上级控制代理直至配电网系统，配电网系统根据电网运行情况分析并对隶属虚拟电源下发发电控制计划，虚拟电源控制系统根据当前各发电设备出力、上网电价、发电功率计划值等指定各电源最优发电功率。

（1）虚拟电源功率小于发电计划控制。当虚拟电源功率小于计划功率时，可增大虚拟发电机的出力，增大出力设备的选取优先顺序依据各设备的经济性决定，即优先使用无燃料成本的可再生发电设备。

虚拟电源功率小于发电计划自律控制流程如图 5-4 所示。

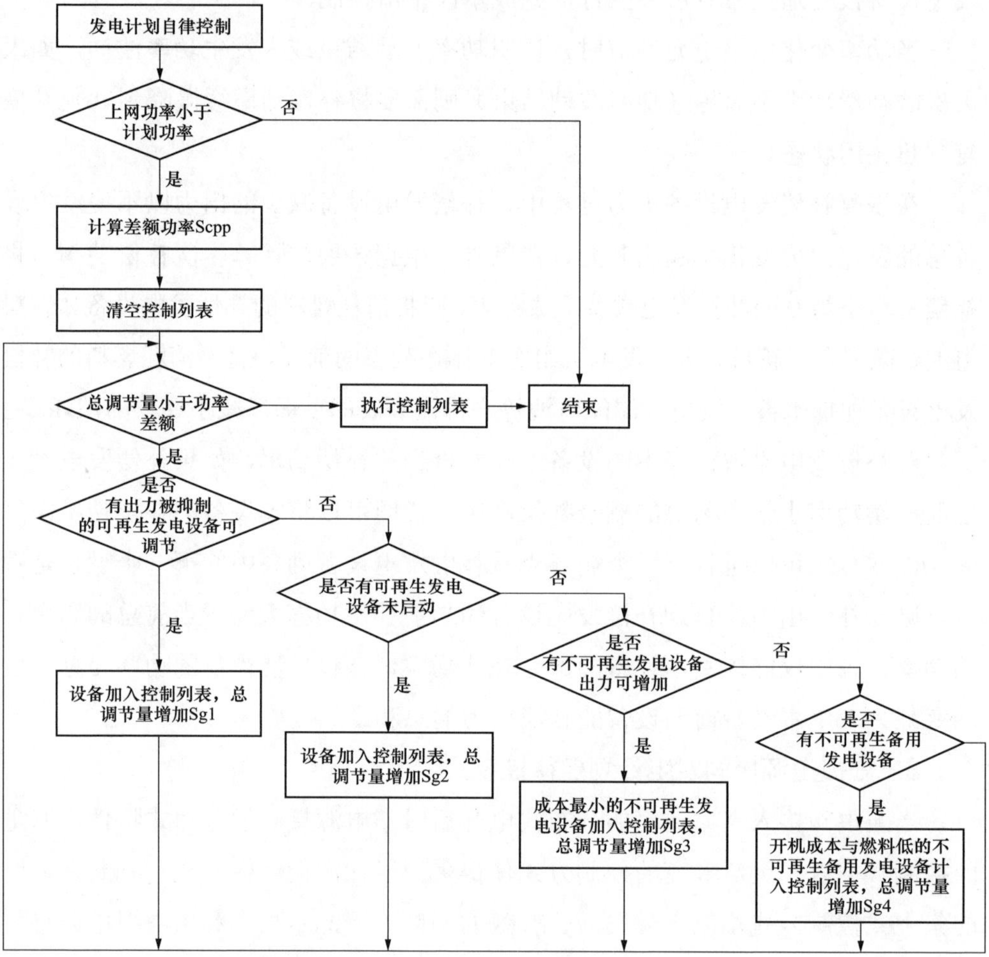

图 5-4　虚拟电源功率小于发电计划自律控制流程

控制流程主要分为：

计算虚拟电源当前出力（公共连接点处的有功交换功率）与计划值的差额，如果当前出力小于调度计划出力则进行后续控制策略。

本控制优先考虑增大可再生发电设备出力，当运行的可再生发电设备最大化出力也不能满足功率缺额时，优先启动备用可再生发电设备，新启动的可再生能源可发电功率参考同类型发电设备当前出力。

当可再生能源全部最大化出力而仍存在功率差额时，优先增加燃料费用低的发电设备出力，当最大化不可再生发电设备后仍存在功率缺额，则启动备用不可再生发电设备。

执行控制计划中的所有控制策略，交换功率逐步逼近指定值，当控制效果与目标存在差异时，控制策略可通过第二轮、第三轮补控达到调度下发计划值。

（2）虚拟电源功率大于发电计划控制。当虚拟电源功率大于计划功率时，需减小虚拟发电机的出力，减小出力设备的选取优先顺序同样依据各设备的经济性，即尽量减小燃料性发电设备。

控制流程主要分为：

计算虚拟电源当前出力（公共连接点处的有功交换功率）与计划值的差额，如果当前出力大于调度计划出力则进行后续控制策略。

本控制优先考虑减小发电成本高的燃料发电设备出力，当运行的燃料发电设备到经济运行下限虚拟电源出力仍然高于计划发电量时，按发电成本从高到低停止燃料发电设备运行。

当燃料发电设备全部停止发电仍然超过计划发电功率时，先降低可调节的可再生发电设备出力，再退出出力不可调节的可再生发电设备。

执行控制计划中的所有控制策略（包括出力调节控制计划和停机控制计划），交换功率逐步逼近指定值，当控制效果与目标存在差异时，控制策略可通过第二轮、第三轮补控达到调度下发计划值。

4. 虚拟电源协同紧急发电控制

在特殊情况下（如发生地震、暴风雪、洪水等意外灾害情况）或在配电网用电紧张需大范围拉闸限电时，日常以经济模式运行的分布式电源可作为配电网的后备电源向配电网提供有力支撑。而当配电网发生异常时，要求分布式电源立即退出运行。因此分区虚拟电源需要实现配电网指定的快速有功支撑控制与紧急停机控制。

虚拟电源功率大于发电计划自律控制流程图如图 5-5 所示。

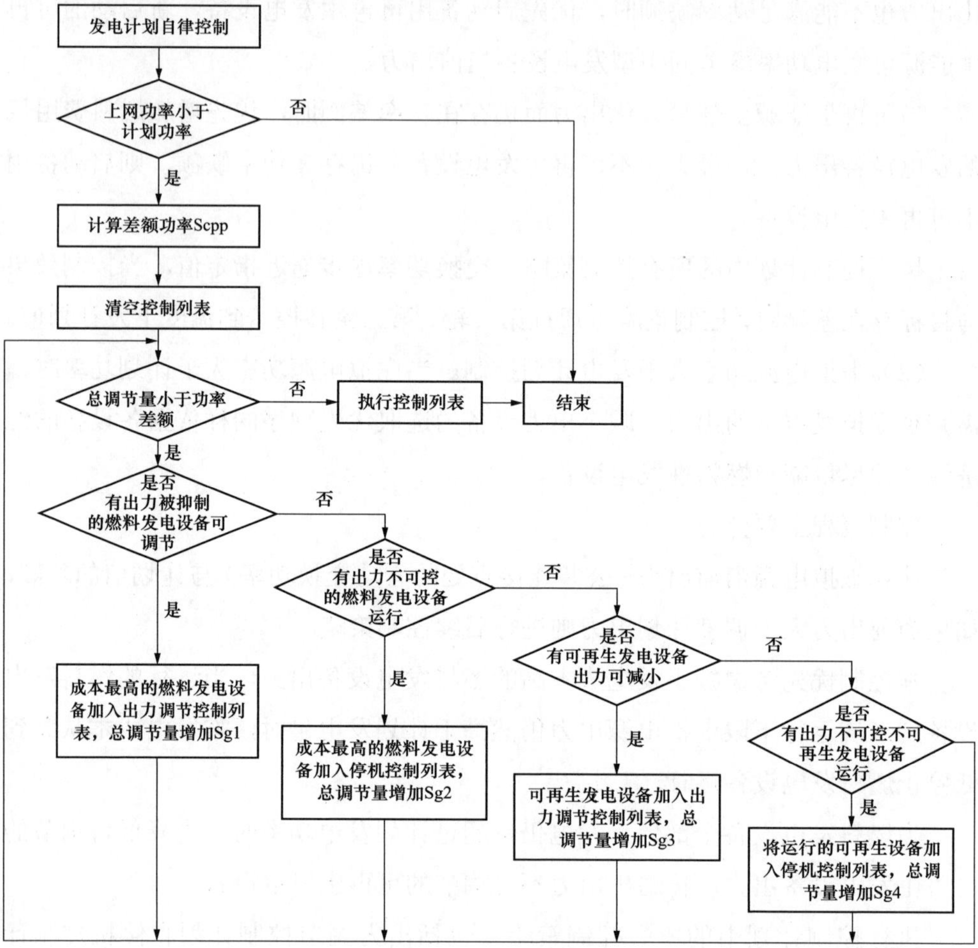

图 5-5　虚拟电源功率大于发电计划自律控制流程图

（1）紧急功率支撑发电控制。配电网调度往虚拟电源控制系统下发紧急发电控制指令，控制系统对下属运行发电设备下发最大出力调节命令、备用发电设备下发启动命令、储能下发最大放电命令，通过各分布式电源最大化输出功率实现对配电网的紧急援助。在高渗透率下的配电网，当在用电高峰出现系统频率过低时，配电网可利用微电网的紧急支撑功能实现由常规拉闸限电到新型减负限电的本质改变。

目前，虽然大批量储能已经被运用于与分布式电源配合提高分布式电源的友好接入，但由于储能成本较高，将其用于经济型分析中并不能最大化其价值，因此储能并不参与虚拟发电系统的经济优化、发电计划控制中，但系统经济运行时，可适当考虑牺牲储能的经济性，通过最大化放电支撑配电网的稳定性，提高配电网运行的可靠性。

紧急功率支撑发电控制流程图如图 5-6 所示。

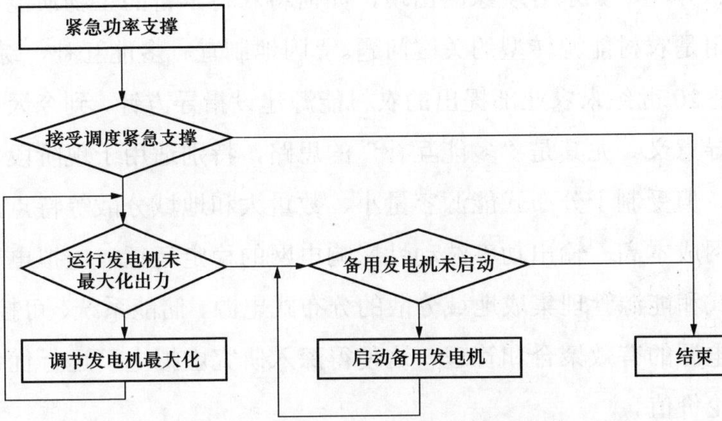

图 5-6　紧急功率支撑发电控制流程图

（2）紧急停机控制。当配电网发生异常时，要求分布式电源立即退出运行。

紧急停机控制流程图如图 5-7 所示。

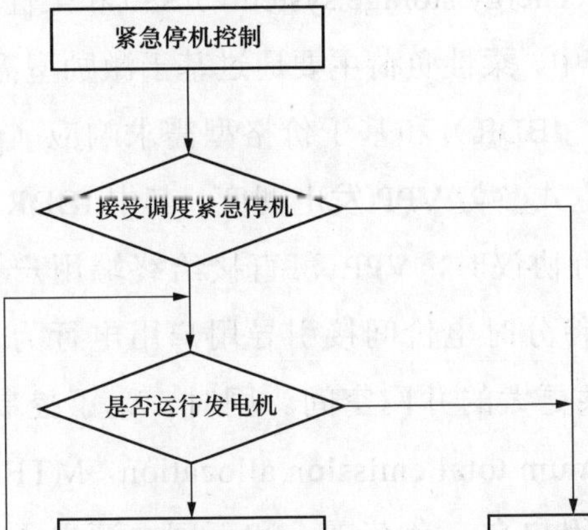

图 5-7　紧急停机控制流程图

5.2 基于5G+虚拟电厂的农村能源协调优化技术研究

5.2.1 虚拟电厂概念及架构

我国农村配电网架构薄弱，限制了光伏扶贫等政策的开展，造成了可再生能源中弃风、弃光、弃水等现象的出现，如何将农村丰富的生物质能与风电、光伏互补利用是农村能源转型的关键问题。“因地制宜、多能互补、综合利用、讲求效益”是20世纪末农业部提出的农村能源建设指导方针，到今天仍具有高屋建瓴的指导意义。尤其是“多能互补”的思路，特别适用于现阶段农村可再生能源建设。但受制于分布式能源容量小、数量大和地域分散等特点，分布式电源接入电网成本高，输出功率波动性影响电网的稳定运行。虚拟电厂通过精细的控制方式和能源管理集成地域分散的分布式电源、储能系统、可控负荷等，实现分布式电源的有效聚合和管理，这使得深入研究虚拟电厂运行优化策略具有重要的理论价值。

1. 基本架构

本文将风电场（wind power plant，WPP）、光伏电站（photo voltaicgen，PV）、生物质发电（biomass power generation，BPG）、燃气轮机（convention gas turbine，CGT）储能系统（energy storage system，ESS）和柔性负荷（flexible load，FI）聚合为虚拟电厂，其中，柔性负荷主要通过基于激励型需求响应（incentive-based demand response，IBDR）和基于价格型需求响应（price-based demand response，PBDR）两种方式参与VPP发电调度，其中IBDR通过与终端用户签订事前协议，当需要执行协议时，VPP可直接给终端用户指令，调整自身用电行为；PBDR通过峰谷分时电价间接引导用户用电行为，优化负荷需求曲线，为WPP和PV提供更大的并网空间。同时，为了控制VPP碳排放，设置最大碳排放量（maximum total emission allocation，MTEA）作为VPP运行的边界条件，根据终端用户自身负荷需求和不同电源出力，讨论电力流和碳排放流协同优化问题，确立最优的VPP运行策略。VPP的基本结构如图5-8所示。

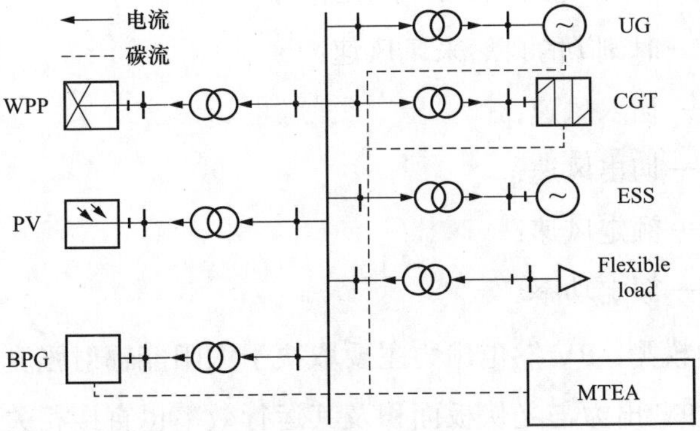

图 5-8　VPP 的基本结构

从电力流来看，WPP、PV、CGT 是主要电源，剩余负荷需求主要由 BPG 满足。由于 WPP 和 PV 的发电出力具有较强的不确定性，为克服不确定性导致调度方案偏差，ESS 为 WPP 和 PV 提供备用服务，CGT 利用启停速度快的优势满足剩余备用需求；同时，IBDR 能通过调度终端用户，改变用电行为，提供虚拟发电出力，提供备用服务。IBDR 能够参与发电调度能源市场和备用市场。从碳排放流来看，CGT、BPG 为主要的碳排放源，同时，由于 VPP 与主网相连，当电源可用出力小于负荷需求时，VPP 需向外部电网购电。虽未给 VPP 带来新增碳排放，但这部分电量产生的碳排放也应当看作是 VPP 运营产生的碳排放。根据上述分析，如何平衡 VPP 运营效益、风险及碳排放是制定最优 VPP 运行策略的关键。

（1）能源生产（EP）模型。

1）WPP 出力模型。WPP 发电出力主要取决于自然来风风速，当风速低于切入风速或高于切出风速时，WPP 不发电出力；当风速介于额定风速和切出风速之间时，WPP 按照额定功率运行；当风速介于切入风速和额定风速之间时，WPP 发电出力与风速正相关，具体出力模型如下：

$$g_{\mathrm{WPP},t}^{*}=\begin{cases}0, & 0\leqslant v_t<v_{\mathrm{in}}, v_t>v_{\mathrm{out}}\\ \dfrac{v_t-v_{\mathrm{in}}}{v_{\mathrm{rated}}-v_{\mathrm{in}}}g_{\mathrm{R}}, & v_{\mathrm{in}}\leqslant v_t\leqslant v_{\mathrm{rated}}\\ g_{\mathrm{R}}, & v_{\mathrm{rated}}\leqslant v_t\leqslant v_{\mathrm{out}}\end{cases} \tag{5-7}$$

式中 $g_{\mathrm{WPP},t}^{*}$ ——WPP 在时刻 t 的可用出力；

v_t ——时刻 t 的自然来风风速；

v_{in} ——切入风速；

v_{out} ——切出风速；

v_{rated} ——额定风速；

g_{R} ——额定功率。

2）PV 出力模型。PV 发电出力主要取决于太阳能辐射强度，且呈现正相关的关系。同时，PV 出力与光伏板面积及其运行效率也直接相关，具体出力模型如下：

$$g_{\mathrm{PV},t}^{*}=\eta_{\mathrm{PV}}\times S_{\mathrm{PV}}\times\theta_t \tag{5-8}$$

式中 $g_{\mathrm{PV},t}^{*}$ ——PV 在时刻 t 的可用出力；

η_{PV} ——PV 的工作效率；

S_{PV} ——PV 的光伏板面积；

θ_t ——在时刻 t 的太阳能辐射强度。

3）燃气轮机出力模型。天然气在进入燃气轮机燃烧室后，通过燃烧产生热蒸汽推动涡轮机做功，而排出的热气可以通过热回收器向用户提供热能，从而实现能源的梯级利用，提高能源综合利用效率。本节直接引用 CGT 的供电及供热出力模型，具体模型如下：

$$\begin{aligned}g_{\mathrm{CGT},t}&=V_{\mathrm{CGT},t}H_{\mathrm{ng}}\eta_{\mathrm{VGT},t}\\Q_{\mathrm{CGT},t}&=V_{\mathrm{CGT},t}(1-\eta_{\mathrm{CGT},t}-\eta_{\mathrm{loss}})\eta_{\mathrm{hr}}\end{aligned} \tag{5-9}$$

式中 $g_{\mathrm{CGT},t}$ ——CGT 在时刻 t 的供电功率；

$Q_{\mathrm{CGT},t}$ ——CGT 在时刻 t 的供热功率；

$V_{\mathrm{CGT},t}$ ——CGT 在时刻 t 的天然气消耗量；

H_{ng} ——天然气的热值；

$\eta_{\mathrm{CGT},t}$ ——CGT 在时刻 t 的发电效率；

η_{loss} ——能力损耗率；

η_{hr} ——CGT 的热回收效率。

4）燃气锅炉。在冬季供暖高峰时段，燃气轮机供热不足时，可通过燃气锅炉进行补充供热。燃气锅炉的运行模型如下：

$$Q_{\mathrm{GB},t}=V_{\mathrm{GB},t}H_{\mathrm{ng}}\eta_{\mathrm{GB}} \tag{5-10}$$

式中 $Q_{\mathrm{GB},t}$ ——GB 在时刻 t 的供热功率；

$V_{\mathrm{GB},t}$ ——GB 在时刻 t 的天然气消耗量；

H_{ng} ——天然气的热值；

η_{GB} ——GB 的供热效率。

5）BPG 发电出力。一般来说，农村生物质能主要为沼气和秸秆两种类型，而城镇生物质能可能更多的为垃圾。由于不同生物质能发电的原料特性的转化方式具有较大的差异性，导致其发电形式和发电效率具有也不尽相同。本文主要讨论生物质能发电与 WPP，PV 的耦合关系，不同生物质能发电间的差别不做分析。因此，仅选择沼气发电作为生物能发电的研究对象，其发电出力与燃料消耗的关系，具体见式（5-11）。

$$g_{\mathrm{BPG},t}=\partial_0+\partial_1F_{\mathrm{p}}+\partial_2F_{\mathrm{BPG},t}+\partial_3F_{\mathrm{p}}^2 \tag{5-11}$$

式中 $g_{\mathrm{BPG},t}$ ——沼气发电的输出功率；

F_{p} ——沼气发电的压强；

$F_{\mathrm{BPG},t}$ ——在时刻 t 的 BPG 发电的沼气消耗量；

∂_0 ——常数项系数；

∂_1、∂_2 ——沼气发电压强和沼气消耗量的线性项系数；

∂_3 ——二次项系数。

（2）能量转换（EC）模型。

1）可再生能源发电技术（power to gas，P2G）设备。P2G 可利用弃风和弃光将 CO_2 转化为 CH_4，实现电-气网络互连，增加系统对分布式能源的消纳能力，降低系统碳排放量，提升乙二醇（mono ethylene glycol，MEG）运营的经济效益和环境效益。如图 5-9 所示为 P2G 技术原理图。

P2G 能够将水电解为 H_2 和 O_2，由于 H_2 难以大规模存储，利用甲烷化设备将 H_2 和 CO_2 制成 CH_4。P2G 产生的 CH_4 去向包括 3 个流向：CGT、GB 以及 GS。由于 P2G 制造 CH_4 的化学反应中 H_2O 的投入和产出相同，仅消耗 CO_2，这意味着 P2G 能降低 MEG 发电的碳排放，具体原理如下：

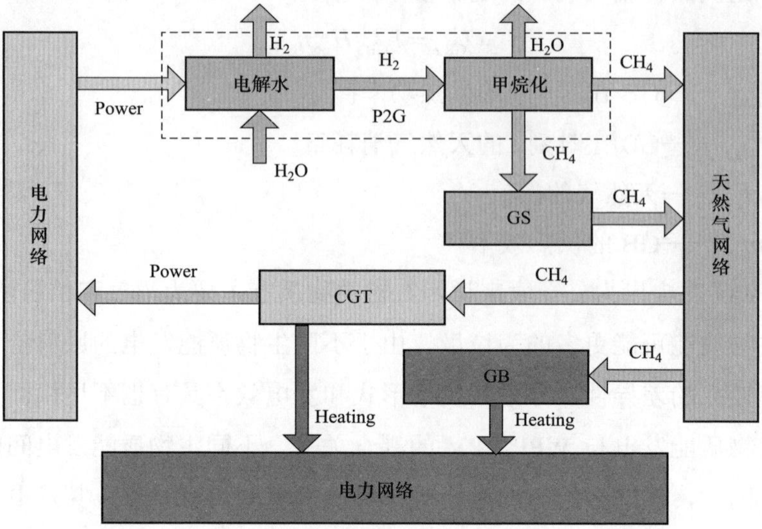

图 5-9　P2G 技术原理图

$$V_{\mathrm{P2G},t} = g_{\mathrm{P2G},t}\varphi_{\mathrm{P2G}} / H_{\mathrm{ng}} \tag{5-12}$$

式中　$V_{\mathrm{P2G},t}$——P2G 在时刻 t 产生的 CH_4；

$g_{\mathrm{P2G},t}$——P2G 在时刻 t 所消耗的电量；

φ_{P2G}——P2G 的电气转换效率。

进一步，设定 P2G 产生的天然气流向 CGT、GB、GST 以及天然气网络的比例分别为 $\eta_{\mathrm{P2G},i}^{\mathrm{CGT}}$、$\eta_{\mathrm{P2G},i}^{\mathrm{CB}}$、$\eta_{\mathrm{P2G},j}^{\mathrm{GST}}$ 和 $\eta_{\mathrm{P2G},i}^{\mathrm{NG}}$，则根据式（5-9）～式（5-11），可分别计算出 P2G 产生天然气所带来的 CGT 新增发电功率 $\Delta g_{\mathrm{CGT},i}^{\mathrm{P2G}}$ 和供热功率 $\Delta Q_{\mathrm{CGT},t}^{\mathrm{P2G}}$ 及 GB 新增供热功率 $\Delta Q_{\mathrm{GB},t}^{\mathrm{P2G}}$。

2）其他能力转换设备。除 P2G 外，MEG 中还包括电转冷（power to cooling，P2C）、电转热（power to heat，P2H）、热转冷（heat to cooling，H2C）三种类型设备。P2C 主要是电制冷机，其运行原理是依靠电动机驱动压缩机做功，促使工质完成一系列的热交换达到制冷的目的；P2H 主要是不同类型的热泵，通过消耗电能将从外界获取的低位热能转换为高位热能；H2C 是指吸收式制冷机，利用能源生产设备产生的余热作为热源，借助二元溶液作为工质，通过蒸发溶液制冷。能量转换单元的数学模型简单表示为：

$$\begin{bmatrix} Q_{\mathrm{P2C},t} \\ Q_{\mathrm{P2H},t} \\ Q_{\mathrm{H2C},t} \end{bmatrix} = \begin{bmatrix} g_{\mathrm{P2C},t} & 0 & 0 \\ 0 & g_{\mathrm{P2H},t} & 0 \\ 0 & 0 & Q_{\mathrm{H2C},t} \end{bmatrix} \begin{bmatrix} \varphi_{\mathrm{P2C}} \\ \varphi_{\mathrm{P2H}} \\ \varphi_{\mathrm{H2C}} \end{bmatrix} \tag{5-13}$$

式中 $Q_{\mathrm{P2C},t}$ ——P2C 在时刻 t 产生的冷功率；

$Q_{\mathrm{P2H},t}$ ——P2H 在时刻 t 产生的热功率；

$Q_{\mathrm{H2C},t}$ ——H2C 在时刻 t 产生的冷功率；

$g_{\mathrm{P2C},t}$ ——P2C 在时刻 t 的用电量；

$g_{\mathrm{P2H},t}$ ——P2H 在时刻 t 的用电量；

$Q_{\mathrm{H2C},t}$ ——H2C 在时刻 t 的用热量；

φ_{P2C} ——P2C 的能量转换效率；

φ_{P2H} ——P2H 的能量转换效率；

φ_{H2C} ——H2C 的能量转换效率。

（3）储能运行（energy storage，ES）模型。

1）储气（gas storage，GS）设备。GS 能够从 P2G 存储剩余天然气，根据气价、电价、热价关系，选择进入天然气网络 CGT 和 GB。首先，计算进入 GS 的天然气量，如式（5-14）所示：

$$V_{\mathrm{GS},t}^{\mathrm{P2G}} = V_{\mathrm{P2G},t}(\eta_{\mathrm{P2G},t}^{\mathrm{GS}} - \eta_{\mathrm{P2G},t}^{\mathrm{loss}}) \tag{5-14}$$

式中 $V_{\mathrm{GS},t}^{\mathrm{P2G}}$ ——由 P2G 在时刻 t 产生的进入 GS 的天然气量；

$\eta_{\mathrm{P2G},t}^{\mathrm{loss}}$ ——在时刻 t 的天然气损失率；

$\eta_{\mathrm{P2G},t}^{\mathrm{GS}}$ ——在时刻 t 的天然气存储率。

GS 中天然气存储的能量状态表示如式（5-15）所示：

$$S_{\mathrm{GS},t} = S_{\mathrm{GS},T_0} + \sum_{t=1}^{T}(V_{\mathrm{GS},t}^{\mathrm{P2G}} - V_{\mathrm{GS},t}^{\mathrm{CGT}} - V_{\mathrm{GS},t}^{\mathrm{GB}} - V_{\mathrm{GS},t}^{\mathrm{NG}}) \tag{5-15}$$

式中 $S_{\mathrm{GS},t}$ ——GS 在时刻 t 的储气量；

S_{GS,T_0} ——GS 在初始时刻的储气量；

$V_{\mathrm{GS},t}^{\mathrm{CGT}}$ ——在时刻 t 进入 CGT 的天然气量；

$V_{\mathrm{GS},t}^{\mathrm{GB}}$ ——GS 在时刻 t 进入 GB 的天然气量；

$V_{\mathrm{GS},t}^{\mathrm{NG}}$ ——GS 在时刻 t 进入天然气网络的天然气量。

根据 GS 中 CH_4 不同的能量流向，根据式（5-9）～式（5-11），可分别计算出 GS 中天然气所带来的 CGT 新增发电功率 $\Delta g_{\mathrm{CGT},i}^{\mathrm{GS}}$ 和供热功率 $\Delta Q_{\mathrm{CGT},t}^{\mathrm{GS}}$ 及 GB 新增供热功率 $\Delta Q_{\mathrm{GB},t}^{\mathrm{GS}}$ 。根据上述分析，能够确定出 CGT 机组的最终发电出力以及供热出力。

2）其他储能设备。除 GS 外，MEG 还包括机械储能、电磁储能和化学储能三种储能设备。PS 主要通过不同储电设备，在负荷低谷时段进行充电蓄能，在负荷高峰时段进行放电释能，从而获取价差收益；HS 的主要设备类型包括大型蓄热罐、蓄热槽及蓄热式电锅炉等，进行冲热蓄能和放热释能；CS 借助蓄冰槽进行制冰蓄能和融冰释能。上述三种储能设备的运行机理基本一致，具体运行模型如式（5-16）所示。

$$Q_{\mathrm{ES},t} = u_{\mathrm{ES},t}^{\mathrm{ch}} Q_{\mathrm{ES},t}^{\mathrm{ch}} - u_{\mathrm{ES},t}^{\mathrm{dis}} Q_{\mathrm{ES},t}^{\mathrm{dis}} \tag{5-16}$$

式中 $Q_{\mathrm{ES},t}$ ——ES 设备在时刻 t 的净输出功率，ES 包括 PS、HS 和 CS；

$Q_{\mathrm{ES},t}^{\mathrm{ch}}$ ——ES 在时刻 t 的蓄能量；

$Q_{\mathrm{ES},t}^{\mathrm{dis}}$ ——ES 在时刻 t 的释能量；

$u_{\mathrm{ES},t}^{\mathrm{ch}}$、$u_{\mathrm{ES},t}^{\mathrm{dis}}$ ——ES 的蓄能状态和释能状态变量，当 ES 处于蓄能状态时，$u^{\mathrm{ch}}=1$，$u^{\mathrm{dis}}=0$；当 ES 处于释能状态时，$u^{ch}=0$，$u^{dis}=1$。

$$S_{\mathrm{ES},t} = (1-\eta_{\mathrm{ES},t}^{\mathrm{loss}}) S_{\mathrm{ES},t-1} + [Q_{\mathrm{ES},t}^{\mathrm{ch}} \varphi_{\mathrm{ES},t}^{\mathrm{ch}} - Q_{\mathrm{ES},t}^{\mathrm{dis}} / \varphi_{\mathrm{ES},t}^{\mathrm{dis}}] \tag{5-17}$$

式中 $S_{\mathrm{ES},t}$ ——ES 在时刻 t 的蓄能量；

η_t^{loss} ——ES 在时刻 t 的能量损失率；

$Q_{\mathrm{ES},t}^{\mathrm{ch}}$ ——ES 在时刻 t 的蓄能功率；

$Q_{\mathrm{ES},t}^{\mathrm{dis}}$ ——ES 在时刻 t 的释能功率；

$\varphi_{\mathrm{ES},t}^{\mathrm{ch}}$ ——ES 在时刻 t 的蓄能效率；

$\varphi_{\mathrm{ES},t}^{\mathrm{dis}}$ ——ES 在时刻 t 的释能效率。

2. 关键技术

虚拟电厂调度运行依赖先进的智能化和信息化技术，实现虚拟电厂内部分布式能源的优化整合，强化虚拟电厂内部分布式电源的信息传输，增强虚拟电厂与电网间的交互互动。整体来说，为实现虚拟电厂的最优化运行，需加强虚拟电厂协调控制技术、智能计量技术和信息通信技术的建设和发展，具体介绍如下：

（1）协调控制技术。虚拟电厂主要通过聚合不同分布式能源，例如 DGs、储能系统和可控负荷，实现虚拟电厂整体最优化运行，以最优的功能和效果对外呈现，这使得聚合不同分布式能源实现满足系统高要求和多约束的电能输出成为虚拟电厂的协调控制关键点。特别是，虚拟电厂聚合了以风电、光伏发电为代表的分布式电源，由于发电出力具体随机特性，导致虚拟电厂运行面临着诸多不确定性，这就要求虚拟电厂内部建立合理的配合机制，提高虚拟电厂输出电能质量和经济特性。为了实现该目标，国内外学者相继提出了两种虚拟电厂控制结构—集中式控制结构和分散式控制结构。如图 5-10 所示为虚拟电厂集中式控制结构图和分散式控制结构图。

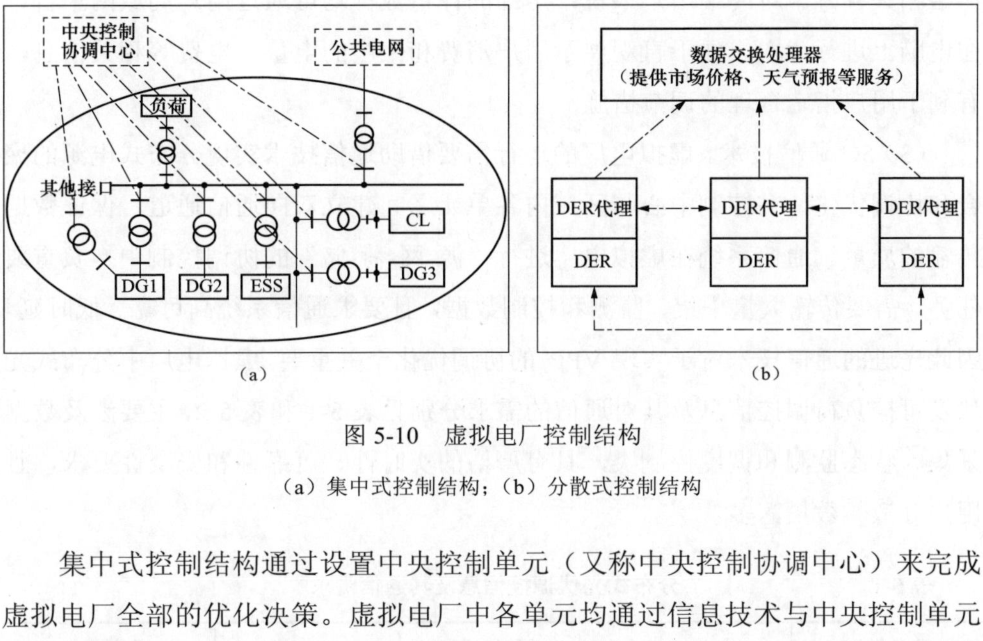

图 5-10 虚拟电厂控制结构

（a）集中式控制结构；（b）分散式控制结构

集中式控制结构通过设置中央控制单元（又称中央控制协调中心）来完成虚拟电厂全部的优化决策。虚拟电厂中各单元均通过信息技术与中央控制单元进行交互联系。中央控制单元一般采用能量管理系统协调机端潮流、储能系统和可控负荷。能量管理系统根据虚拟电厂运行目标，例如发电成本最小、经济收益最大、弃能电量最小等，收集各单元状态信息，选择最优决策方案，实现虚拟电厂的最优化运行。

分散式控制结构通过将决策权完全下放至虚拟电厂内部各分布式单元，设置信息交换代理替代中央控制单元，信息交换代理仅负责向所控制结构表的分布式单元提供价格信号、数据采集和天气预报等有价值服务。集中式控制结构易于实现虚拟电厂最优运行，但拓展新和兼容性相对较差；分散式控制结构能够实现即插即用，具备较好的开放性和拓展性。

（2）智能计量技术。智能计量技术是虚拟电厂的重要组成部分之一，是实现监测和控制虚拟电厂内部分布式单元状态信息的基础。智能计量技术的重要作用是主动测量和获取用户住宅内冷、热、电、气、水的消费量或生产量，也就是通常所说的“自动抄表”，为虚拟电厂实时监控电源和负荷提供了信息获取工具。未来，随着智能化技术的不断成熟，智能计量计算能够逐步实现自动计量管理和高度计量体系，实现远程监测和管理用户信息数据，并将信息自动发送给相关各方。对终端用户来说，全部的计量数据均可通过用户局域网平台，在电脑上进行读取，便于直观展示用户消费和生产的电量、电费等相关信息，有利于用户指定合理的调节措施。

（3）5G 通信技术。虚拟电厂的运行需要借助通信技术实现分布式电源的聚合和协调优化，在控制中心与区域内各单元之间建立双向通信通道，保证数据传输的质量。通信系统在虚拟电厂进行“源-网-荷-储”的协调控制中担负重要任务，需要传输大量采集、监测和控制数据，且要求通信系统高可靠、低时延，因此先进的通信技术对于实现 VPP 的协调优化至关重要，虚拟电厂中分布式光伏及可控负荷调控信息及其对通信的需求分别见表 5-1 和表 5-2，主要涉及数据采集、状态监测和调度控制类，具有严格的实时性、可靠性和安全性要求，且用户分散、数量繁多。

表 5-1　　分布式光伏调控信息及其通信需求

业务类别	功能描述	通信需求
数据采集类	采集发电量、发电效率、逆变器数据等	实时，可靠
状态监测类	监测发电单元的运行状态	实时，可靠
调度控制类	根据调度命令实施自动调控	实时，可靠

表 5-2　　　　可控负荷调控信息及其通信需求

业务类别	功能描述	通信需求
数据采集类	采集可控负荷用户的可切负荷量，用户容量大、分散、环境复杂	广覆盖、大连接
状态监测类	监测负控终端运行状态	低时延
调度控制类	下发切负荷指令，精准负荷调控要求端到端时延达到毫秒或 min，可靠性极高	高可靠、高安全

第五代移动通信技术（5th generation wireless systems，5G）可以克服有线通信施工周期长、费用高的不足，具备大连接、高速率、低时延、高可靠性等特点，通过空口新波形、新型网络架构、网络切片、移动边缘计算等技术，使主要性能指标得到极大提升，能更好地满足虚拟电厂高可靠、低时延的应用需求。基于 5G 无线通信的突出优势，可以为虚拟电厂不同业务场景提供高带宽、高可靠性、低时延、安全等质量可保障的虚拟专用网络，同时可以根据用户需求提供个性化服务。

基于 5G 的虚拟电厂运行控制通信网络架构如图 5-11 所示。虚拟电厂的采集和控制终端（风能、光伏等分布式能源，储能设备，可控负荷等）通过 5G 客户前置设备（customer premise equipment，CPE）或嵌入式 5G 通信模块接入

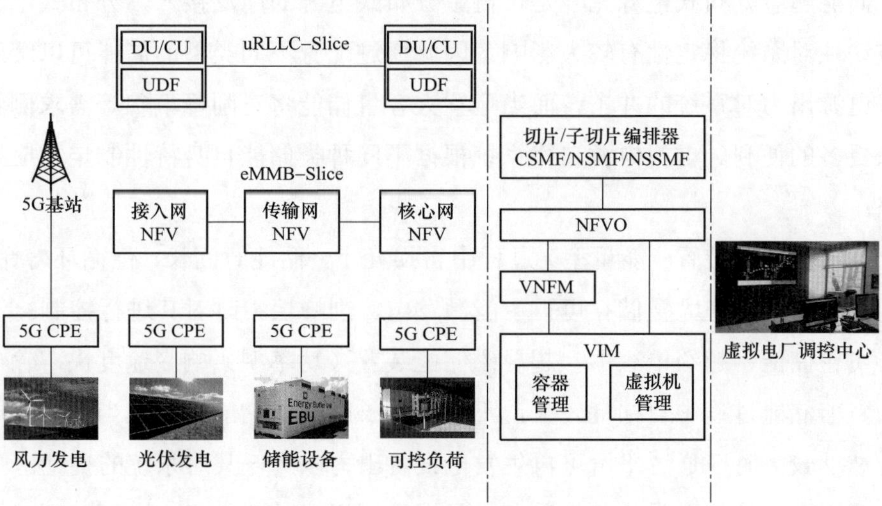

图 5-11　基于 5G 的虚拟电厂运行控制通信网络架构

5G 基站，5G 基站再通过光纤传输接入 5G 核心网，最终通过 5G 或专线实现终端与虚拟电厂调控中心之间信息交互，利用 5G 网络为分布式能源、储能、可控负荷终端的调控提供实时、可靠、安全的数据传输通道。

目前 5G 网络切片可以通过运营商提供给垂直行业，相当于垂直行业租户通过定制切片获得独立的专网。虚拟电厂 5G 通信系统建设可以通过此类建设模式，不同业务场景需求可以通过不同优先切片选择服务等级。在面向虚拟电厂调控需求的 5G 网络切片中，根据风能、光伏等分布式能源以及储能、可控负荷业务调控中不同用户的质量要求部署不同切片，并为网络切片运行提供安全隔离，选择 uRLLC 和 eMBB 场景切片，5G-uRLLC 支持低时延、高可靠的调度控制和状态监控类业务；5G-eMBB 支持广覆盖、大连接的采集类业务。

5.2.2 虚拟电厂控制策略分析

虚拟电厂控制策略主要从“源-荷-储”三侧进行考虑，分别是电源侧、储能侧和负荷侧。对电源侧的控制主要基于虚拟电源的协同自律优化控制策略；对于储能侧主要通过能量型储能和功率型储能进行控制；对于负荷侧主要通过柔性负荷的不同响应策略进行控制。

1. 多元复合储能优化控制

储能随着分布式电源尤其是可再生分布式电源的广泛接入，分布式电源出力波动性对系统稳定性有较大影响，因此通过配置不同类型的储能可以缓解分布式电源出力对系统的冲击，而当配置大容量储能将对削峰填谷等需求侧管理带来更多的便利。虚拟电源自律系统根据不同种类储能自身特性制定相应控制策略：

电池类储能装置（能量型）过程中自损耗小，储能时间长，但循环寿命小，响应速度慢，仅在大量储存可再生能源发电、削峰填谷时对其进行控制。

飞轮储能、超级电容器、超导磁储能装置（功率型）响应速度快，输出功率大，但储能过程中自损耗较大，不适用于长时间的储能，因此当分布式电源出力波动较大时应通过平滑可再生发电设备出力以降低其对系统的扰动。

采用多种储能互补优化控制，满足微电网平滑功率、稳定电压、短时间的紧急备用电源等多种储能需求。无论在何种情况下使用储能，在对储能进行控制时需时刻关注储能的剩余电量，当电池 SOC 过低或过高时不允许对其下发有损坏性的功率输出命令，以防止发生过充、过放等降低储能寿命。

2. 柔性负荷自治控制

（1）柔性负荷的概念和分类。柔性负荷（flexible load，FL）的概念，近年来一直是国内外专家学者讨论的热点和焦点。本文将柔性负荷的内涵定义为用电量可在指定区间内变化或在不同时段间转移的负荷，是为了供电可靠性而通过负荷控制来改变负荷曲线，主要包括可中断负荷和用户侧发电；其外延则包含具备需求弹性的可调节负荷或可转移负荷、具备双向调节能力的电动汽车、储能、蓄能以及分布式电源、微电网等。柔性负荷作为发电调度的补充，柔性负荷调度能够削峰填谷、平衡间歇式能源波动和提供辅助服务，有利于丰富电网调度运行的调节手段。

1）可调控负荷。负荷可根据某种机制改变其原有需求模式，即负荷可在一定区间内实现需求增减的柔性变化。在用户指定的需求区间和时间集内，系统运行调度员（independent system operator，ISO）可通过联合优化调度来确定源、荷两侧资源最优配置的发电计划和用电计划。目前，根据参与系统调控的模式可调控负荷分为：可转移负荷、可中断负荷、可灵活调控负荷。

2）可转移负荷。可转移负荷是通过经济激励和电价机制等需求响应模式参与系统运行的负荷。该类负荷通过在电价尖峰时段减少用电，在电价低平时段增加用电可实现系统运行的削峰填谷，并尽可能保持了一定的总用电量。这种负荷调控模式有利于用户控制电费支出，并获得一定收益，但该模式的实施需要合理有效的激励机制，目前参与对象主要为具备准入条件的大、中型工商业用户，现阶段负荷参与度较低，且负荷的无序转移会对系统运行调度带来一定的不利影响。

3）可中断负荷。可中断负荷大多选取高能耗大工业负荷用户，这种调控模式起源于缺电严重的电力系统发展初期，至今仍为我国夏季高温时期主要的调峰手段之一。但是中断负荷用电会对用户生产带来较大影响，且工业生产对用电质量有较高要求，因此该类负荷不适于成为电力系统调度的常用手段。

可中断负荷管理合同涉及中断负荷的分配和补偿支付等问题。为了实现电力资源的有效利用，电力公司在确定中断负荷的分配时需要有关用户缺电成本的真实信息。然而，市场环境下电力公司与用户之间存在信息不对称，用户知道自己的真实缺电成本特性，但电力公司不知道，这会导致用户在参与可中断负荷管理时虚报其缺电成本信息。电力公司只能依赖用户的上报信息决定中断负荷的分配，从而可能造成用电分配的低效。因此，在确定中断负荷的补偿支付机制时，应充分考虑该机制对于用户自愿披露其真实缺电成本信息的激励作用。

4）可灵活调控负荷。可灵活调控负荷具备灵活调控能力，能够满足系统调度有功功率平衡、调频、调峰等多种需求的负荷，包括（可入网电动汽车、恒温控制负荷等）。在高级量测技术支持下，ISO 可对这类负荷/负荷群直接发出控制信号，或对第三方的负荷代理（aggregator）发出调度指令，再由第三方的负荷代理间接对具体负荷个体/群进行调控，调控指令根据可调控负荷特性及其参与调控的模式不同而各有差异。例如，对于电动汽车电池等分布式储能元件，可由 ISO 直接或间接发送充电或放电的功率调控指令；而对于具备热能量储存能力的恒温控制负荷，为保证负荷功能受影响程度较小，调度中心下发负荷功能控制信号（如温度设定）将比直接控制负荷功率更合理直观，但由于该类负荷单个容量较小且数量庞大，由 ISO 直接对其进行指令调控不切实际，可间接通过 aggregator 对各负荷个体或负荷群进行调控。该类负荷既能通过调控改变需求，又不会因被控而明显功能受损，因此将是未来参与电力系统运行调度的主力。

5）用户侧发电。分布式发电的评估得到了一直都采用传统集中供电模式的电力公司广泛关注，而需求侧管理可以利用，具有成本效益的在配电网一些特定地点采取模块化发电、储存和其他一些需求侧管理技术，来对传统的供电模式进行有效的补充。而目前最容易结合其中的就是用户侧发电管理措施。电力市场的开放，有的工业用户出于可靠、经济或因地制宜考虑，常常愿意安装自备发电设备用来降低用电成本。装有的各种自备电源，即所谓的需方发电，如电池储能的逆变不间断电源（uninterruptible power supply，UPS）、柴油发电机、太阳能发电系统、风力发电、联合循环发电、自备热电站等。这些由需方经营的分散自备电源除了能提高供、用电的可靠性，还可以起到削峰填谷的调节作用。在负荷管理中，这些电源已成为直接或间接控制的对象。发展用户侧发电的分散资源成为很多电力公司关注的问题。

（2）柔性负荷控制系统架构。配电网中柔性负荷分层分区控制架构可采用混合型多代理技术，系统采用四层结构，分别为：设备就地信息采集与控制层、柔性负荷协调控制层、分区代理调度层、配电网中心调度层。

配电网柔性负荷多代理体系结构如图 5-12 所示。

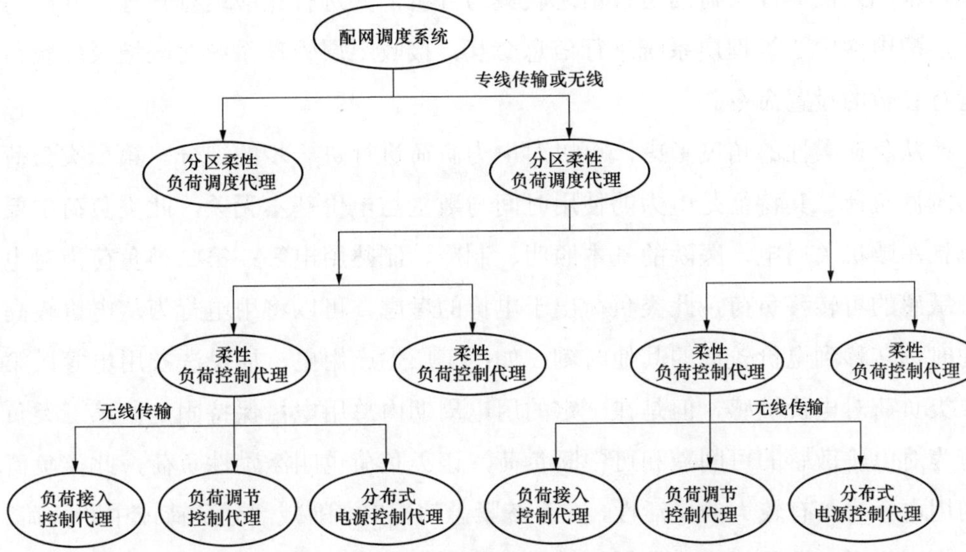

图 5-12　配电网柔性负荷多代理体系结构

1）设备就地信息采集与控制层。设备就地信息采集与控制层也可称为末端控制层，其设备包括基于多代理的分布安装的采集智能终端、分布式电源控制器、可调度负荷控制器、节点 j 级微电网控制终端等；该类设备具有采集分布式电源与负荷并网点电流、电压、功率、运行状态等信息，也具有依据设备本身特征实现电源自律、柔性负荷自治功能的各种控制功能。除此为还能上送实时运行参数并接收上层控制系统对其发电、用电等运行参数的控制。

2）柔性负荷控制层。柔性负荷控制层由柔性负荷控制代理组成，实现与就地信息采集与控制层设备之间双向信息传递，完成代理范围内的分布式协同控制；并与上层控制系统进行信息交互，接收上层控制系统对区域电源运行参数的控制命令。

柔性负荷控制代理对外只表现出负荷群的综合外特性，而对内则协调系统侧调度信息和负荷群内部响应资源，做出针对某一优化目标的最优决策，因此可通过柔性负荷控制代理的综合控制实现负荷自治。

3）柔性负荷分区代理调度层。分区代理管理层常常以一个供电区域（如供电馈线、配电所或变电站等）为单位，与柔性负荷协调控制层代理通信，完成代理范围内的柔性负荷的运行信息收集与分析，并进行相应运行管理；同时与上层配电网中心管理层系统进行信息交互，接收上层管理系统对区域柔性负荷运行参数的设置命令。

从负荷柔性的角度考虑，可以对电力负荷进行进一步的细分。第一类负荷为刚性负荷，其特征是电力的使用时间与数量与电价基本无关，此类负荷主要包括军政机关用电，医院的基本照明、制冷、制热用电等；第二类负荷为对电价敏感的可转移负荷，此类负荷出于电价的考虑，可以将用电行为从电价较高的时刻转移到电价较低的其他时刻，如：工厂生产用电、居民洗衣用电等，第二类负荷对电价敏感，但是在一定的用电周期内总用电量保持固定；第三类负荷为对电价敏感的可削减和可中断负荷，该类负荷也叫激励性负荷，此类负荷的用电行为具有较大的灵活性，在系统紧急情况时，削减部分负荷或中断负荷，电力用户通过获得一个电价折扣或者电费抵扣得到相应回报；第四类负荷为用电用户接入点内部接入的容量较小的分布式电源，这些电源就地被消纳。

因此，柔性负荷控制代理内部将负荷分为电价型负荷、激励型负荷和刚性型负荷、小容量分布式电源等 4 种类型。针对不同时段，包括 24h、15min、实时用电，制定相应的控制策略。

4）配电网中心调度层。配电网中心控制层根据整个配电网系统运行参数，实时分析当前配电网的柔性负荷、电源发电、电网稳定状态等情况，集合需求侧管理机制合理调度系统中的柔性负荷用电情况，通过源荷互动控制保证配电网安全、稳定运行。

（3）柔性负荷控制策略。

1）基于分时电价制定 24h 用电计划策略。目前，中国的需求侧管理通常采用峰谷分时电价作为基本的电价杠杆机制以实现负荷用电的削峰填谷。峰谷分时电价是指根据电网的负荷变化情况，将每天 24h 划分为高峰、平段、低谷等多个时段，对各时段分别制定不同的电价水平，以鼓励用电客户合理安排用电时间，削峰填谷，提高电力资源的利用效率。实行峰谷分时电价，是电能商品时间差价的反映，体现了市场经济原则。

基于自治的柔性负荷控制代理功能框架如图 5-13 所示。

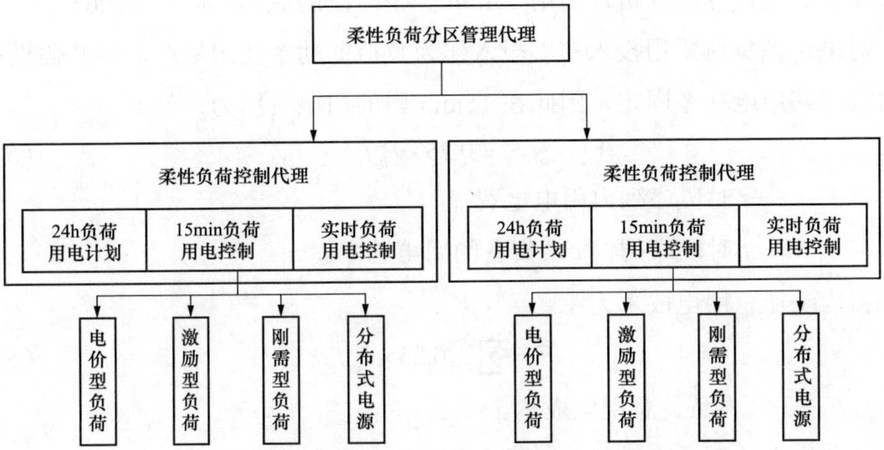

图 5-13　基于自治的柔性负荷控制代理功能框架

基于源网荷互动的需求侧管理在考虑分布式电源的发电成本、大电网购电成本等因素，并借鉴峰谷分时电价生成实时电价中的基础电价，该基础电价作为负荷用电费用的关键因数起主要作用，因此柔性负荷自治系统用电终端可根据自身用电特性参考有分时特征的实时电价，提前安排其用电并形成内部用电调度计划，辅助实时控制系统进行发电设备的启停、可调负荷设备的用电调节等。

在长时间尺度的用电计划制定中，仅电价型负荷（可转移负荷）和第四类负荷（分布式电源）对分时电价灵敏，因此 24h 用电计划中仅考虑这两类负荷。

电价型负荷用电计划：柔性负荷中的电价型负荷对电价敏感，但是在一定的用电周期内总用电量保持不变，因此可以安排该类负荷在价格最低时停止用电。因此电价型负荷用电计划目标函数为用电量一定时费用最少。

假设分时电价曲线为：

$$f_t = f_1, f_2, \cdots, f_t \tag{5-18}$$

式中 f_t——时段 t 的电价；

t——时段序号，t=1，2，3，…，T;

T——周期内总时段数。

目前国内电网调度通常采用一天 96 点时段划分，即每 15min 为一个时段，本文为了简化计算与分析，沿用 15min 一个时段的做法，即 T 为 96。

对电价型负荷采用投入与不投入作为负荷的功率使用标准，因此假设在某一时段内其用电功率固定。因此在 15min 内的用电费用为：

$$F_t = 0.25 \times P_{it} f_t \tag{5-19}$$

式中 F_t——t 时段序列内用电电费；

P_{it}——t 时段序列内 i 个设备的用电功率。

日内负荷总用电成本为：

$$F = \sum_{t=1}^{96} 0.25 \times P_{it} f_t \tag{5-20}$$

式中 F——日内负荷总用电成本。

负荷用电计划的安排基于一日内负荷用电费用最小为目标，即 min（F），约束条件为用电功率小于其最大额定用电功率以及日总用电量等于最大日用电量。

$$\begin{gathered} P_t \leqslant P_{\max} \\ \sum_{t=1}^{96} 0.25 \times P_{it} = W \end{gathered} \tag{5-21}$$

式中 P——t 时段序列内设备的用电功率；

$P_{\max}$——t 时段序列内设备的最大用电功率；

W——最大日用电量。

涉及用电设备的启停时，还需要考虑设备的日启停次数不能超过规定的启动次数，即：

$$S_i < S_{i\max} \tag{5-22}$$

式中 S_i——日启停次数；

$S_{i\max}$——规定日启停次数。

柔性负荷中分布式电源发电计划：接入配电网的分布式电源一般可能包含

无需燃料的光伏发电、风力发电等可再生能源发电设备，也可能包含耗能的（微）燃气轮、柴油发电机等燃料性发电设备，柔性负荷如何利用分时电价、如何安排各分布式电源出力才能获得最大化效益是柔性负荷中对分布式电源自律控制首要关心的问题。

对于光伏发电、风力发电等无燃料成本的发电设备，从经济性角度出发认为其发电量越大越好，因此对于该类分布式电源沿用其发电设备本体的最大化发电控制策略而无需干预。因此对于长时间尺度的发电计划将不考虑该类发电设备的发电计划。

对需要耗能的发电设备（火力发电机），发电成本常常包括燃料成本、劳动力成本、维护成本等，由于柔性负荷仅从发电设备角度考虑发电成本，并且为了简化分析忽略各种发电机维护成本、劳动力成本的差异，仅选取燃料成本作为发电成本的计算因子。

燃料性发电机发电成本采用常规指数发电量指数函数，单个发电机等值发电费用为：

$$C_i(P_{\mathrm{DG}i}) = K_i F_i(P_{\mathrm{DG}i}) = a + bP_{\mathrm{DG}i} + cP_{\mathrm{DG}i}^2 \tag{5-23}$$

式中　a ——固定成本；

b、c ——大于 0 的成本系数；

$P_{\mathrm{DG}i}$ ——常规能源发电商发电量。

分布式电源的发电必将降低负荷从系统中的购电量，从而减小负荷的购电成本，在单位时间内发电机发电减小的购电成本为：

$$R_i(P_{\mathrm{DG}i}) = f_t P_{\mathrm{DG}i} \tag{5-24}$$

式中　f_t——t 时刻分时电价。

从经济效益来看，当发电减小的购电费用高于发电成本时，整个柔性负荷呈盈利状态，此时收益最大，即：

$$\begin{gathered} f_t P_{\mathrm{DG}i} > (a + bP_{\mathrm{DG}i} + cP_{\mathrm{DG}i}^2) \\ F(P_{\mathrm{DG1}}) = \mathrm{MAX}[\mathrm{f_t} P_{\mathrm{DG}i} - (a + bP_{\mathrm{DG}i} + cP_{\mathrm{DG}i}^2)] \end{gathered} \tag{5-25}$$

对于以上最大效益函数，dF/dPDGi=0 处时具有最大值，此时发电机发电功率为：

$$P_{\mathrm{DGi}}=\frac{f_t-b}{c} \tag{5-26}$$

同时，在考虑经济性可能解时，发电设备发电功率还需满足最大、最小出力限制，即：

$$P_{\mathrm{min\_DG}i}<P_{\mathrm{DG}i}<P_{\mathrm{max\_DG}i} \tag{5-27}$$

式中　$P_{\mathrm{DG}i}$——发电设备发电功率。

因此在实时电价下，燃料型发电设备综合最优化发电量为：

$$\begin{cases} P_{\mathrm{max\_DG}i} \quad P_{\mathrm{DG}i}>=P_{\mathrm{max\_DG}i} \\ \dfrac{f_t-b}{c}P_{\mathrm{min\_DG}i}<P_{\mathrm{DG}_i}<P_{\mathrm{max\_DG}i} \\ 0 \quad P_{\mathrm{min\_DG}i}>=P_{\mathrm{DG}i} \end{cases} \tag{5-28}$$

根据分时电价、发电成本制定分布式电源的发电计划。

2）基于实时电价的用电控制策略。基于分时电价制定24h用电计划根据调度中心发布的未来24h电价计划，制定相应的柔性用电中电价型负荷的用电计划和其中分布式电源的发电计划，通过提前安排负荷的用电实现电网的削峰填谷以及负荷用电的最经济性。对柔性负荷控制代理，在提前制定用电计划后，如果实时电价和提前发布的电价计划并无太大差异时，柔性负荷控制代理按照计划定时启动或停止指定负荷。

柔性负荷中的刚性负荷由于用电重要性要求其持续供电，其体现出与电价不敏感的用电特性，实时电价波动时不考虑其用电量的调整；第二类负荷为对电价敏感的可转移负荷，该类负荷用电紧急性最低，当实时电价高昂时可以暂时性停止其用电；第三类激励性负荷为对电价敏感的可削减和可中断负荷，该类负荷在系统非紧急情况下保证其用电，而在系统紧急情况时，削减部分负荷或中断负荷，电力用户通过获得一个电价折扣或者电费抵扣得到相应回报；第四类分布式电源，当紧急情况下对可快速增加出力的分布式电源最大化出力，在提高负荷用电经济性的同时作为备用容量辅助大电网提高抗冲击和异常恢复能力。负荷代理的决策模型如下：

$$\max\{E_{\mathrm{sy}}\}=|\Delta D_{i\mathrm{k}}|\times L_{i\mathrm{k}}-|\Delta D_{i\mathrm{EK}}|\times C_{i\mathrm{EK}}-|\Delta D_{ip}|\times C_{ip}-|\Delta D_{ig}|\times C_{ig} \tag{5-29}$$

式中　$\Delta D_{i\mathrm{k}}$——柔性负荷代理调整的负荷总量；

L_{ik} ——代理调整单位负荷时，调度中心向代理支付的补偿电价；

ΔD_{iEK} ——柔性负荷控制代理内部电价型负荷的调整量；

ΔD_{ip} ——柔性负荷控制代理内部激励型负荷的调整量；

ΔD_{ig} ——柔性负荷控制代理内部分布式电源的调整量，增加为正，减小为负；

C_{iEK} ——柔性负荷控制代理内部电价型负荷的调整成本；

C_{ip} ——柔性负荷控制代理内部激励型负荷的调整成本；

C_{ig} ——柔性负荷控制代理内部分布式电源的调整成本。

ΔD_{ik} ——柔性负荷代理调整的负荷总量电价型负荷、激励型负荷、分布式电源负荷的调整量，即：

$$\Delta D_{ik} = \Delta D_{iEX} + \Delta D_{ip} + \Delta D_{ig} \tag{5-30}$$

此外，电价型负荷、激励型负荷、分布式电源负荷的调整量必须满足各自最大、最小调整限值约束。

$$\begin{aligned} D_{iEX\_min} &\leqslant \Delta D_{iEX} \leqslant D_{iEX\_max} \\ D_{ip\_min} &\leqslant \Delta D_{ip} \leqslant D_{ip\_max} \\ D_{ig\_min} &\leqslant \Delta D_{ig} \leqslant D_{iEg\_max} \end{aligned} \tag{5-31}$$

式中 ΔD_{iEX} ——电价型负荷调整量；

ΔD_{ip} ——激励型负荷调整量；

ΔD_{ig} ——分布式电源负荷调整量。

为简化计算，对电价型负荷这里仅考虑具有自弹性需求的电价型负荷，其功率调整特性取决于自弹性系数 ε_{ii}、初始功率 D_{iEX0}、初始电价 l_{i0} 等 3 个参数。

$$C_{iEX} = -\frac{l_{i0}(1 + 2\Delta D_{iEX0})}{\varepsilon_{ii} D_{iEX0}} \tag{5-32}$$

电力系统中可中断负荷被认为是一种另类资源或“负发电”，当系统备用不足、电力匮乏时，调度购买一部分可中断负荷容量等效于一种“电力资源”。可中断负荷常以签订合同的方式参与电网调度，合同内容包括通知时间、持续时间、负荷调节容量、补偿率、折扣率等。在无功率调整需求时，激励型负荷维持负荷初始功率；在负荷代理发出功率调整指令后，按指令调整功率并获取相应补偿或折扣电价。模型输入条件包括：补偿率 α；折扣率 β；负荷初始功率 D_{ip0}；初始电价 $l_{i\alpha}$。削减负荷和增加负荷时，代理调用激励型负荷的边际成本可分别表示为：

$$\begin{aligned} C &= \alpha l_{io} \\ C_{ip} &= (1-\beta) l_{ia} \end{aligned} \tag{5-33}$$

对于柔性负荷中的分布式电源，在系统非紧急情况下分布式电源按照收益最大出力；而在紧急情况下，如果仅考虑增加当前已启动的发电设备（包括储能）的功率输出，则分布式电源出力调整与可中断负荷相似，因此也可采用削减负荷边界条件对分布式发电增加出力进行分析。

5.2.3 基于“5G+虚拟电厂”的低碳双层调度优化模型

1. 双层调度优化模型

由于 MEG 能量调度属于事前调度，即根据 WPP 和 PV 的预测功率安排调度计划，但 WPP 和 PV 的发电出力受外部自然条件影响具有较强的随机特性，故如何应对 WPP 和 PV 在实际调度时发生的偏差，是制定 MEG 最优运行策略的关键问题。

（1）前提假设。在实际调度计划安排过程中，可将 WPP 和 PV 发电功率作为一个随机变量，将实际可用出力视为随机变量的实现，这类问题可属于一个二阶段优化问题[20]。因此，本文利用两阶段优化理论构造 MEG 双层调度优化模型，将调度阶段划分为日前调度和时前调度两层优化问题，上层日前调度模型将 WPP 和 PV 日前预测出力作为随机变量安排调度，以确立最优的 MEG 运行策略。如图 5-14 所示为 MEG 调度模型的结构框架。

在上层日前调度模型中，将 WPP 和 PV 可用出力作为随机变量，根据 WPP 和 PV 日前预测功率安排调度计划，确定各单元的启停状态以及出力计划。由于风电和光伏发电具有较强的不确定性，在日前调度阶段，将其申报的功率作为负载，综合考虑不同能源设备运行约束以及系统旋转备用约束，从而安排其他能源生产、能源转换设备的出力计划。

在下层时前调度模型中，将 WPP 和 PV 时前出力结果作为上层随机变量的实现，并通过修正 ES 运行状态来应对 WPP 和 PV 出力偏差，若无法满足偏差调整需求，则进一步调用 IBDR，以平衡电、热、冷等能量负荷需求，确立 MEG 最优运行策略。

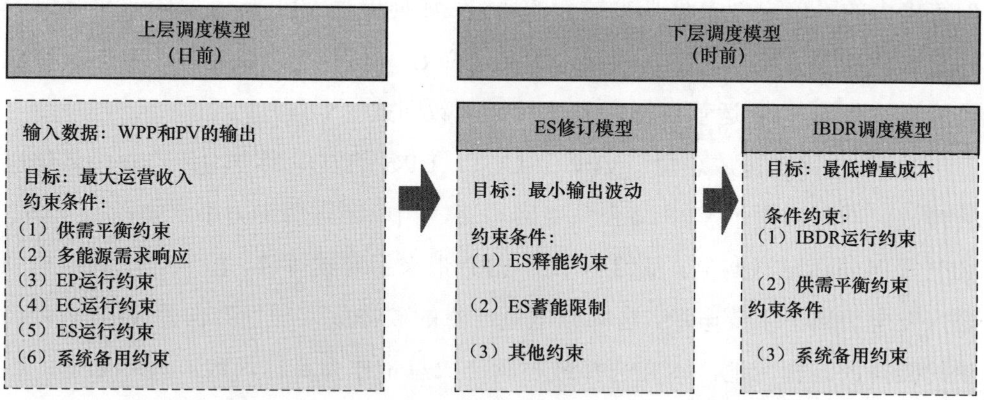

图 5-14　MEG 调度模型结构框架

（2）上层调度模型。上层模型根据不确定性变量的日前预测结果，安排调度运行计划，确定不同单位的启停状态。本文选择最大化运营收益、最小化运营风险以及最小化碳排放总量作为目标函数，具体目标函数如下：

1）最大化运营收益：

$$\max obj_1 = \sum_{t=1}^{T}\{R_{\mathrm{WPP},T} + R_{\mathrm{PV},t} + R_{\mathrm{CGT},t} + R_{\mathrm{BPG},t} + R_{\mathrm{ESS},t} + R_{\mathrm{IBDR},t} - g_{\mathrm{UG},t}R_{\mathrm{UG},t}\} \tag{5-34}$$

式中　$R_{\mathrm{WPP},T}$ ——WPP 在时刻 t 的运营收益；

$R_{\mathrm{PV},t}$ ——PV 在时刻 t 的运营收益；

$R_{\mathrm{BPG},t}$ ——BPG 在时刻 t 的运营收益；

$R_{\mathrm{CGT},t}$ ——CGT 在时刻 t 的运营收益；

$R_{\mathrm{ESS},t}$ ——ESS 在时刻 t 的运营收益；

$R_{\mathrm{IBDR},t}$ ——IBDR 在时刻 t 的运营收益；

$P_{\mathrm{UG},t}$ ——VPP 向公共电网的购电价格；

$g_{\mathrm{UG},t}$ ——VPP 向公共电网的购电量。

由于 WPP 和 PV 发电边际成本几乎为零，故其运营收益等于电量与电价的乘积。

2）最小化运营风险。WPP 和 PV 的规模化并网能带来显著的经济收益，但其出力的不确定性也将带来较大的风险，如何度量 VPP 运营风险水平是制定 VPP 最优决策方案的关键。因此，本文选择 C_{VaR} 值作为风险指标，并以最小化风险水平作为 VPP 运营目标，具体目标函数同式（5-34）。

3）最小化碳排放总量。VPP 中 CGT，BPG 的发电出力均伴随着二氧化碳的排放。同时，由于 VPP 与公共电网相连，当电源可用出力小于负荷需求时，VPP 需向外部电网购电。虽然这未给 VPP 带来新增碳排放，但当前电源结构中燃煤发电仍属于主要电源，这部分电量产生的碳排放也应当看作是 VPP 运营产生的碳排放。相应地，本文选择最小碳排放总量作为目标函数，具体如下：

$$\min obj_3 = \sum_{t=1}^{T}\{f(g_{\mathrm{CGT},t}) + f(g_{\mathrm{BPG},t}) + f(g_{\mathrm{UG},t})\} \quad (5\text{-}35)$$

式中 $f(g_{\mathrm{CGT},t})$ ——CGT 在时刻 t 发电出力所产生的 CO_2 排放函数；

$f(g_{\mathrm{BPG},t})$ ——BPG 在时刻 t 发电出力所产生的 CO_2 排放函数；

$f(g_{\mathrm{UG},t})$ ——VPP 向公共电网购电间接承担的 CO_2 排放总量。

一般来说，发电出力与 CO_2 排放关系为一元二次函数。以 BPG 为例，具体计算如下：

$$f(g_{\mathrm{BPG},t}) = a_{\mathrm{BPG}} + b_{\mathrm{BPG}} g_{\mathrm{BPG},t} + c_{\mathrm{BPG}} (g_{\mathrm{BPG},t})^2 \quad (5\text{-}36)$$

式中 a_{BPG}、b_{BPG}、c_{BPG} ——BPG 发电碳排放系数。

进一步，$f(g_{\mathrm{UG},t})$ 主要根据当前电源结构中含碳电源占比及度电碳排放系数进行计算，具体如下：

$$f(g_{\mathrm{UG},t}) + \sum_{t=1}^{T} g_{\mathrm{UG},t} \gamma_{\mathrm{co}_2} \psi_{\mathrm{co}_2} \quad (5\text{-}37)$$

式中 γ_{co_2} ——公共电网中含碳电源的平均占比，对中国来说，当前燃煤发电占比约为 70%；

ψ_{co_2} ——公共电网中含碳电源的度电碳排放系数，对中国来说，度电碳排放系数约为 0.997。

对于 WPP 和 PV 来说，发电边际成本基本为零，故运营收益等于电量和电价的积。对 CGT 来说，运营收益等于供电和供热收益减去供能成本，包括天然气消费成本和启停成本，计算如下：

$$R_{\mathrm{CGT},t}=\{P_{\mathrm{CGT},t}^{\mathrm{e}}g_{\mathrm{CGT},t}+P_{\mathrm{CGT},t}^{\mathrm{h}}Q_{\mathrm{CGT},t}^{\mathrm{h}}\}-\left\{P_{\mathrm{ng},t}\begin{bmatrix}a_i(g_{\mathrm{CGT},t}+\theta_{\mathrm{h}}Q_{\mathrm{CGT},t}^{\mathrm{h}})^2+\\ b_i(g_{\mathrm{CGT},t}+\theta_h Q_{\mathrm{CGT},t}^{\mathrm{h}})+c_i\end{bmatrix}\right\}$$
$$-\{[\mu_{\mathrm{CGT},t}^{\mathrm{up}}(1-\mu_{\mathrm{CGT},t-1}^{\mathrm{up}})]C_{\mathrm{CGT},t}^{\mathrm{up}}+[\mu_{\mathrm{CGT},s}^{\mathrm{dn}}(1-\mu_{\mathrm{CGT},s+1}^{\mathrm{dn}})]C_{\mathrm{CGT},s+1}^{\mathrm{dn}}\} \tag{5-38}$$

式中 $P_{\mathrm{CGT},t}^{\mathrm{e}}$——$t$ 时刻 CGT 供电价格；

$P_{\mathrm{CGT},t}^{\mathrm{h}}$——$t$ 时刻 CGT 供热价格；

$P_{\mathrm{ng},t}$——t 时刻天然气价格；

θ_{h}——热电转换系数；

a_i、b_i、c_i——CGT 发电的成本系数；

$\mu_{\mathrm{CHP},t}^{\mathrm{u}}$、$\mu_{\mathrm{CHP},t}^{\mathrm{d}}$——$t$ 时刻 CHP 的运行状态参数，是介于 0～1 之间的变量；

$C_{\mathrm{CHP},t}^{\mathrm{u}}$——$t$ 时刻的 CHP 启停成本；

$C_{\mathrm{CHP},t}^{\mathrm{u}}$——$t+1$ 时刻的 CHP 启停成本。

对于 GB 来说，若供热价格为 $P_{\mathrm{GB},t}$，则其运营收益 $R_{\mathrm{GB},t}$ 等于供热收益减去天然气消费成本，即 $P_{\mathrm{GB},i}Q_{\mathrm{GB},i}-P_{\mathrm{ng},t}V_{\mathrm{GB},i}$。对于能源转换设备来说，运营收益计算类似于 GB，即供能收益减去用能成本，用矢量矩阵表达如下：

$$R_{\mathrm{EC},t}=P_{\mathrm{EC},t}^{\mathrm{out}}E_{\mathrm{EC},t}^{\mathrm{out}}\varphi_{\mathrm{EC},t}^{\mathrm{out}}-P_{\mathrm{EC},t}^{\mathrm{in}}E_{\mathrm{EC},t}^{\mathrm{in}}/\varphi_{\mathrm{EC},t}^{\mathrm{in}} \tag{5-39}$$

式中 $R_{\mathrm{EC},t}$——t 时刻 EC 的运营收益，EC 包括 P2C、P2G、H2C、P2H；

${}_{\mathrm{EC},t}^{\mathrm{out}}$——$t$ 时刻 EC 的供能价格；

$E_{\mathrm{EC},t}^{\mathrm{out}}$——$t$ 时刻 EC 的供能量；

$P_{\mathrm{EC},t}^{\mathrm{in}}$——$t$ 时刻 EC 的用能价格；

$E_{\mathrm{EC},t}^{\mathrm{in}}$——$t$ 时刻 EC 的用能量；

$\varphi_{\mathrm{EC},t}^{\mathrm{out}}$——$t$ 时刻 EC 的供能效率；

$\varphi_{\mathrm{EC},t}^{\mathrm{in}}$——$t$ 时刻 EC 的用能效率。

对于 ES 来说，其运营收益主要等于释能收益减去蓄能成本，具体计算如下：

$$R_{\mathrm{ES},t}=P_{\mathrm{ES},t}^{\mathrm{dis}}Q_{\mathrm{ES},t}^{\mathrm{dis}}\phi_{\mathrm{ES},t}^{\mathrm{dis}}-P_{\mathrm{ES},t}^{\mathrm{dis}}Q_{\mathrm{ES},t}^{\mathrm{dis}}/\phi_{\mathrm{ES},t}^{\mathrm{dis}} \tag{5-40}$$

式中 $R_{\mathrm{ES},t}$——t 时刻 ES 的运营收益，包括 $R_{\mathrm{PS},t}$、$R_{\mathrm{GS},t}$、$R_{\mathrm{HS},t}$ 和 $R_{\mathrm{CS},t}$；$P_{\mathrm{ES},t}^{\mathrm{dis}}$、$P_{\mathrm{ES},t}^{\mathrm{ch}}$ 分别表示在 t 时刻 ES 的释能价格和蓄能价格；

$P_{\mathrm{ES},t}^{\mathrm{dis}}$、$P_{\mathrm{ES},t}^{\mathrm{ch}}$ ——分别表示在 t 时刻 ES 的释能价格和蓄能价格。

进一步，为确保 MEG 的优化运行，需综合考虑能量供需平衡、能源生产设备、能源转换设备以及能源存储设备等约束条件，具体约束条件如下：

a. 能量供需平衡约束，式（5-41）～式（5-43）分别为电负荷、热负荷和冷负荷的供需平衡约束。由于 WPP、PV 具有较强的不确定性，在日前阶段将 WPP 和 PV 看作负向负荷：

$$\begin{aligned}&(g_{\mathrm{CGT},t}+\Delta g_{\mathrm{CET},t}^{\mathrm{P2G}}+\Delta g_{\mathrm{CET},t}^{\mathrm{GS}})(1-\phi_{\mathrm{CGT}})-Q_{\mathrm{PS},t}^{\mathrm{dis}}+g_{\mathrm{UG},t}\\&=Q_{\mathrm{t}}^{\mathrm{e}}-g_{\mathrm{RE},t}+g_{\mathrm{P2C},t}+g_{\mathrm{P2H},t}+g_{\mathrm{P2G},t}+Q_{\mathrm{PS},t}^{\mathrm{ch}}+\Delta Q_{t}^{\mathrm{PB,e}}\end{aligned}\tag{5-41}$$

$$\begin{aligned}&Q_{\mathrm{CGT},t}(1-\phi_{\mathrm{CET}})+Q_{\mathrm{GB},t}(1-\phi_{\mathrm{GB}})+\Delta Q_{\mathrm{GB},t}^{\mathrm{GS}}\\&+\Delta Q_{\mathrm{GB},t}^{\mathrm{P2G}}+\Delta Q_{\mathrm{CGT},t}^{\mathrm{P2G}}+\Delta Q_{\mathrm{CGT},t}^{\mathrm{GS}}+Q_{\mathrm{P2H},t}-Q_{\mathrm{HS},t}^{\mathrm{dis}}\\&=Q_{t}^{\mathrm{h}}+Q_{\mathrm{H2C},t}+Q_{\mathrm{HS},t}^{\mathrm{ch}}+\Delta Q_{t}^{\mathrm{PB,h}}\end{aligned}\tag{5-42}$$

$$Q_{\mathrm{H2C},t}+Q_{\mathrm{P2C},t}-Q_{\mathrm{CS},t}^{\mathrm{dis}}=Q_{t}^{\mathrm{c}}+Q_{\mathrm{CS},t}^{\mathrm{ch}}+\Delta Q_{t}^{\mathrm{PB,c}}\tag{5-43}$$

式中 φ_{CGT} ——CGT 的常用电率；

$g_{\mathrm{UG},t}$ ——在时刻 t 公共电网的供电量；

$g_{\mathrm{RE},t}$ ——在时刻 t 清洁能源发电出力，包括 WPP 和 PV；

Q_{t}^{e} ——时刻 t 的电的负荷需求；

Q_{t}^{h} ——时刻 t 的热的负荷需求；

Q_{t}^{c} ——时刻 t 的冷的负荷需求；

$\Delta Q_{t}^{\mathrm{PB,e}}$ ——时刻 t，PBDR 所产生的电负荷的变动量；

$\Delta Q_{t}^{\mathrm{PB,h}}$ ——时刻 t，PBDR 所产生的热负荷的变动量；

$\Delta Q_{t}^{\mathrm{PB,c}}$ ——时刻 t，PBDR 所产生的冷负荷的变动量。

根据微观经济学原理，价格型需求响应可由需求价格弹性进行描述，具体如下：

$$E_{st}=\frac{\Delta Q_{s}/Q_{s}^{0}}{\Delta P_{t}/P_{t}^{0}}\begin{cases}E_{st}\leqslant 0,s=t\\E_{st}\leqslant 0,s\neq t\end{cases}\tag{5-44}$$

式中 ΔQ_{s} ——基于价格需求响应（PBDR）后需求的变化量；

ΔP_{s} ——基于价格需求响应（PBDR）后价格的变化量。

根据式（5-44），PBDR 后的电、热、冷负荷变动量可由式（5-45）计算：

$$
\begin{aligned}
\Delta Q_t^{\mathrm{PB},(\mathrm{e,h,c})} = Q_t^{\mathrm{e,h,c}} \times \Bigg\{ E_{tt}^{\mathrm{e,h,c}} \times \frac{[P_t^{\mathrm{e,h,c}} - P_t^{(\mathrm{e,h,c}),0}]}{P_t^{(\mathrm{e,h,c}),0}} \\
+ \sum_{\substack{s=1 \\ s \neq t}}^{24} E_{st}^{\mathrm{e,h,c}} \times \frac{[P_s^{\mathrm{e,h,c}} - P_s^{(\mathrm{e,h,c}),0}]}{P_s^{(e,h,c),0}}
\end{aligned}
\tag{5-45}
$$

式中 $\Delta Q_t^{\mathrm{PB},(\mathrm{e,h,c})}$——PBDR 前后的负荷变动量；

$Q_t^{\mathrm{e,h,c}}$——PBDR 前后的初始负荷；

$P_t^{\mathrm{e,h,c}}$ 和 $P_t^{(\mathrm{e,h,c}),0}$——分别表示 PBDR 在时刻 t 前后的电、热、冷价格；

$E_{st}^{\mathrm{e,h,c}}$——电、热、冷负荷需求-价格弹性。当 $s=t$ 时，表示自弹性；当 $s \neq t$ 时，$E_{st}^{\mathrm{e,h,c}}$ 表示交叉弹性。

b. EP 运行约束。对于 CGT 来说，发电功率和供热功率间的关系称之为“电热特性”。在给定热功率下，发电功率具有一定的可调节性，这是由于在给定的抽汽量下，CHP 通过调整凝汽发电蒸汽量来调整整个汽轮机输出的电功率，但抽汽量越大，可用于调节的凝汽发电蒸汽比例就越少，因此调节范围就越小，具体约束条件如下：

$$
\max\{g_{\mathrm{CGT}}^{\min} - c_{\min} Q_{\mathrm{CGT}}, c_{\mathrm{m}}(Q_{\mathrm{CGT}} - Q_{\mathrm{CGT}}^{0})\} \leqslant g_{\mathrm{CGT}} \leqslant g_{\mathrm{CGT}}^{\max} - c_{\max} Q_{\mathrm{CGT}} \tag{5-46}
$$

$$
0 \leqslant Q_{\mathrm{CGT}} \leqslant_{\mathrm{CGT}}^{\max} \tag{5-47}
$$

$$
u_{\mathrm{CGT},t}(g_{\mathrm{CGT},t}^{\min} + \theta_{\mathrm{h}} Q_{\mathrm{CGT},t}^{\min}) \leqslant g_{\mathrm{CGT},t} + \theta_{\mathrm{h}} Q_{\mathrm{CGT},t} \leqslant u_{\mathrm{CGT},t}(g_{\mathrm{CGT},t}^{\max} + \theta_{\mathrm{h}} Q_{\mathrm{CGT},t}^{\max}) \tag{5-48}
$$

$$
c_{\mathrm{m}} = \Delta g_{\mathrm{CGT}} / \Delta Q_{\mathrm{CGT}}
$$

式中 $c_{\max}$——最大发电出力下对应的 c 值，c 为进汽量不变时多抽取单位供热热量下发电功率的减小值；

$c_{\min}$——最小发电出力下对应的 c 值，c 为进汽量不变时多抽取单位供热热量下发电功率的减小值；

c_{m}——背压运行时的电功率和热功率的弹性系数；

Q_{CGT}^{0}——常数；

$Q_{\mathrm{CGT}}^{\max}$——CGT 最大热功率；

$Q_{\mathrm{CGT}}^{\min}$——CGT 发电功率最小时的汽轮机供热功率；

$g_{\mathrm{CGT}}^{\min}$——CGT 在纯凝工况下的最小发电功率；

$g_{\mathrm{CGT}}^{\max}$——CGT 在纯凝工况下的最大发电功率；

$u_{\mathrm{CGT},i}$ ——CGT 在时刻 t 的启停状态变量；

$Q_{\mathrm{CGT},i}^{\min}$ ——CGT 在时刻 t 的最小供热功率。

对于 CGT 机组来说，还需满足上下爬坡约束以及启停时间约束。同样，对于 WPP，PV 均需满足最小和最大出力功率约束。对于 GB 来说，既需要满足最小、最大出力功率约束还需满足上下爬坡约束以及启停时间约束。

c. EC 运行约束。EC 主要包括 P2G、P2C、P2H 和 H2C。P2G 需要满足最小和最大制气约束，其余 EC 设备需满足用能上下限约束以及供能上下限约束，具体约束条件如下：

$$u_{\mathrm{P2G},t}V_{\mathrm{P2G},t}^{\min} \leqslant V_{\mathrm{P2G},t} \leqslant u_{\mathrm{P2G},t}V_{\mathrm{P2G},t}^{\max} \tag{5-49}$$

$$u_{\mathrm{EC},t}^{\mathrm{out}}E_{\mathrm{EC},t}^{\mathrm{out,min}} \leqslant E_{\mathrm{EC},t}^{\mathrm{out}} \leqslant u_{\mathrm{EC},t}^{\mathrm{out}}E_{\mathrm{EC},t}^{\mathrm{out,max}} \tag{5-50}$$

$$uE_{\mathrm{EC},t\mathrm{EC},t}^{\mathrm{in}}E_{\mathrm{EC},t}^{\mathrm{in,min}} \leqslant E_{\mathrm{EC},t}^{\mathrm{in}} \leqslant u_{\mathrm{EC},t}^{\mathrm{in}}E_{\mathrm{EC},t}^{\mathrm{in,max}} \tag{5-51}$$

式中 $V_{\mathrm{P2G},t}^{\min}$ ——P2G 在时刻 t 的最小制气量；

$V_{\mathrm{P2G},t}^{\max}$ ——P2G 在时刻 t 的最大制气量；

$E_{\mathrm{EC},t}^{\mathrm{out,min}}$ ——EC 在时刻 t 的供能下限；

$E_{\mathrm{EC},t}^{\mathrm{out,max}}$ ——EC 在时刻 t 的供能上限；

$E_{\mathrm{EC},t}^{\mathrm{in,min}}$ ——EC 在时刻 t 的用能下限；

$E_{\mathrm{EC},t}^{\mathrm{in,max}}$ ——EC 在时刻 t 的用能上限；

$u_{\mathrm{P2G},t}$ ——P2G 在时刻 t 的启停状态变量；

$u_{\mathrm{EC},t}^{\mathrm{in}}$ ——EC 在时刻 t 的蓄能状态变量；

$u_{\mathrm{EC},t}^{\mathrm{out}}$ ——EC 在时刻 t 的释能状态变量。

同时，为最优化 EC 运行，限定 EC 不能同时进行蓄能和释能操作，具体约束条件如下：

$$u_{\mathrm{EC},t}^{\mathrm{in}} + u_{\mathrm{EC},t}^{\mathrm{out}} \leqslant 1 \tag{5-52}$$

d. ES 运行约束。ES 主要包括 PS、CS、HS 和 CS，运行约束包括蓄能功率上下限约束、释能功率上下限约束以及容量上下限约束，具体约束条件如下：

$$u_{\mathrm{ES},t}^{\mathrm{ch}}Q_{\mathrm{ES},t}^{\mathrm{ch,min}} \leqslant Q_{\mathrm{ES},t}^{\mathrm{ch}} \leqslant u_{\mathrm{ES},t}^{\mathrm{ch}}Q_{\mathrm{ES},t}^{\mathrm{ch,max}} \tag{5-53}$$

$$u_{\mathrm{ES},t}^{\mathrm{dis}}Q_{\mathrm{ES},t}^{\mathrm{dis,min}} \leqslant Q_{\mathrm{ES},t}^{\mathrm{dis}} \leqslant u_{\mathrm{ES},t}^{\mathrm{dis}}Q_{\mathrm{ES},t}^{\mathrm{dis,max}} \tag{5-54}$$

$$S_{\mathrm{ES},t}^{\min} \leqslant S_{\mathrm{ES},t} \leqslant S_{\mathrm{ES},t}^{\max} \tag{5-55}$$

$$u_{\mathrm{GS},t}^{\mathrm{P2G}} V_{\mathrm{GS},t}^{\mathrm{P2G},\min} \leqslant V_{\mathrm{GS},t}^{\mathrm{P2G}} \leqslant u_{\mathrm{GS},t}^{\mathrm{P2G}} V_{\mathrm{GS},t}^{\mathrm{P2G},\max} \tag{5-56}$$

$$S_{\mathrm{ES},T_0} = S_{\mathrm{ES},T} \tag{5-57}$$

式中 $u_{\mathrm{ES},t}^{\mathrm{ch}}$ ——ES 在时刻 t 蓄能的启停状态；

$u_{\mathrm{ES},t}^{\mathrm{dis}}$ ——ES 在时刻 t 释能的启停状态；

$Q_{\mathrm{ES},t}^{\mathrm{ch},\min}$ ——ES 在时刻 t 的最小蓄能功率；

$Q_{\mathrm{ES},t}^{\mathrm{ch},\max}$ ——ES 在时刻 t 的最大蓄能功率；

$Q_{\mathrm{ES},t}^{\mathrm{dis},\min}$ ——ES 在时刻 t 的最小释能功率；

$Q_{\mathrm{ES},t}^{\mathrm{dis},\max}$ ——ES 在时刻 t 的最大释能功率；

$S_{\mathrm{ES},t}^{\min}$ ——ES 在时刻 t 的最小蓄能量；

$S_{\mathrm{ES},t}^{\max}$ ——ES 在时刻 t 的最大蓄能量；

$u_{\mathrm{GS},t}^{\mathrm{P2G}}$ ——GS 在时刻 t 运行的启停状态；

$V_{\mathrm{GS},t}^{\mathrm{P2G},\min}$ ——*GS* 在时刻 t 的最小制气量；

$V_{\mathrm{GS},t}^{\mathrm{P2G},\max}$ ——*GS* 在时刻 t 的最大制气量。

同时，为给下一调度周期预留一定的调节裕度，将运行一个周期后的蓄能量恢复到初始时刻的蓄能量，T_0 和 T 为分别为调度周期始末。

e．系统储备约束。对于所提 MEG 来说，需预留一定的电备用容量，以保证 MEG 的能量安全可控供给。进而，为应对 WPP、PV 负荷的不确定性，需预留一定的电空间，具体约束条件如下：

$$g_{\mathrm{IES},t}^{\max} - g_{\mathrm{IES},t} + Q_{\mathrm{PS},t}^{\mathrm{dis}} \geqslant r^{\mathrm{e}} Q^{\mathrm{e}} + r_{\mathrm{WPP}} g_{\mathrm{WPP},t} + r_{\mathrm{PV}} g_{\mathrm{PV},t} \tag{5-58}$$

$$g_{\mathrm{IES},t} - g_{\mathrm{IES},t}^{\min} + Q_{\mathrm{PS},t}^{\mathrm{ch}} \geqslant r_{\mathrm{WPP}} g_{\mathrm{WPP},t} + r_{\mathrm{PV}} g_{\mathrm{PV},t} \tag{5-59}$$

式中 $g_{\mathrm{IES},t}$ ——MEG 在时刻 t 提供的电功率；

$g_{\mathrm{IES},t}^{\max}$ ——MEG 在时刻 t 的最大发电功率；

$g_{\mathrm{IES},t}^{\min}$ ——MEG 在时刻 t 的最小发电功率；

r ——WPP 和 PV 负荷备用系数。

同样，MEG 还需满足热旋转备用约束和冷旋转备用约束。

f．碳排放总量约束。VPP 中 CO_2 随着 CGT 和 BPG 的发电量的增加而增加。

在碳交易机制背景下，本文引入最大允许碳排放量（MTEA）这一指标，VPP在运行时需要考虑其最大碳排放量不超过MTEA，具体约束条件如下：

$$obj_3 \leqslant \text{MTEA} \tag{5-60}$$

（3）下层调度模型。在不考虑风、光、负荷不确定性下根据上层调度模型确立MEG调度计划，实际上，由于MEG能量调度属于实时调度，当风、光、负荷实际值与预测值发生偏差时，需要对其偏差进行处理。因此，在下层模型中，分别通过修正ES运行出力和调用IBDR来应对以上不确定性。首先，针对风、光不确定性，通过修正ES出力计划，以应对不确定性带来的偏差，具体如下：

$$\min F_{\text{lower}}^{\text{ES}} = \sum_{j=1}^{\tilde{N}} q_j \sum_{t=1}^{T} \left\{ \begin{vmatrix} -[(g_{\text{ES},t}^{\text{dis}} - g_{\text{ES},t}^{\text{chr}}) + g_{\text{PV},t} + g_{\text{WPP},t}] \\ +[(g_{\text{ES},t}^{\text{dis}} - g_{\text{ES},t}^{\text{chr}})^* + g_{\text{PV},t}^* + g_{\text{WPP},t}^*] \end{vmatrix} \right\} \tag{5-61}$$

$$\min F_{\text{lower}}^{\text{ES}} = \sum_{j=1}^{\tilde{N}} q_j \sum_{t=1}^{T} \left\{ \left| -[(g_{\text{ES},t}^{\text{dis}} - g_{\text{ES},t}^{\text{chr}}) + g_{\text{PV},t} + g_{\text{WPP},t}] + [(g_{\text{ES},t}^{\text{dis}} - g_{\text{ES},t}^{\text{chr}})^* + g_{\text{PV},t}^* + g_{\text{WPP},t}^*] \right| \right\}$$

式中　$g_{\text{PV},t}^*$——PV在时刻t的实际可用出力；

$g_{\text{WPP},i}^*$——WPP在时刻t的实际可用出力；

$(g_{\text{ES},t}^{\text{dis}} - g_{\text{ES},t}^{\text{chr}})^*$——ES在时刻$t$的修正出力。

同时，时刻t的ES运行修正出力不应影响时刻t之后的出力计划，具体约束如下：

当ES处于释能$(g_{\text{ES},t}^{\text{dis}} - g_{\text{ES},t}^{\text{chr}})^*$状态时：

$$Q_{\text{ES},t'+1} = Q_{\text{ES},t'} - g_{\text{ES},t'}^{\text{dis}}(1 + \rho_{\text{ES},t'}^{\text{dis}}) \tag{5-62}$$

当ES处于蓄能状态时：

$$Q_{\text{ES},t'+1} = Q_{\text{ES},t'} - g_{\text{ES},t'}^{\text{chr}}(1 - \rho_{\text{ES},t'}^{\text{chr}}) \tag{5-63}$$

式中　t'——时间，$t' = t + 1$。

然后，针对负荷不确定性，设定MEG通过与终端用户签订事前需求响应协议，当负荷发生偏差时，若无法通过修正ES出力计划，保障负荷供需平衡，则可利用基于激励的需求响应（IBDR）方式，调研需求响应提供者，提供虚拟出力，具体模型如下：

$$\min F_{\text{lower}}^{\text{IB}}=\sum_{j=1}^{\tilde{N}}q_j\sum_{t=1}^{T}\begin{bmatrix}\pi_t^{\text{IB,(e,h,c)}}+(R_{\text{CGT},t}-R_{\text{CGT},t}^{*})+(R_{\text{CB},t}-R_{\text{CB},t}^{*})\\+P_{\text{GC},t}^{\text{e,h,c}}Q_{GC,t}^{\text{e,h,c}}+P_{\text{SP},t}^{\text{e,h,c}}Q_{\text{SP},t}^{\text{e,h,c}}\end{bmatrix}_j \tag{5-64}$$

式中　$R_{\text{CGT},t}^{*}$——在时刻 t 修正 CGT 出力后的运营收益；

$R_{\text{CB},t}^{*}$——在时刻 t 修正 GB 出力后的运营收益；

$\pi_t^{\text{IB,(e,h,c)}}$——MEG 在 t 时刻调用电、热冷 IBDR 的成本。

其中，当临时修正 CGT 和 GB 出力为 $g_{\text{CGT},t}^{*}$、$Q_{\text{CGT},t}^{\text{h},*}$ 和 $Q_{\text{GB},t}^{*}$，属于调峰服务，需要给予更高的价格，即 $P_{\text{CGT},t}^{\text{e},*}$、$P_{\text{CGT},t}^{\text{h},*}$ 及 $P_{\text{GB},t}^{*}$，将其代入目标函数，可以求取修正后的运营收益。IBDR 产生的出力即可参与能量市场调度，又可参与备用市场调度，具体如下：

$$\Delta Q_{\text{IB},\,t}^{\text{E}}+\Delta Q_{\text{IB},\,t}^{\text{up}}\leqslant\Delta Q_{\text{IB},\,t}^{\max} \tag{5-65}$$

$$\Delta Q_{\text{IB},\,t}^{\text{E}}+\Delta Q_{\text{IB},\,t}^{\text{dn}}\geqslant\Delta Q_{\text{IB},\,t}^{\min} \tag{5-66}$$

式中　$\Delta Q_{\text{IB},\,t}^{\text{E}}$——IBDR 在 t 时刻参与能量调度市场的出力；

$\Delta Q_{\text{IB},\,t}^{\text{up}}$——IBDR 在 t 时刻参与备用调度市场的上备用出力；

$\Delta Q_{\text{IB},\,t}^{\text{dn}}$——IBDR 在 t 时刻参与备用调度市场的下备用出力；

$\Delta Q_{\text{IB},\,t}^{\max}$——IBDR 在 t 时刻的最大出力；

$\Delta Q_{\text{IB},\,t}^{\min}$——IBDR 在 t 时刻的最小出力。

相似的，IBDR 也需要满足爬坡约束和启停时间约束。

当调用 IBDR 来应对负荷不确定性偏差时，CGT 和 GB 的潜在调峰能力也可被用于保证负荷供需平衡，但在上层模型中已确立了 CGT 和 GB 的运行状态，故下层模型只能对其出力进行调整，将 $g_{\text{CGT},t}^{*}$、$Q_{\text{CGT},t}^{\text{h},*}$ 和 $Q_{\text{GB},t}^{*}$ 代入式（5-41）～式（5-43），可获得修正后的负荷供需平衡约束，具体约束条件如下：

$$\begin{aligned}&(g_{\text{CGT},t}^{*}+\Delta g_{\text{CGT},t}^{\text{P2G},*}+\Delta g_{\text{CGT},t}^{\text{GS},*})(1-\varphi_{\text{CGT}})-Q_{\text{PS},t}^{\text{dis}}+g_{\text{UG},t}=Q_t^{\text{e}}-g_{\text{RE},t}+g_{\text{P2C},t}\\&+g_{\text{P2H},t}+g_{\text{P2G},t}+Q_{\text{PS},t}^{\text{ch}}+\Delta Q_t^{\text{PB,e}}+\Delta Q_t^{\text{IB,e}}\end{aligned} \tag{5-67}$$

$$\begin{aligned}&\begin{bmatrix}Q_{\text{CGT},t}^{*}(1-\varphi_{\text{CGT}})+Q_{\text{GB},t}^{*}(1-\varphi_{\text{GB}})+\Delta Q_{\text{GB},t}^{\text{GS},*}+\\\Delta Q_{\text{GB},t}^{\text{P2G},*}+\Delta Q_{\text{CGT},t}^{\text{P2G}}+\Delta Q_{\text{CGT},\,t}^{\text{GS},*}+Q_{\text{P2H},t}-Q_{\text{HS},t}^{\text{dis}}\end{bmatrix}\\&=\begin{pmatrix}Q_t^{\text{h}}+Q_{\text{H2C},t}+Q_{\text{HS},t}^{\text{ch}}+\\\Delta Q_t^{\text{PB,h}}+\Delta Q_t^{\text{PB,h}}\end{pmatrix}\end{aligned} \tag{5-68}$$

$$Q_{\mathrm{H2C},t} + Q_{\mathrm{P2C},t} - Q_{\mathrm{CS},t}^{\mathrm{dis}} = Q_t^{\mathrm{c}} + Q_{\mathrm{CS},t}^{\mathrm{ch}} + \Delta Q_t^{\mathrm{PB},c} + \Delta Q_t^{\mathrm{IB},c} \tag{5-69}$$

由于 IBDR 即可参与能量市场调度又可参与备用市场调度，故系统备用约束将发生变化，以电负荷备用约束来，具体如下：

$$g_{\mathrm{ISE},t}^{\max} - g_{\mathrm{ISE},t} + Q_{\mathrm{PS},t}^{\mathrm{dis}} + \Delta Q_{\mathrm{IB},t}^{\mathrm{up,e}} \geqslant r^{\mathrm{e}} Q_t^{\mathrm{e}} + r_{\mathrm{WPP}} g_{\mathrm{WPP},t} + r_{\mathrm{PV}} g_{\mathrm{PV},t} \tag{5-70}$$

$$g_{\mathrm{ISE},t} - g_{\mathrm{ISE},t}^{\min} + Q_{\mathrm{PS},t}^{\mathrm{ch}} + \Delta Q_{\mathrm{IB},t}^{\mathrm{dn,e}} \geqslant r_{\mathrm{WPP}} g_{\mathrm{WPP},t} + r_{\mathrm{PV}} g_{\mathrm{PV},t} \tag{5-71}$$

根据式（5-70）和式（5-71）可以确立电负荷的旋转备用约束，同样，热负荷和冷负荷的旋转备用约束也将需进行上述调整。由式（5-61）～式（5-71）可以确立 MEG 下层调度优化模型，结合前文上层协调优化模型，能够形成 MEG 双层协调调度优化模型。

2. 混沌细胞膜粒子群算法

本节将全局寻优能力较强的细胞膜算法（cell membrane optimization algorithm，CMO）、收敛性较快的粒子群算法（particles warm optimization algorithm，PSO）和遍历求解精度高的混沌搜索算法（chaotic search algorithm，CS）[209]进行融合，提出混沌细胞膜粒子群（chaotic-cell membrane-particles warm optimization，C2-PSO）算法，用于求解所提的 MEG 双层调度优化模型。

（1）算法基本原理。CMO 算法能够根据物质进出细胞的生物学机理，将物质群按照浓度分为不同的物质子群。每个物质子群通过自由扩散、协助运输、主动运输等方式在子群之间运动，搜索空间大，实现全局寻优目标，但对追求解的追逐能力相对较弱。粒子群优化（PSO）根据对鸟类觅食行为的研究，通过自身认知与群体认知进行位置更新，所有粒子搜索规则相同，这样的“趋同性”使得该算法的收敛速度较快，但同时也限制了算法的搜索范围。混沌自身就是一种非线性现象，具有随机性、遍历性和对初始条件敏感性的特点，混沌搜索算法能够在有限范围内按照自身规律不重复地遍历所有状态，有效避免陷入局部最小，比随机搜索更具有优越性，易于跳出局部最优解。

因此，本节将 CMO 算法、PSO 算法和 CS 算法进行融合，按照 CMO 算法的分类原则将粒子群分为高浓度粒子群与低浓度粒子群，并进行迭代寻优求解。①高浓度粒子可直接进入细胞膜，仅考虑社会学习行为直接向子群最优与全局最优解方向飞行。②对于低浓度粒子来说，划分为三类粒子：第一类具有能量和载体的粒子，则向全局最优与子群最优方向飞行；第二类粒子有能量没有载体的粒子，则沿着子群最优方向飞行，并对自身位置进行一次混沌搜索，生成新粒子，重新判定粒子是否具有载体，迭代循环上述过程；第三类既没有能量也没有载体的粒子，进行混沌搜索，生成新的粒子，并根据其浓度进行划分寻优。

（2）算法求解流程。传统 PSO 算法已被应用于诸多领域，并取得了显著的效果。进一步，为了能够应用 CMO 算法改进传统 PSO 算法，本节引入浓度划分距离 d，对初始粒子群进行浓度划分，具体计算如下：

$$d = r\max\left(\max_{k\in K} x_i^k - \min_{k\in K} x_i^k\right) \tag{5-72}$$

式中 d ——浓度划分距离；

r ——浓度划分半径，通常取值 0.4～0.6；

x_i^k ——第 i 个粒子在第 k 代的位置向量；

K ——粒子总的迭代进化次数。

将每个粒子的浓度按从小到大的顺序排列，按照黄金分割比例将总种群分为低浓度粒子子群与高浓度粒子子群。对于高浓度子群，参见迭代寻优原则，进行粒子更新；对于低浓度粒子，分别计算粒子的载体因子 ψ_i 和能量因子 ξ_i，具体如下：

$$\psi_i = \frac{f(x_i^t) - f(p_1)}{\max\limits_{i\in J} f(x_i^t) - f(p_1)} \tag{5-73}$$

$$\xi_i = \frac{\max\limits_{i\in J} f(x_i^t) - f(x_i^t)}{\max\limits_{i\in J} f(x_i^t) - f(p_1)} \tag{5-74}$$

式中 J——低浓度粒子群粒子个数；

p_1 ——低浓度粒子群最优位置对应的适应度；

$f(x_i^t)$ ——粒子 i 的适应度目标函数，其值越小则能量因子越大，载体因子越小；

$\max\limits_{i\in J} f(x_i^t)$ ——低浓度粒子最差位置所对应的适应度。

当$\psi_i > rand(\bullet)$且$\xi_i > rand(\bullet)$，则粒子 i 为第一类粒子；当$\psi_i < rand(\bullet)$且$\xi_i < rand(\bullet)$时，粒子 i 为第二类粒子。粒子位置和速度迭代进化原则如下：

$$x'^t_{i,k} = \phi x^t_{i,k}(1-x^t_{i,k}) \tag{5-75}$$

$$v^{t+!}_{i,k} = \omega^t_i v^t_{i,k} + \mu_1 rand(\bullet)(p^t_k - x'^t_{i,k}) + \mu_2 rand(\bullet)(p^t_{l,k} - x'^t_{i,k}) \tag{5-76}$$

式中 $x'^t_{i,k}$ ——粒子 i 在第 t 代第 k 维迭代的混沌变量，$x^t_{i,k} \in [0,1]$；

$x^t_{i,k}$ ——粒子 i 通过混沌搜索生成的新粒子；

k ——粒子的维数；

μ_1 ——整个粒子群社会学习因子；

μ_2 ——低浓度子群社会学习因子；

ω^t_i ——粒子 i 在第 t 代的迭代惯性权重；

ϕ ——状态量。

该映射是模拟生物种群时间演变的数学模型，当$\phi \in [3.571448,4]$时，Logistic 映射处于混沌状态，特别是当$\phi = 4$时，处于完全混沌状态，此时，混沌变量会遍历在［0，1］之间的所有状态，但混沌变量初值不能设置为 0.25、0.5 和 0.75 三个不动点。如图 5-15 所示为 Logistic 映射分岔图。

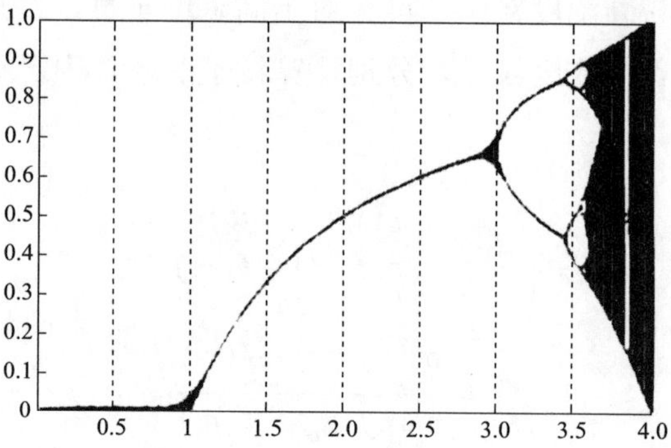

图 5-15 Logistic 映射分岔图

当$\xi_i < rand(\bullet)$时，粒子 i 为第三类粒子，此时，需参照式（5-75）对粒子进行混沌搜索，重新生成粒子的新位置$x''^t_{i,k}$，粒子速度更新公式如下：

$$v^{t+1}_{i,k} = \omega^t_i v^t_{i,k} + \mu rand(\bullet)(p^t_k - x''^t_{i,k}) \tag{5-77}$$

式中 μ ——低浓度子群社会学习因子；

$x''^{t}_{i,k}$ ——第三类粒子 i 在第 t 代第 k 维通过混沌搜索生成的新粒子。

3. 算例分析

（1）基础数据。为了验证所提模型的有效性和适用性，本文选择河南省开封市兰考县某园区作为实例分析对象，其中，最大和最小负荷分别为 2.0MW 和 1.3MW。该园区配置 2MW WPP、1.5MW PV 和 1MW 生物质发电机组。其中，生物质发电包括秸秆发电和垃圾发电两种类型。同时，为了保证电力负荷的可靠供给，配置 1MW CGT 机组，上下坡速率分别为 01.MW/h 和 0.2MW/h，启停时间分别为 0.15h 和 0.15h，启停成本为 0.102 元/kWh；将其成本曲线分两段线性化，两段斜率系数分别为 110 元/MW 和 362 元/MW；ESS 系统的充电功率为 0.1MW，放电功率为 0.12MW，充放电损耗约为 4%，初始蓄能量为 0；设定 WPP 和 PV 的预测误差为 0.08 和 0.06，初始鲁棒系数为 0.5。如图 5-16 所示为园区负荷、WPP、PV 的预测值。

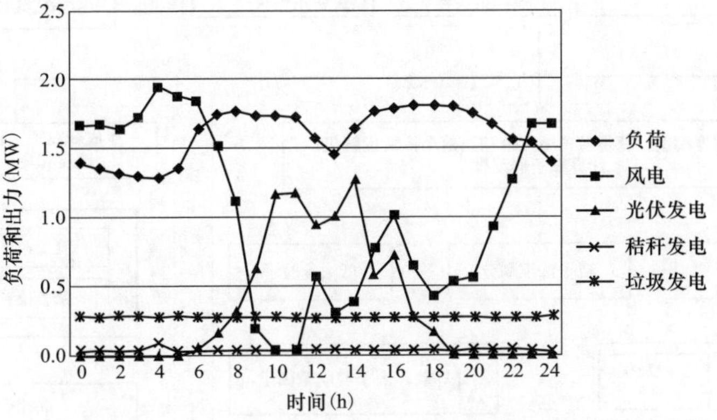

图 5-16　典型日的负荷，风电，光伏负荷预测

该园区 WPP、PV、CGT 和 BPG 的发电上网电价分别为 0.57、0.7、0.41 元/kWh 和 0.75 元/kWh。可，BPG 上网电价较高，当追求经济效益时，会优先被调用，但当追求最小碳排放时，WPP 和 PV 将优先备用。划分负荷峰、平、谷时段（13:00～21:00，0:00～3:00 和 21:00～24:00 和 3:00～12:00），选取电力需求弹性矩阵。PBDR 前，终端用户用电电价为 0.59 元/kWh；PBDR 后时段价格维持不变，峰时段用电价格上调 30%，谷时段用电价格下调 50%。同时，为避免用户过渡响应 DR，导致峰谷倒挂现象，设定 IBDR 产生输出功率不超过±0.1MW，PBDR 产生

的负荷波动不超±0.1MW，即柔性负荷波动功率不超过±0.2MW。最后，设定初始置信度β和鲁棒系数Γ均为0.9，风光预测精度e为0.9。

联合优化流程图如图5-17所示。

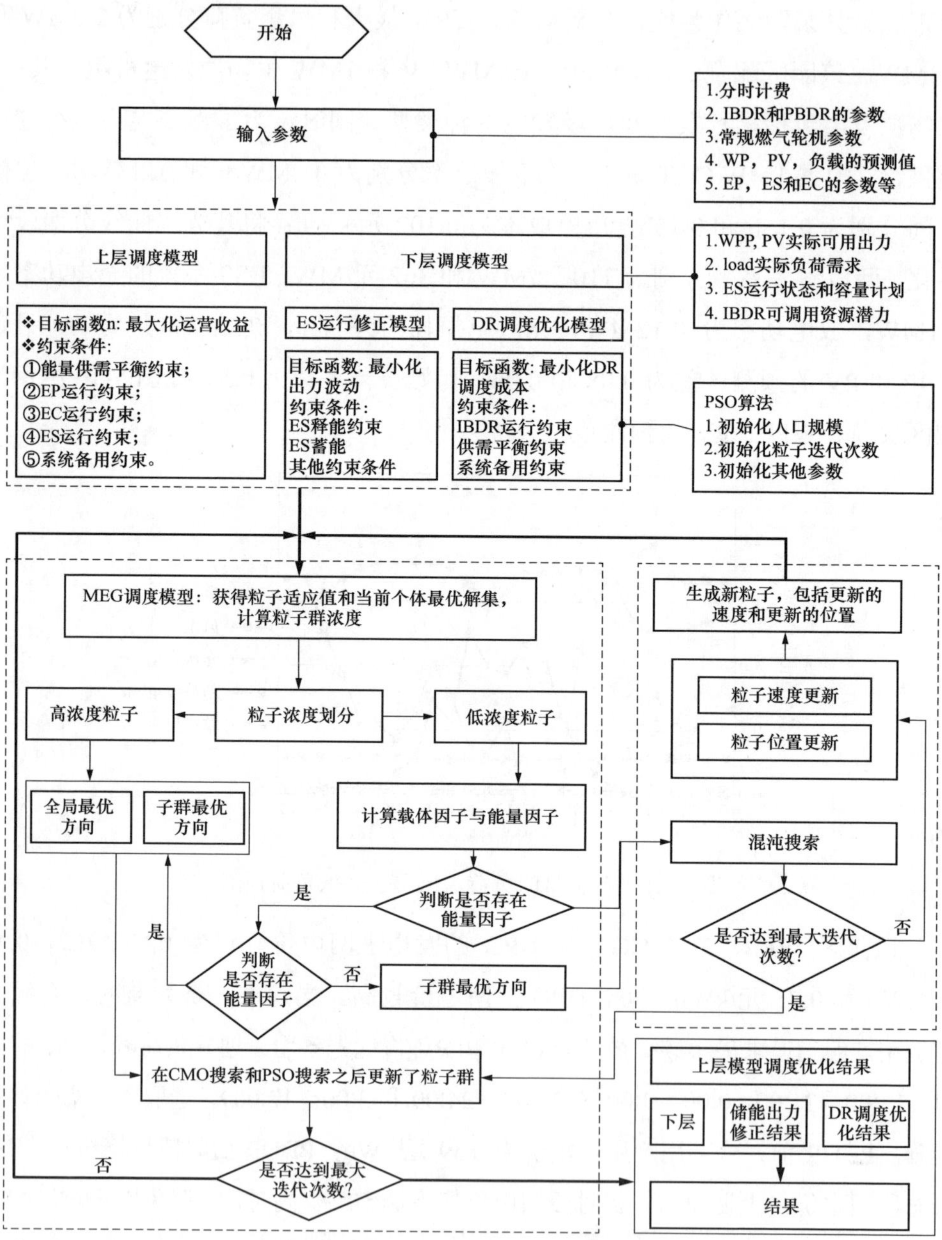

图5-17　联合优化流程图

（2）算例结果。本节主要验证所提多目标模型求解算法的有效性，以确定最优的权重系数，转换多目标模型为单目标模型，进而求取 VPP 综合调度结果。首先，分别以运营效益最大化、运营风险最小化和碳排放总量最小化作为目标函数，求取不同优化模式下 VPP 调度结果。如图 5-18 所示为不同优化模型下 VPP 发电出力分布。

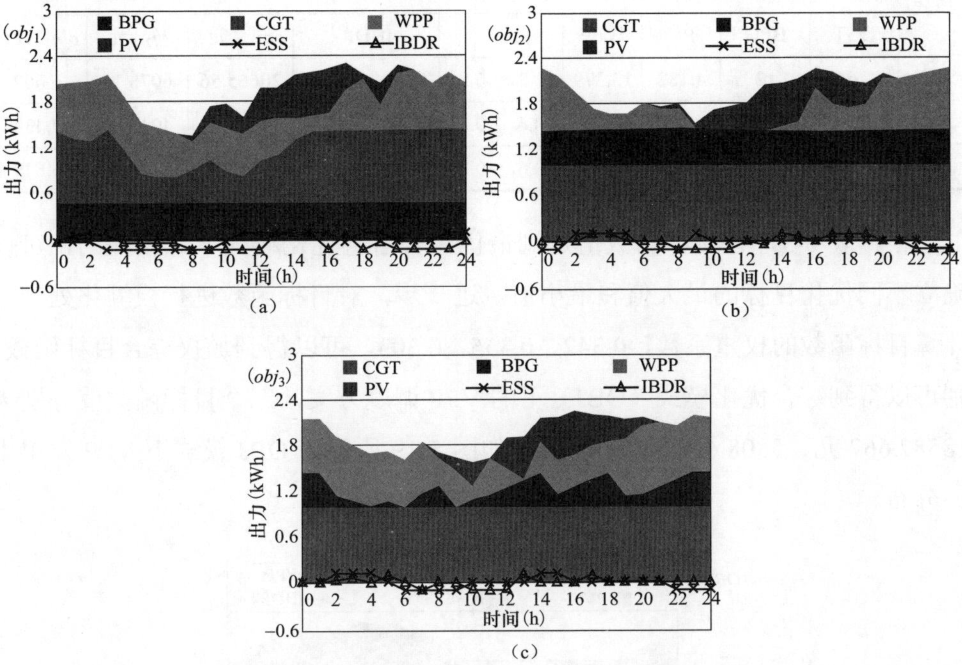

图 5-18　不同优化模式下虚拟电厂发电出力

（a）运营效益最大化；（b）运营风险最小化；（c）碳排放总量最小化-VPP 调度结果图

根据图 5-18，不同优化模式下 VPP 调度结果存在较大的差异性。在 obj_1 模式，由于 BPG 发电上网电价要高于 CGT，故为追求最大化经济收益，BPG 优先被调用，调度周期内处于满发状态，而 CGT，ESS，IBDR 主要用于为 WPP 和 PV 提供备用，总的运营收益为 20665.56 元，其他两种模式仅为 18223.49 元和 18518.24 元；在 obj_2 模式，为了规避 WPP 和 PV 不确定性带来的风险，会优先调用 CGT 和 BPG 满足负荷需求，故 WPP 和 PV 出力较低，分别为 4.183MWh 和 8.214MWh；在 obj_3 模式，由于 BPG 碳排放系数要高于 CGT，故在控制碳排放总量时，会优先较少 BPG 发电出力，负荷需求主要由 WPP，PV 和 CGT 满足，故 BPG 总的发电量达到最低，仅为 5.632MWh。VPP 运营投入产出表见表 5-3。

表 5-3　　VPP 运营投入产出表

模式	发电出力（MWh）						目标函数值		
	CGT	BPG	PV	WPP	ESS	IBDR	obj_1（元）	obj_2（元）	obj_3（t）
obj_1	17.654	12	4.182	13.379	（1.2，−0.8）	（0.6，−1.2）	20665.56	6078.11	6.607
obj_2	24	11.082	4.183	8.214	（0.6，−0.7）	（0.64，−0.74）	18223.49	4049.66	7.438
obj_3	24	5.632	4.182	13.38	（0.6，−0.7）	（0.4，−0.4）	18518.24	5786.95	5.829

根据表 5-3，各目标函数值达到最优在其自身优化模式下，相应的，可以确立不同优化目标的最大值和最小值。进一步，对目标函数进行模糊化处理，计算目标函数的权重系数，0.342、0.355、0.303，可以得到加权综合目标函数，则可以得到综合优化模式（OBJ）下的 VPP 调度方案，三个目标函数值分别为 18587.667 元、5808.646 元、6.585t。如图 5-19 所示为 OBJ 模式下 VPP 发电出力分布。

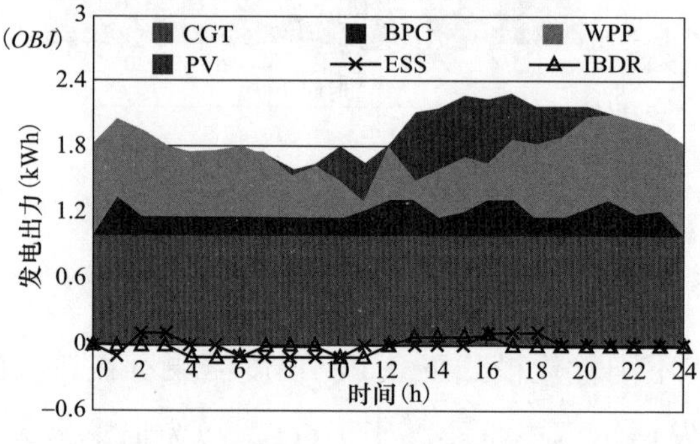

图 5-19　OBJ 模式下 VPP 发电出力分布

根据图 5-19，在综合优化模式下，WPP 和 PV 的发电电量要高于 obj_2 模式，CGT 处于满发状态，而 BPG 则被用于为 WPP 和 PV 提供备用服务。从负荷分布来看，低谷时段，ESS 进行充电蓄能，累计蓄能量为−0.5MWh 和 IBDR 提供负出力，累计出力−0.5MWh；在峰时段，ESS 进行释能放电，累计发电出力

0.36MWh 和 IBDR 提供正出力，共计 0.4MWh。可知，为了兼顾不同目标函数的优化诉求，CGT、WPP 和 PV 会被调用满足负荷需求，而 BPG，ESS 和 IBDR 则主要为 WPP 和 PV 提供备用服务。这意味着 VPP 能够利用不同分布式电源间的互补特性，利用 WPP 和 PV 的高环境友好特性追求经济效益和环境效益，利用 CGT 满足基荷需求，利用 BPG，ESS 和 IBDR 提供备用服务，最终实现 VPP 的最优化运行。

（3）结果分析。本文所提 VPP 调度模型包括运营收益最大化、运营风险最小化及碳排放总量最小化三个目标函数，并借助鲁棒随机优化理论描述 WPP 和 PV 的不确定性，并讨论了 PBDR 对 VPP 运行的优化效应。可见，负荷出力不确定性，PBDR，META 和决策者风险态度是 VPP 运行的关键因素，故本节对其进行深入分析。

1）不确定性对 VPP 运行的影响。根据调度结果可知，若不考虑不确定性，为了实现 VPP 运营效益的最大化和碳排放总量的最小化，VPP 会优先调用 WPP 和 PV 满足负荷需求，相应的，发电出力分别为 14.638MWh 和 4.576MWh。如图 5-20 所示为不考虑不确定性时的 VPP 发电出力分布。

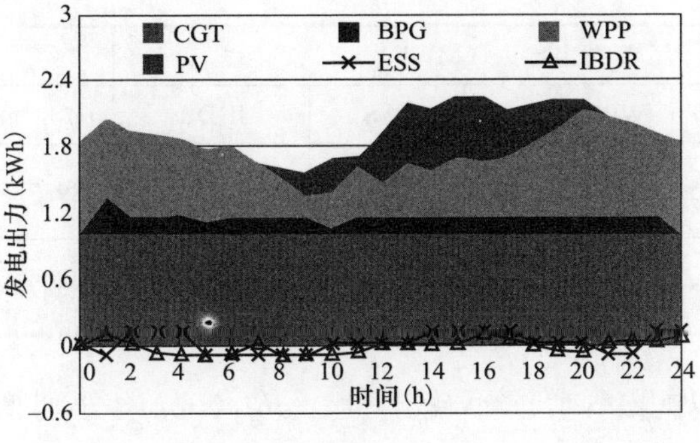

图 5-20　不考虑不确定性 VPP 发电出力分布

根据图 5-21，如果不考虑不确定性，WPP、PV 发电出力要高于考虑不确定性时的调度结果。BPG、ESS 和 IBDR 则被调用提供备用服务，其中，ESS 的充电和放电电量为–0.8MWh 和 1.08MWh；IBDR 提供的正负出力分别为 0.468MWh 和–0.789MWh。总的来说，若不考虑 WPP 和 PV 的不确定性，VPP

电源结构会发生较大变化，但较高的 WPP 和 PV 发电并网也给 VPP 运行带来了较大的缺电风险，这意味着不同的风险态度会影响决策者制定的 VPP 最优调度策略。然而，若决策者考虑 WPP 和 PV 带来的不确定性，为了规避 VPP 运营风险，会适度降低 WPP 和 PV 的发电出力比例，分别由 30%、10%降低至 28%、9%；相应的，CGT 和 BPG 的发电出力比例则由 49%、8%增加至 50%、11%。总的来说，不确定性会直接影响 VPP 的出力结构，这也将直接影响 VPP 调度的目标函数值。考虑不确定性前后的 VPP 运营优化结果见表 5-4。

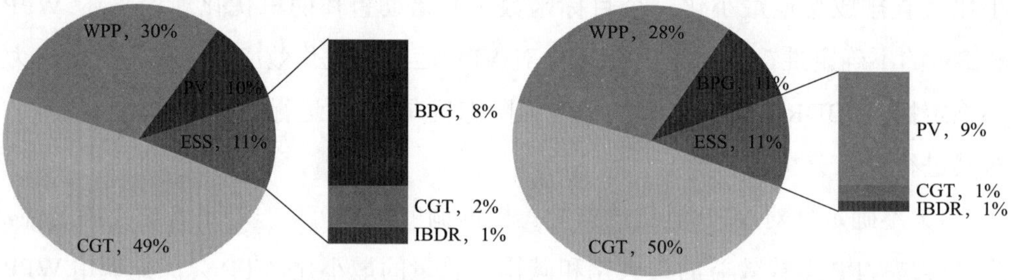

图 5-21　考虑不确定性前后的电源结构

表 5-4　　考虑不确定性前后的 VPP 运营优化结果

不确定性	发电出力（MWh）						目标函数值		
	CGT	BPG	WPP	PV	ESS	IBDR	obj_1（元）	obj_2（元）	obj_3（t）
不考虑	24	3.895	14.638	4.576	（1.08，−0.8）	（0.468，−0.789）	18927.947	5914.983	6.108
考虑	24	5.198	13.694	4.28	（0.6，−0.6）	（0.4，−0.5）	18587.667	5808.646	6.585

根据表 5-4，如果不考虑不确定性，obj_1、obj_2 分别增加了 340.28 元和 106.337 元，obj_3 降低了 0.477t。这表明若决策者不考虑不确定性，VPP 会更多的调用 WPP 和 PV 满足负荷需求，从而博取更高的经济收益和环境效益，但 VPP 运营风险也较高，如何兼顾 VPP 运营收益、风险以及碳排放总量是制定 VPP 最优调度方案的关键问题。进一步，由于 WPP，PV 发电并网电量直接影响 VPP 运营收益，风险及碳排放总量，故本文对比分析不同预测误差 e、置信度 β 和鲁棒系数 Γ 对发电出力和运营风险的影响。如图 5-22 所示为不同运营参

数下可再生能源发电出力和运营风险。

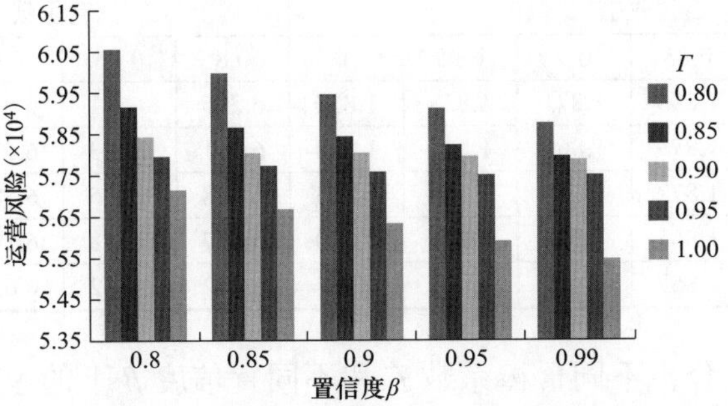

（a）

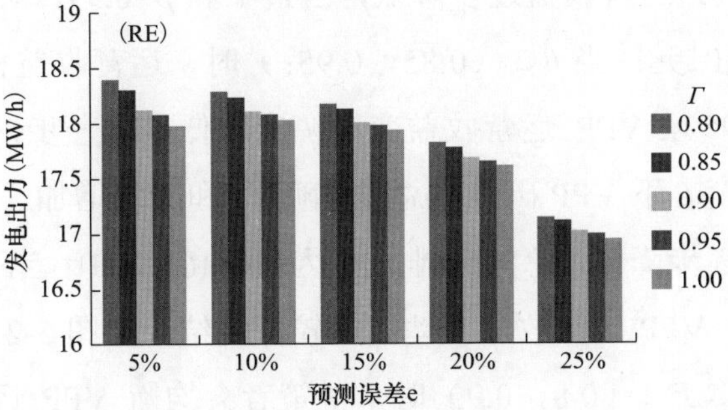

（b）

图 5-22　不同运营参数下可再生能源发电出力和运营风险

（a）置信度 β；（b）预测误差 e

根据图 5-22，分析预测误差 e 和鲁棒系数 Γ 对可再生能源出力的影响。当预测误差 $e \leqslant 10\%$，Γ 增加所带来的 RE 出力降低幅度相对较低；当 $e \geqslant 15\%$，Γ 增加所带来的 RE 出力增长幅度相对较高，这表明较低的预测误差会放大不确定性所带来的风险。进一步，分析鲁棒系数 Γ 和置信度 β 对 VPP 运行的影响。当 $\Gamma \leqslant 0.85$ 时，β 增长会导致 C_{VaR} 增长幅度较大，表明当决策者考虑不确定性时，VPP 运营方案会发生显著变动；当 $\Gamma \in$（0.85，0.95），β 的增长带来的 C_{VaR} 增长幅度较低；当 $\Gamma \geqslant 0.95$，β 的增长带来的 C_{VaR} 增长幅度很大，此时决策者属于极度风险厌恶型，较小的不确定性都会带来较大的运营风险。进一步，分析不同鲁棒系数 Γ 和不同置信度 β 下运营收益和碳排放总量，表 5-5 为不同运营参数下的运营收益个碳排放量。

表 5-5　　不同运营参数下的运营收益个碳排放量

β	运营收益（$\times10^4$元）					二氧化碳排放（t）				
	0.8	0.85	0.9	0.95	1	0.8	0.85	0.9	0.95	1
0.80	1.940	1.895	1.871	1.858	1.830	6.295	6.521	6.572	6.579	6.669
0.85	1.920	1.879	1.860	1.848	1.814	6.341	6.523	6.579	6.605	6.707
0.90	1.904	1.872	1.859	1.845	1.803	6.388	6.535	6.585	6.631	6.746
0.95	1.893	1.865	1.857	1.841	1.790	6.427	6.548	6.589	6.658	6.801
0.99	1.882	1.857	1.855	1.841	1.777	6.482	6.582	6.628	6.712	6.871

根据表 5-5，分析不同鲁棒系数Γ和不同置信度β下的 VPP 运营收，随着Γ和β的增加，VPP 运营收益逐步降低，当Γ=1 和β=0.99，VPP 运营收益达到最低，即 1.777×10^4元；当$\beta\in$（0.85，0.95;）时，运营收益相对稳定，此时，当$\Gamma\in$（0.85，0.95），VPP 运营收益变动幅度较低。进一步，分析不同鲁棒系数Γ和不同置信度β下 VPP 碳排放总量，随着Γ和β的增加，当Γ=1 和β=0.99，VPP 运营收益也逐步降低，总的碳排放量达到最高 6.871t；当$\beta\in$（0.85，0.95）和$\Gamma\in$（0.8，0.9）VPP 碳排放量变动幅度较低。结合如图 5-22 所得结论，当$\beta\in$（0.85，0.95）&$\Gamma\in$（0.8，0.9）时，决策者会均衡 VPP 运营收益和风险，故决策方案处于相对稳定状态，但整体上 RE 出力和运营风险均会随着Γ和β的增加而降低。总的来说，本文所提风险规避模型能够较好地描述 VPP 运行的不确定性风险，决策者需在提升不确定性预测精度的同时，需设置合理的置信度和鲁棒系数，从而制定最优的 VPP 运营策略。

2）PBDR 对 VPP 运行的影响。PBDR 能够通过峰谷分时电价激励终端用户响应 VPP 运行调度，转移部分峰时段负荷需求至谷时段，实现负荷曲线的“削峰填谷”，这对于提升谷时段清洁能源发电并网空间，缓解峰时段负荷供需关系，有着重要的影响。PBDR 前后的 VPP 调度优化结果见表 5-6。

表 5-6　　**PBDR 前后的 VPP 调度优化结果**

项目	弃能		负荷需求			目标值		
	WPP（MWh）	PV（MWh）	峰（MW）	谷（MW）	比率	obj_1（元）	obj_2（元）	obj_3（t）
PBDR 前	2.046	0.640	2.115	1.575	1.343	18587.667	5808.646	6.585
PBDR 后	1.417	0.443	2.050	1.654	1.240	19098.337	5895.776	6.238

根据表 5-6，PBDR 能够平缓负荷需求曲线，提升 WPP 和 PV 的并网空间。相应的，obj_1 和 obj_2 分别增加 510.67、87.13 元，收益增幅度（2.74%）要高于风险增幅（1.5%）；同样，obj_3 由 6.585t 降低至 6.238t，降低幅度为 5.56%。可见，PBDR 能够实现负荷曲线的“削峰填谷”，为 WPP 和 PV 提供更大的并网空间，产生显著的碳减排效应.总的来说，PBDR 能够提升 VPP 运行的经济效益和环境效益，并且合理控制其运行风险，有利于实现 VPP 的整体最优化运行。

3）META 对 VPP 运行的影响。本文考虑了 VPP 运行的效益，风险及碳排放量，并设置 META 作为 VPP 运行的边界条件，主要的碳排放源包括 CGT，BPG 和 UG。META 会影响 VPP 的电源结构，当 META 较低时，VPP 会优先调用 WPP，PV 满足负荷需求，同时，而 CGT 和 BPG 的碳排放系数将决定 CGT，BPG 的调用次序；当 META 较高时，VPP 会优先追逐运营收益的最大化和风险的最小化。本节对 META 进行敏感性分析，讨论不同 META 下的弃能电量和目标函数值。当 META 变动比例由−15%增加至 0 时，VPP 会优先增加调用 PV 满足负荷需求；而当 META 变动比例由 0 增加至 15%时，PV 发电出力已达上限，此时将优先增加调用 WPP 满足负荷需求。进一步，分析不同 META 下目标函数值。随着 META 变动比例由−15%增加至 15%时，*obj*2 由 6639.427 元降低至 5174.645 元，碳排放总量由 5.66t 增加至 7.438t，相应的，运营收益也有所降低。不同 META 下 VPP 运营调度结果见表 5-7。

表 5-7　　不同 META 下 VPP 运营调度结果

变化率（%）	发电出力（MWh）						目标值		
	CGT	BPG	WPP	PV	ESS	IBDR	obj_1（元）	obj_2（元）	obj_3（t）
−15	24	1.991	13.702	7.479	（1.2，−0.9）	（0.8，−1.0）	19353.317	6639.427	5.66
−10	24	3.06	13.702	6.41	（1.0，−0.8）	（0.6，−0.8）	19097.73	6380.351	5.993
−5	24	4.129	13.702	5.341	（0.8，−0.7）	（0.6，−0.6）	18842.144	6042.303	6.326
0	24	5.198	13.694	4.28	（0.6，−0.6）	（0.4，−0.5）	18587.667	5808.646	6.585
5	24	6.267	12.625	4.28	（0.48，−0.5）	（0.4，−0.4）	18479.545	5556.99	6.991
10	24	7.336	11.556	4.28	（0.48，−0.4）	（0.4，−0.4）	18371.424	5326.583	7.324
15	24	7.7	11.192	4.28	（0.36，−0.4）	（0.4，−0.4）	18334.648	5174.645	7.438

根据表 5-6，分析不同 META 时的电源结构。随着 META 的增加，WPP，PV 出力会逐步降低，而 BPG 出力会逐步增加。这是由于 BPG 发电上网电价较高，故当 META 较高时，决策者会优先追逐经济收益，故更多的调用 BPG 发电，这也使得 ESS 和 IBDR 出力有所降低，表明 VPP 对备用服务的需求有所降低；反之，当 META 较低时，BPG 发电的碳排放将会降低其发电优势，而更多的调用 WPP 和 PV 满足负荷需求，获取较高的经济效益和环境效益，但需制定合理的风险防控策略。总的来说，政府及相关部门需设置合理的 META，以提升 WPP 和 PV 的并网空间，实现 VPP 整体的最优化运行。

5.3 含多种能源的微能网能量优化技术研究

5.3.1 微能源网结构框架

1. 微能源网架构

微能源网是一种微型综合能源互联系统，通过优化设计和协调运行，充分利用当地的光伏、风电、地热等可再生能源，满足终端用户的冷、热、电、气等多种能源需求。本节将多种能源生产服务、能源转换服务以及储能服务接入微能源网，研究微能源网最优化运行问题。其中，能源生产装置包括风力发电厂（WPP）、光伏发电（PV）、燃气轮机（CGT）和燃气锅炉（GB）；能量转换装置包括燃气动力（P2G）、电制热（P2H）、电制冷（P2C）和热制冷（H2C）；储能装置包括保冷装置（CS）、蓄热装置（HS）、能源储存装置（PS）以及储气装置（GS）。如图 5-23 所示为微能源网的结构框架：

2. 三级协同优化框架

一般来说，微能源网主要包括天然气、电力、热、冷四个供能子系统。其中，供电子系统通过互补利用 WPP、PV 及微型燃气轮机（conventional gas turbine，CGT）满足电负荷需求，配置储电设置提高系统灵活性。供热子系统以 CGT 和余热锅炉为核心，并配置热气锅炉（gas boiler，GB）协同满足热负荷需求。当热负荷需求较高时，部分电能通过电转热（power to heating，P2H）转换为热能；同样，供热子系统配置储热罐，供冷子系统通过利用热转冷（heating to cooling，H2C）将热能转换为冷能、电制冷（power to cooling，P2C）将电能转换为冷能，与储冷罐协调满足冷负荷需求。从能量传递链视角来看，WPP、PV、CGT、GB 属于能源生产设备，而电转气（power to gas，P2G），P2H，P2C 和 H2C 属于能源转换设备，储气（gas storage，GS）、储电（power storage，PS）、储热（heating storage，HS）和储冷（cooling storage，CS）属于能源存储设备。如图 5-24 所示为微能源网的核心结构图。

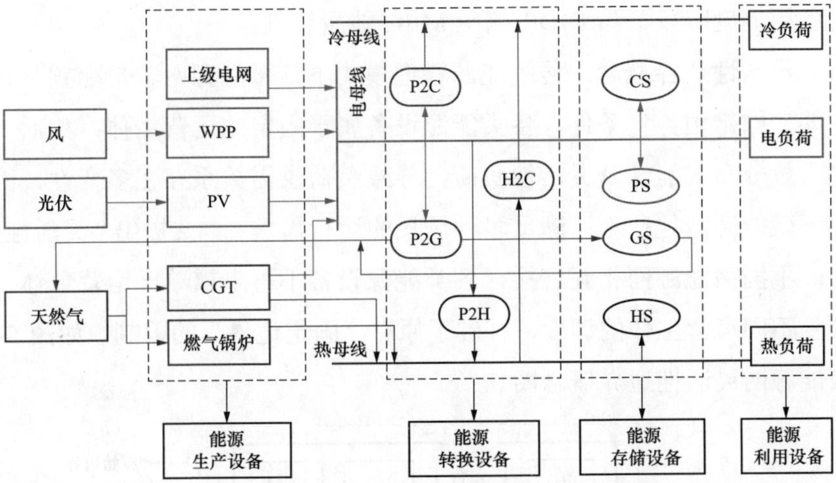

图 5-23　微能源网结构框架图

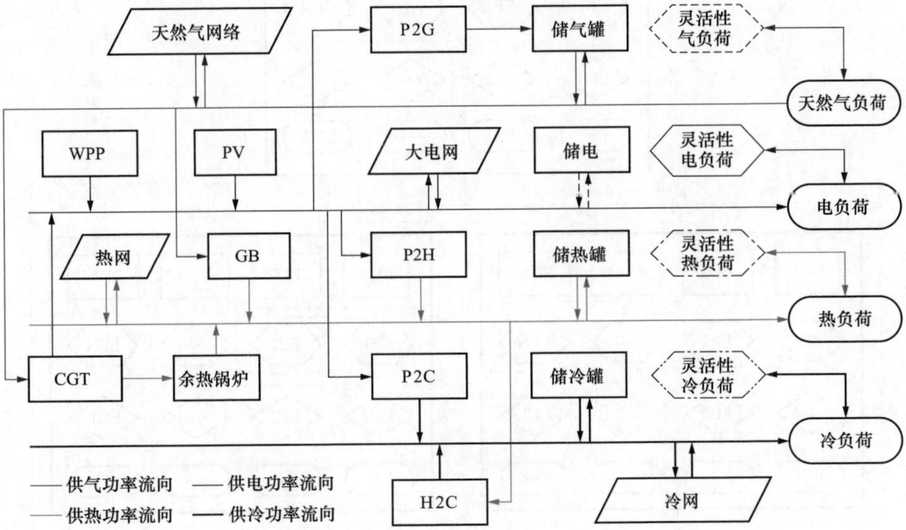

图 5-24　微能源网核心结构图

根据图 5-24，考虑天然气、电、热、冷存在灵活性负荷，通过不同形式响应 MEG_s 能量优化管理，具体包括价格型需求响应（price-baseddemandresponse，PBDR）和激励型需求响应（incentive-baseddemandresponse，IBDR）。前者主要通过实施分时电价间接影响用户用能行为，实现负荷曲线的“削峰填谷”；后者则是通过与终端用户签订事前协议，当紧急备用需求发生时，系统直接控制用户负荷。因此，本文设定在日内能量调度阶段，灵活性负荷参与 PBDR 响应，在实时备用调度阶段参与 IBDR 响应 MEG 能量管理。

（1）灵活性边界概念。传统能源管理模式下，微能源网容量配置是预先设定的，即“固定边界”条件，各类能源设备属于固定的运营主体；然后，微能源网中大量分布式能源及灵活性负荷，导致负荷供需关系存在多变性，固定边界条件下微能源网往往难以满足多种场景的运行需求。本文提出“灵活性边界”概念，即不同微能源网相互连接，各类能源设备不再隶属单一运营主体，而是可以接受不同运营主体的调度，打破了原有“固定边界”的限制。如图 5-25 所示为微能源网灵活性边界概念图。

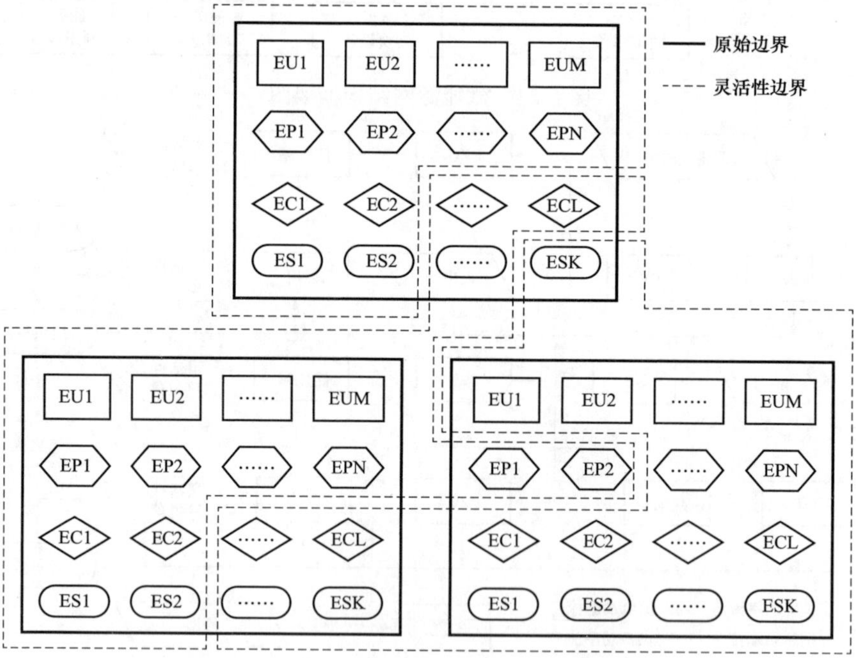

图 5-25　微能源网灵活性边界概念

根据图 5-25，相比“固定边界”，当考虑“灵活性边界”时，各类能源设备可以选择不同微能源网进行能量供给，实现微能源网的容量再配置，各微能源网间能通过能量互济，实现多微能源网间能量自治平衡，这将有利于降低微能源网对上级能网的备用需求。

（2）协同优化框架。微能源网能量调度属于事前调度，即在知道 WPP 和 PV 实际出力前，确立能量调度计划。WPP、PV、负荷预测阶段包括日前阶段、日内阶段、实时阶段。一般来说，日前阶段主要用于确立能量配置方案；日内阶段主要用于确立能量调度计划；而实时阶段主要用于修正预测偏。因此，本文设计了多微能源网的重新配置、调度和备用三级协同优化结构如图 5-26 所示。

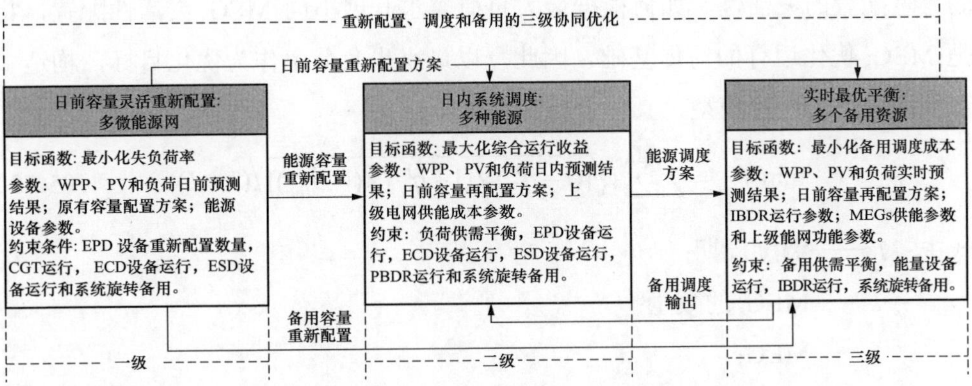

图 5-26　多微能源网运行的三级协同优化框架

根据图 5-26，三级协同优化结构主要功能如下：

（1）一级：系统灵活重新配置。基于原有微能源网容量配置方案，根据日前 WPP、PV 和负荷的预测值，对微能源网内各能源设备进行重新配置。微能源网灵活性再配置的目的是实现电、热、冷、气等多重负荷的高效供给。本文选择失负荷率最小作为优化目标。

（2）二级：能源协同调度。基于微能源网容量再配置方案，根据日内 WPP、PV 和负荷的预测值，考虑微能源网内部电、热、冷、气的最优化供给，结合不同能源设备运行约束，实现微能源网运营收益最大化的目标。本文选择微能源网综合调度收益最大为优化目标。

（3）三级：备用优化平衡。基于微能源网能源调度结果，分析日前 WPP、PV 和负荷的预测值和实际值间偏差，确立微能源网电、热、冷、气等备用需求，综合考虑不同备用源的供给成本，确立微能源网最优备用调度方案。本文选择微能源网备用调度成本最小作为优化目标。

5.3.2 微能源网间三级协同运行优化模型

1. 系统灵活配置优化模型

本文设定不同 MEG_s 相互连接，且不同 MEG_s 间不设置边界约束，即各 MEG_s 中能量设备可选择其他 MEG_s 进行能量供给，即活边界状态。考虑到 WPP、PV 和负荷的不确定性，基于已有 MEG_s 规划方案，讨论没有边界条件下多 MEG_s 的容量配置的灵活性。如何根据最大负荷需求开展不同 MEG_s 灵活性配置，将是 MEG_s 优化运行的前提基础。因此，以最小失负荷率作为优化目标，构造多微能源网灵活配置模型，具体目标函数如下：

$$\min\eta_{\text{loss}}=\sum_{i=1}^{I}\sum_{t=1}^{T}\{\sqrt[3]{[(1-\eta_{i,t}^{\text{e}})\times(1-\eta_{i,t}^{\text{h}})\times(1-\eta_{i,t}^{\text{c}})]}\Big/(T\times I)\} \tag{5-78}$$

式中 T——调度周期；

I——MEG_s 的数量；

i——MEG；

t——时间；

η_{loss}——MEG_s 失负荷率；

$\eta_{i,t}^{\text{e}}$——MEG_i 在 t 时电负荷的满足率；

$\eta_{i,t}^{\text{h}}$——MEG_i 在 t 时热负荷的满足率；

$\eta_{i,t}^{\text{c}}$——MEG_i 在 t 时冷负荷的满足率。

$$\eta_{i,t}^{\text{e}}=\left[\begin{array}{c}(N_{i,t}^{\text{WPP}}g_{\text{WPP}}+N_{i,t}^{\text{PV}}g_{\text{PV}}+N_{i,t}^{\text{CGT}}g_{\text{CGT}}+N_{i,t}^{\text{ES}}g_{\text{ES}}^{\text{output}}+)+\\ \sum\limits_{k\in I\&k\neq i}(N_{k,t}^{i,\text{WPP}}g_{\text{WPP}}+N_{i,t}^{\text{PV}}g_{\text{PV}}+N_{i,t}^{i,\text{CGT}}g_{\text{CGT}}+N_{k,t}^{i,\text{ES}}g_{\text{ES}}^{\text{output}})\end{array}\right]\Big/L_{i,t}^{\text{e}} \tag{5-79}$$

式中 $N_{i,t}^{\text{WPP}}$——在 t 时 MEG_i 中 WPP 的数量；

$N_{i,t}^{\text{PV}}$——在 t 时 MEG_i 中 PV 的数量；

$N_{i,t}^{\text{CGT}}$——在 t 时 MEG_i 中 CGT 的数量；

$N_{i,t}^{\text{ES}}$——在 t 时 MEG_i 中 ES 的数量。

设定不同 $\mathrm{MEG_s}$ 均配置相同型号的 WPP、PV、CGT 和 ES。g_{WPP}、g_{PV} 表示 MEG_i 中 WPP、PV 的日前预测功率；g_{CGT} 表示 MEG_i 中 CGT 的发电功率；$g_{\mathrm{ES}}^{\mathrm{output}}$ 表示 MEGi 中 ES 放电功率；$L_{i,t}^{\mathrm{e}}$ 表示 MEG_i 在 t 时电负荷日前预测需求；$N_{k,t}^{i,\mathrm{WPP}}$、$N_{i,t}^{\mathrm{PV}}$、$N_{i,t}^{i,\mathrm{CGT}}$、$N_{k,t}^{i,\mathrm{ES}}$ 表示 MEG_k 在 t 时重新划为 MEG_i 的 WPP、PV、CGT 和 ES 的数量。同样，$\mathrm{MEG_s}$ 供热设备主要有 CGT、P2H、HS，则热负荷满足率可由式（5-3）计算：

$$\eta_{i,t}^{\mathrm{h}}=\left[\begin{array}{c}N_{i,t}^{\mathrm{GB}}Q_{\mathrm{GB}}+N_{i,t}^{\mathrm{CGT}}Q_{\mathrm{CGT}}+N_{i,t}^{\mathrm{P2H}}Q_{\mathrm{P2H}}+N_{i,t}^{\mathrm{HS}}Q_{\mathrm{HS}}^{\mathrm{output}}+\\ \sum\limits_{k\in I\&k\neq i}(N_{k,t}^{i,\mathrm{GB}}Q_{\mathrm{GB}}+N_{k,t}^{i,\mathrm{CGT}}Q_{\mathrm{CGT}}+N_{k,t}^{i,\mathrm{P2H}}Q_{\mathrm{P2H}}+N_{k,t}^{i,\mathrm{HS}}Q_{\mathrm{HS}}^{\mathrm{output}})\end{array}\right]\Big/L_{i,t}^{\mathrm{h}} \tag{5-80}$$

式中 $N_{i,t}^{\mathrm{GB}}$ ——$\mathrm{MEG_i}$ 在 t 时 GB 的数量；

Q_{GB} ——GB 的供热功率；

Q_{P2H} ——P2H 供热功率；

$N_{i,t}^{\mathrm{P2H}}$ ——MEG_i 中 P2H 数量；

Q_{HS}^{output} ——HS 的放热功率；

$N_{k,t}^{i,\mathrm{P2H}}$ ——MEG_k 中重新划为 MEG_i 的 P2H 数量；

$N_{k,t}^{i,\mathrm{HS}}$ ——MEG_k 中重新划为 MEG_i 的 HS 数量；

$L_{i,t}^{\mathrm{h}}$ ——MEG_i 热负荷需求；

Q_{CGT} ——MEG_i 的 CGT 的供热功率。

$$\eta_{i,t}^{\mathrm{h}}=\left[\begin{array}{c}N_{i,t}^{\mathrm{P2C}}Q_{\mathrm{P2C}}+N_{i,t}^{\mathrm{H2C}}Q_{\mathrm{H2C}}+N_{i,t}^{\mathrm{CS}}Q_{CS}^{\mathrm{output}}+\\ \sum\limits_{k\in I\&k\neq i}(N_{k,t}^{i,\mathrm{P2C}}Q_{\mathrm{P2C}}+N_{k,t}^{i,\mathrm{H2C}}Q_{\mathrm{H2C}}+N_{k,t}^{i,\mathrm{CS}}Q_{\mathrm{CS}}^{\mathrm{output}})\end{array}\right]\Big/L_{i,t}^{c} \tag{5-81}$$

式中 $N_{i,t}^{\mathrm{P2C}}$ ——MEG_i 中 P2C 的数量；

$N_{i,t}^{\mathrm{H2C}}$ ——MEG_i 中 H2C 的数量；

$N_{i,t}^{\mathrm{CS}}$ ——MEGi 中 CS 的数量；

Q_{P2C} ——P2H 的供冷功率；

Q_{H2C} ——H2C 的供冷功率；

Q_{CS}^{output} ——CS 的供冷功率；

$N_{k,t}^{i,\mathrm{P2C}}$ ——MEG_k 中重新被划为 MEG_i 的 P2C 的数量；

$N_{k,t}^{i,\mathrm{H2C}}$ ——MEG_k 中重新被划为 MEG_i 的 H2C 的数量；

$N_{k,t}^{i,\mathrm{H2C}}$——MEG_k 中重新被划为 MEG_i 的 CS 的数量；

$L_{i,t}^{\mathrm{c}}$——MEG_i 的冷负荷需求。

在进行多微能源网配置时，需考虑能量设备数量约束、CGT 运行约束、ECD 运行约束和 ESD 运行约束，具体如下：

（1）ED 配置数量约束。ED 包括 EPD、ECD 和 ESD 三类能量设备，EPD 包括 WPP、PV、CGT、GB；ECD 包括 P2H、P2C、H2C；ESD 包括 ES、HS、CS。各类型能量设备再配置数量总数不能超过已有规划方案的数量：

$$\sum_{i\in I}\left(N_{i,t}^{\mathrm{ED}}+\sum_{k\in I\&k\neq i}N_{k,t}^{i,\mathrm{ED}}\right)\leqslant N_t^{\mathrm{ED}} \tag{5-82}$$

式中 ED——能源设备，包括{WPP，PV，CGT，GB，P2H，P2C，H2C，ES，HS，CS}；

N_t^{ED}——在初始规划方案中各类型能源设备的数量。

（2）CGT 运行约束。CGT 的供电功率和供热功率间存在耦合关系，若更多的热蒸汽用于满足热负荷时，将会剩余较少热蒸汽用于满足电负荷，具体约束条件如下：

$$\begin{aligned}&\max\{g_{\mathrm{CGT}}^{\min}-c_{\min}Q_{\mathrm{CGT}},c_{\mathrm{m}}(Q_{\mathrm{CGT}}-Q_{\mathrm{CGT}}^{0})\}\\&\leqslant g_{\mathrm{CGT}}\leqslant g_{\mathrm{CGT}}^{\max}-c_{\max}Q_{\mathrm{CGT}}\end{aligned} \tag{5-83}$$

$$0\leqslant Q_{\mathrm{CGT}}\leqslant Q_{\mathrm{CGT}}^{\max} \tag{5-84}$$

$$c_{\mathrm{m}}=\Delta g_{\mathrm{CGT}}/\Delta Q_{\mathrm{CGT}}$$

式中 c——进汽量不变时多抽取单位供热热量下发电功率的减小值；

$c_{\max}$——最大发电出力下对应的 c 值；

$c_{\min}$——最小发电出力下对应的 c 值；

c_{m}——背压运行时的电功率和热功率的弹性系数；

Q_{CGT}^{0}——常数；

$Q_{\mathrm{CGT}}^{\max}$——CGT 最大热功率；

$Q_{\mathrm{CGT}}^{\min}$——CGT 发电功率最小时的汽轮机供热功率；

$g_{\mathrm{CGT}}^{\min}$——CGT 在纯凝工况下的最小发电功率；

$g_{\mathrm{CGT}}^{\max}$——CGT 在纯凝工况下的最大发电功率；

$Q_{\mathrm{CGT},t}^{\min}$——CGT 的最小供热功率。

（3）ECD 设备运行约束。MEG_s 中主要包括 P2G、P2C、P2H 和 H2C 等能源转换设备，实现电、热、冷、气等不同类型能量间相互转换。尽管不同能量设备的运行效率非常数，但通常设备在稳定运行时其变化幅度并不大，可以将其视作常数处理，则能量转换单元的数学模型表示为：

$$\begin{bmatrix} V_{\mathrm{P2G}} \\ Q_{\mathrm{P2C}} \\ Q_{\mathrm{P2H}} \\ Q_{\mathrm{H2C}} \end{bmatrix} = \begin{bmatrix} g_{\mathrm{P2G}} & 0 & 0 & 0 \\ 0 & g_{\mathrm{P2C}} & 0 & 0 \\ 0 & 0 & g_{\mathrm{P2H}} & 0 \\ 0 & 0 & 0 & g_{\mathrm{H2C}}^{\mathrm{h}} \end{bmatrix} \begin{bmatrix} \varphi_{\mathrm{P2G}} \\ \varphi_{\mathrm{P2C}} \\ \varphi_{\mathrm{P2H}} \\ \varphi_{\mathrm{H2C}} \end{bmatrix} \leqslant \begin{bmatrix} V_{\mathrm{P2G}}^{\max} \\ Q_{\mathrm{P2G}}^{\max} \\ Q_{\mathrm{P2H}}^{\max} \\ Q_{\mathrm{H2C}}^{\max} \end{bmatrix} \tag{5-85}$$

式中 V_{P2G} ——P2G 产生的 CH_4，这部分 CH_4 可进入 CGT、GB 或向公共气网售出；

g_{P2G} ——用于 P2G 的电量，不能超过 MEG 的最大可供电量；

g_{P2C} ——用于 P2C 的电量，不能超过 MEG 的最大可供电量；

g_{P2H} ——用于 P2H 的电量，不能超过 MEG 的最大可供电量；

$V_{\mathrm{P2G}}^{\max}$ ——P2G 的最大输出功率；

$Q_{\mathrm{P2G}}^{\max}$ ——P2C 的最大输出功率；

$Q_{\mathrm{P2H}}^{\max}$ ——P2H 的最大输出功率；

$Q_{\mathrm{H2C}}^{\max}$ ——H2C 的最大输出功率；

$Q_{\mathrm{H2C}}^{\mathrm{h}}$ ——用于 H2C 的热量，不能超过 MEG 最大可供热量；

φ_{P2G} ——P2G 的能量转换效率；

φ_{P2C} ——P2C 的能量转换效率；

φ_{P2H} ——P2H 的能量转换效率；

φ_{H2C} ——H2C 的能量转换效率。

（4）ESD 设备运行约束。ESD 主要包括 ES、HS、CS 和 GS，各类型储能设备在进行储能和释能时，还需考虑储能容量约束，具体约束条件如下：

$$\begin{aligned} & S_{\mathrm{ESD},t} = (1-\varphi_{\mathrm{ESD},t}^{\mathrm{loss}})S_{\mathrm{ESD},t-1} + [g_{\mathrm{ESD},t}^{\mathrm{input}}\varphi_{\mathrm{ESD}}^{\mathrm{input}} - g_{\mathrm{ESD},t}^{\mathrm{output}} / \varphi_{\mathrm{ESD}}^{\mathrm{output}}] \\ & S_{\mathrm{ESD},t}^{\min} \leqslant c \leqslant S_{\mathrm{ESD},t}^{\max} \\ & S_{\mathrm{ESD},T_0} = S_{\mathrm{ESD},T} \end{aligned} \tag{5-86}$$

式中 $S_{\mathrm{ESD},t}$ ——ESD 的蓄能量；

$\varphi_{\mathrm{ESD},t}^{\mathrm{loss}}$ ——ESD 的能量损失率；

$g_{\mathrm{ESD},t}^{\mathrm{input}}$ ——ESD 的蓄能功率；

$g_{\mathrm{ESD},t}^{\mathrm{output}}$ ——ESD 的释能功率；

$\varphi_{\mathrm{ESD}}^{\mathrm{input}}$ ——ESD 的蓄能效率；

$\varphi_{\mathrm{ESD}}^{\mathrm{output}}$ ——ESD 的释能效率；

$S_{\mathrm{ESD},t}^{\min}$ ——ESD 的最小蓄能量；

$S_{\mathrm{ESD},t}^{\max}$ ——ESD 的最大蓄能量。

同时，为给下一调度周期预留一定的调节裕度，将运行一个周期后的蓄能量恢复到初始时刻的蓄能量，T_0 和 T 为分别为调度周期始末。

（5）系统旋转备用约束。设定 $\mathrm{MEG_s}$ 按照以热定电模式运行，即 $\mathrm{MEG_s}$ 优先满足热负荷需求。由于 WPP、PV 和负荷具有随机性，故需对电负荷和冷负荷进行备用容量约束，具体约束条件如下：

$$\begin{cases}\left[\begin{aligned}&\left(N_{i,t}^{\mathrm{CGT}}+\sum_{k\in Ik\neq i}N_{k,t}^{i,\mathrm{CGT}}\right)(g_{\mathrm{CGT}}^{\max}-g_{\mathrm{CGT}})\\&+\left(N_{i,t}^{\mathrm{ES}}+\sum_{k\in Ik\neq i}N_{k,t}^{i,\mathrm{ES}}\right)(g_{\mathrm{ES}}^{\mathrm{output,max}}-g_{\mathrm{ES}}^{\mathrm{output}})\end{aligned}\right]\geqslant p_{i,t}^{\mathrm{e}}L_{i,t}^{\mathrm{e}}\\ \left[\begin{aligned}&\left(N_{i,t}^{\mathrm{P2C}}+\sum_{k\in Ik\neq i}N_{k,t}^{i,\mathrm{P2C}}\right)(Q_{\mathrm{P2C}}^{\max}-Q_{\mathrm{P2C}})\\&+\left(N_{i,t}^{\mathrm{H2C}}+\sum_{k\in Ik\neq i}N_{k,t}^{i,\mathrm{H2C}}\right)(Q_{\mathrm{H2C}}^{\max}-Q_{\mathrm{H2C}})+\\&\left(N_{i,t}^{\mathrm{CS}}+\sum_{k\in Ik\neq i}N_{k,t}^{i,\mathrm{CS}}\right)(Q_{\mathrm{CS}}^{\mathrm{output,max}}-Q_{\mathrm{CS}}^{\mathrm{output}})\end{aligned}\right]\geqslant p_{i,t}^{\mathrm{c}}L_{i,t}^{\mathrm{c}}\end{cases}\tag{5-87}$$

式中 $g_{\mathrm{CGT}}^{\max}$ ——CGT 的最大供电功率；

$g_{\mathrm{ES}}^{\mathrm{output,max}}$ ——ES 的最大供电功率；

$Q_{\mathrm{P2C}}^{\max}$ ——P2C 的最大功率；

$Q_{\mathrm{H2C}}^{\max}$ ——H2C 的最大功率；

$Q_{\mathrm{CS}}^{\mathrm{output,max}}$ ——CS 的最大功率；

$p_{i,t}^{\mathrm{e}}$ ——MEG_i 的电负荷备用系数；

$p_{i,t}^{\mathrm{c}}$ ——MEG_i 的冷负荷备用系数。

通过上述多微能源网灵活配置模型，综合考虑不同类型量设备的运行特性，及原始规划方案的设备总量，能够确立不同 MEG_s 在灵活性边界状态下的各类型能量设备最优配置数量。

2. 多能协同交互优化模型

基于多 MEG_s 日前灵活性配置方案，根据 WPP、PV 和负荷的日内预测结果，考虑不同类型能量设备组合优化问题。同样，WPP 和 PV 发电成本几乎为零，具有较高的经济效益，然而，WPP 和 PV 的不确定性也给 MEG_s 运行带来较强的风险，如何平衡收益和风险是多 MEG_s 优化调度的关键问题。本文引入条件风险价值描述 WPP 和 PV 不确定性风险，以多 MEG_s 综合调度收益最大为优化目标，构造日内调度模型，具体目标函数如下：

$$\max F = \sum_{i\in I}\sum_{t\in T}\left[\lambda F_{i,t}^{\text{CVaR}} + (1-\lambda)F_{i,t}^{\text{Re vuenue}}\right] \tag{5-88}$$

式中 F——多 MEG_s 综合调度成本；

λ——收益权重系数，该值越大，表明决策者越追逐 WPP 和 PV 带来的高经济收益；反之，表明决策者越倾向规避 MEG_s 的运行风险；

$F_{i,t}^{\text{Re vuenue}}$——$MEG_i$ 的综合调度收益；

$F_{i,t}^{\text{CVaR}}$——MEG_i 的风险收益，一般为负。

$$F^{\text{CVaR}} = \left\{\alpha + \frac{1}{1-\beta}\int_{g\in R^m}[f(M,g)-\alpha] - f(g)\mathrm{d}g\right\}_i \tag{5-89}$$

$$y^{\mathrm{T}} = [gW_{\mathrm{PP},t}, g_{\mathrm{PV},t}, L_t]$$

式中 α——VPP 运行损失的临界值，用以判定 VPP 运行整体风险状况；

$f(M,g)$——VPP 运行的损失函数，等于 $\sum_{t\in T}[(\Delta g_{\mathrm{WPP},t} + \Delta g_{\mathrm{PV},t})p_{\mathrm{UEG},t}]$；

$\Delta g_{\mathrm{WPP},t}$、$\Delta g_{\mathrm{PV},t}$——分别为 WPP、PV 的预测偏差；

$p_{\mathrm{UEG},t}$——上级电网的备用价格；

$M^{\mathrm{T}} = [g_{\mathrm{MEG},t}(1), g_{\mathrm{MEG},t}(2), \cdots, g_{\mathrm{MEG},t}(T)]$——决策向量；

y^{T}——多元随机向量；

β——VPP 运行的置信度。

当式（5-89）达到最大时的α值，即为 VaR 值。VaR 值估算了特定置信水平下的 VPP 调度方案的最大可能损失，但不能考量风险尾部情况，而 C_{VaR} 方法则能够克服上述问题。进一步，分析 MEG_s 运营利益，具体计算如下：

$$F_{i,t}^{\text{Re vuenue}} = \sum_{t=1}^{24} \left\{ \begin{aligned} & \underbrace{\begin{pmatrix} R_{\text{RE},t} + R_{\text{CGT},t}^{\text{e}} + \\ R_{\text{CGT},t}^{\text{h}} + R_{\text{GB},t}^{\text{h}} \end{pmatrix}}_{EPD} + \underbrace{\begin{pmatrix} R_{\text{P2G},t} + R_{\text{P2C},t} + \\ R_{\text{P2H},t} + R_{\text{H2C},t} \end{pmatrix}}_{ECD} \\ & + \underbrace{\begin{pmatrix} R_{\text{ES},t} + R_{\text{HS},t} + \\ R_{\text{CS},t} + R_{\text{GS},t} \end{pmatrix}}_{ES} + \underbrace{\begin{pmatrix} R_{\text{PBDR},t} + \\ R_{\text{Shortage},t} \end{pmatrix}}_{\text{其他}} \end{aligned} \right\}_i \tag{5-90}$$

式中　$R_{\text{RE},t}$——可再生能源机组发电收益，包括 WPP 和 PV；

$R_{\text{GB},t}^{\text{h}}$——GB 供热收益；

$R_{\text{CGT},t}^{\text{e}}$——CGT 的供电收益；

$R_{\text{CGT},t}^{\text{h}}$——CGT 的供热收益；

$R_{\text{P2G},t}$——P2G 的运营收益；

$R_{\text{P2C},t}$——P2C 的运营收益；

$R_{\text{P2H},t}$——P2H 的运营收益；

$R_{\text{H2C},t}$——H2C 的运营收益；

$R_{\text{ES},t}$——ES 的运营收益；

$R_{\text{HS},t}$——HS 的运营收益；

$R_{\text{CS},t}$——CS 的运营收益；

$R_{\text{GS},t}$——GS 的运营收益；

$R_{\text{PBDR},t}$——PBDR 收益；

$R_{\text{Shortage},t}$——MEG 失负荷收益，取值为负，等于失负荷量和负荷价格。

各类型能量设备的运营收益可由式（5-91）计算，具体如下：

$$R_{\text{EPD},t} = Q_{\text{EPD},t} p_{\text{EPD},t} - C_{\text{EPD},t} \tag{5-91}$$

式中　$R_{\text{EPD,t}}$——EPD 的能量供给收益；

$Q_{\text{EPD,t}}$——EPD 的能量供给量；

$p_{\text{EPD},t}$——EPD 的供给价格；

$C_{\mathrm{EPD},t}$ ——EPD 的能量供给成本。

其中，WPP 和 PV 的发电成本基本为零，GB 的供热成本主要取决于燃料成本，而 CGT 的能量供给成本则取决于燃料成本和启停成本，具体计算如下：

$$
\begin{aligned}
C_{\mathrm{CGT},t} &= C_{\mathrm{CGT},\ t}^{\mathrm{fuel}} + C_{\mathrm{CGT},\ t}^{\mathrm{sd}} \\
&= \begin{Bmatrix} a(g_{\mathrm{CGT},t}+\theta_{\mathrm{h}}^{\mathrm{e}}Q_{\mathrm{CGT},t})^2 + \\ b(g_{\mathrm{CGT},t}+\theta_{\mathrm{h}}^{\mathrm{e}}Q_{\mathrm{CGT},t}) + c \end{Bmatrix} + \left\{\begin{bmatrix} \mu_{\mathrm{CGT},t}^{u}(1-\mu_{\mathrm{CGT},t-1}^{u})C_{\mathrm{CGT},t}^{u} + \\ \mu_{\mathrm{CGT},s}^{d}(1-\mu_{\mathrm{CGT},s+1}^{d})C_{\mathrm{CGT},s+1}^{d} \end{bmatrix}\right\}
\end{aligned}
\tag{5-92}
$$

式中 $C_{\mathrm{CGT},t}^{\mathrm{fuel}}$ ——CGT 在时刻 t 的燃料成本；

$C_{\mathrm{CGT},t}^{\mathrm{sd}}$ ——CGT 在时刻 t 的燃料成本和启停成本；

$u_{\mathrm{CGT},t}$ ——CGT 的启停状态变量；

$g_{\mathrm{CGT},t}$ ——CGT 在时刻 t 的发电出力；

$Q_{\mathrm{CGT},t}$ ——CGT 在时刻 t 的供热出力；

$\theta_{\mathrm{h}}^{\mathrm{e}}$ ——CGT 的电热转换系数；

a、b、c ——CGT 的供能成本系数；

$\mu_{\mathrm{CGT},t}^{u}$ ——CGT 在时刻 t 的启动状态变量；

$\mu_{\mathrm{CGT},s}^{d}$ ——CGT 在时刻 t 的停机状态变量；

$C_{\mathrm{CGT},t}^{u}$ ——CGT 在时刻 t 的启动成本；

C_{CGT}^{d} ——在时刻 t 的 1 的停机成本。

$$
\left.\begin{aligned}
R_{\mathrm{ECD},t} &= Q_{\mathrm{ECD},t}^{\mathrm{output}} p_{\mathrm{ECD},t}^{\mathrm{output}} \eta_{\mathrm{ECD},t}^{\mathrm{output}} - Q_{\mathrm{ECD},t}^{\mathrm{input}} p_{\mathrm{ECD}}^{\mathrm{input}} / \eta_{\mathrm{ECD}}^{\mathrm{input}} \\
R_{\mathrm{ESD},t} &= Q_{\mathrm{ESD},t}^{\mathrm{output}} p_{\mathrm{ESD},t}^{\mathrm{output}} \eta_{\mathrm{ESD},t}^{\mathrm{output}} - Q_{\mathrm{ESD},t}^{\mathrm{input}} p_{\mathrm{ESD}}^{\mathrm{input}} / \eta_{\mathrm{ESD}}^{\mathrm{input}}
\end{aligned}\right\}
\tag{5-93}
$$

式中 $Q_{\mathrm{ECD},t}^{\mathrm{input}}$ ——ECD 的输入能量；

$Q_{\mathrm{ECD}.t}^{\mathrm{output}}$ ——ECD 的输出能量；

$p_{\mathrm{ECD}}^{\mathrm{input}}$ ——ECD 的用能价格；

$p_{\mathrm{ECD}}^{\mathrm{output}}$ ——ECD 的供能价格；

$\eta_{\mathrm{ECD}}^{\mathrm{input}}$ ——ECD 的用能效率；

$\eta_{\mathrm{ECD}}^{\mathrm{output}}$ ——ECD 的供能效率；

$Q_{\mathrm{ESD},t}^{\mathrm{input}}$ ——ESD 的输入能量；

$Q_{\mathrm{ESD},t}^{\mathrm{output}}$ ——ESD 的输出能量；

$p_{\mathrm{ESD}}^{\mathrm{input}}$ ——ESD 的用能价格；

$p_{\mathrm{ESD},t}^{\mathrm{output}}$ ——ESD 的供能价格；

$\eta_{\mathrm{ESD}}^{\mathrm{input}}$ ——ESD 的用能效率；

$\eta_{\mathrm{ESD}}^{\mathrm{output}}$ ——ESD 的供能效率。

$$R_{\mathrm{PBDR},t}=\sum_{t=1}^{24}(p_t^{\mathrm{before}}L_t^{\mathrm{before}}-p_t^{\mathrm{after}}L_t^{\mathrm{after}}) \tag{5-94}$$

式中 p_t^{before} ——PBDR 前的能量价格；

p_t^{after} ——PBDR 后的能量价格；

L_t^{before} ——PBDR 前的能量需求；

L_t^{aftet} ——PBDR 后的能量需求。

在构造 $\mathrm{MEG_s}$ 优化调度模型时，需要综合考虑负荷供需平衡约束，EPD、ECD、ESD 的运行约束及系统旋转备用约束。同时，由于 WPP，PV 及负荷的随机性仍旧存在，为降低随机性对 $\mathrm{MEG_s}$ 运行的影响，设定该阶段实施价格型需求响应，以刺激终端用户响应 $\mathrm{MEG_s}$ 调度优化，具体约束条件如下：

（1）负荷供需平衡约束：

$$\begin{aligned}&g_{\mathrm{CGT},t}+g_{\mathrm{WPP},t}+g_{\mathrm{PV},t}+g_{\mathrm{ES},t}^{\mathrm{output}}+g_{\mathrm{P2G},t}^{\mathrm{output}}\\&=L_t^{\mathrm{e}}+g_{\mathrm{ES},t}^{\mathrm{input}}+g_{\mathrm{P2G},t}^{\mathrm{input}}+g_{\mathrm{P2H},t}^{\mathrm{input}}+g_{\mathrm{P2C},t}^{\mathrm{input}}+\Delta L_t^{\mathrm{e,PB}}\end{aligned} \tag{5-95}$$

$$\begin{aligned}&Q_{\mathrm{CGT},t}+Q_{\mathrm{GB},t}+Q_{\mathrm{P2H},t}^{\mathrm{output}}+Q_{\mathrm{HS},t}^{\mathrm{output}}\\&=L_t^{\mathrm{h}}+Q_{\mathrm{HS},t}^{\mathrm{input}}+Q_{\mathrm{H2C},t}^{\mathrm{input}}+\Delta L_t^{\mathrm{h,PB}}\end{aligned} \tag{5-96}$$

$$Q_{\mathrm{P2C},t}^{\mathrm{output}}+Q_{\mathrm{H2C},t}^{\mathrm{output}}+Q_{\mathrm{CS},t}^{\mathrm{output}}=L_t^{\mathrm{C}}+Q_{\mathrm{CS},t}^{\mathrm{input}}+\Delta L_t^{\mathrm{PB,c}} \tag{5-97}$$

式中 $g_{\mathrm{WPP},t}$ ——WPP 的发电出力；

$g_{\mathrm{PV},t}$ ——PV 的发电出力；

$g_{\mathrm{CGT},t}$ ——CGT 的发电出力；

$g_{\mathrm{ES},t}^{\mathrm{input}}$ ——ES 的充电功率；

$g_{\mathrm{ES},t}^{\mathrm{output}}$ ——ES 的放电功率；

$g_{\mathrm{P2G},t}^{\mathrm{input}}$ ——P2G 的用电量；

$g_{\mathrm{P2G},t}^{\mathrm{output}}$ ——P2G 的发电量；

$g_{\mathrm{P2H},t}^{\mathrm{input}}$ ——P2H 的用电量；

$g_{\mathrm{P2C},t}^{\mathrm{input}}$ ——P2C 的用电量；

$\Delta L_t^{e,PB}$ ——PBDR 提供的发电出力；

$Q_{CGT,t}$ ——CGT 的供热功率；

$Q_{GB,t}$ ——GB 的供热功率；

$Q_{P2H,t}^{output}$ ——P2H 的供热功率；

$Q_{HS,t}^{input}$ ——HS 的蓄热功率；

$Q_{HS,t}^{output}$ ——HS 的释热功率；

$Q_{H2C,t}^{input}$ ——H2C 的用热量；

$\Delta L_t^{h,PB}$ ——PBDR 提供的供热出力；

$Q_{P2C,t}^{output}$ ——P2C 的供冷出力；

$Q_{H2C,t}^{output}$ ——H2C 的供冷出力；

$Q_{CS,t}^{input}$ ——CS 的蓄冷；

$Q_{CS,t}^{output}$ ——CS 的释冷功率；

$\Delta L_t^{PB,c}$ ——PBDR 提供的供冷出力。

（2）EPD 运行约束：EPD 主要包括 WPP、PV、GB 和 CGT。其中，WPP、PV、GB 主要运行约束是输出功率不能超过最大可用或规定功率；CGT 主要约束包括最大出力功率和上下爬坡功率，设定 θ_h^e 为电热转换系数，则 CGT 的总输出功率为 $g'_{CGT,t} = g_{CGT,t} + \theta_h Q_{CGT,t}$，则具体条件如下：

$$u_{CGT,t}(g_{CGT,t}^{min} + \theta_h^e Q_{CGT,t}^{min}) \leqslant g'_{CGT,t} \leqslant u_{CGT,t}(g_{CGT,t}^{max} + \theta_h^e Q_{CGT,t}^{max}) \tag{5-98}$$

$$u_{CGT,t}\Delta g'^{-}_{CGT} \leqslant g'_{CGT,t} - g'_{CGT,t-1} \leqslant u_{CGT,t}\Delta g'^{+}_{CGT} \tag{5-99}$$

式中 Q_{CGT}^{max} ——CGT 最大热功率；

Q_{CGT}^{min} ——CGT 发电功率最小时的汽轮机供热功率；

g_{CGT}^{min} ——CGT 在纯凝工况下的最小发电功率；

g_{CGT}^{max} ——CGT 在纯凝工况下的最大发电功率；

$\Delta g'^{-}_{CGT}$ ——CGT 的上爬坡功率限制；

$\Delta g'^{+}_{CGT}$ ——CGT 的下爬坡功率限制。

（3）ECD 运行约束：ECD 主要包括 P2H、P2C、H2C、P2G，根据能量转换计算公式确立不同设备的能量转换关系。不同能量转换设备均有自身功率限制，具体约束条件如下：

$$u_{\mathrm{ECD},t}^{\mathrm{output}} g_{\mathrm{ECD},t}^{\mathrm{output,in}} \leqslant g_{\mathrm{ECD},t}^{\mathrm{output}} \leqslant u_{\mathrm{ECD},t}^{\mathrm{output}} g_{\mathrm{ECD},t}^{\mathrm{output,max}} \tag{5-100}$$

$$u_{\mathrm{ECD},t}^{\mathrm{input}} g_{\mathrm{ECD},t}^{\mathrm{input,min}} \leqslant g_{\mathrm{ECD},t}^{\mathrm{input}} \leqslant u_{\mathrm{ECD},t}^{\mathrm{input}} E_{\mathrm{ECD},t}^{\mathrm{input,max}} \tag{5-101}$$

式中 $g_{\mathrm{ECD},t}^{\mathrm{output}}$ ——ECD 供能下限；

$g_{\mathrm{ECD},t}^{\mathrm{output,max}}$ ——ECD 供能上限；

$g_{\mathrm{ECD},t}^{\mathrm{input,min}}$ ——ECD 用能下限；

$E_{\mathrm{ECD},t}^{\mathrm{input,max}}$ ——ECD 用能上限；

$u_{\mathrm{ECD},t}^{\mathrm{output}}$、$u_{\mathrm{ECD},t}^{\mathrm{input}}$ ——ECD 的状态变量。

（4）ESD 运行约束：ESD 主要包括 ES、HS、CS 和 GS，根据式（5-86）能够约束不同类型设备的储能容量，同时还需考虑各类型储能设备的蓄能功率和释能功率的限值，具体约束条件如下：

$$u_{\mathrm{ESD},t}^{\mathrm{output}} g_{\mathrm{ESD},t}^{\mathrm{output,min}} \leqslant g_{\mathrm{ESD},t}^{\mathrm{output}} \leqslant u_{\mathrm{ESD},t}^{\mathrm{output}} g_{\mathrm{ESD},t}^{\mathrm{output,max}} \tag{5-102}$$

$$u_{\mathrm{ESD},t}^{\mathrm{input}} g_{\mathrm{ESD},t}^{\mathrm{input,min}} \leqslant g_{\mathrm{ESD},t}^{\mathrm{input}} \leqslant u_{\mathrm{ESD},t}^{\mathrm{input}} E_{\mathrm{ESD},t}^{\mathrm{input,max}} \tag{5-103}$$

式中 $g_{\mathrm{ESD},t}^{\mathrm{output,min}}$ ——ESD 供能下限；

$g_{\mathrm{ESD},t}^{\mathrm{output,max}}$ ——ESD 供能上限；

$g_{\mathrm{ESD},t}^{\mathrm{input,min}}$ ——ESD 用能下限；

$E_{\mathrm{ESD},t}^{\mathrm{input,max}}$ ——ESD 用能上限；

$u_{\mathrm{ESD},t}^{\mathrm{output}}$、$u_{\mathrm{ESD},t}^{\mathrm{input}}$ ——ESD 的状态变量。

（5）PBDR 运行约束：PBDR 通过实施峰谷分时电价引导终端用户合理用能，实现负荷曲线的“削峰填谷”，根据微观经济学原理，价格型需求响应可由需求价格弹性进行描述，具体如下：

$$E_{st} = \frac{\Delta L_s / L_s^0}{\Delta P_t / P_t^0} \begin{cases} E_{st} \leqslant 0, s = t \\ E_{st} \geqslant 0, s \neq t \end{cases} \tag{5-104}$$

式中 E_{st} ——能量需求价格弹性矩阵。当 s=t 时，$E_{st}^{\mathrm{e,h,c}}$ 为自弹性；当 s≠t，$E_{st}^{\mathrm{e,h,c}}$ 为交叉弹性；

ΔL_s ——示 PBDR 后的价格变动量；

ΔP_t ——PBDR 后的负荷变量。

相应的，PBDR 后的能量需求负荷变动量计算如下：

$$L_t^{\text{after}} = L_t^{\text{before}} \times \left\{ E_{tt} \times \frac{\left[P_t^{\text{after}} - P_t^{\text{before}} \right]}{P_t^{\text{before}}} + \sum_{\substack{s=1 \\ s \neq t}}^{24} E_{st} \times \frac{\left[P_s^{\text{after}} - P_s^{\text{before}} \right]}{P_s^{\text{before}}} \right\} \tag{5-105}$$

式中 $\Delta L_t^{\text{after}}$、$L_t^{\text{before}}$——分别表示 PBDR 前后的负荷变动量和初始负荷。

同时，为了避免 PBDR 引起的负荷变动量过大，导致负荷曲线峰谷倒挂现象发生，引入最大负荷波动比例σ，具体约束条件如下：

$$\sum_{t=1}^{T} \left| L_t^{\text{after}} - L_t^{\text{before}} \right| \leqslant \sum_{t=1}^{T} \sigma L_t \tag{5-106}$$

（6）系统备用约束：系统备用约束设定 MEG_s 按照以热定电模式运行，故需预留部分电负荷备用容量和冷负荷备用容量；此外，WPP 和 PV 的随机性也要求 MEG_s 预留一定的备用，具体约束条件如下：

$$g_{\text{MEG},t}^{\text{e,max}} - g_{\text{MEG},t}^{\text{e}} + g_{\text{ES},t}^{\text{output}} + [L_t^{\text{e,after}} - L_t^{\text{e,before}}, 0]^{+} \geqslant r_{\text{e}} L_t^{\text{e}} + r_{\text{WPP}}^{\text{up}} g_{\text{WPP},t} + r_{\text{pV}}^{\text{up}} g_{\text{PV},t} \tag{5-107}$$

$$g_{\text{MEG},t}^{\text{e}} - g_{\text{MEG},t}^{\text{e,min}} + g_{\text{ES},t}^{\text{input}} + [L_t^{\text{e,after}} - L_t^{\text{e,before}}, 0]^{-} \geqslant r_{\text{WPP}}^{\text{dn}} g W_{\text{PP},i} + r_{\text{PV}}^{\text{dn}} g_{\text{PV},i} \tag{5-108}$$

$$g_{\text{MEG},t}^{\text{c,max}} - g_{\text{MEG},t}^{\text{c}} + g_{\text{CS},t}^{\text{output}} + [L_t^{\text{c,after}} - L_t^{\text{c,before}}, 0]^{+} \geqslant r_{\text{c}} L_t^{\text{c}} \tag{5-109}$$

式中 $g_{\text{MEG},t}$——MEG 提供的电功率；

$g_{\text{MEG},t}^{\text{e,max}}$——MEG 的最大供电功率；

$g_{\text{MEG},t}^{\text{e,min}}$——MEG 的最小供电功率；

r_{e}——电负荷的上旋转备用系数；

r_{c}——冷负荷的上旋转备用系数；

$r_{\text{WPP}}^{\text{up}}$——WPP 的上旋转备用系数；

$r_{\text{pV}}^{\text{up}}$——PV 的上旋转备用系数；

$r_{\text{WPP}}^{\text{dn}}$——WPP 的下旋转备用系数；

$r_{\text{PV}}^{\text{dn}}$——PV 的下旋转备用系数。

3. 备用多元平衡优化模型

在以热定电模式下，多 MEG_s 备用需求主要考虑电负荷和冷负荷备用需求。其中，多 MEG_s 运行的备用需求主要包括两个部分，第一部分是 WPP 和 PV 在二级模型确立的日内出力与实时功率的偏差；第二部分为日内负荷与实时负荷偏差。其中，冷负荷主要由 P2C 和 H2C 提供，故在考虑电备用调度时，需考虑 P2C 所需的电量。电负荷和冷负荷的备用需求计算如下：

$$R_t^{\mathrm{e}} = (g_{\mathrm{WPP},t}^{\text{Real-time}} - g_{\mathrm{WPP},t}^{\text{Intr-day}}) + (g_{\mathrm{PV},t}^{\text{Real-time}} - g_{\mathrm{PV},t}^{\text{Intr-day}}) + (L_t^{\mathrm{e},\text{Real-time}} - L_t^{\mathrm{e},\text{ Intr-day}}) + (L_{\mathrm{P2C},\ t}^{\mathrm{c},\text{Real-time}} - L_{\mathrm{P2C},\ t}^{\mathrm{c},\text{ Intr-day}}) / \varphi_{\mathrm{P2C}} \tag{5-110}$$

$$R_t^{\mathrm{c}} = (L_t^{\mathrm{c},\text{Real-time}} - L_t^{\mathrm{c},\text{Intr-day}}) \tag{5-111}$$

式中 R_r^{e}——电负荷的备用需求；

R_t^{c}——热负荷的备用需求；

$g_{\mathrm{WPP},t}^{\text{Real-time}}$——WPP 实时出力功率；

$g_{\mathrm{PV},t}^{\text{Intr-day}}$——WPP 日内最优出力功率；

$g_{\mathrm{PV},t}^{\text{Real-time}}$——PV 实时出力功率；

$g_{\mathrm{PV},t}^{\text{Intr-day}}$——PV 日内最优出力功率；

$L_t^{\mathrm{c},\text{Real-time}}$——电负荷实时需求；

$L_t^{\mathrm{c},\text{Intr-day}}$——电负荷日内预测结果；

$L_t^{\mathrm{e},\text{Real-time}}$——冷负荷实时需求；

$L_t^{\mathrm{e},\text{ Intr-day}}$——冷负荷日内预测结果；

$L_{\mathrm{P2C},\ t}^{\mathrm{c},\text{Real-time}}$——P2C 承担的实时冷负荷；

$L_{\mathrm{P2C},\ t}^{\mathrm{c},\text{ Intr-day}}$——P2C 承担的日内冷负荷。

根据以及系统灵活配置模型确立的微能源网新的配置方案，各微能源网包含的设备数量如下：

$$N_{i',t}^{m} = N_{i,t}^{m} + \sum_{k \in I \& k \neq i} N_{k,t}^{i,m} \tag{5-112}$$

式中 m——能源设备，包括 EPD、ECD、EHD；

i'——$\mathrm{MEG_s}$，$i' \in I$。

考虑不同微能源网的电、冷负荷备用需求，结合不同微能源网可提供备用的能力，对 $\mathrm{MEG_s}$ 边界进行再次重新划分，以备用调度成本最小为目标，构造多备用源调度优化模型，具体目标函数如下：

$$\min R = \sum_{i' \in I} \sum_{t \in T} \left[R_{i',t} + \sum_{k' \in I \& k' \neq i} R_{k',t}^{i'} + R_{i',t}^{\mathrm{IBDR}} + R_{i',t}^{\mathrm{UEG}} \right] \tag{5-113}$$

式中 $R_{i',t}$——$\mathrm{MEG}_{i'}$ 自身的备用调度成本；

$R_{k',t}^{i'}$ ——$MEG_{k'}$ 向 $MEG_{i'}$ 提供的备用调度成本；

$R_{i',t}^{IBDR}$ ——$MEG_{i'}$ 调用 IBDR 的备用成本；

$R_{i',t}^{UEG}$ ——MEG i' 向上级能网购买的备用成本。

不同备用源的备用成本计算如下：

$$R_{i',t}+\sum_{m\in EPD}\Delta g_{i',t}^{e,m}p_{i',t}^{e,m}+\Delta Q_{i',t}^{H2C}p_{i',t}^{H2C}+\Delta Q_{i',t}^{P2C}p_{i',t}^{P2C} \tag{5-114}$$

式中 $\Delta g_{i',t}^{e,m}$ ——$MEG_{i'}$ 中能源设备 m 提供的备用量；

$p_{i',t}^{e,m}$ ——$MEG_{i'}$ 中能源设备 m 提供的备用价；

$\Delta Q_{i',t}^{H2C}$ ——$MEG_{i'}$ 中 H2C 提供的冷备用量；

$p_{i',t}^{H2C}$ ——$MEG_{i'}$ 中 H2C 提供的冷备用价格；

$\Delta Q_{i',t}^{P2C}$ ——$MEG_{i'}$ 中 P2C 提供的冷备用量；

$p_{i',t}^{P2C}$ ——$MEG_{i'}$ 中 P2C 提供的冷备用价格。

$$R_{k',t}^{i'}=\sum_{m\in EPD}\Delta g_{k',t}^{i',e,m}p_{k',t}^{i',e,m}+\Delta Q_{k',t}^{i',H2C}p_{k',t}^{i',H2C}+\Delta Q_{k',t}^{i',P2C}p_{k',t}^{i',P2C} \tag{5-115}$$

式中 $\Delta g_{k',t}^{i',e,m}$ ——$MEG_{k'}$ 中能源设备 m 向 $MEG_{i'}$ 提供的备用量；

$p_{k',t}^{i',e,m}$ ——$MEG_{k'}$ 中能源设备 m 向 $MEG_{i'}$ 提供的备用价；

$\Delta Q_{k',t}^{i',H^2}$ ——$MEG_{k'}$ 中 H2C 和 P2C 向 $MEG_{i'}$ 提供的冷负荷备用量；

$p_{k',t}^{i',H2C}$ ——$MEG_{k'}$ 中 H2C 和 P2C 向 $MEG_{i'}$ 提供的冷负荷备用价；

$\Delta Q_{k',t}^{i',PC}$ ——$MEG_{k'}$ 中 H2C 和 P2C 向 $MEG_{i'}$ 提供的冷负荷备用量；

$p_{k',t}^{i',H2C}$ ——$MEG_{k'}$ 中 H2C 和 P2C 向 $MEG_{i'}$ 提供的冷负荷备用价。

$$\begin{aligned}R_{i',t}^{IBDR}&=(g_{i',t}^{IB,up}p_{i',t}^{IB,up}+g_{i',t}^{IB,dn}p_{i',t}^{IB,dn})\\&\quad+(Q_{i',t}^{c,IB,up}p_{i',t}^{c,IB,up}+Q_{i',t}^{c,IB,dn}p_{i',t}^{c,IB,dn})\end{aligned} \tag{5-116}$$

式中 $g_{i',t}^{IB,up}$ ——$MEG_{i'}$ 调用 IBDR 提供的上备用电量；

$g_{i',t}^{IB,dn}$ ——$MEG_{i'}$ 调用 IBDR 提供的下被用电量；

$p_{i',t}^{I,up}$ ——$MEG_{i'}$ 调用 IBDR 提供的电负荷上备用价格；

$p_{i',t}^{IB,up}$ ——$MEG_{i'}$ 调用 IBDR 提供电负荷的电负荷下备用价格；

$Q_{i',t}^{c,IB,up}$ ——$MEG_{i'}$ 调用 IBDR 提供的上备用冷量；

$Q_{i',t}^{c,IB,dn}$ ——$MEG_{i'}$ 调用 IBDR 提供的下备用冷量；

$p_{i',t}^{\mathrm{c,IB,up}}$ ——$\mathrm{MEG}_{i'}$ 调用 IBDR 提供的冷负荷上备用价格；

$p_{i',t}^{\mathrm{c,IB,dn}}$ ——$\mathrm{MEG}_{i'}$ 调用 IBDR 提供的冷负荷下备用价格。

$$R_{i',t}^{\mathrm{UEG}} = p_{i',t}^{\mathrm{UPG}} g_{i',t}^{\mathrm{UPG}} + p_{i',t}^{\mathrm{UCG}} Q_{i',t}^{\mathrm{UCG}} \tag{5-117}$$

式中　$g_{i',t}^{\mathrm{UPG}}$ ——$\mathrm{MEG}_{i'}$ 向上级电网购买能量的价格；

$Q_{i',t}^{\mathrm{UCG}}$ ——$\mathrm{MEG}_{i'}$ 向上级冷网购买能量的价格；

$p_{i',t}^{\mathrm{UPG}}$ ——$\mathrm{MEG}_{i'}$ 向上级电网购买的能量；

$p_{i',t}^{\mathrm{UCG}}$ ——$\mathrm{MEG}_{i'}$ 向上级冷网购买的能量。

同样，对于多备用源调度来说，需要考虑供需平衡问题，也需要考虑不同能源设备的运行约束，具体约束条件如下：

（1）备用供需平衡约束：

$$\sum_{m\in EPD} \Delta g_{i',t}^{\mathrm{e,m}} + \sum_{k'\in I\&k'\neq i} \sum_{m\in EPD} \Delta g_{k',t}^{i',\mathrm{e,m}} + g_{i',t}^{\mathrm{IB,up}} = R_{i',t}^{\mathrm{e}} + g_{i',t}^{\mathrm{IB,dn}} + g_{i',t}^{\mathrm{UPG}} \tag{5-118}$$

$$\Delta Q_{i',t}^{\mathrm{H2C}} + \Delta Q_{i',t}^{\mathrm{P2C}} + \sum_{k'\in I\&k'\neq i} (\Delta Q_{k',t}^{i',\mathrm{H2C}} + \Delta Q_{k',t}^{i',\mathrm{P2C}}) + Q_{i',t}^{\mathrm{c,IB,up}} + Q_{i',t}^{\mathrm{UCG}} = R_{i',t}^{\mathrm{c}} + Q_{i',t}^{\mathrm{c,IB,dn}} \tag{5-119}$$

式中　$R_{i',t}^{\mathrm{e}}$ ——$\mathrm{MEG}_{i'}$ 电负荷备用需求量；

$R_{i',t}^{\mathrm{c}}$ ——$\mathrm{MEG}_{i'}$ 冷负荷备用需求量。

（2）IBDR 运行约束。为了避免用户过渡响应 IBDR，需对其提供的出力进行约束。同时，IBDR 提供的上下旋转备用总量不能超过最大允许出力，具体约束如下：

$$\sum_{t\in T} (|\, g_{i',t}^{\mathrm{IB,up}} \,| + |\, g_{i',t}^{\mathrm{IB,dn}} \,|) \leqslant \phi_{i'}^{\mathrm{e}} L_{i',t}^{\mathrm{e}} \tag{5-120}$$

$$\sum_{t\in T} (|\, Q_{i',t}^{\mathrm{c,IB,up}} \,| + |\, Q_{i',t}^{\mathrm{c,IB,dn}} \,|) \leqslant \sum_{t\in T} \phi_{i'}^{\mathrm{c}} L_{i',t}^{\mathrm{c}} \tag{5-121}$$

式中　$\phi_{i'}^{\mathrm{e}}$ ——IBDR 提供的最大电负荷出力；

$\phi_{i'}^{\mathrm{c}}$ ——IBDR 提供的最大冷负荷出力。

（3）能源设备数量约束：

$$\{\Delta g_{i',t}^{\mathrm{e,m}}, \Delta g_{k',t}^{i',\mathrm{e,m}}\} \leqslant \{N_{i',t}^{\mathrm{e,m}} g_{i',t}^{\mathrm{e,m}}, N_{k',t}^{\mathrm{e,m}} g_{k',t}^{\mathrm{e,m}}\} \tag{5-122}$$

$$\{\Delta Q_{i',t}^{\mathrm{c,m}}, \Delta Q_{k',t}^{i',\mathrm{c,m}}\} \leqslant \{N_{i',t}^{\mathrm{c,m}} Q_{i',t}^{\mathrm{c,m}}, N_{k',t}^{\mathrm{c,m}} Q_{k',t}^{\mathrm{c,m}}\} \tag{5-123}$$

$$\left\{\sum_{i'\in I} N_{k',t}^{i',\mathrm{e,m}}, \sum_{i'\in I} N_{k',t}^{i',\mathrm{c,m}}\right\} \leqslant \{N_{k',t}^{\mathrm{e,m}}, N_{k',t}^{\mathrm{c,m}}\} \tag{5-124}$$

式中 $N_{i',t}^{\mathrm{e,m}}$ —— $\mathrm{MEG}_{i'}$ 中用于满足电负荷的能源设备 m 的数量；

$N_{k',t}^{\mathrm{e,m}}$ —— $\mathrm{MEG}_{k'}$ 中用于满足电负荷的能源设备 m 的数量；

$Q_{i',t}^{\mathrm{c,m}}$ —— $\mathrm{MEG}_{i'}$ 中用于满足电负荷的能源设备 m 的数量；

$N_{k',t}^{\mathrm{c,m}}$ —— $\mathrm{MEG}_{k'}$ 中用于满足电负荷的能源设备 m 的数量；

$N_{k',t}^{i',\mathrm{e,m}}$ 和 $N_{k',t}^{i',\mathrm{c,m}}$ —— $\mathrm{MEG}_{k'}$ 向 $\mathrm{MEG}_{i'}$ 提供电源备用的设备数量。

4. 多级数学模型求解算法

本节将遍历求解精度高的混沌搜索算法（chaotic search algorithm，CS）和全局寻优能力较强的蚁群算法（ant colony optimization algorithm，ACO）进行融合，建立混沌蚁群优化算法（chaotic ant colony optimization algorithm，CACO），用于求解所提的三级协同优化模型。

蚁群算法通过个体间的沟通协作可实现整体寻优，具有较强的自主决策能力和优异的分布式决策能力。尽管蚁群算法在全局寻优方面具有突出的表现，但求解过程中，蚁群算法的变异概率始终保持不变，当种群多样性较小时，依然以较低的概率变异，则易陷入局部最优，且在寻优过程中容易产生重复解。然而，混沌自身就是一种非线性现象，具有随机性、遍历性和对初始条件敏感性的特点，混沌搜索算法能够在有限范围内按照自身规律不重复地遍历所有状态，有效避免陷入局部最小，比随机搜索更具有优越性，易于跳出局部最优解。因此，本文选用混沌搜索改进传统蚁群算法。

5.4 本 章 小 结

本章通过农村能源集群化运行优化技术研究，着力破解农村地区大规模分布式新能源发展下的协同运行难题，提高可再生能源利用水平。围绕电源侧高离散、分布广、容量小以及随机性、波动性、间歇性强的特点，提出基于虚拟电源的分布式电源协同自律发电控制方法，形成了分布式电源分层控制架构和优化控制策略体系，提升农村地区分布式电源资源聚合和协调控制能力。围绕源网荷储一体化运行问题，提出了基于虚拟电厂的农村综合能源系统优化调度方法，研究了虚拟电厂各侧控制策略，搭建农村虚拟电厂应用场景，构建了以最大经营收入、最小经营风险和最小碳排放为目标函数的多目标优化模型，协调迅速发展的分布式电源与薄弱的农村配电网之间的矛盾，充分挖掘分布式能源为电网、用户和社会所带来的价值，实现经济效益、社会效益与环境效益的最大化。围绕多种能源相互割裂、缺乏协调的问题，提出了灵活性边界的微能网群协同运行机制，构建微能网群日前、日内、实时三级协同优化模型，根据不同时段各类能源供需情况，将不同类型的能源进行高效整合，实现电、热、冷、气多种能源的优化配置，提高多能流协同运行水平，促进能源利用最大化。

第 6 章

农村能源互联化智慧支撑平台

能源革命与数字革命交汇期，农村能源发展驶入能源数字化转型的快车道。农村供能、用能分散化特性明显，导致农村能源数据点多、面广，数据采集技术需要持续创新；不同品类能源系统信息化水平差异较大，导致农村能源信息异构性凸显，数据归集机制需要不断完善；农村能源数据管理部门呈现多元化，整体信息化管理水平较低，建设农村能源互联网平台势在必行。此外，农村能源规划配置、协同运行同样离不开信息化、数字化技术的支撑。因此，借助“互联网+”技术，加快建设农村能源互联化智慧支撑平台，更好服务农村能源就地开发就地利用成为必然选择。

6.1 农村分布式能源数据采集体系

6.1.1 农村能源智慧物联体系

1. 智慧物联体系的概念

在能源转型的大背景下，物联网技术的不断发展使得物联网与传统行业的融合越来越密切，如“物联网+农业”催生的智慧农业、“物联网+电网”形成的智能电网等。物联网技术正促使能源网络迈向万物智联的新阶段，利用信息化、数字化、现代化手段为传统能源领域赋能，实现能源生产、传输、存储、交易、消费各环节设备及客户的状态全面感知、信息交互和数据共享、需求快速响应。

在乡村振兴和农村能源转型发展过程中，产生了多样化的数据，农村地区能源生产和消费愈发呈现分散化特征，这些数据的集成与共享能够推动农村经济社会各领域的数字化、网络化、智能化发展。随着能源行业科技化和信息化程度的加深，以及各种监测设备和智能传感器的普及，大量数据信息包括石油、煤炭、地热、太阳能、风能等的数据得以产生并被存储下来，为推动物联网技术在农村能源领域的应用提供了广阔空间。

智慧物联体系主要是按照“共建共享、统放结合、开放合作、安全可控”的总体思路，统筹发电侧、输变电、配电网、客户侧和供应链等领域泛在互联和深度感知需求，协同输变电物联网、配电物联网、客户侧电力物联网、电工装备智慧物联等相关建设任务，实现“精准感知、边缘智能、统一物联、开放共享”：

（1）精准感知：结合实际业务需求、投资规模、建设区域特点等因素，因地制宜部署感知设备，按需实现电源侧、电网侧、用户侧、供应链等领域的准确、实时感知，支撑构建电力数字系统。

（2）边缘智能：边缘侧通过边缘计算、人工智能技术提供就地智能化分析、处理能力，支撑区域自治与云边协同；基于统一的边缘计算框架实现跨专业数据共享和业务流程贯通。

（3）统一物联：建立统一的物联管理平台，实现设备管理、应用管理、物联模型与物联标识等一体化管理；支持智能终端直接接入、边缘设备汇聚接入、业务系统接入等多元化接入。

（4）开放共享：支撑跨专业、内外部资源共享共用，基于统一的物联模型、接口规范和 APP 应用商店，构建数据安全、接入安全、交互安全及本体安全的物联安全防护体系，打造开放合作、共建共享、安全可控的国网智慧物联应用生态和产业生态。

2. 智慧物联体系的总体架构和典型应用

智慧物联体系主要包括物联管理平台、多种通信方式、边缘物联代理和各类型终端标准化接入，通过智慧物联体系建设，推动各类终端统一接入、边缘智能和共享共用，广泛应用在农村分布式能源系统数据采集中。

构建“云管边端”的全域物联网体系，通过跨越输、变、配、用等领域物联终端的统一终端接入、统一传输协议，实现全域范围内统一信息采集，接入统一的物联网平台，经数据整合，统一提供给电网管理平台等云端应用调用。打破以往烟囱式、孤岛信息采集方式，实现全域数据的有效采集、传输、存储和协同控制。

"云"层：重点攻关"云"层微服务架构技术、海量终端接入技术、大数据分析技术、人工智能分析技术等，实现海量终端连接、系统灵活部署、弹性伸缩、应用和数据解耦、应用快速上线，满足业务需求快速响应、应用弹性扩展、资源动态分配、系统集约化运维等要求，实现业务与数据解耦、资源高效配置，以及数据对多业务系统的共享。"管"层：应用电力自动化系统 IEC 61850 标准、IEC 通用信息模型（CIM）和物联网信息模型，重点攻关物联信息模型融合扩展技术、"边云"和"边端"通信网络管理技术、5G 网络在配电物联网应用技术，实现通信网络自组网、设备自发现自注册、资源自描述，支撑边端设备即插即用，满足配电业务处理实时性和带宽需求。"边"层：重点攻关多核、多容器的终端通用软件平台技术、多源数据处理与融合技术、应用程序（App）信息交互技术、人工智能技术，采用"硬件平台化+业务软件 App 化"的技术架构，提高业务处理的实时性，减轻云平台的通信和计算压力；应用软件定义终端，实现电力系统生产业务和服务应用功能的灵活部署。"端"层：重点研究设备自描述、自发现、自注册技术，通过与"边"和"云"的配合，采用"轻量级物联网操作系统+设备业务应用软件"的技术架构，采集配电网运行状态、设备状态、环境状态及其他辅助信息等基础数据，并执行决策命令或就地控制，同时完成与用户的友好互动，有效满足电网生产和服务用户的需求。

智慧物联体系总体框架如图 6-1 所示。

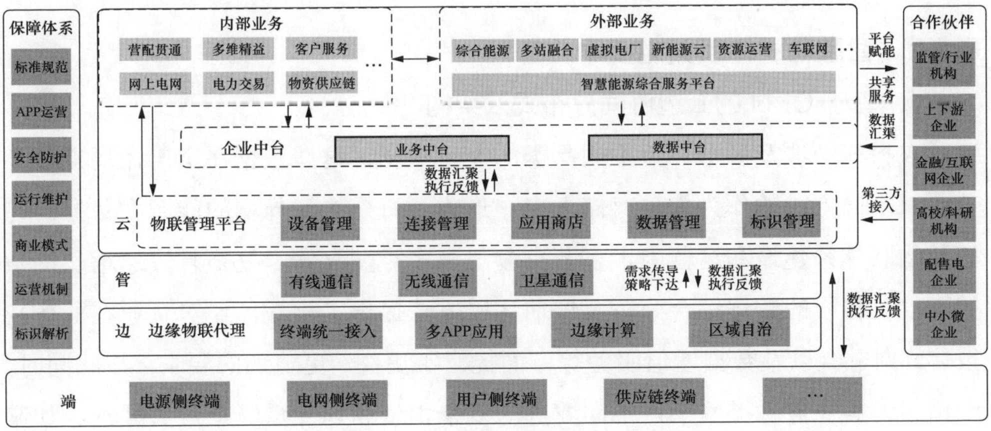

图 6-1 智慧物联体系总体框架

对内可为电网规划建设、生产运行、电力营销、企业管理、供电服务提供数据支撑和平台化服务；对外可为电力用户、分布式能源、新能源汽车、政府及社会提供数据共享和增值服务。在农村能源的高效利用方面，主要可提供包括居民智慧家庭用能服务、社区多能服务、商业楼宇用能服务、工业企业及园区用能服务、电动汽车及分布式能源服务在内的一系列场景服务。

智慧物联体系在农村分布式能源领域应用架构如图 6-2 所示。

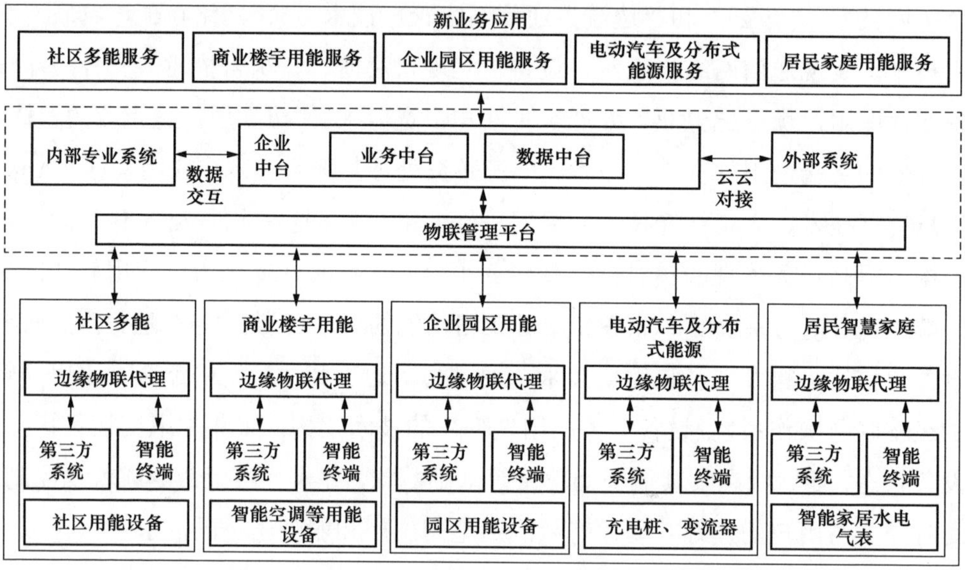

图 6-2　智慧物联体系在农村分布式能源领域应用架构

6.1.2　智慧物联体系关键技术

1. 基于 CFN 的云边协同分布式云架构

农村能源涉及多个环节不同品类的大量数据，这些数据在全寿命周期各环节的以不同方式的作为信息存储下来，形成了海量多元异构的能源大数据。在智慧物联体系建设和运营中，多节点参与、多类型存储、复杂且快速增长的数据不仅对传统的数据综合分析及评估运用方法提出了挑战，还对企业在业务决策、数据融合以及数据增值服务等方面提出了更高、更迫切的要求。与此同时，应用层各类业务种类繁杂，不同业务的复杂程度和计算量级有很大区别，如某些轻量级业务仅由单一数据源即可完成快速分析决策，而较复杂的业务则需要更全面丰富的数据及更高级的智能分析算法才能给出反馈或响应，亟须通过新的信息处理和计算技术来加以解决。

信息与通信（information and communication technology，ICT）融合促进了网络从以信息传输为核心的信息基础设施逐步向融合感知、传输、存储、计算、处理于一体的智能化信息基础设施转变。基于分布式网络的计算网络融合架构—云网融合、网随云动、云在网中的计算优先网络（compute first network，CFN）将推动云边端协同，满足智慧物联体系差异化的业务处理需求。结合农村能源发展实际，为其后续演进构建一种云边互动的 ICT 架构，如图 6-3 所示。该架构由中心云、边缘云、电网终端及其运行的各类应用组成，边缘云为时延要求高的配电网差动保护、三遥（遥测、遥信、遥控）等业务提供支持；中心云为高级量测体系、视频监控等大流量业务提供支持。

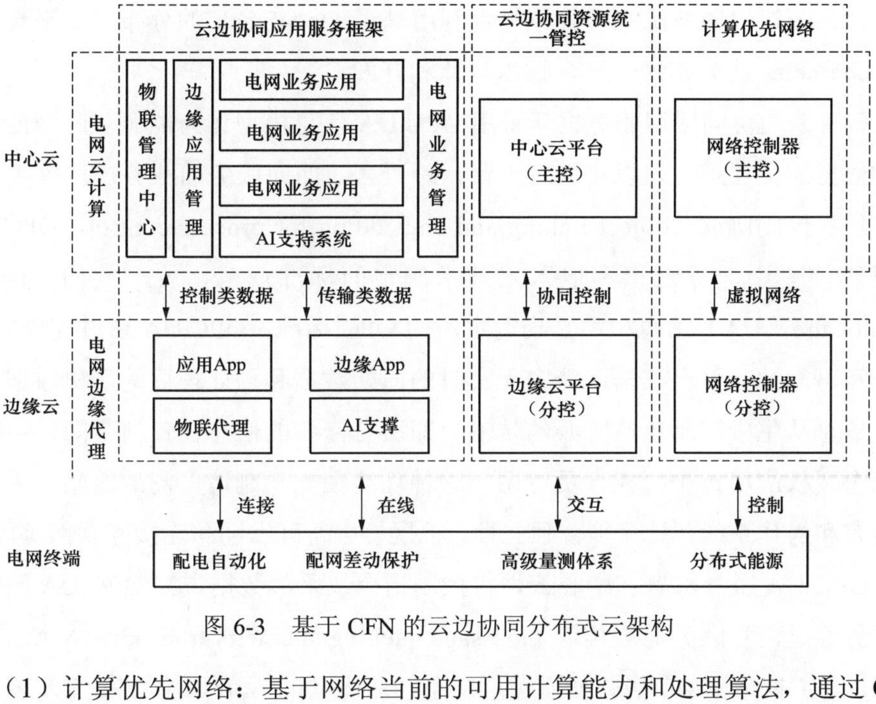

图 6-3　基于 CFN 的云边协同分布式云架构

（1）计算优先网络：基于网络当前的可用计算能力和处理算法，通过 CFN 灵活匹配、动态调度计算资源，将计算任务卸载到合适的节点，如电网终端、边缘云或中心云，以适应业务对计算能力的需求，保证业务的用户体验。CFN 利用开放的路由协议不仅可以实现 IP 可达，还支持计算资源的动态变化和可服务性。

（2）云边协同资源统一管控：利用部署在中心云和边缘云的资源管控平台（中心云提供主控功能，边缘云提供分控功能），实现资源的统一管理、全局调度、资源漂移，并向电网提供统一接口。中心云和边缘云依托 CFN，以“1（中心云）+N（边缘云）”模式协同联动。

（3）云边协同应用服务框架：提供云边之间的物联管理、AI 交互、电网边缘管理、电网应用管理、电网应用开发支撑等能力。边缘物联代理充当物联网终端与中心云的物联管理中心进行数据联动的桥梁，发挥协议转换、终端连接等作用；边缘云根据中心云训练好的 AI 模型进行推理计算；边缘云和中心云部署各类符合各自业务需要的 App。

就智慧物联体系中基于云边协同的分布式云架构设计而言，建议：

（1）云边协同资源统一管控平台利用基于 OpenStack 的分布式云平台或基于 Kubernetes 的分布式云平台技术设计和开发。

（2）云边协同应用服务框架采用 OPC UA 信息模型作为能源互联网监测与控制数据的交互规约，以实现跨平台、跨语言、面向服务的业务过程控制。

过程控制协议（object linking and embedding for process control，OPC）是为过程控制中对象连接和嵌入式技术制定的标准规范，统一架构（unified architecture，UA）信息模型是当前主流的 OPC 标准。OPC UA 通过提供完整、安全和可靠的跨平台架构，能实现实时的原始数据和预处理后的历史数据及其时间信息从生成层到策略中心的传输，即所有需要的信息在任何时间任何地点对每个授权应用每个授权人员可用。这种功能独立于制造厂商的原始应用、编程语言和操作系统，具有平台独立性、扩展性、高可靠性和连接互联网等能力。

OPC UA 服务部署在中心云，将控制指令或采集数据告知 OPC UA 服务，该服务通过消息队列遥测传输（message queuing telemetry transport，MATT）协议，以 JSON 或 XML 格式经加密后发布，边缘云的 App 调用 OPC UA 解密组件，获得指令后发送至电网设备执行指令，完成控制数据交互。按照统一运维、统一运营原则，由中心云（部署在省数据中心，对全省各市县电网统一管理）实现对 IT 云［利用多接入边缘应用编排器（multi access edge computing application orchestrator，MEAO）对边缘资源进行管理编排］和 CT 云各类资源的统一管理和运维。区域数据中心（以市县电网供区为组织单元）利用多接入边缘平台管理器（multi access edge computing platform manager，MEPM）、VNFM、VIM、物理硬件资源管理器（physical infrastructure manager，PIM）支持管理类业务两级集散管理。为了更好地支持低时延、大连接和高带宽业务的计算和连接需要，后续还可以利用边缘下沉技术部署本地边缘云，就近分析、处理和控制。

2. 通信资源平滑分配机制

结合流量工程理论和分布式代理技术，提出一种应用于智能微电网通信网络的新型电气参量传输算法（$ComC^2$）算法建立了 CPS 网络模型，基于 IEC61850 电气标准对信息流的定义建立了流量模型，随后通过分布式多智能主体实现多 QoS 约束的可靠路由选择，保证通信资源的平滑分配，从而有效避免拥塞。

（1）数学模型。

1）网络模型。网络模型指基于 IEC 61850，二次仪表可作为逻辑节点链接入数据采集与监视控制 SCADA 系统。将一个区域智能电网的信息物理系统数学抽象为连通无向图 G，其由众多逻辑节点和连接边构成，每个节点拥有特点属性并可和邻接节点进行数据交换。因此可以表示为无向赋权图 $G=(V, E, B^0{}_{\delta\text{-uv}}, H_0)$，其中，$V$ 为 CPS 系统中所有具有通信功能的网络设备，如信息感知传输节点，负责交换的路由器集合；E 为任意两通信设备间的数据传输链路集合；$B^0{}_{\delta\text{-uv}}$ 为节点 $N_0(u) \rightarrow N'_0(v)_+$ 所使用 δ 容量带宽所需费用矩阵；H_0 为链路 e_0 上量度函数集合，表示为

$$\begin{cases} H_0 = \{Ca(l_0), Hp_+(l_0), Me_{\max}(l_0), \mu_{\max}(l_0)\} \\ \text{s.t.} \quad l_0 = (u,v) \in E_0; u,v \in N_0 \end{cases} \tag{6-1}$$

式中 $C_a(l_0)$ ——（带宽函数）链路 l_0 总带宽；

$H_{p+}(l_0)$ ——（跳数函数）经过链路 l_0 所增跳数；

$M_{emax}(l_0)$ ——（费用函数）经过链路 l_0 所消耗网络费用；

$\mu_{max}(l_0)$ ——（延时函数）经过链路 l_0 的最大延时，当路由使用加权公平队列（weighted fair queuing，WFQ）算法时，其可转化为跳数函数。

基于上述数学模型，该控制算法需要计算出满足多 QoS 需求的主站到各采集设备的通信路径。

2）基于 IEC 61850 的流量模型。在智能电网 CPS 中，开放式 IEC 61850 协议对逻辑节点间的信息分类进行了如下定义。

a．通用逻辑节点信息：独立于专用功能外的信息，例如工作模式、设备健康状况、设备铭牌信息等。

b．状态信息：这类信息表述了开关状态，如开关类型、当前开关工作状态等。

c．配置信息：此类信息是对逻辑节点的功能配置，为必需信息，例如第 1 次/第 2 次/第 3 次重合闸时间设置等。

d．量测值信息：从过程层中测量而来的模拟量，或者通过计算间接获得，如电流 I、电压 V、功率 P、总无功功率 Q 和频率 f 等。

e．控制指令信息：该类数据包含开关状态（ON/OFF）、可复位的计数器命令等信息，属于影响 CPS 和电网的关键信息。

IEC 61850 还定义了二次设备间的不同类型接口。基于数学模型，采用 Multi-Agents 游历方法实现分布式计算，保证数据的有效性和多 QoS 需求。

（2）算法描述。

1）算法流程。ComC^2 使用分布代理技术来实现多 QoS 需求。每一个代理映射发自相同逻辑节点的同类型数据流，具有特有的测定标志和流量自我控制属性。

在描述算法执行步骤之前，定义两类运算操作：

a．优选运算：节点 q 优于节点 p，当且仅当满足：

$$\begin{cases} H_p \sum\limits_{l_i \in \mathrm{path}_1} \mu_{\max}(l_i) < H_q \sum\limits_{l_j \in \mathrm{path}_2} \mu_{\max}(l_j) \\ \mathrm{Color}_p = \mathrm{Color}_q \\ \overrightarrow{\mathrm{Me}_{\max}(k,p)} < \overrightarrow{\mathrm{Me}_{\max}(k,q)} \end{cases}$$

式中　H_p——节点 p 的代理复合量度属性集；

H_q ——节点 q 的代理复合量度属性集；

l_i ——属于传输路径 Path1 的第 i 条链路，$l_i \in$ Path1；

Color$p$ ——节点 p 的代理颜色属性；

Color$q$ ——节点 q 的代理颜色属性；

$\overrightarrow{\mathrm{Me}_{\max}(k,p)}$ ——经过链路 l（k，p）消耗的网络费用。

b．累积运算：对两个复合测量集合 dp 和 dq 进行累积运算，表示为

$$H_P + H_q = \left\{ H_{\mathrm{p}} + (l_i) + 1, \sum_{l_i \in \mathrm{path}_1} \mathrm{Me}_{\max}(l_i) + \mathrm{Me}_{\max}(l_{p,q}), \sum_{l_i \in \mathrm{path}_1} \mu_{\max}(l_i) + \mu_{\max}(l_{p,q}) \right\}$$

c．基于两类运算，ComC^2 执行步骤如下。

步骤 1　初始化逻辑节点，定义初始状态：仅节点

father（j）←j，num$j$←0，vj ={ Hj ←∞，Color$j$ ，μj ←∞}。

步骤 2　依据每类流特性，构造对应代理，填充代理标示。

步骤 3　每个逻辑节点 i 发送报文（l=vi+Hi，j，i）

给 $j \in N$out（ti），赋值 num$i$←|Nouy（i）|，计算节点 i、j 间权值为

$$H_{i,j} = \left\{ \mathrm{Flag} \middle| \mathrm{Color}_j, \mu_{\max}(i,j), \mathrm{Me}_{\max}(i,j), \mathrm{Hp} = 1 \right) \tag{6-2}$$

步骤 4　若节点 j 收到来自 i 的报文（l，i）后执行 Agent（l，i）；若节点 j 收到 ACK，num$j$=num$j$-1。

步骤 5　若节点 j 的 num$j$=0，则返回 ACK 给其父节点 father（j）。

2）算法在智能电网 CPS 系统中应用可行性。首先，分布式的 ComC^2 是适用于智能电网 CPS 系统的，每一个逻辑节点在所述时隙中仅与相邻节点交换量测/控制报文，以及应答 ACK；与之相比，集中式的路径建立算法，如 Dijkstra 算法，每个子进程都必须等待所有被标记节点计算并反馈最短距离后才能执行下一步，这与分布式对等 CPS 系统相违背。

进一步分析，采用 Multi-agent 代理技术，ComC^2 可以同时满足多 QoS 需求。并且，字符 Bool_Color 标记实现了相同类型的电气信息微流在同类采集设备间中继，有效实现聚合，节省通信资源。

（3）算例分析。仿真拓扑采用 CERTS 微电网系统的简化模型，模型中考虑 3 类量测：①继电保护开关相位；②来自电流/电压互感器的馈线电流或电压

模拟量；③电动机状态量集合。智能电网 CPS 系统仿真算例结构如图 6-4 所示。

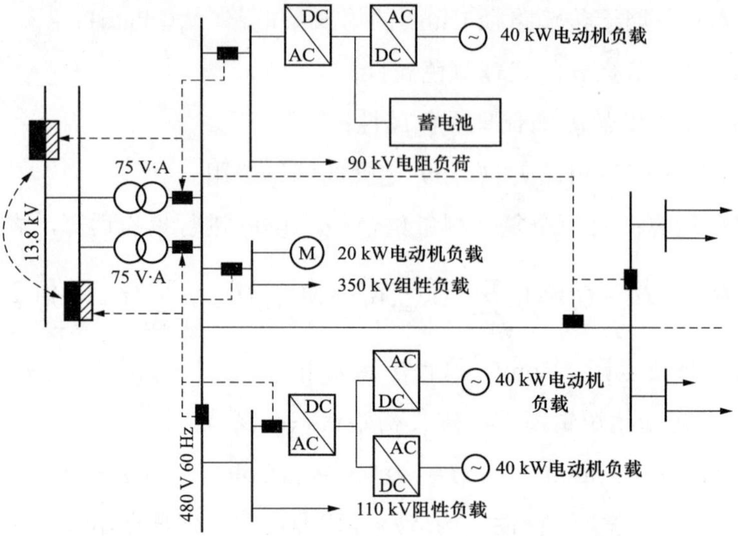

图 6-4　微电网 CPS 智能电网 CPS 系统仿真算例结构

CPS 信息流由 3 类设备产生，依据 $ComC^2$ 计算路径进行传输，仿真采用为改动的 WAN 域 TCP/IP 协议作为对比基准。如图 6-5 所示给出 CPS 通信系统的链路带宽占用率（图 6-5 中纵坐标轴零点设定为占用率 20%基点）。基于 $ComC^2$ 配置的各条链路占用率标准方差为 8.20，而 TCP/IP 传输的链路占用率标准方差为 16.24，则链路占用率方差方程定义为：

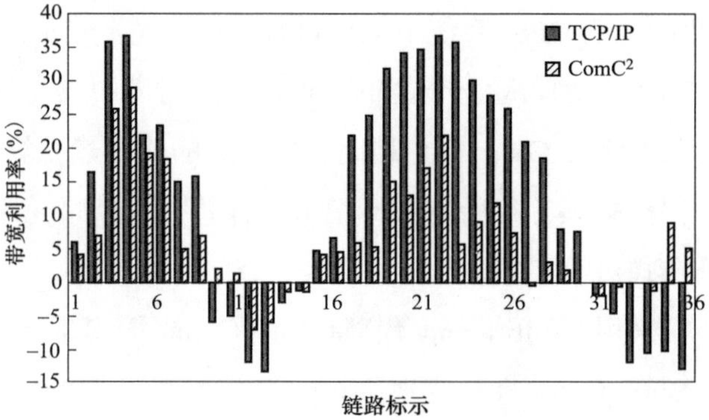

图 6-5　链路带宽占用率

$$\sigma_{\mathrm{Lor}}=\sqrt{\frac{1}{n-1}\sum_{i=1}^{n}(B_{\mathrm{p}_i}-\overline{B_{\mathrm{p}}})^2}\quad B_{\mathrm{p}_i}=\frac{B_{\mathrm{oc}_i}}{B_i} \tag{6-3}$$

式中 B_{p_i} ——第 i 条链路的带宽占用率；

$\overline{B_p}$ ——平均链路带宽占用率；

B_{oc_i} ——第 i 条链路已使用带宽；

B_i ——第 i 条链路总带宽。

在实验中还考虑高负载情况。这是因为在电网侧出现故障时，CPS 进行故障发现→测量→定位→自愈恢复清除故障过程中，继电器、量测传感器和调度中心将协同工作，这时从各 CPS 单元短时产生大量微流，汇聚在通信系统中形成突发流量，呈现高负载状况。如图 6-6 所示中给出 CPS 高负载时各链路的占用率（图中纵坐标轴基点为 25%）。高载情况下 TCP/IP 协议配置使链路占用率增长 57.70%，而相同负载 ComC^2 配置的是 52.07%。计算标准方差 TCP/IP 为 18.25，ComC^2 为 8.73。实验结果表明，在高负载情况下，ComC^2 仍然保持了良好的负载均衡性。另外，采用 TCP/IP 配置重载业务时，链路 20、21 和 36 的带宽占用率超过了 90%，形成了网络拥塞的潜在危险。

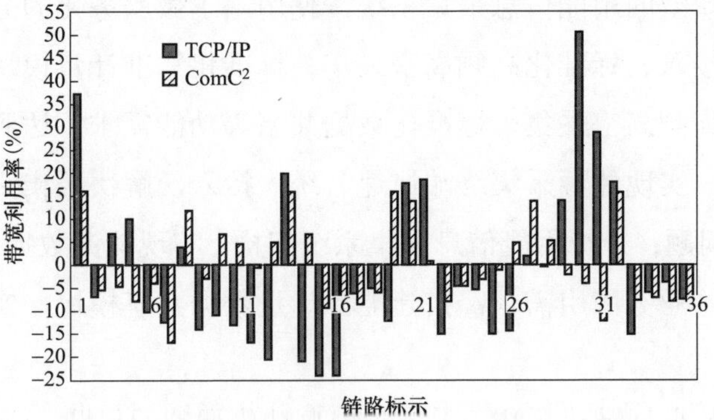

图 6-6　高负载下带宽占用率

6.1.3　多分布式能源系统数据采集终端

1. 能源系统数据采集终端现状及问题

农村能源大数据具有位置、时间、属性、尺度、多维等特性，覆盖能源系统的各个方面、各个环节，必须保证各个环节的大数据在时间和空间两个维度上的高度一致性，时间和空间位置信息和实时的设备、运行的状态信息以及属性信息高度一致、关联存储、融合存储，这对于数据采集技术提出了更高的要求。随着智能电网的发展，物联网技术已经在能源电力行业得到广泛关注，例如在分布式能源接入、电动汽车充换电、客户侧储能、电动汽车辅助管理等领域的应用。在电力系统的场景下，也需要对发电、输电、变配电过程中的相关设备进行监测。目前，智慧物联体系的信息采集环节还存在以下制约：

（1）用能采集系统无法灵活配置并快速适配各类采集终端，制约了多种类型综合能源采集设备数据采集、数据分析的发展。

（2）采集数据在专用变压器用户中为每日 96 点/天（采集周期为 15min），无法按需提高数据采集频率。居民采集为 1 点/天，即采用日冻结方式，无法满足小时、分钟级的监测与应用需求。

（3）基于业务快速发展需要，越来越多的业务系统对用能信息采集系统提出数据需求，但是目前的系统共享数据缺少统一的规范流程和标准模式，存在数据共享应用的瓶颈。

2. NEG-802 新能源数据采集终端

通过建设新型的用能信息采集系统，使用基于微服务化的分布式架构，开发标准化统一接入、标准化高频高密采集、标准化精准计量模块，实现终端快速接入、数据高频高密采集、标准化数据共享等功能需求，达到以下目标：通过建立协议库，实现能源采集终端快速、统一接入，解决采集终端接入工序复杂、周期长的问题；升级用能信息采集系统架构，实现能源数据高频高密采集，满足数据分析等业务应用需求；搭建能源计量数据共享模块，实现能源数据系统间共享。

按照多元数据标准化采集、采集频率自动化调整的思路，研发 NEG-802 新能源数采终端，解决新能源场站数据接入问题，基于软件公司平台前置数据采集框架，采用变电站四统一远动装置硬件，研制能支持不同厂家、不同规约、不同类型新能源设备接入，并满足接入 10 万数据上送的新能源数采终端。

（1）主要功能。

1）支持定制化规约接入的数据采集框架开发。针对新能源设备种类繁杂、个性化规约多的情况，搭建灵活、易拓展的规约解析框架，支撑项目现场定制化规约接入需求，至少支持 IEC61850、IEC104、MODBUS 等常规规约。

2）支持 10 万以上数据接入与转出功能开发。将实时采集数据按重要等级分类，对不同类型数据采用不同上送周期以缓解大批量数据同时上送带来的数据阻塞。基于并行数据接入与转出技术、通过建立多虚拟装置机制，研发适用于新能源场站大量数据传输的新能源数据采集终端，如图 6-7 所示。

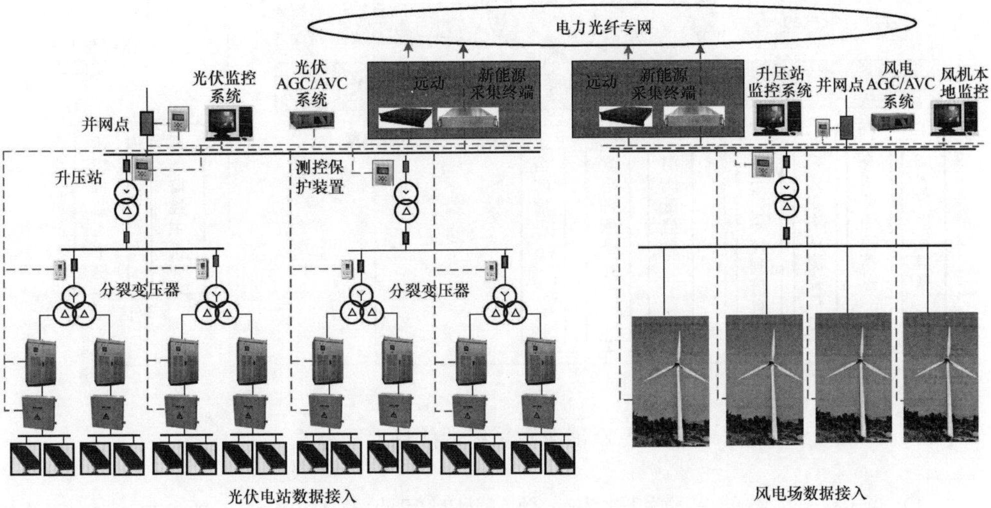

图 6-7 新能源数采终端功能示意图

一方面通过信息采集，接入升压站测控保护设备、发电设备运行信息、AGC/AVC 系统信息、功率预测系统运行信息等新能源场站各类数据，支持不同厂家、不同类型、不同规划设备的统一接入与信息上传。另一方面接收并下发集控中心控制命令，满足调度的统一控制需求，如图 6-8 所示。

（2）接入方式。

1）云平台等对新能源场站数据接入方式与调度数据接入相同，采用分区接入、加密上传、电力光纤传输的安全接入方案。

2）新能源数据网与调度数据网完全独立，单独配置安全接入设备、共用电力光纤中的不同光纤芯。

（3）性能指标。

1）终端支持 20 万点数据接入，满足规模为 200MW 的光伏电站或 100 台风力发电机的风电场全景运行数据接入。

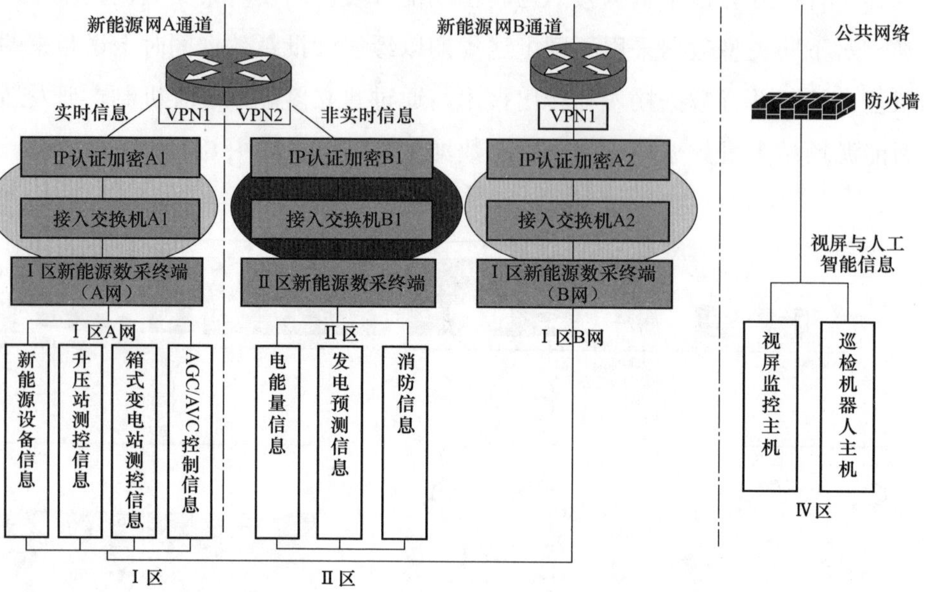

图 6-8　新能源数采终端信息上联方式

2）遥信、遥控信息立即转发，总延迟时间小于 100ms。

3）重要遥测信息变化上送与 15s 周期上送相结合，次重要与非重要数据分别采用 30s、1min 周期传输。

6.2　农村多品类能源数据归集机制

6.2.1　农村能源数据归集现状及存在问题

1. 农村能源数据归集现状

农村能源网络的一端是各种传统能源和可再生能源，包括燃煤、燃气、水电、煤炭以及秸秆薪柴等传统生物质能和风、光等分布式能源，另一端是县域范围的高耗能动力装置、大范围县域用户、农村户用设备以及电动汽车等。各种各样的传感器在每时每分每秒每毫秒微秒都会产生海量实时大数据，形成了一个庞大的农村能源数据体系。其主要特点表现在：

（1）农村数据源分散。县域包括众多能源企业和分布广泛的大量农村用户，这使得产生的能源数据量庞大且分散，而确定采集数据源的关键是数据的代表性和可获得性，由于农村内的数据源在权威性、典型性和影响力等方面表现均不相同，因此很难满足数据采集的关键要求。

（2）数据质量不一。农村能源大数据中的数据来源不一，数据格式五花八门，采集频率各异，加之农村内各能源企业的数据归集标准不尽相同，使得数据功能应用和数据处理能力存在较大差异。

（3）对大数据处理技术要求较高。基于农村能源大数据的应用需求与多源量大的特征，需要运用能源大数据存储与计算服务、多源异构能源大数据融合模型与统一数据网关等技术，实现农村能源大数据高速、实时和准确地处理。

（4）能源数据缺乏统一管理。目前来看，农村能源大数据除了需要在技术上实现突破外，还需要提高能源数据的统一管理力度。由于农村能源数据分散在不同的单位不同的部门，而不同单位和部门的信息化水平差异较大，甚至还有些单位或部门仍然采取人员手工管理的模式，致使农村能源数据缺乏一个统一的数据体系。

2. 农村能源数据归集现存问题

农村多品类能源数据归集和信息共享方面主要面临信息孤岛、信息系统基础设施、数据归集标准、信息安全、技术挑战等方面问题。

（1）数据分散管理导致“信息孤岛”问题依然存在。不同部门间的数据信息不能共享，采集、整理、交换的数据无法完全实现无缝对接，数据出现脱节，即产生信息孤岛。例如，县域内某些单位或部门的信息会采用数据集中交换模式集中统一存储和共享的方式，这就导致有些数据不能及时归集到能源互联网平台中，而出现严重的数据脱节现象；不同县域能源企业应用的互联网技术、开发队伍、服务范围、开发平台和工具的不统一，加之管理过程和管理系统的规范标准缺失，以及相关法律法规、政策制度和技术标准的缺失，使各个系统间的兼容性和集成性成为问题；另外，在数据归集过程中，信息的共享服务完全依赖于数据中心的数据，而县域范围内某些单位或部门信息化程度较低，部分资料仍以纸质数据进行存储，在数据质量和数据归集效率上难以保证，进而影响县域能源数据归集的进程。

（2）部分地区信息系统建设基础相对落后。能源数据归集往往需要依靠先进的信息系统基础设备，来支持能源系统的稳定运行，以保障能源数据的智能化、精准化处理。然而，县域现有相关能源信息系统的系统架构和硬件设备很难满足数据归集的要求，其主要原因在于一些单位或部门对县域能源信息数据开发应用意识不强，加之政府对信息系统建设基础投资不够重视，使得县域不同地区不同单位的信息基础设施建设程度存在差距。落后的信息化水平，导致能源数据归集程度较低，影响县域能源互联网整体建设。

（3）数据归集缺乏统一的归集标准。县域能源互联网平台数据类型多元并且来源于不同的平台、节点和终端，是一个海量的、结构化、半结构化、非结构化的，且相互间存在关联关系的能源业务数据集合，但目前尚未有统一的归集标准对数据进行规整。这会导致归集后的能源数据出现以下几种情况：

数据冗余，县域能源业务链条间相关业务的数据归集造成数据重复。

数据失真，系统建设之前的历史数据，以及信息系统建设不完善地区所获取的能源数据在完整性、一致性和准确性等方面都存在问题。

数据异构，不同部门、不同业务之间采用不同的数据存储格式，在传输过程中采用不同的数据接口、不同的接口参数，导致归集之后的数据格式各异。

因此，县域能源数据归集亟须统一的指导意见、标准规范以及数据管控策略确保数据获取的及时性、完整性和准确性。

（4）数据归集方式存在信息安全问题。县域能源互联网平台系统中的信息安全主要表现在使数据处于安全不被威胁的状态，避免数据被恶意访问、泄露、丢失，确保信息的保密性、完整性、准确性以及可用性。

常见的数据归集形式包括系统对接、终端采集和系统填报。系统对接采用的是数据库对数据库的模式，各个数据库之间都有安全的物理隔离措施，通过专线进行输送。一旦安全保护措施被恶意破坏或者攻击，会使得数据采集出现问题，进而导致数据归集不准确、不可靠。通过终端采集主要是利用广泛运用的物联网技术，通过智慧终端采集数据，但物联网设备终端容易因为自然气候原因发生故障，造成数据失真。系统填报的模式，由于人工参与，很可能会出现人为的失误，从而导致数据的安全性、准确性得不到保证，存在泄密、错报、漏报的可能性，进而影响业务活动的质量和效率。几种数据归集的形式都存在一定的安全风险，因此在构建县域能源互联网平台数据归集机制将结合县域能源发展特点和归集机制特点进行多方面考虑。

（5）县域数据归集面临数据采集和处理技术的挑战。能源大数据对多个数据源的结构化和非结构化数据进行分析处理，需要存储海量的数据，并提供快速的计算能力。在县域能源互联网平台的大数据体系中，主要包含业务数据、管理数据和其他数据三种类型的能源相关类数据。业务数据涉及能源产业链各个环节的业务流程中产生的数据，如能耗量、一次能源发电量、清洁能源发电量、输配电量、消费电量等；管理数据负责控制不同数据的收集、整理、组织、存储、加工、传输、检索等过程，如关联关系、交互数据、会话数据、应用日志等；其他数据用于记录在能源生产消费过程中产生的信息，可以是半结构化或非结构化数据，如监控视频、位置轨迹、行为偏好等。

传统的数据采集来源单一，且存储、管理和分析数据量也相对较小，大多采用关系型数据库和并行数据仓库即可处理。在依靠并行计算提升数据处理速度方面，传统的并行数据库技术追求的是高度一致性和容错性，因此难以保证其可用性和扩展性。而县域能源大数据不但数据源的种类多，数据的类型繁杂，数据量大，并且产生的速度快，传统的数据采集方法完全无法胜任。因此对于这些数据的采集面临着许多技术方法上的挑战，一方面需要保证数据采集的可靠性和高效性，同时还要避免重复数据。

6.2.2 农村能源数据归集体系

1. 农村能源数据归集体系概览

实现农村能源各类相关数据的有效归集，首先要建立一个层次清晰、结构完善，同时覆盖全业务范围、全时间维度、全数据类型的农村能源数据体系，从而更好地支撑数据应用、数据变现、数据增值等后续服务。

农村能源数据来源丰富，主要包括多能源系统数据、社会经济统计数据、能源资源统计数据、用户用能行为数据和其他类型数据等五各个方面：

（1）多能源系统数据：包括风电、光伏、生物质、垃圾发电、电网、气网、热力管网等多能耦合网络的能源生产、传输、消费等相关的运行数据。

（2）社会经济统计数据：包括某一区域天气、气候、环境变化等地理信息系统的数据以及反映社会经济发展状况、政策机制的相关数据。如 GDP、人口、全社会固定资产投资、全社会发电量、分品种发电量、分行业用电量、天然气消费量等随时间变化的指标类数据。

（3）能源资源统计数据：包括各类能源资源如生物质资源、太阳能资源、风能资源、地热能资源等的资源属性信息，包含县域行政区划、电子地图等基础地理矢量数据以及能源资源、项目、企业等的点位、线路、面状矢量分布数据等。这一方面的数据获取主要来源于政府的能源信息联通以及其他相关部门的系统对接和 web 信息的采集和挖掘。

（4）用户用能行为数据：包括用户收入水平、受教育程度、用能情况、居住情况等相关数据。

（5）其他类型数据。在农村能源数据归集体系中，包含能源业务数据、管理数据等多种类型的能源相关类数据，涵盖能源资源信息、环境气象信息、能量生产实时信息、能量输配实时信息、负荷及需求实时信息、相关方行为实时信息等。接入数据包括但不限于：县域经济类及能源类统计数据、能源革命重点项目建设进程数据、各类能源生产消费统计数据、能源企业生产运行数据、各类用户能源消费数据等，实现县域能源数据全品类、全链条接入，农村能源数据归集体系如图 6-9 所示。

2. 社会经济统计数据

（1）县域概况。行政区域、面积、人口总数、城镇化率等。

（2）能源经济数据。生产总值：生产总值增速、第一产业生产总值、第一产业生产总值增速、第二产业生产总值、第二产业生产总值增速、第三产业生产总值、第三产业生产总值增速、人均生产总值。

固定资产投资：全社会固定资产投资总额、全社会固定资产投资增速、固定资产项目投资、固定资产项目投资增速、农村农户固定资产投资、农村农户固定资产投资增速、社会消费品零售总额。

工业产品产量：工业增加值、工业增加值增速、规模以上工业增加值、规模以上工业增加值增速。

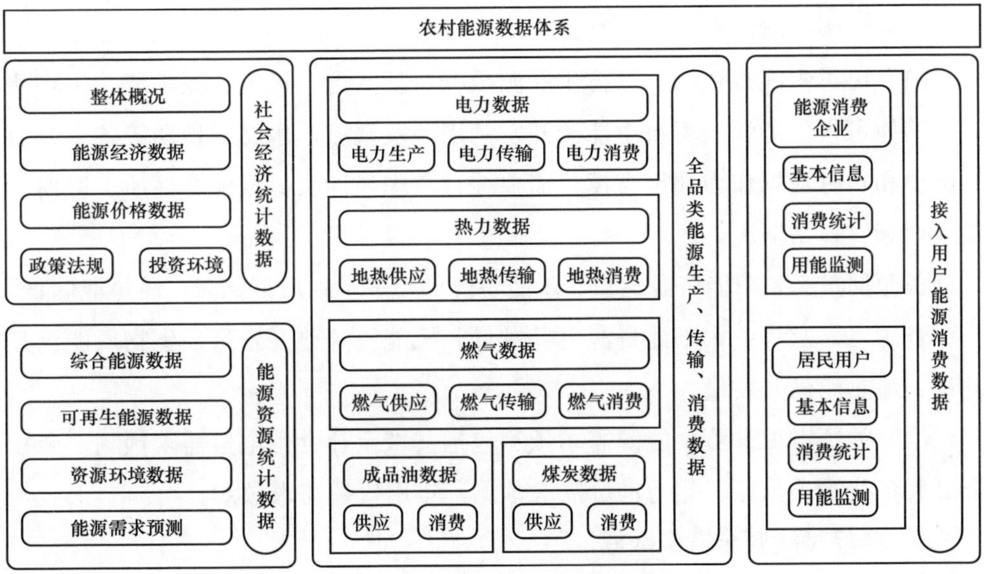

图 6-9　农村能源数据归集体系

其他：投资、房地产、货币供应量、财政收入。

（3）能源价格数据。上网电价、销售电价、输电电价、电价补贴、成品油价、天然气销售价格、动力煤炭、热价、水价。

（4）政策法规。煤炭、油气、水电、火电、风电、太阳能发电、生物质能发电、能源环境、电动汽车、社会经济统计数据。

（5）投资环境。经济形势、煤炭形势、油气形势、高耗能发展、可再生能源形势、电力供需、规划战略、投资建设、最新动态。

3. 能源资源统计数据

（1）综合能源数据。综合能源数据涉及能源投资、能源生产、能源消费、能源平衡、能源效率等方面。

其中，能源供应消费数据主要包括能源消费总量及构成、能源生产弹性系数、能源消费弹性系数、能源加工转换效率、单位 GDP 能耗、单位 GDP 能耗增长率、人均生活能源消费等。

（2）资源环境数据。资源环境数据指包括能源环境、污染物排放、能源企业污染物排放绩效、水资源、气温降水、空气质量指数等，例如碳排放相关数据：二氧化碳排放总量、碳强度、人均碳排放等。

（3）可再生能源数据。可再生能源数据包括水电、风电、太阳能、生物质能、其他可再生能源。可再生能源开发利用涉及气象、水文、地质等各个方面的历史和实时数据作为决策支撑，需要综合考虑当地负荷规模、性质、习惯、发展规划、补贴情况。

资源储量：太阳能资源储量、风能资源储量、生物质能储量、地热能储量。

资源已开发量：太阳能资源已开发量、风能资源已开发量、生物质能已开发量、地热能已开发量。

（4）能源需求预测。能源需求预测包括县域全社会用电量需求预测、全社会最大负荷需求预测、热力消费需求预测、年用气量需求预测。

4. 全品类能源全链条数据

（1）电力系统数据。电力数据涵盖电力生产、消费全链条数据以及各类电站、线路基本信息及运行数据。包括投资、建设、生产、运行、消费、价格、项目、能效、可靠性、市场交易等多方面。

从能源传输的过程来看，主要从能源生产端、能量输配端、能源消费端和能源交易端等四方面进行数据分类。

能源生产端采集的信息是直流电流、直流电压、三相逆变电流、三相逆变电压、三相电网电流、三相电网电压、发电量、功率因数、频率等发电监控数据，和环境温度、环境湿度、风速、风向、辐照度等环境数据。

能量输配端采集的信息主要有各变电站接入、引出和配电变压器转换信息，输电线路的温度、湿度、风速、风向等环境信息。

能源消费端采集的信息主要有用电量、用电频率、用电时间等用电信息和户内用电网络的实时电流、实时电压、实时线路温度等户内电路监控信息。

能源交易端采集的信息主要有供应方电力质量、需求方电力质量，供应方要求、需求方要求、输配方要求，实时交易达成，个体交易行为、组织交易行为，交易评价、交易互动等。

（2）热力系统数据。热力系统的数据包括热力供应、消费，以及热力运行相关的数据。热源和管网监测参数，供水压力、回水压力、供水温度、回水温度、供水流量、回水流量，热功率、累积热量，补水的瞬时流量、累积流量、温度、压力等。中继泵站，进出口母管压力、除污器前后压力、水泵吸入和泵出压力、设备运行状态等。热力站，热力总管和用户系统各分支的供水压力、回水压力、供水温度、回水温度，两侧的总流量和总热量，用户系统补水量和耗水量。为蒸汽供热时，还有凝结水系统的凝结水温度、凝结水回收量，二次蒸发器、汽水换热器的压力、温度、流量等。

（3）油气系统数据。油气系统数据包括县域燃气供应消费统计数据以及加气站信息和县域成品油供应消费统计数据以及加油站信息的相关数据。包括成品油消费量、能源结构、石油储量、石油消费增长趋势、原油进出口情况、天然气增长趋势、天然气交易量、天然气储量变化等数据。

设立输油管道和输气管道采集点，重点采集油气系统运行的压力、流量、温度等。加强安全报警系统检测，如可燃物泄露，储油区、储气区的环境参数，储油罐、储气罐、LNG 站的温度、压力，烟雾、遗留物、越界闯入物等。

（4）煤炭数据。燃煤发电在较多地区依然占据主体地位，因此能源数据体系包含煤炭数据，主要包括综合、投资、生产、消费、贸易、运输、价格等方面，例如煤炭消费、煤炭消费增长趋势、煤炭进出口量、煤炭基础储量、煤炭价格等。但由于农村地域性差别，部分地区以可再生能源供应为主，不涉及燃煤发电。

5. 接入用户能源消费数据

接入用户能源消费数据涵盖接入平台企业、居民用户的基本信息、用能消费统计以及用能监测数据。接入企业数据基本信息、电价信息、消费统计、用能监测、环境监测。接入居民数据基本信息、消费统计、用能监测。

6. 其他数据

（1）能源企业数据。生产指标、财务指标、经营指标、社会发展绩效、环境绩效、重大项目、规划战略、生产经营等相关数据。

（2）能源革命进程检测数据。生态文明建设：全县生活垃圾无害化处理率、农作物秸秆和畜禽粪便资源化利用率、清洁供暖普及率、公众绿色出行率。

能源供给能力：生物天然气年产量占县域用气需求量比重、供电可靠率、燃气管网覆盖率、热力管网覆盖率、可再生能源发电量占能源生产总量比重。

能源消费结构：可再生能源占一次能源消费比重、可再生能源发电量占县域全社会用电量比重。

重点项目监测：生物天然气、光伏项目、风电项目、清洁供暖、绿色交通、智能电网、燃气管网相关项目的工程规模、完成个数、在建个数、待建个数。

（3）平台管理数据。管理数据负责控制不同数据的收集、整理、组织、存储、加工、传输、检索等过程，如关联关系、交互数据、会话数据、应用日志等。这一部分的数据是从数据源的采集到最终在数据应用层进行分析的过程中，做多次抓取、清洗和聚合后获取的。

6.2.3 农村能源数据归集机制

大数据的快速发展加速了技术变革，使得数据归集更加自动化、准确化和及时化，但同时也对农村能源数据归集提出了新的发展要求。随着各类信息技术的飞速发展和智慧能源系统提上日程，暴露出跨专业业务协同与信息共享不足、数据多头输入、数据反复抽取、冗余存储、质量不高等一系列问题。为适应能源大数据的背景，加快构建农村能源互联互通体系，各方参与主体需提高全业务协同性和全流程贯通性，建立涵盖规范管理、提高信任、提升效率等方面的平台数据归集机制，实现各类信息的相互关联、有机统一，以达到整合各类信息资源，确保归集的数据完整、准确、及时和动态更新的目标，深入挖掘能源数据价值，实现用数据管理企业、用信息驱动业务，为发挥数据价值、实现融合应用奠定坚实基础。

1. 数据归集原则

在大数据时代，许多信息不再是具体功能部门的“专属品”，“数据公有”“共享增值”的新理念逐渐产生。农村能源数据体系涵盖多种类型和多种来源的海量数据，例如：各类能源的运行数据、GDP、全社会发电量等能源统计数据；各类能源资源属性、能源项目数据；能源运行数据等。能源互联网环境下，县域能源数据更多强调多元数据处理的多样性、复杂性和实时性。为保障能源信息互联互通，应该按照政府主导、多方参与、标准高效的原则来进行平台数据归集。

（1）政府主导。由于能源电力行业是支持整个国家基础设施和运行的基础行业，其重要性决定了其发展过程中政府部门的主导地位。对于政府部门而言，农村能源数据体系建设不能缺少国家的宏观指导，要切实发挥政府主导作用，综合运用经济、法律、技术和必要的行政手段，落实地方各级政府对本行政区域农村能源数据归集的工作要求，进一步明确企业主体责任，细化和完善管理措施。政府部门是数据监管的重要组成，着力健全农村能源数据体系建设的激励和约束机制，进一步发挥创新能源与信息深度融合下的安全监管和市场监管作用，充分发挥市场机制作用，加大市场化与能源互联网建设的推广力度，形成多主体共同参与的良好氛围。

（2）多方参与。农村能源数据归集需要多方参与。以一个县域智慧园区为例，在一个边界清晰的产业园区，因地制宜，充分利用太阳能、风能、水能、生物质能等可再生能源和天然气等清洁能源，以多能互补和电、热、冷、气等综合供能方式为核心，在园区内建设多个分布式能源站，互联互通，所产生的电、热、冷、气等终端能源通过内部配电网、热力网、燃气网，输送至终端用户，满足用户电、热、冷、气等能源需求。同时，通过智能化调控运营管理信息系统，实现智慧供电、智慧供热、智慧供冷、智慧运营。从整个园区建设以及运行的过程来看，涉及到多方主体，例如：政府、分布式能源商、供热方、储能商、用户等多元主体参与，互利共赢。因此，整个农村能源数据来源取决于多方主体的参与和配合，在政府主导下共同建设农村能源互联数据体系。

（3）标准高效。由于归集的数据量大、种类繁多，需要制定标准、高效的归集规范。根据大数据应用的本质，能源数据相关标准往往分布在数据采集、数据传输、数据存储和管理、数据分析挖掘等方面。由于大数据的多样化特征，针对不同行业，大数据的相关标准也会有较大不同。针对电力行业目前的业务应用及发展现状，农村能源数据归集的相关标准体系如下。

1）数据采集相关标准。例如用电信息采集相关的一些标准和视频监控数据采集相关的一些标准。其中用电信息采集相关的标准包括 IEC 标准 4 项、国家标准 13 项、行业标准 3 项、国家电网有限公司企业标准 2 项等。

2）数据传输相关标准。IEEE 标准协会制定并通过了一系列智能电网通信标准项目，为大数据应用提供了有效支撑。

3）数据存储和管理相关标准。以非结构化数据管理相关标准、分布式存储相关标准、存储虚拟化相关标准为主。

4）数据分析挖掘相关标准。主要包含数据挖掘流程规范、模型表示标准、数据描述等相关标准。

2. 数据归集机制

根据农村能源数据归集的相关问题和原则，结合数据流程，制定合理高效的平台数据归集机制，有利于为能源公司各类决策提供全面的信息支撑、高效的分析计算，全面支撑县域能源大数据的分析及应用，为能源企业开展跨专业数据综合利用奠定坚实基础。下面从数据归集规范管理、数据信任、效率提升三个方面介绍具体的归集机制，如图 6-10 所示。

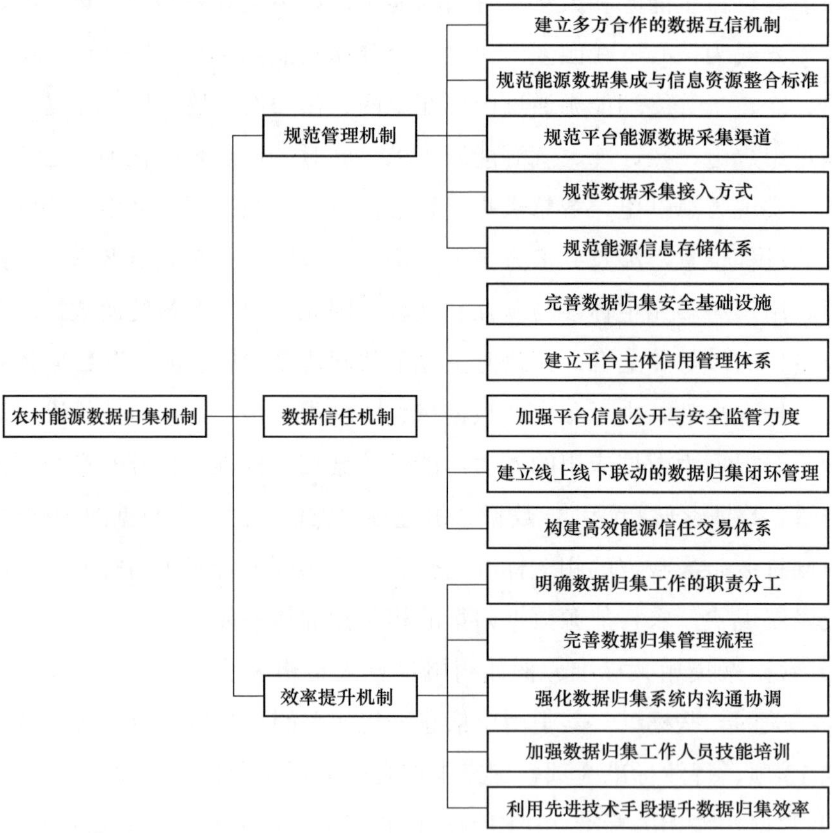

图 6-10　农村能源数据归集机制

（1）规范管理机制。

1）建立多方合作的数据互信机制。聚焦不同能源行业间数据归集体制机制不完善问题，充分发挥政府管理协调优势、能源企业数据优势和平台公司技术优势，高效推进数据归集工作，建立政府牵头、企业广泛参与的数据归集机制，通过签订政府、企业、平台三方数据使用权、所有权、管理权确权协议，明确各方权利义务，出台相关办法规定，推动建立数据互信机制，不断规范数据管理，提高开放共享水平。

2）规范能源数据集成与信息资源整合标准。主要体现在信息编码规范、数据整合方案及功能规范、整合数据展现方案及功能规范和系统建设规范等方面。在数据归集环节必须对数据格式进行标准化，按照统一的数据接口规范进行数据归集，并具备初步预处理能力，便于后续数据的存储、管理与应用。

针对县域管辖的变电设备、配电线路和设备进行建模，在此基础之上形成对设备资产的统一数据编码，应用于县级供电企业生产信息管理系统的建设，能够实现各专业信息数据充分共享，减少数据范围的重叠和数据重复录入，同时有效指导县级供电企业生产信息管理系统推广应用的标准化、规范化。研究数据整合方案并制订相应的功能规范，为实现对分散异构的多数据源统一访问，进行实时的、智能的数据价值传递，使得从不同的应用程序和数据结构提取数据源，完成在线转换和分析。基于数据整合的结果，提供满足企业生产、经营和管理的主题分析、技术方案及功能规范，为企业数据的充分挖掘和利用提供指导。从信息系统建设的角度，平台可提出数据集成与信息资源整合系统的建设目标、系统架构、技术选择、系统接口、软硬件配置、运行维护等方面的要求，规范系统的设计、开发和实施。

打通数据标准，最重要的是定义标准元数据，消除数据的歧义性。为了提高信息系统的数据质量，首先需定义数据资源的标准元数据。同时，在定义具体数据项属性时，含义一定要描述清晰，不能存在异义性，这是提高系统数据质量的基础。通过标准元数据的定义，一方面可以消除各数据项的歧义性，规范信息存储和展现格式；另一方面，可以用标准元数据作为基准对归集数据进行校验、转换和对比，以形成初步“干净”的数据集。

将数据标准管理纳入数据归集管理体系，一方面通过统一各系统间数据规则，规范数据运行标准，使得各系统数据标准一致；另一方面实现数据模型全过程管控。通过分析国内外大数据相关标准，并结合能源大数据技术、产品和应用需求，形成农村能源互联网平台数据归集标准规范 18 项，重点涵盖基础概念、数据采集、存储、计算、分析、展示、质量控制、安全防护、数据服务等方面，适用于能源互联网环境下能源大数据平台建设和相关标准编制，农村能源互联网平台数据归集体系标准见表 6-1。

表 6-1　　农村能源互联网平台数据归集体系标准

序号	标准分类	标准名称
1	基础标准	能源大数据术语
2		数据参考模型
3	数据采集与转化标准	用电信息采集转换规范
4		视频监控信息采集转化规范
5	数据传输标准	电力计量通信协议应用层规范
6		电力通信系统建设规范
7	数据存储与管理标准	数据分布式存储系统设计规范
8		数据虚拟化存储系统设计规范
9	数据处理与分析标准	数据商业智能工具应用规范
10		数据可视化工具应用规范
11		数据挖掘标准流程
12	数据质量标准	数据质量控制规范
13		数据质量评估准则
14	数据安全标准	数据安全技术规范
15		数据隐私防护规范
16	数据服务标准	数据开放数据集规范
17		数据业务数据集规范
18		数据平台服务接口规范

3）规范平台能源数据采集渠道。通过整合多元能源数据和人口、经济、环境等其他内外部数据，形成由关系型数据库、二维表等结构化数据，文本、图

片、音频、视频、日志、报表等非结构化数据，历史、准实时数据以及电网 GIS 数据共同构成的能源数据体系，是平台大数据分析与应用的数据基础和来源。为了避免数据抽取重复、冗余存储等问题，可以规范平台能源原始数据采集渠道，主要包括：能源企业信息集成、政府能源信息联通、服务厂商信息整合、用能企业信息采集、能源行业信息采集。

4）规范数据采集接入方式。由于农村能源数据类型复杂、数据源头众多，结合数据库采集、提出煤、电、热、气、油等农村全品类能源数据接口规范，建立系统对接、物联接入、批量导入和在线填报四种数据接入方式，打破行业数据壁垒，实现各类数据的有效归集。

a．系统对接。对于能源企业运行数据，采用系统对接方式实现数据接入。

b．终端采集。对于重点用能企业和智慧园区，采用边缘代理终端泛在接入用能数据。终端采集数据是通过利用物联网技术、大数据技术等新兴技术获取海量感知层的数据。

c．系统填报。对于缺乏信息化管理系统或者暂时不具备系统对接条件的月度经济类和能源类等统计数据，平台提供批量导入、在线填报功能，实现数据接入。这一数据接入方式涉及前期数据分析、人工操作和后期数据接入，也可以弥补某些正处于发展中的信息系统的数据无法直接接入农村能源互联网平台数据等问题。

d．数据批量入库：通过数据导入方式，实现社会经济类、能源资源类数据批量入库。

（2）数据信任机制。

1）完善数据归集安全基础设施。完善信息安全基础设施，首先就要完善物理隔离措施，即加强网络的建设，优化网络架构，加强认证机构（certificate authority，CA）和注册机构（registration authority，RA）两种管理实体建设。在平台网络架构的基础上更加完善系统，实现数据归集与系统升级同步进行，推动数据库更新与时俱进。同时，还应实行专人负责制，加强信息的安全基础设施建设。

数据归集各层级之间的数据通信包括企业分布式中心子系统和数据在线采

集系统内部通信，以及企业分布式中心和能源大数据平台的通信等。其中数据实时、在线采集系统内部通信应符合国家相关数据传输技术导则。数据采集网关与能源大数据平台之间的网络通信，在子系统管理服务器与能源大数据平台通信服务器之间进行。可灵活选用 ADSL，LAN，GPRS/CDMA 无线等方式进行数据传输，并通过配套的证书认证和虚拟专用网加密传输双层保障，以确保数据传输安全性。数据通信的安全，符合下列规定：

a．双方数据交互前进行身份认证，算法和密钥的安全性符合要求。

b．在通信数据传输过程中，使用数字证书加密或使用 VPN 隧道进行安全传输，以保证数据传输的完整性和机密性。

c．重要数据报文进行数字签名。能源大数据平台自动接收并存储来自企业能源管理管控中心子系统上报的或者直接来自计量装置能源资源实时、在线采集的监测数据，并按监管体系要求统计汇总、分析本辖区内各类能耗监测数据，生成各类统计报表及分析报告，利用公钥和私钥进行数字签名，并将能源资源计量数据定时上传到上一级平台。

2）建立主体信用管理体系。建立主体信用管理体系指以县域能源行业市场主体的基本情况、良好记录、不良记录等信用记录为重点，建立具备合法性、准确性和完整性的信用信息档案，实现信用信息电子化归集、存储、共享和数据化管理。通过能源数据的对接共享，可实现信用信息实时动态归集共享，提升信用信息覆盖率。同时，按照一定的标准对用户准入和交易相关信息进行审核、记录、分析、披露和智能管理，为平台用户提供信任服务，保障平台数据共享和数据归集工作能够顺利进行。

a．完善数据信用制度标准体系。建立数据信用修复制度和数据信用异议处理制度，保障平台能源主体的信用维权。编制出台数据信用应用清单，明确数据信用在能源管理和市场监管中的应用事项、环节、措施等内容，并通过信用评价规范，促进能源行业各专业领域的评价工作统一规范。

b．推动数据信用归集共享。为保障农村能源数据有效归集，建立信用信息联络员制度，保证归集工作有效衔接。全面开展数据信用归集工作，完成历史数据归集，实现数据的动态更新，以进一步推动能源行业数据信用共享和整合，为用户提供多元化信任服务，逐步形成覆盖全行业的数据信用共享体系。

c．提升数据信用管理。完善能源行业信用信息系统功能，加强能源行业信用信息系统运行管理，规范能源行业信用信息系统业务办理流程，强化网络和信息安全保护，确保得到可信化数据，以保障平台安全稳定运行。

3）加强信息公开与安全监管力度。加强信息公开与安全监管力度指在数据归集过程中，通过制定详细的规则，将能源、能源市场等信息及时向平台用户公开，建立业内的开放生态来引导公众共同参与数据治理以此提升公信力。对于归集的能源、能源交易以及能源用户等重要信息，依托数字加密技术，对各类数据进行加密和备份保护，提升用户的安全感和自身公信力。

同时，构建以信任机制为核心、依托新一代信息技术的新型监管制度，解决利益最大化驱动和信息不对称带来的平台公信力下降的问题。在满足县域资质许可、市场准入等监管条件下，开展信用监管模式创新，推动建立以信用为重点的新型监管模式。

4）建立线上线下联动的数据归集闭环管理。建立线上线下联动的数据归集闭环管理指利用先进的数据分析处理技术对包括能源用户和能源企业在内的各类主体线上和线下的行为进行数据归集闭环管理。依托信任管理机制，通过留痕、智能分析、平台评价、用户评价和信息公开机制将重复交易范围扩大到了平台所有用户中，建立了信任的良性循环。

5）构建高效能源信任交易体系。构建高效能源信任交易体系指针对多方参与的农村能源数据安全可信、实时共享的共性需求，利用基于区块链的安全可信命名服务技术、融合区块链与信息中心网络的安全可信实时数据共享技术，实现多方参与的跨域物联网场景下数据安全可信实时分发能力。

（3）效率提升机制。

1）明确数据归集工作的职责分工。明确数据归集工作的职责分工指在数据归集中，要量化归集指标，明确归集时限，压实归集责任，要求各有关政府部门、公司和能源企业加大数据归集力度。重点是明确数据提供方、使用方、管理方的职责，建立数据使用方提需求、数据提供方做响应、数据资源管理方统筹管理并提供技术支撑的数据共享机制，有序推进数据汇聚、归集、共享、管理和应用，提高数据归集效率。

2）完善数据归集管理流程。完善数据归集管理流程指在数据归集时，应按照“应编尽编”的原则，全面梳理县域内的能源数据资源，依据标准规范要求，对县域内的能源数据资源分类，按照一定的次序编排，便于数据资源共享交换的检索、定位与发现。同时对数据资源进行实时汇聚、动态更新，推进数据全量汇聚，实现数据“应汇尽汇”。此外，以编制的数据资源目录为基础，建立数据目录更新机制，及时动态维护数据资源和数据目录。强化能源信息的标准化、规范化、结构化，建立统一的能源数据标准，大幅度提升数据采集效率，平台规划设计数据统计、校核、计算、上报，减轻基层人员的工作负担，源头把控数据质量，流程化上报，多环节把控，及时准确获取数据，保证数据源的及时性、完整性、一致性。

3）强化数据归集系统内沟通协调。强化数据归集系统内沟通协调指首先是加快推动不同能源系统的直连工作，尽快完成系统间的接口配置，实现能源数据全量归集及能源数据同步更新，从而提高平台的数据归集效率。此外平台还可以建立联络员制度，保障归集工作的沟通与衔接，联络员要做好归集工作情况汇报，及时反馈问题和建议，以提高数据归集的工作效率。

4）加强数据归集工作人员技能培训。加强数据归集工作人员技能培训指数据归集工作对专业人员有着严格的要求，不仅涉及专业技术，还对信息的安全性、保密性等有一定的要求。如果数据归集不及时，归集到的数据不完整、标准不统一等不仅会影响到相关平台的服务质量，而且还会降低工作人员的效率，徒增不必要的麻烦。例如在数据采集过程中，通过相关技能培训，提高专业人员对问题数据的敏锐度，从而可以针对问题数据回归到数据源头进行分析，进而提高专业人员的工作水平和工作效率。尤其是要加强从业人员对大数据、云计算等先进归集技术的认知和学习，进而实现能源大数据的高效利用和充分共享。

5）利用先进技术手段提升数据归集效率。利用先进技术手段提升数据归集效率指大数据根植于云计算技术，利用云计算强大的数据处理能力，可以为挖掘县域能源数据丰富的信息提供强有力的支撑。利用云计算技术、数据挖掘技术等先进的数据处理技术，实现能源数据的自动化、批量化归集，对数据进行智能化、精准化的比对、清洗和更新，确保能源数据准确、实时、全面。可以运用 Hadoop 等大数据处理工具，用高传输率来访问应用程序的数据，不仅可以提高数据归集工作的效率，更能在数据源头对数据质量进行精准的把握。此外，还可以数据调度为核心，通过自动化监控工具，实现“数据监控-数据分析-质量评价-数据资产完善”的数据归集全过程管控，解决数据失真问题。

综上所述，解决农村能源数据归集问题，提高能源数据服务质量，除了要加强数据质量保障的制度建设、人才建设，规范数据归集管理，更要立足于自身，采用科学、先进的技术手段，在最大程度上对数据进行筛选、去重、清洗、校验，从整体上把握数据质量，在实践中找到完善数据归集质量的方法和原则。在统一代码、统一标准的规范管理基础上，将归集的数据利用大数据分析处理，挖掘有用的能源信息，提高数据归集效率，打造出更多的能源信息产品，实现能源信息产品服务的常态化。

6.3 农村能源互联网平台建设

6.3.1 农村能源互联网平台基本内涵

1. 能源互联网概念和基本架构

能源互联网是一个多维综合系统。从物理维度来看，是一个以电力系统为核心，以可再生能源为主要一次能源，与油气网、冷热网等其他系统紧密耦合而形成的复杂多网流系统；从信息维度来看，是能量的开放互联与交换共享的信息物理融合系统；从市场维度来看，是提供绿色能源灵活交易的平台，构建开放、自由、充分竞争的市场环境，激发市场中各商业主体的积极性。能源互联网主要由感知层、网络层、平台层和应用层共四层构成，以标准规范体系为基础，以安全防护体系为保障，集成对接内外部相关系统，架构柔性可靠易扩展，满足不同用户差异化需求。

感知层将适配风能、光伏、水、冷、热、气、煤、油等多种能源智能终端，实现不同能源数据的标准采集与智能控制；网络层将各类终端采集的数据传输至平台层的数据处理层，通信方式采用有线通信（以太网、PLC、光纤网等）、无线通信（电力无线专网、VPN、3G/4G 无线公网等）或者卫星通信等方式；平台层包括数据处理层、基础服务层以及平台技术架构中心；数据处理层负责对能源数据进行分类，实施接入管理，统一数据模型，并分域存储和管理；业务服务层提供能源规划、能源生产、能源传输与存储以及能源消费等能源业务；平台层设有技术中心，包含支撑平台运营和管理的大数据技术、人工智能技术、区块链技术等；应用层主要通过 PC 端、移动应用端和大屏幕系统等设备，为县域政府、电网公司、能源生产和服务企业以及能源消费用户等提供满足业务需求的多项功能应用，主要包含能源数据监测、能源信息统计、能源市场监管、能源多元化交易和需求侧响应等功能。

能源互联网基础架构如图 6-11 所示。

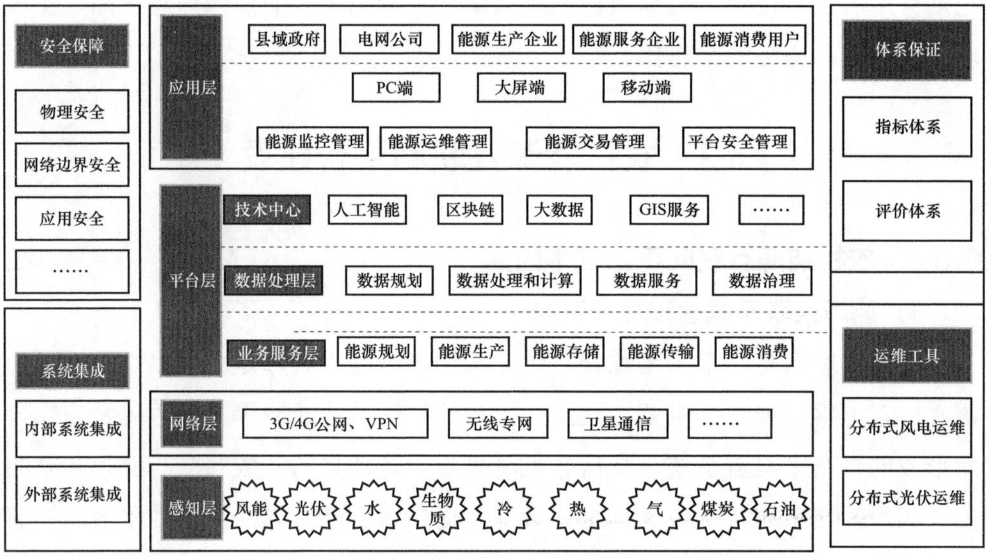

图 6-11　能源互联网基础架构示意图

2. 农村能源互联网平台总体架构

作为农村能源转型背景下能源互联网在农村的部署和实施，农村能源互联网是以新一代信息技术为核心，以配电网为基础，以分布式可再生能源为主要能源接入方式，横向实现电、气、冷、热、水等多种能源互补，纵向实现源、网、荷、储各环节高度协调的能源服务网络。从信息流传导的角度出发，农村能源互联网通过信息技术实现能源信息资源在能源开发利用环节的双向实时共享，为用户提供各种增值服务，并增强用户与信息控制系统、能源供应模块、多元智能输送模块之间的信息双向传导能力。从能量流传导的角度出发，农村能源互联网将传统相对单一化的能源输送网络拓宽成为多元智能输送网络，该网络具有普适性的能源接入端口，可以实现分布式与集中式能源供应模块的即插即用。能量流和信息流的深度融合可以提高能源智能化，进一步提升县域能源资源的优化配置能力。

通过农村能源互联网平台建设，可实现能源生产、传输、消费全链条的监测分析和数据共享，促进源、网、荷、储的协调控制和深层互动，培育智慧用能新业态，提高可再生能源消纳能力，提高能源综合利用效率，降低用户用能成本。农村能源互联网平台遵循“系统化”的理念，分为物理层、信息层和应用层三层逻辑结构：物理层以智能电网为基础，通过分布式能源并网、生物质天然气开发、绿色能源小镇、智慧园区等，充分挖掘农村特色与可再生资源潜力，实现能源生产、传输和消费的贯通，为能源互联网平台建设提供物理支撑。信息层应用“大云物移智”等适用泛在新技术，实现能源生产、传输、消费全链条信息互联互通与数据共享，为能源互联网平台建设提供信息支撑。应用层以“用户为中心”，紧密耦合物理层和信息层，以能源监测为手段，以协调优化为核心，以公共服务为延伸，实现能源流-信息流-价值流的合并统一，促进源-网-荷-储协调优化和深层互动，培育智慧用能新业态，如图 6-12 显示。

6.3.2 农村能源互联网平台需求分析

1. 能源综合利用需求

能源综合利用需求主要包括能源综合利用效率优化和多元主体灵活便捷接入两个方面。其中，能源综合利用效率优化指在能源生产、传输和消费三侧的效率优化；而多元主体灵活便捷接入指在政府、电网、能源生产企业和能源消费用户等多方主体的便捷接入。

农村能源互联网平台综合利用需求如图 6-13 所示。

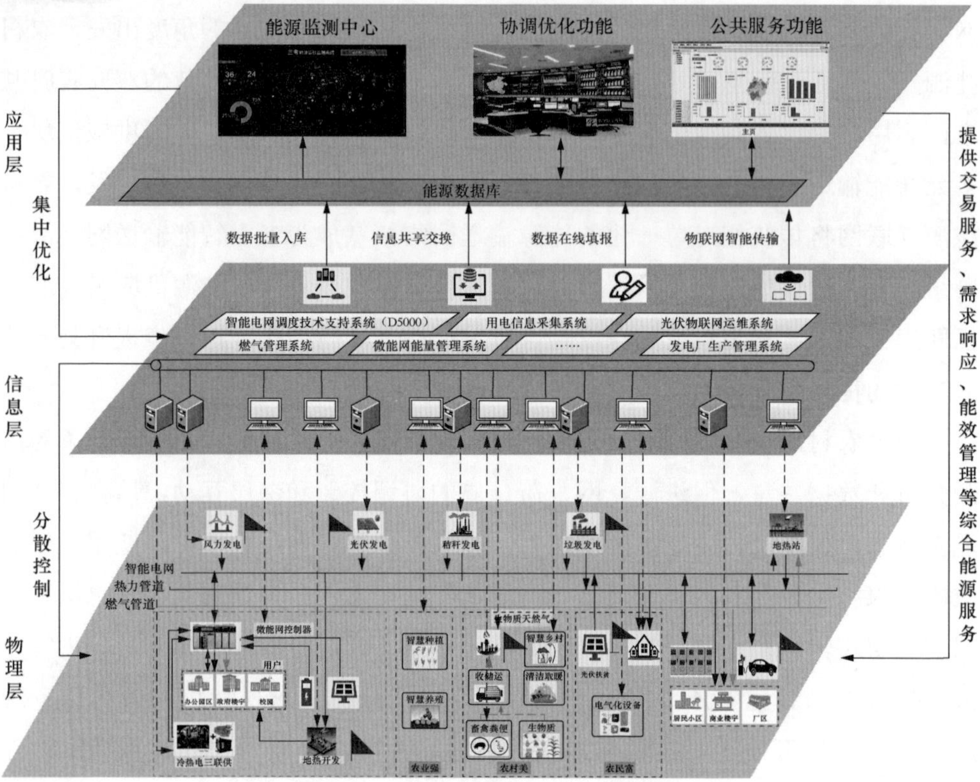

图 6-12　农村能源互联网平台总体架构

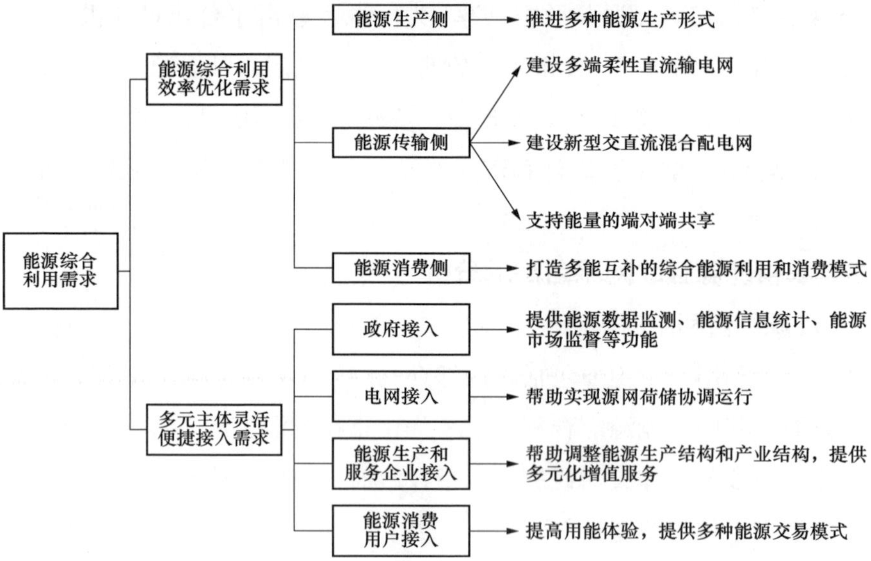

图 6-13　农村能源互联网平台能源综合利用需求示意图

（1）能源综合利用效率优化需求。农村能源互联网平台的能源综合利用效率优化需求主要体现在以电力网络为主体骨架，对接和融合燃气网、冷热网等其他网络系统，覆盖包含能源生产、能源传输、能源消费的整个能源链，以太阳能、风能、天然气等清洁能源为主体，涵盖油、煤、地热等其他能源，重点推进柔性直流输电网、热电转换、电解氢、氢储能、冰蓄冷、交直流混合电网、智能微电网、电动汽车充放电、虚拟电厂、需求侧响应等，突破“电转气”装置、能源路由器等关键技术，逐步建成含电、热、气、油和交通等开放共享的综合能源网络，实现各类能源生产和传输企业以及能源消费者的及时有效接入，提高所有一、二次能源的综合利用效率。

1）能源生产侧。能源生产侧的主要需求是结合传统风、光、气等发电工程，推进燃料电池发电、薄膜光伏发电、电解氢、热电耦合互换等多种新型能源生产形式，提高清洁能源产能占比，形成以清洁能源为主动力的能源供应体系。着力推进能源转换接口建设，打通形成电-气-冷热三网融合的能源生产链条，通过能源存储和转换设备的协同合作，消除单类型能源在生产过程中的资源浪费，打造高效率、高利用率、低碳环保的能源生产环节。

2）能源传输侧。能源传输侧的主要需求是合理控制同步电网规模，采用柔性直流背靠背输电分割若干个区域交流电网，在各区域交流电网间建设多端柔性直流输电网，并能灵活接纳大规模地面光伏电站。同时，建设中低压、环网状的新型交直流混合配电网，支持交直流混合运行，能够接纳高渗透率分布式能源、电动汽车、储能装置以及微电网群，实现分布式能源和负荷的主动管理和供需互动。除此之外，平台还应能根据需要选择能量传输的来源，支持能量的端对端共享，进而促进新能源消纳和提高系统安全可靠性。

3）能源消费侧。为了适当减少柴草、秸秆等传统生物质能源的使用，提高清洁能源的利用率，切实提高居民用能体验，农村能源互联网平台需要高度整合能源网和信息网，依托能源路由器、能源 USB 和其他智能用能设施等硬件设备，明晰用户侧需求消费体系，加强能源消费和生产的实时匹配，实现用户需求侧的快速响应。同时开展定制化需求管理示范，发挥电动汽车、储能、空调、热水器、清洁灶具和其他柔性负荷的时空韧性，实现灵活消费和节能减排。

（2）多元主体灵活便捷接入需求。农村能源互联网平台集成多元能源主体，基于电力大数据和电网相关信息系统，提供弹性、高效、稳定、安全的软硬件基础设施，以集成和盘活源自电力、交通、油气、气象等的海量异质异构数据，帮助提升能源生产、传输和消费效率，提高各能源主体的经济收益。多元主体灵活便捷接入的优化需求主要体现在以下几方面。

1）政府接入功能需求。农村能源互联网平台应能帮助政府部门实现全面能源监管，如能源数据监测、能源信息统计、能源市场监管等。

a. 能源数据监测。农村能源互联网平台建设全景能源调度指挥中心，实现电、热（冷）、气等全面的能源监视及 KPI 指标的展示。能源监控模块对各种能源进行实时监测，并提供从概貌到具体的动态图形显示，方便相关政府部门进行全面监管调控。具体内容主要包括系统图及系统图中各设备状态及参数，县域能源系统总览显示（各分区域能耗统计、负荷等），动态显示各表读数（电、天然气、热水等）、各表具辅助参数电压、电流、功率、流量、温度、压力等）、辅助计量系统（空调水系统、工艺冷冻水系统等）、数据趋势功能与跟踪记录（如每分钟记录一次）功能等。

b. 能源信息统计。农村能源互联网平台可获取各个能源介质的消耗和剩余状况，进行能源统计监测，改进原有的能源平衡统计方式，结合各种状态下的能源平衡模型，实时平衡计算，得出各能源介质的优化平衡分配方案，为调度提供决策支持。能源监控模块中的能流图能够有效串接能源计量、能源统计和能源分析，便于实现对企业能源消费量和能耗指标数据的自动处理。

c. 能源市场监管。农村能源互联网平台需要实时监测市场价格变化，为政府价格决策提供依据。首先，可实时勾勒能源价格总水平及重要能源商品价格变化曲线，为政府正确和及时实施宏观调控政策提供决策依据。其次，跟踪、反馈能源价格监管及补贴政策和措施的执行效果，为政府及时修订政策、完善措施提供政策跟踪支持。最后，通过监测交易市场变化，分析能源商品价格变动的形成因素，为政府约束能源企业、规范市场竞争提供监测数据支持，以促进市场机制的完善。

农村能源互联网平台通过查询各个能源商品的价格信息，正确引导生产和消费。这些信息主要包括政府的价格政策、公众关心的重要能源商品和服务价格变化情况，以及对重要能源商品和服务价格的分析预测等。农村能源互联网平台提供这些公共信息，既是产出社会效益的需要，也是保障政府政策实施，正确引导生产、消费，实现宏观调控目标的需要。

借助大数据技术，农村能源互联网平台应能储备丰富的信息资源，不仅可以正确分析能源价格变化趋势，保证科学决策，还可以总结历史经验，研究和改进价格调控和管理工作的方法。

2） 电网接入功能需求。农村能源互联网平台应能帮助中、低压配电网公司实现源、网、荷、储协调运行，通过对企业运行中的各种数据进行分析，实现对外业务服务的优化。

县域中的配电网公司应能融合平台内中的低压天然气系统、供冷、供热、供水系统及交通系统等，基于各种分布式发电、能源转换及存储、信息通信、大数据等先进技术，使多种能源在源、网、荷、储、用的各环节实现耦合优化运行，为用户提供灵活、低碳、安全、高效的能源服务。

3）能源生产和服务企业接入功能需求。农村能源互联网平台应能帮助能源生产和服务企业调整能源生产结构和产业结构以提高能源环境效率，为用户提供多元化增值服务，从而实现能源生产和服务企业的精益化运维。

大力发展低碳经济是社会可持续发展的必然选择，其中很重要的是要提高能源消费中清洁能源的比重以降低碳排放和污染物排放。农村能源互联网平台对能源生产和服务企业的污染物数量和碳排放量情况的监测，应能帮助其根据市场环境不断调整能源结构和产业结构以提高能源环境效率，避免因污染物数量和碳排放量不达标而被给予“碳警报”，或征收不定额碳税。同样，能源生产和服务企业不断追求低碳化发展还可被优先推荐。这种良性竞争不仅可以提高能源生产和服务企业的核心竞争力，还能够促进能源效率的提升。

通过平台中的天气预测分析、资产及交易管理等数字化工具，能源生产和服务企业可以更快速地响应市场需求，灵活开展能源生产和储备。能源生产和服务企业为产品制造服务，以平台的能源计量统计为基础，以能效对标为手段，以能源管理目标为方向，可以实现能源生产和服务企业的全方位系统化与精益化管理。

4）能源消费用户接入功能需求。农村能源互联网平台应能帮助能源消费用户提高能源利用效率，进一步提高用户的用能体验，此外，平台提供多种分布式能源交易模式以实现能源自由交易。

农村能源互联网平台中的能源管理模块集中应用于钢铁、建筑、电力、高耗能企业等特定行业或能源介质领域，通过用户能效监测以提高能源利用效率。应用用户能效监测功能可以跟踪监测各地区能源消费总量和高耗能行业用电量等指标，从而合理控制能源消费总量，进一步促进高效节能技术和关键设备的研发，实现能效管理模块的需求侧响应。

农村能源互联网与服务的深度融合是对互联网思维、方法和技术的融合，以客户为中心，以市场为导向，以大数据应用为驱动，以客户满意度为目标，围绕服务全业务流程，打造一条前端触角敏锐、后端高度协同的服务链，推动服务渠道之间、前端后台之间、相关专业之间的无缝衔接。农村能源互联网平台提供的基于用户信用的差异化服务、基于用户画像的能源精准消费服务、基于位置服务（location based service，LBS）的自助式故障报修服务，以及主动式区域负荷预测和需求侧响应等服务可以提高能源消费用户的用能体验。平台支持多样的分布式能源交易模式，实现用户端智能化用能、能源自由交易和能源共享经济，促进能源消费生态体系建设。

2. 能源价值共创需求

农村能源互联网平台的能源价值共创需求主要体现在推进综合能源服务和能源共享经济的发展，综合能源服务的技术经济基础是共享的能源系统和服务。基于此，农村能源互联网平台需提供基于县域基础设施和服务资源的共享综合能源服务。县域综合能源服务是以支持建设现代能源经济体系、推动能源经济高质量发展为愿景，以满足县域日趋多样化的能源服务需求为导向，提供多能源品种、多业务环节、多客户类型、多商业模式的能源服务。农村能源互联网平台的能源价值共创需求如图 6-14 所示。

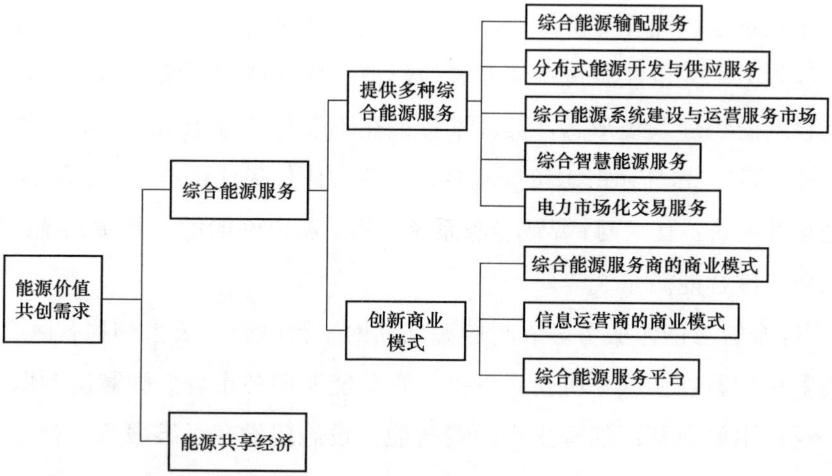

图 6-14　能源价值共创需求示意图

（1）综合能源服务方面。农村能源互联网平台应能为能源主体提供多元化综合能源服务，创新多种商业模式，实现能源信息与服务共享。

1）提供多种综合能源服务。所开展的综合能源服务业务包括综合能源输配服务、分布式能源开发与供应服务、综合能源系统建设与运营服务、综合智慧能源服务、电力市场化交易服务等，业务内容、服务形式、商业模式等不断创新并日趋多样化。

a．综合能源输配服务。主要包括：投资、建设和运营输配电网、微电网、区域集中供热/供冷网、油气管网等，并为客户提供多网络、多品种的基础性的能源输配服务，同时为其他能源服务业务的开展提供网络基础设施的支持。

b．分布式能源开发与供应服务。目前，发电企业、电网企业、燃气企业等均积极向综合能源服务产业链的上游拓展，开展多种类型的分布式能源开发与供应服务，包括分散式风电、分布式太阳能、生物质能、余热余压余气开发利用服务以及天然气三联供、区域集中供热/供冷站的投资、建设、运营服务等。

c．综合能源系统建设与运营服务。综合能源系统是指在一定区域内利用先进的物理信息技术和创新管理模式，整合区域内电能、冷能、热能、天然气、新能源等多种能源资源，实现多异质能源子系统的协调规划、运行优化、管理协同、交互响应和互补互济，在满足系统内多样化用能需求的同时，有效提升能源系统效率、促进能源可持续发展的新型一体化能源系统。综合能源系统是能源互联网的物理系统形态，其基本特征在于多种能源子系统之间的“横向互补、纵向协同”，其具体形态可能包括：终端一体化集成供能系统；风、光、水、储多能互补系统；互联网+智慧能源系统；基于微电网的综合能源系统；基于增量配电网的综合能源系统等。

d. 综合智慧能源服务。农村能源互联网平台融合“云大物移智区”技术，可创造多种智慧能源服务机会，以扩大智慧能源服务市场。智慧能源服务市场需求广泛，主要包括：能源生产消费智能化设施建设和运维服务，智慧节能服务，智慧用能服务等。

e. 电力市场化交易服务。开展绿色电力交易服务区域试点，推进融合分布式能源设施、电动汽车充换电设施、电转气设施、储能设施、智能用电设施等硬件以及碳交易、互联网金融等衍生服务于一体的绿色能源网络发展，实现绿色电力的点到点交易及实时配送和补贴结算。依托能源价值共创理念，进一步加强能源生产和消费协调匹配，建立支撑电动汽车等电能替代技术和分布式能源发电、微电网、虚拟电厂等能源综合利用技术发展的商业模式和市场机制，实现能源自由交易和能源共享经济，促进能源消费生态体系建设，还原能源的商品属性。

2）创新商业模式。综合能源服务的服务形式和服务内容能够直击用户用能痛点、满足用户多样化用能需求，促进能源价值共创，其规模化发展对推动农村能源革命具有重要意义。综合能源服务市场参与主体主要包括综合能源服务商、信息运营商和综合能源服务平台。

综合能源服务商作为服务的提供商，其商业模式可描述为：在多维数据驱动下，通过分析用户信息，把握用户多元用能需求，向用户提供“电、热、冷、气”多种形式能源互补搭配的“能量套餐”，开展能源定制化服务、个性化节能服务、储能租赁服务等，设计、定制综合能源服务产品和智慧用能解决方案来获得收益。因此，综合能源服务商经营核心在于满足用户用能需求，其价值闭环如图 6-15 所示。

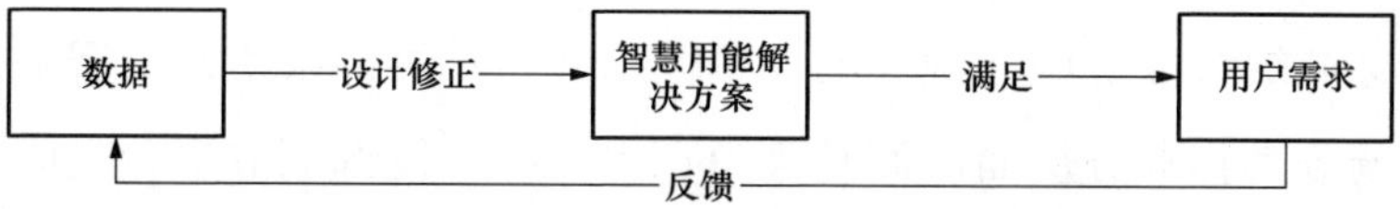

图 6-15　综合能源服务商的价值闭环

信息运营商作为市场的服务媒介，其商业模式可描述为：实现高价值用户群体或区域的信息聚合，积极链接供需双方，撮合综合能源服务交易的达成。因此，能否利用已有数据找到供需双方的平衡点是信息运营商经营的关键。信息运营商的价值闭环如图 6-16 所示。

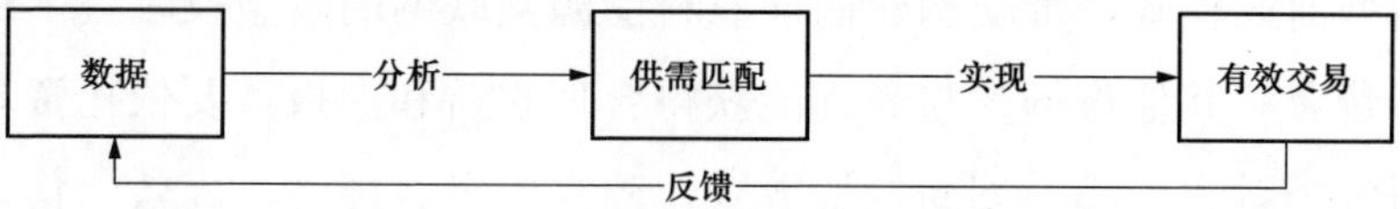

图 6-16　信息运营商的价值闭环

综合能源服务平台是覆盖全区域、多主体，实现交易管理、产品管理、服务商管理、用户管理、营销管理、招商管理等功能，并提供开放性数据接口的综合能源产业平台。综合能源服务平台作为服务于整个综合能源产业的枢纽，具有复合型市场职能，其商业模式不仅涵盖了能源服务商、信息运营商的价值实现途径，还能够站在行业高度，分析整个综合能源服务市场的发展趋势，针对性地施放调控手段引导各参与主体的市场行为。综合能源服务平台的价值闭环如图 6-17 所示。

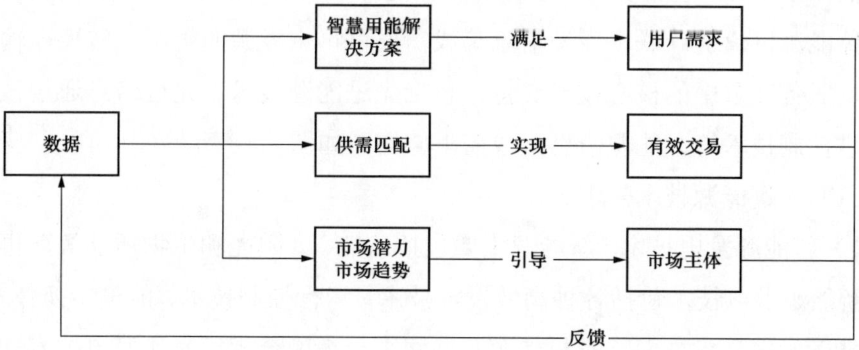

图 6-17　综合能源服务平台的价值闭环

未来县域综合能源服务领域的竞争性形态，不再局限于某个服务产品、某个细分市场等具体业务层面，而是集中在大型综合能源服务平台之间，比拼不同服务平台所构建产业生态体系的丰富度、集中度和灵活度。

（2）能源共享经济方面。农村能源互联网应能调度电、热、冷、气等多种能源形式，发展全民融合的共享经济模式。由于不同农村地区经济发展、能源禀赋、电价水平的差异性，以及地域差和季节差的特点，决定了构建农村能源互联网具有显著的经济性和竞争力，蕴含巨大的商业价值。要挖掘潜在的商业价值，需要积极探索建立基于农村能源互联网，覆盖能源生产、传输、消费全环节的新型商业模式，推动构建面向农村能源互联网的新型投融资平台，让投资者、消费者和其他市场参与者都能获得合理收益和回报。要依托资本市场，综合运用各类融资工具，创新融资方式，建立安全、经济、高效、稳定的融资保障体系，实现融资主体多元化、融资渠道多样化，为农村能源互联网发展提供具有竞争力的金融解决方案。

3. 能源信息集成需求

农村能源互联网平台的能源信息集成需求主要体现在利用先进关键技术统筹部署配电网和通信网深度融合的网络基础设施，以配电网为基础建立覆盖整个能源链的能源监测、计量、控制、管理和调度信息公共服务网络，加强能源链所有环节以及电-气-冷-热等不同能源网的信息对接和共享，重点推进 4G /5G 电力无线专网、能源 USB、能源大数据、云计算等智能技术的建设，支撑电网与其他参与主体（包括负荷、电源和其他能源网络等）的双向互动和协调运行，以支撑能源价值链互联。能源信息集成需要可再生能源的生产、转换、输送、利用、服务环节中的核心技术支持，包括先进能源技术、先进信息通信技术以及先进控制技术等。能源信息集成需求架构图如图 6-18 所示。

（1）先进能源技术需求。

1）新能源发电技术。新能源主要包括风能、太阳能和生物质能等可再生能源，新能源发电技术包括各种高效发电技术、运行控制技术、能量转换技术等。在新能源发电技术方面，农村能源互联网平台需融合规模光伏发电技术和太阳能集热发电技术、变速恒频风力发电系统的商业化开发、微型燃气轮机分布式电源技术，以及燃料电池功率调节技术、谐波抑制技术、高精度新能源发电预测技术、新能源电力系统保护技术等。还包括动力与能源转换设备、资源深度利用技术、智能控制与群控优化技术和综合优化技术等。

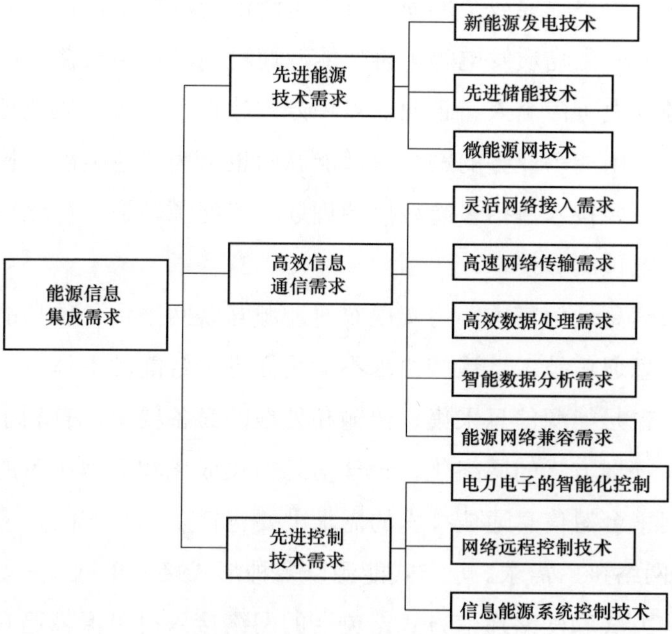

图 6-18　能源信息集成需求架构图

2）先进储能技术。平台中涉及的先进储能技术包括压缩空气储能、飞轮储能、电池储能、超导储能、超级电容器储能、冰蓄冷热、氢存储、P2G 等储能技术。从物理形态上讲，包括可用于电网调峰、调频辅助服务的储能装备，也包括用于家庭、楼宇、园区级的储能模块。风电、光伏等可再生能源发电设备的输出功率会随环境因素变化，储能装置可以及时地进行能量的储存和释放，保证供电的持续性和可靠性。其中，超导储能和超级电容储能系统能有效改善风电输出功率及系统的频率波动。通过对飞轮储能系统的充放电控制，可实现平滑风电输出功率、参与电网频率控制的双重目标。压缩空气储能是一项能够实现大规模和长时间电能存储的储能技术之一。储能技术及新型节能材料在相关能源主体中的广泛应用将在发电、输电、配电、用电的各个环节给电力系统带来根本性的影响。

3）微能源网技术。微能源网是指一个城乡社区或园区、工厂、学校等可与公共能源网络连接，又可独立运行的微型能源网络。微能源网可实现园区内工业、商业、居民用户主要或全部使用可再生清洁能源发电，借助灵活便利的充电设施，太阳能、生物质发电等可再生能源通过能源路由器接入微能源网。各种可再生能源发电可由个人、企业以多种方式建设、运营，微能源网主体可实现产能、售能和用能等业务的融合。微能源网也可为绿色美丽乡村建设树立典范。微能源网主要技术包括多能源协调规划、多能源转换、优化协调控制与管理、分布式发电预测等技术。

（2）高效信息通信需求。为实现农村能源互联网平台各项功能应用，需要采用高效的信息通信技术，这些技术不但是促进平台能源主体组织运作智能化管理的前提，也是能源信息采集、传输和处理的必备要素，有利于实现管理技术的智能化、管理方式的网络化、管理信息的集成化和管理决策的协同化。农村能源互联网平台对信息通信技术的需求主要包括以下几方面。

1）灵活网络接入需求。分布式能源以多种形式接入电网，需要适应不同环境的信息采集方式和网络通信方式，灵活的网络接入可以保障已有网络的稳定运行。从另一角度看，多种网络接入方式便于广大用户随时随地参与到能源交易中。

2）高速网络传输需求。农村能源互联网的发展必然带来海量数据，而高速可靠的网络传输能力可以实现局域内部信息共享和广域信息实时交互，同时海量信息高质存储可以保障数据资源的全面和完整。

3）高效数据处理需求。农村能源互联网平台同样将面临数据洪流问题，高效的数据处理可以实现数据有效筛选与管理，有助于进一步规范平台重点业务的处理方式，以保障能源企业标准化高效运作，为用户提供更优质的服务。

4）智能数据分析需求。农村能源互联网平台主要目标是实现能源网络内部和外部之间的能源合理配置，实现绿色高效，而智能化数据分析可进一步提高平台内部的决策能力，推动能源网络优化配置。

5）能源网络兼容需求。农村能源互联网平台应能兼容现有的传统能源网络，充分、广泛和有效地吸纳分布式能源和新能源，满足多样化用户能源需求，也为农村能源互联网提供了发展空间。由于平台采集能源大数据、数据格式与传输协议复杂，因此平台网关具备兼容性和规划统一性。农村能源互联网平台的兼容性体现在物理端口的多样性和逻辑端口的一致性。

6）物理端口的多样性。农村能源互联网平台中包含不同 IT 技术的设备，其他网络也具备多样的技术设备加持，因此，农村能源互联网平台的设计需要要求兼容现有的、未来的端口设备。

7）逻辑端口的一致性。由于不同的信息通信技术使用不同的端口，这也导致农村能源互联网平台的接口很难与其一一对应，此时就需要设计一致的逻辑端口来满足农村能源互联网平台的通信需求。多样的物理端口采用不同的实现方式，能源终端往往通过网关接入，此时网关承载着通信高层与能源终端的信息转换功能，是实现农村能源互联网平台逻辑端口一致性的关键。

面向农村能源互联网平台的构建，必须建设开放、泛在、智能、互动、可信的下一代能源网络信息通信基础设施，实现信息通信从内部支撑能源网络业务为主，到“对内支撑业务，对外服务大众”并重的转变。

（3）先进控制技术需求。

1）电力电子的智能化控制。近年来随着我国对新能源、物联网以及智能电网等领域的不断深入研究，对系统响度速度以及设备各方面的性能要求也愈来愈高。因此，将可视化技术、计算机技术以及微电子技术与电力电子装置进行充分的结合，以此来增强智能电网与能源互联网的稳定性与自适应性，提高装置的整体利用效率。总体而言，电力电子装置的智能化发展可为今后诸多领域的进步提供技术层面的支持。

2）网络远程控制技术。相比较智能电网来说，网络远程控制更多强调的是多种能源类型之间的综合利用与互补，即一种以电能为主体，根据智能电网的运转形式与原理，开创出来的新型的应用系统。传感和通信网络采用先进的传感技术和通信技术，对整个互联网体系架构系统进行感知，并将信息输入到计算分析平台和控制中心，为互联网体系架构的广阔协调控制提供数据支持。利用网络远程控制技术能够在很大程度上避免通信问题带来的干扰，可以分散多个地点的因子系数，利用互联网通信设备进行互联，从而达到快速检测的目的。

3）信息能源系统控制技术。农村能源互联网平台背景下的新型信息能源系统应能提高能源利用率，实现能源的综合化利用。将云计算技术利用在新一代信息能源系统中，借助大量的物理传感设备，优化分布式计算系统的性能，使系统具有高控制性和动态实时性。同时，新型信息能源系统还需实现能源用户与能源生产者的互动与交流，用户也将参与能源系统的优化与决策，让用户作为决策者的一部分，实现智能集群。

6.3.3 农村能源互联网平台建设方案

1. 建设内容

农村能源互联网平台服务对象包含能源领域中的县域政府、电网公司、能源生产和服务企业以及能源消费用户，针对不同类型的使用者对平台的不同需求，农村能源互联网平台设计具有多个功能的架构模式以满足不同用户主体的平台化、信息化及网络化管理。

一般而言，农村能源互联网平台采用模块化设计思路，采用“一库三中心”整体架构，包括能源数据库、能源监测中心、公共服务中心、协调优化中心，实现的主要功能如下：

（1）能源数据中心：支持源、网、荷、储等纵向一体能源开发和利用数据接入，支持冷、热、电、气等各种能源形式设备数据接入，实现能源生产、传输、配送、消费等全环节信息覆盖，支持能源海量数据接入与处理，支持结构化与非结构化数据储存和处理，为开展能源监测、能量管控、能源服务打好数据基础。能源数据中心主要包括能源统计运行数据库、能源资源及项目数据库、基础地理数据库、三维多媒体资料库、系统配置信息数据库。

（2）能源监测中心：采用数据采集技术、互联网技术、大数据分析技术，对新能源、电力、天然气、地热等运行情况进行分析，实现重点行业能耗监测、新能源运行监测、能源管网监测以及能源预测预警，支撑能源规划监管部门开展运行分析评估，实现能源精细化管理，为能源系统规划、建设提供全方位支撑。能源监测中心主要包括能源经济总体情况监测、能源生产消费全链条运行监测、新能源项目运行情况监测、能源预测预警等功能。

（3）公共服务中心：是能源互联网平台的价值体现，通过分布式能源市场化交易、需求侧响应、能效管理等模块的建设，为用户提供优质、经济、清洁、便捷的综合能源服务，降低用户用能成本、提升能源系统利用效率、提升用户服务满意水平、创新能源服务新业态、培育效益新的增长点。公共服务中心主要包括能效管理、电动汽车充电、网上办电、综合能源服务、其他增值服务等功能。

（4）协调优化中心：采用“集中优化、分散控制”的思路，结合风电、光伏、地热、电网、储能、用能等多源信息融合，构建协同优化运行策略，通过多能协同管理促进“源-网-荷-储”的优化调度，实现区域内能源合理配置与消纳和区域间多种能源的协调优化运行，促进清洁能源的就地就近消纳，保障能源网络的稳定运行。协调优化中心主要包括源网荷储优化、多能协同优化、需求响应等功能。

农村能源互联网平台主要功能如图 6-19 所示。

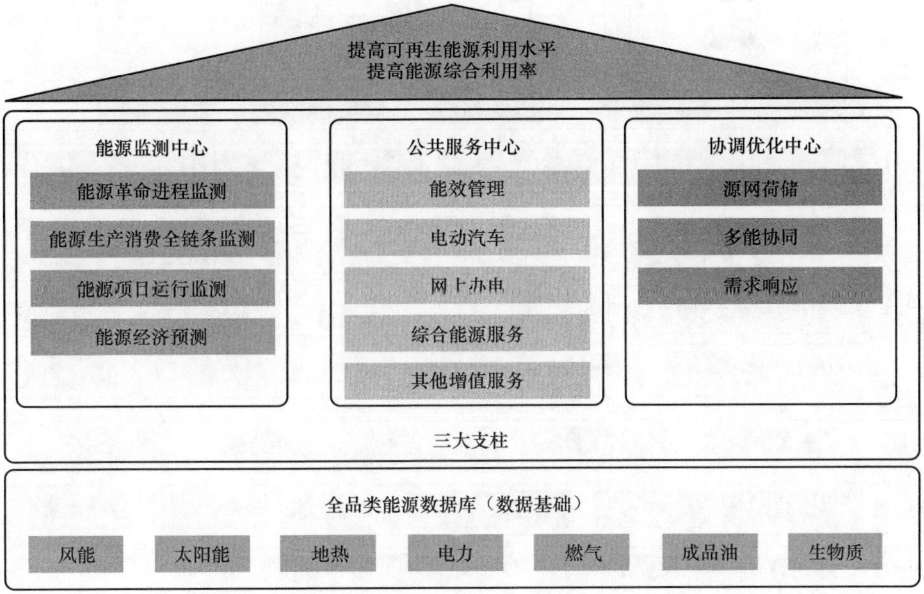

图 6-19　农村能源互联网平台主要功能

2. 农村能源互联网平台架构

农村能源互联网平台建设需要结合国家相关规范和制度，力求完善模型标准、接入标准、通信规范，确保平台建设的标准化，实现平台的泛在接入、智能适配、灵活扩展和互联互通，并在物理安全、网络边界安全、应用安全等方面提出相关的安全防护策略，以保障平台安全稳定运行。平台架构设计主要包括：

（1）技术架构。技术架构是概念的体现，是对物/信息的功能与形式元素之间的对应情况所做的分配，是对元素之间的关系以及元素同周边环境之间的关系所做的定义。对系统中的实体以及实体之间的关系所进行的抽象描述，是一系列的决策。遵从 SG-EA 的技术架构管控要求，依照国网公司目标架构设计全球能源互联网数字化研究平台功能部署模式、集成技术框架。平台遵循 J2EE 技术路线，结合大数据存储、计算技术实现主体功能，采用面向服务架构（SOA）服务接口实现与其他系统的集成。为满足农村能源互联网平台规划明确发展要求，平台技术架构如图 6-20 所示。

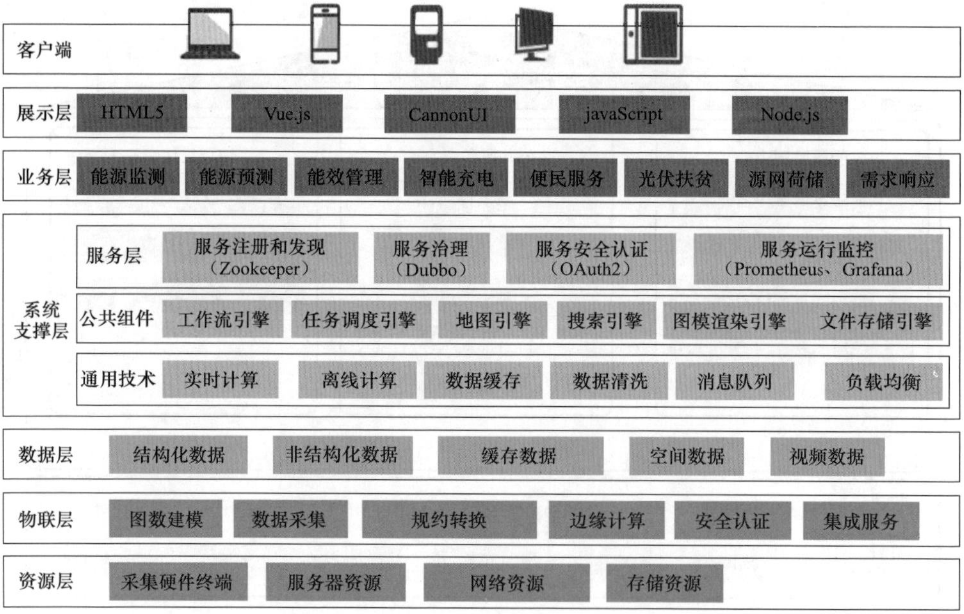

图 6-20　农村能源互联网平台技术架构

客户端：或称为用户端或工作站（workstation），指连入网络的计算机，它接受网络服务器的控制和管理，能够共享网络上的各种资源是指与服务器相对应，为客户提供本地服务的程序。除了一些只在本地运行的应用程序之外，一般安装在普通的客户机上、笔记本电脑、台式机、平板、包括智能手机等。

展示层：通过相关技术及软件支持大屏/多媒体等形式进行成果的综合展示。实现能源、电力、经济等数据趋势性、规律性分析及关键指标的可视化，支持以饼图、曲线图、柱状图等多种形式图进行直观展示，支持各类地图展示、热力图、电力流图、自定义地图等，同时支持智能生成专题报告，支持对时间序列数据进行动态播放展示，突出数据演变过程，辅助分析决策，支持以报告的形式展现具有代表性和针对性的研究成果、如战略愿景、规划方案、趋势规律等成果展示。

系统支撑层：包括权限管理服务、任务调度服务、工作流引擎服务，涵盖页逻辑层和数据层。权限管理包括管理员列表模块角色管理模块、菜单管理模块，管理员列表可以查看系统管理员信息，有超级管理员（具有最高权限和其他管理员，可以负责数据库的维护以及云平台基础信息的维护，角色管理，可以根据角色普通管理员）、用户分配各个菜单的系统权限，比如新增、更新、查询，普通用户一般只具有查询权限而没有修改、更新的权限，菜单管理，可以根据不同权限的角色，管理分配对应不同的菜单。监测平台可根据用户输入，按照需求范围内的参数，获得所需要信息。

数据源：包括结构化数据和非结构化数据。源、网、荷、储业务数据，冷、热、电、气设备数据属于业务系统的非结构化数据，视频、图片、文件等属于非结构化数据。

此外，农村能源互联网平台可采用云架构方式（见图 6-21），总体结构由 IaaS 基础服务、PaaS 平台和 SaaS 应用三层构成.IaaS 层基础服务包括对物理机、虚拟机、存储和网络的管理，以及构架在其之上的弹性计算服务、负载均衡服务、弹性伸缩服务、虚拟网络服务等；PaaS 平台包括数据库服务、中间件服务、大数据服务和管理与监控等；SaaS 应用包括能源监测、能量管理、综合服务等微应用，平台建设技术路线选择见表 6-2。

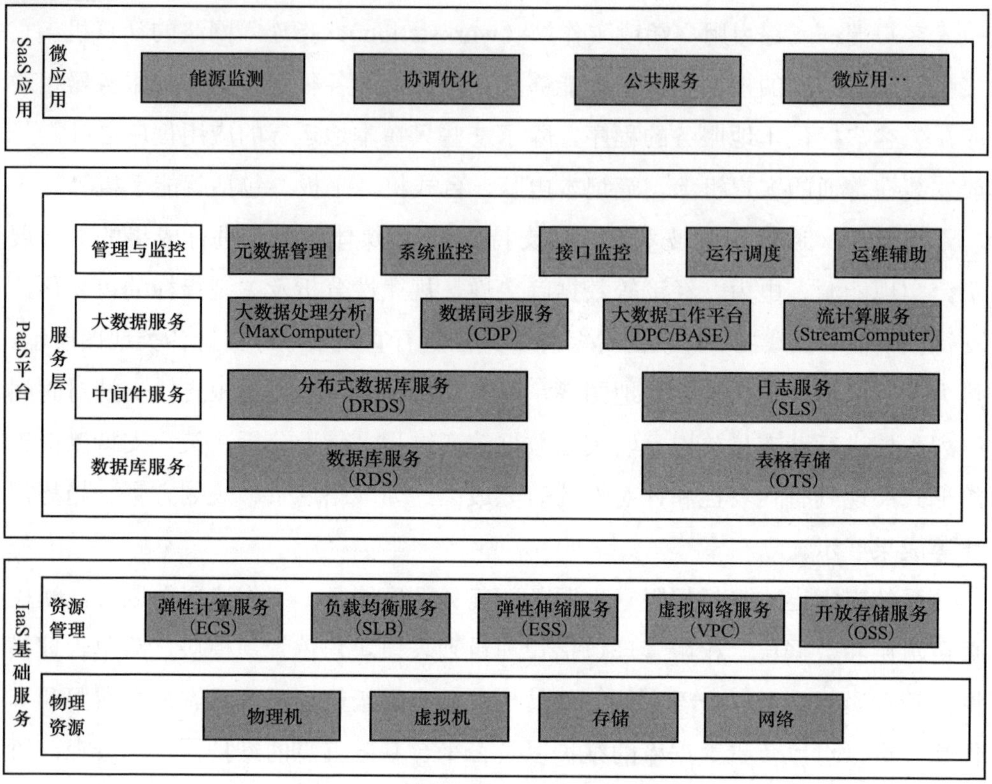

图 6-21　农村能源互联网平台云架构

表 6-2　　平台建设技术路线选择

分类	选型原则
技术选型	界面展现技术：HTML、JSP、Flex、JavaScript 服务器开发技术：JDK1.6、JavaEE5.0 数据访问技术：JDBC
部署模式	集中部署
中间件	应用服务器：Apache Tomcat（7.0.59） 缓存数据库（实时数据库）：Redis（3.0.6） 分布式关系型数据库
数据库	MySQL5.6、NoSQL、大规模离线计算数据仓库、Oracle11g
操作系统	Linux（64 位）

（2）应用架构。应用架构起到了统一规划、承上启下的作用，向上承接了战略发展方向和业务模式，向下规划和指导各个 IT 系统的定位和功能。平台遵

从 SG-EA 的应用架构管控要求，围绕着系统的建设目标和范围，构建系统应用架构，体现应用架构对业务能力的支撑，严格遵循应用完整性、业务驱动性及架构柔性原则，统一应用管理平台，合理切分系统功能界面，实现应用功能对全球能源研究业务的全覆盖。

结合河南公司能源大数据平台的实际建设情况，设计农村能源互联网平台应用架构，包括数据存储计算层、数据访问层、业务应用层（见图 6-22）。

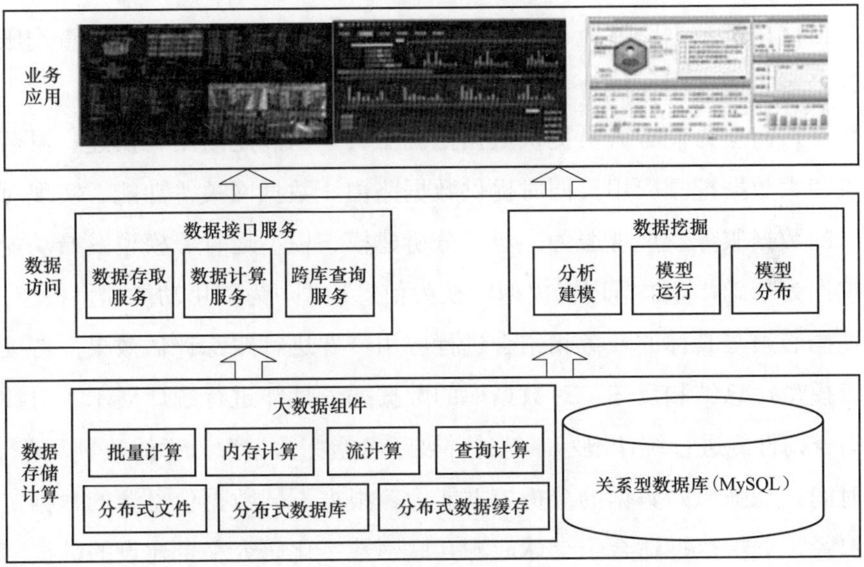

图 6-22　农村能源互联网平台应用架构

1）数据存储计算层。数据存储计算层负责对收集起来的海量信息进行分析与处理，是进行数据交换、信息存储、综合处理及支持服务于一体的综合中心。用能数据形成基础数据库、业务数据库和主题数据库等，实现信息共享与交换，以信息资源整合促进各方面资源的整合，为系统深化应用提供支持。数据资源具有先天的可存储和可分发特性，有助于能源互联网各参与方的共同协调和互动数据。存储对象包括数据流在加工过程中产生的临时文件或加工过程中需要查找的信息，以及数据存储系统的接口，如数据库系统、文件系统或者其他类型的数据源。

数据存储主要为公司结构化数据、非结构化数据，提供集中存储和查询的载体，以海量规模低成本存储、快速高效查询读取为特征。

数据计算为系统提供分布式运行引擎和协同计算功能，提供离线计算、实时计算等能力，满足各类业务应用不同时效性数据计算需求。

2）数据访问层。数据访问层主要是负责数据库的访问，实现对数据的保存和读取操作，包括数据接口服务和数据挖掘分析。

数据接口服务数据存取服务、数据计算服务、跨库查询服务。通过标准化分析数据接口及数据跨库查询服务等功能建设，实现基于数据跨库查询服务的多查询、多表或视图连接合并机制，提供具备数据模型定义可配置。

数据访问层为业务人员提供数据挖掘工具，以满足易用、快速、灵活的业务报表和大数据挖掘应用，同时提供数据路由、数据网关等功能，实现对外提供统一的数据服务及展现服务，包括分析建模、模型运行、模型发布功能。以数据挖掘为基础，将数据逻辑模型转换为信息模型，为应用功能提供模型支撑。数据挖掘必须与具体的业务相结合进行应用，并进行跟踪评估效果，持续不断地完善模型，总结和反馈。对数据库的数据插入性能进行统计展示。对数据库的数据查询性能进行统计展示。统计并展示各指标数据源入库的数量及存储表、入库时间。加强原始数据的分析挖掘能力，根据不同数据信息源的数据定义与统计口径，分析挖掘适合于全球能源互联网数字化研究平台建设的数据信息，确保数据的权威性、统一性与唯一性。

3）业务应用层。业务应用层是系统架构中体现核心价值的部分，即构建于平台上层的解决方案。用于提供平台研究案例的解决方案工具，与平台上的研究案例密切相关。主要集中在业务规则的制定、业务流程的实现等与业务需求有关的系统设计。负责系统领域业务的处理，负责逻辑性数据的生成、处理及转换。应用层深入分析收集到的数据，需要如下各方面的智能分析来支撑：海量的数据和信息知识大数据化；不同学科知识的融合渗透化；人机协同的智能化；管理和控制的精细化。业务应用层充分利用互联网、无线网和物联网技术，以平台层为基础，通过信息互联互通的模式，使系统具有高度的智慧性。

（3）数据架构。从数据应用的不同角度对数据进行分类，不同类别的数据在存储、计算、传输时对应不同的要求和技术实现手段。数据架构设计承接业务架构、应用架构设计成果，对该平台所涉及数据的概念模型、数据分类、存储分布、数据流转、数据处理等内容进行设计规划，为后续的技术架构设计提供输入。

农村能源互联网平台的数据划分为两个层级，第一层为：结构化数据、非结构化数据。第二层为：结构化数据划分为编码、业务数据、流程数据；非结构化数据划分为文件数据、媒体数据和缓存数据。

本平台采用一级部署模式，在数据流向层面上主要包含 Redis 分布式缓存数据区、大规模离线计算数据区、NoSQL 数据区、分布式关系型数据区、Oracle 接口中间库数据区以及政府、行业、用户等应用系统。

Redis 分布式缓存数据区：通过消息队列工具将采集前置解析后的终端上报数据，并定时批量的插入到分布式关系型数据库和 NoSQL 非关系型数据库中。主要目的为了避免大批量实时数据的写入给数据库带来的压力。

大规模离线计算数据区：通过数据集成工具从分布式关系型数据库和 NoSQL 非关系型数据库中抽取原始数据，通过大数据计算服务分析后产生的统计汇总数据插入到分布式关系型数据库中，这样减少了对生产库的计算压力，同时提高了客户端统计分析功能的查询速度。

NoSQL 非关系型数据区：主要存储曲线数据和档案数据，前置网关把从终端上报的采集数据批量写入 Redis 分布式缓存，再通过消息队列工具将曲线数据（采集数据中的一部分）写入到 NoSQL 中，将采集数据（除去曲线数据）写入到分布式关系型数据库中存储。

分布式关系型数据区：除了存储采集数据（除去曲线数据），还存储档案数据和业务流程数据。分布式关系型数据库中间件后端的每个 MySQL 数据库节点都有一个或多个只读实例，二者之间通过 MySQL 主从复制技术将读写实例中的数据复制到只读实例中，供系统查询使用，做到读写分离，从而减轻数据库的读压力，可做到数据复制没有延迟或延迟在秒级以内。

Oracle 接口中间库数据区：主要完成外围系统与能源互联网平台之间的数据交互。能源互联网平台把需要对外提供的数据通过数据集成工具从生产库插入到接口中间库，而外围系统提供给平台的数据必须先保存在接口中间库，然后通过数据集成工具传输到生产库。

6.4 本 章 小 结

本章主要通过研究农村地区能源数据的采集体系、归集机制和平台手段，不断提升农村能源发展的信息支撑水平，破解农村地区数据分散、信息化水平低、归口管理不清晰等问题，为实现数据精准采集、高效归集和融合应用，不断提升数字化支撑水平提供理论依据和技术参考。建立以智慧物联为基础的数据采集体系，搭建“云管边端”的技术架构，提出了基于分布式网络的计算网络融合架构，推动云边端协同，满足农村能源互联网差异化的业务处理需求，针对信息流双向可靠通信要求，基于流量工程理论和分布式代理技术，提出了一种新型 CPS 的复合量度传输算法（$ComC^2$），保证通信资源的平滑分配，有效避免拥塞，保证网络传输高性能。依据政府主导、多方参与、标准高效的数据归集原则，制定合理高效的平台数据归集机制，分析了平台数据归集现状和存在问题，建立了农村能源数据归集体系，并从规范管理、数据信任、效率提升三方面提出了一系列数据归集机制，为融合应用夯实数据基础。提出建设农村能源互联网平台，明确其总体架构，并通过能源综合利用、价值共创、信息集成三个方面的需求分析，进一步提出农村能源互联网平台的建设内容和平台架构，为加速推进传统农村能源系统数字化转型提供平台支撑。

参 考 文 献

[1] 张力小，胡秋红，王长波．中国农村能源消费的时空分布特征及其政策演变［J］．农业工程学报，2011，27（1）：1-9．

[2] 徐慧，韩智勇，吴进等．中德沼气工程发展过程比较分析［J］．中国沼气，2018，36（04）：101-108．

[3] Wikipedia．German renewable energy sources act［EB/OL］．https：//en.wikipedia.org/wiki/German_ R enewable _Energy_Sources_Act，2018-07-12．

[4] 焦文玲，刘珊珊，唐胜楠．借鉴国外先进经验推动我国沼气应用［J］．太阳能，2015（5）：15-19．

[5] 周玮，李冰峰，王海．德国沼气工程相关政策法律与产业现状［J］．中国农学通报，2015，31（32）：117-122

[6] 秦俊豪．分析我国与德国光伏发电项目发展现状［J］．绿色环保建材，2018（08）：236+238．

[7] 忻蕾．太阳能光伏系统在德国居住建筑上的应用［N］．中国建材报，2018-04-19（008）．

[8] ISE.Photovoltaics Repor［R］．Fraunhofer institute for solar energy systems，2016．

[9] LITVAK N.U.S.Residential solar update 2017［R］．GTM Research，2017．

[10] 钱鹏展．日德美三国光伏发展经验及其借鉴意义［J］．中外能源，2017，22（11）：26-33．

[11] 李孝斌，温立忠．印度农村现代能源普遍接入：问题与实施策略［J］．华北电力大学学报（社会科学版），2015（06）：16-20．

[12] Ajay Mahajan，张爽．印度储能现状［J］．电器工业，2018（06）：55-57．

[13] Campbell B M，Vermeulen S J，Mangono J J，et al．The energy transition in action：urban domestic fuel choices in a changing zimbabwe［J］．Energy Policy，2003，31（6）：553-562．

[14] Chen Le，Heerink，N，Berg，M．van den．Energy consumption in rural china：a household model for three villages in Jiangxi province．［J］．Ecological Economics，2006，58（2）：407-420．

[15] Eckholm，E. The other energy crisis：firewood．［J］．World watch Paper，1975．

[16] Narayana Murthy R．mCollector：Sensor-enabled health-data collection system for rural areas in the developing world [J]．Dissertations & Theses - Gradworks，2015．

[17] 项顶，胡泽春，宋永华，等．通过电动汽车与电网互动减少弃风的商业模式与日前优化调度策略 [J]．中国电机工程学报，2015，35（24）：6293-6303．

[18] National Renewable Energy Laboratory，Energy systems integration facility，[EB/OL]．http：//www.nrel.gov/esif/．

[19] European Commission，Horizon 2020，societal challenges：Secure，clean energy，http：//ec．europa.eu/programmes/horizon2020/en/h2020-section/．

[20] Wang J J，Jing Y Y，Zhang C F．Optimization of capacity and operation for CCHP system by genetic algorithm [J]．Applied Energy，2010，87（4）：1325-1335．

[21] Troy N，Flynn D，Omalley M．Multi-Mode operation of combined-cycle gas turbines with increasing wind penetration [J]．IEEE Transactions on Power Systems，2012，27（1）：484-492．

[22] Xing X，Lin J，Wan C，et al．Modeling the dynamic electrical behavior of high temperature electrolysis for hydrogen production [C] // IEEE Power & Energy Society General Meeting．IEEE，2017：1-5．

[23] Liu X，Jenkins N，Wu J，et al．Combined analysis of electricity and heat networks [J]．Energy Procedia，2014，61：155-159．

[24] Liu C，Shahidehpour M，Fu Y，et al．Security-constrained unit commitment with natural gas transmission constraints [J]．IEEE Transactions on Power Systems，2009，24（3）：1523-1536．

[25] Yang J，Zhang N，Kang C，et al．Effect of natural gas flow dynamics in robust generation scheduling under wind uncertainty [J]．IEEE Transactions on Power Systems，2017，PP（99）：1-1．

[26] Qiu J，Dong Z Y，Zhao J H，et al．Low carbon oriented expansion planning of integrated gas and power systems [J]．IEEE Transactions on Power Systems，2015，30（2）：1035-1046．

[27] Zhang X，Shahidehpour M，Alabdulwahab A S，et al．Security-constrained co-optimization

planning of electricity and natural gas transportation infrastructures［J］. IEEE Transactions on Power Systems，2015，30（6）：2984-2993.

［28］Li，Z，Guo，Q，Sun，H，et al. Sufficient conditions for exact relaxation of complementarity constraints for storage-concerned economic dispatch［J］. IEEE Transactions on Power Systems，2016，31（2）：1-2.

［29］And R R I，Grossmann I E，And S V，et al. Optimal planning and scheduling of offshore oil field infrastructure investment and operations［J］. Industrial & Engineering Chemistry Research，1998，37（4）：1380-1397.

［30］Ceseña E A M，Capuder T，Mancarella P. Flexible distributed multi-energy generation system expansion planning under uncertainty［J］. IEEE Transactions on Smart Grid，2015，7（1）：348-357.

［31］Cano E L，Moguerza J M，Alonso-Ayuso A. A multi-stage stochastic optimization model for energy systems planning and risk management［J］. Energy & Buildings，2016，110：49-56.

［32］Munoz J，Jimenez-Redondo N，Perez-Ruiz J，et al. Natural gas network modeling for power systems reliability studies［C］//Power Tech Conference Proceedings，2003 IEEE Bologna. IEEE，2004：8 pp. Vol.4.

［33］Zhu B，Chen M Y，Xu R L，et al. An optimal operation strategy of islanded microgrid［J］. Power System Protection & Control，2012，40（17）：35-40.

［34］Zlotnik A，Roald L，Backhaus S，et al. Coordinated scheduling for interdependent electric power and natural gas infrastructures［J］. IEEE Transactions on Power Systems，2017，PP（99）：1-1.

［35］Martinezm A，Fuertee C R. A robust optimization approach for the interdependency analysis of integrated energy systems considering wind power uncertainty［J］. IEEE Transactions on Power Systems，2013，28（4）：3964-3976.

［36］Hajimiragha A，Canizares C，Fowler M，et al. Optimal energy flow of integrated energy systems with hydrogen economy considerations［C］//Proceedings of the International Institute for Research and Education in Power Systems（IREP） Symposium. IEEE，2007：1-11.

[37] Zhang X P，Shahidehpour M，Alabdulwahab A S，et al. Security-constrained co-optimization planning of electricity and natural gas transportation infrastructures [J]. IEEE Transactions on Power Systems，2015，30（6）：2984-2993.

[38] LEVIN T，THOMAS V M. Utility-maximizing financial contracts for distributed rural electrification [J]. Energy，2014，69（5）：613-621.

[39] TOBIAS HEFFELS，RUSSELL MCKENNA，WOLF FICHNER. Direct marketing of electricity from biogas and biomethane：an economic analysis of several business models in Germany [J]. Journal of Management Control，2012，23（1）：53-70.

[40] 张晖，张静. 农村能源利用与发展问题研究 [J]. 林业经济，2012（09）：93-96.

[41] 张彩庆，龚运. 农村最优能源消费结构及测算方法研究—以京津冀地区为例 [J]. 江苏农业科学，2018，46（16）：359-362.

[42] 贺海峰. 我国农村生活用能结构转换及其环境效应研究 [D]. 华中师范大学，2011.

[43] 冯翔. 新农村风光储能发电系统构建与运营策略研究 [D]. 华北水利水电大学，2017.

[44] 高普杰. 分布式光伏电源接入中低压农配电网的电网规划研究 [D]. 华北电力大学（北京），2017.

[45] 单明，张双奇，邓梦思，杨旭东. 生物质成型燃料用于北方村镇清洁取暖的技术与模式 [J]. 区域供热，2018（01）：6-10+43.

[46] 王承民，孙伟卿，衣涛等. 智能电网储能技术应用规划及其效益评估方法综述 [J]. 中国电机工程学报. 2013，33（7）：33-41.

[47] 李建林，马会萌，惠东. 储能技术融合分布式可再生能源的现状及发展趋势 [J]. 电工技术学报，2016，31（14）：1-10.

[48] Kyung S K，McKenzie K J，Liu Y L，etal.A study on applications of energy storage for the wind power operation in power systems [C]. .IEEE Power Engineering Society General Meeting.Montreal Quebec.Canada.2006：1-5.

[49] Cipcigan L M，Taylor P C.Investigation of the reverse power flow requirements of high penetrations of small-scale embedded generation [J]. Renewable Power Generation，2007，1（3）：160-166.

[50] Miranda I，SilvaN，Leite H. Distribution storage system optimal sizing and techno-

economic robustness［C］. Energy Conference and Exhibition.IEEE，2012.483-488.

［51］裴玮，盛鹍，孔力，等．分布式电源对配电网供电电压质量的影响与改善［J］．中国电机工程学报，2008，28（13）：152-157.

［52］王成山，武震，李鹏．分布式电能存储技术的应用前景与挑战［J］．电力系统自动化，2014，38（16）：1-8.

［53］王文彬，伍小生，朱傲，许蔚，范瑞祥，邓其军．基于层次分析法的配电网“低电压”智能规划与综合治理评估技术研究及应用［J/OL］．电工技术学报：1-10［2018-10-23］.

［54］郭岂宏．浅析分布式光伏发电对配电网电压的影响［J］．能源与节能，2018（10）：64-65.

［55］何书宇．分布式电源接入对配电网故障定位及电压质量影响［J］．低碳世界，2018（10）：94-95.

［56］抓好能源扶贫关键在于精准——国家能源局推进能源扶贫帮扶深度贫困地区脱贫工作综述［J］．紫光阁，2018（04）：50-51.

［57］唐越，向小民，危杰，李子君．分布式光伏接入电网对配电网网损的影响研究［J］．电力学报，2018，33（04）：301-306.

［58］田宜水．2015 年中国农村能源发展现状与展望［J］．中国能源，2016，38（7）：25-29.

［59］周中仁，王效华，陈群，等．北方小康农村家庭能源消费结构演变研究—以山东省桓台县为例［J］．农业工程学报，2007，23（3）：192-197.

［60］李光全，聂华林，杨艳丽．中国农村生活能源消费的区域差异及影响因素［J］．山西财经大学学报，2010（2）：68-73.

［61］岳立，杨帆．新常态下中国能源供给侧改革的路径探析—基于产能、结构和消费模式的视角［J］．经济问题，2016（10）：1-6.

［62］杨经纬，张宁，王毅，等．面向可再生能源消纳的多能源系统：述评与展望［J］．电力系统自动化，2018（4）：11-24.

［63］黄仁乐，蒲天骄，刘克文，等．城市能源互联网功能体系及应用方案设计［J］．电力系统自动化，2015，39（9）.

［64］王伟亮，王丹，贾宏杰，等．能源互联网背景下的典型区域综合能源系统稳态分析研究综述［J］．中国电机工程学报，2016，36（12）：3292-3305.

［65］王成山，马力，郭力．微电网中两种典型微型燃气轮机运行特性比较［J］．天津大学

学报：自然科学与工程技术版，2009，42（4）：316-321.

［66］贾宏杰，王丹，徐宪东，等. 区域综合能源系统若干问题研究［J］. 电力系统自动化，2015（7）：198-207.

［67］王成山，洪博文，郭力，等. 冷热电联供微电网优化调度通用建模方法［J］. 中国电机工程学报，2013，33（31）：26-33.

［68］［潘昭光，孙宏斌，郭庆来. 面向能源互联网的多能流静态安全性分析方法［J］. 电网技术，2016，40（6）：1627-1634.

［69］程林. 能源互联网理念与实践［J］. 供用电，2017，34（2）：11-13.

［70］高峰，程林，刘琛，等. 相变储热技术优化冷热电三联供运行［J］. 电力建设，2015，36（10）：93-98.

［71］闫华光，陈宋宋，钟鸣，等. 电力需求侧能效管理与需求响应系统的研究与设计［J］. 电网技术，2015，39（1）：42-47.

［72］靳小龙，穆云飞，贾宏杰，等. 融合需求侧虚拟储能系统的冷热电联供楼宇微电网优化调度方法［J］. 中国电机工程学报，2017，37（2）：581-590.

［73］杨方，白翠粉，张义斌. 能源互联网的价值与实现架构研究［J］. 中国电机工程学报，2015，35（14）：3495-3502.

［74］刘敦楠，曾鸣，黄仁乐，等. 能源互联网的商业模式与市场机制（二）［J］. 电网技术，2015，39（11）：3057-3063.

［75］罗珉，李亮宇. 互联网时代的商业模式创新：价值创新视角［J］. 中国工业经济，2015（1）：95-107.

［76］李有刚，孙庆梅.（2013）. 欧美农村政策对我国农村社区建设的启示. 科技管理研究，33（13），204-208.

［77］王廷康，唐晶.（2009）. 美国能源政策的启示及我国新能源发展对策. 西南石油大学学报（社会科学版），2（04），7-11.

［78］National Academy of Sciences. 2010. Overview and summary of america's energy future: technology and transformation，http: //www.nap.edu/catalog.php?record_id=12943（Accessed 14 September 2017）.

［79］Milbrandt，A.，2005，A geographic perspective on the current biomass resource availability in the united states，United States：Department of Energy.

［80］杨骏.（2011）. 燃料之变带来法国农村新气象. 农产品市场周刊（36），58-58.

［81］新浪财经. 燃料之变带来法国农村新气象. http：//finance.sina.com.cn/roll/20060309/1325587991.shtml.

［82］新浪财经. 燃料之变带来法国农村新气象. http：//finance.sina.com.cn/roll/20060309/1325587991.shtml.

［83］杨骏.（2011）. 燃料之变带来法国农村新气象. 农产品市场周刊（36），58-58.

［84］赵晋松，张朝阳，顾巍峰，等. 基于工业互联网的智能电厂平台架构［J］. 热力发电，2019，48（9）：101-107.

［85］华煌圣，甘霖，伍竹林，等. 基于物联网技术的能源互联网数据支撑平台［J］. 供用电，2018，35（1）：40-45.

［86］齐俊鹏，田梦凡，马锐. 面向物联网的无限射频识别技术的应用及发展［J］. 科学技术与工程，2019，19（29）：1-10.

［87］王汝英，陈文康，闫松，等. 综合能源互联网云平台的开发与应用［J］. 供用电，2019，36（3）：1-7，26.

［88］卢一男，单宝钰，关超. 声纹识别技术现状与发展应用［J］. 信息系统工程，2017，（2）：11.

［89］许跃，骆娟. 电力物联网传感器技术在电力设备在线监测中的应用［J］. 数字技术与应用，2019，37（12）：36，38.

［90］Berghel Hal，Grover Amit. A Survey of RFID Deployment and Security Issues［J］. Journal of Information Processing Systems，2011，7（4）. 561 580.

［91］Tarricone L，Grosinger J. Augmented RFID Technologies for the Internet of Things and Beyond［J］. Sensors，2020，20（4）.

［92］潘博文，马超. 物联网物体描述方法与物体标识［J］. 物联网学报，2018，2（2）：27-32.

［93］李琴. 电子信息技术在物联网中的应用［J］. 数字技术与应用，2019，37（6）：116，118.

［94］王德真. 基于物联网技术的电力系统通信设计［J］. 电子制作，2020，（11）：92-93.

［95］朱金鑫，陆圣芝，范永璞. 基于移动互联网的综合能源信息服务平台框架研究［J］. 机

电信息，2017，（3）：27-28.

［96］Wang P，Lei B. Wireless SMTP protocol research and realization based on GPRS ［C］. Proceedings of Annual Conference of China Institute of Communications，2010，449-452.

［97］曾高雄，胡水海，张骏雪，等. 数据中心网络传输协议综述［J］. 计算机研究与发展，2020，57（1）：74-84.

［98］李文棣. Zigbee 无线通信技术特征及实践［J］. 信息记录材料，2020，21（4）：224-225.

［99］Kim S，H，Kang J S，Park H S，et al. UPnP-ZigBee Internetworking Architecture Mirroring a Multi-hop ZigBee Network Topology［J］. IEEE Transactions on Consumer Electronics，2009，55（3）：1286-1294.

［100］Mraz L,Cervenka V，Komosny D，et al. Comprehensive Performance Analysis of ZigBee Technology Based on Real Measurements［J］. Wireless Personal Communications，2013，71（4）：2783-2803.

［101］Zhou QH，Zheng K，Hou L，et al. Design and Implementation of Open LoRa for IoT ［J］. IEEE Access，2019，7：100649-100657.

［102］Croce D，Gucciardo M，Mangione S，et al. LoRa Technology Demystified：From Link Behavior to Cell-Level Performance［J］. IEEE Transactions on Wireless Communications，2020，19（2）；822-834.

［103］汪敏，肖凯文. 5G 承载网的规划部署研究［J］. 通信电源技术，2020，37（8）：161-163，167.

［104］汤磊. 5G 时代接入网传输设计初探［J］. 中国信息化，2019，（8）：83-85.

［105］张蓓. 当能源互联网遇上 5G 技术［J］. 上海节能，2019，（5）：342-344.

［106］庄君莹. 基于 5G 通信的能源互联网探析［J］. 科学与财富，2020，（10）：126.

［107］Chen ZP，Wei Y，Jia C. Communication Technology Research Based on EtherNet/IP ［C］. Advanced Research on Information Science，Automation and Material System，2011，219-220：990-993.

［108］Cavendish D. Operation，administration，and maintenance of ethernet services in wide area networks［J］. IEEE Communications Magazine，2004，42（3）：72-79.

［109］Chiappa J N．Early token ring work at MIT［J］．IEEE Annals of The History of Computing，2014，36（2）：80-85．

［110］段桂英．下一代网络新协议--IPv6 介绍［J］．才智，2013，（34）：298-298，299．

［111］黄健．浅谈 IPv6 网络建设的部署现状及探索［J］．广播电视信息，2019，（10）：96-98．

［112］张晓燕，张浩．IPv6 与 IPv4 的互联技术［J］．系统仿真技术，2018，14（1）：74-77，86．

［113］Coonjah I，Catherine P C，Soyjaudah K M S．Experimental performance comparison between TCP vs UDP tunnel using openVPN［C］．2015 International Conference on Computing，Communication and Security（ICCCS），2015．

［114］邓安明，郑建鸿，宣磊，等．基于 6LoWPAN 的物联网通信技术在配电网设备状态监控方面的研究与应用［J］．智能城市，2017，3（5）：98-99．

［115］Min J，Lee Y．An Experimental View on Fairness between HTTP/1.1 and HTTP/2［C］．33RD International Conference on Information Networking（ICOIN 2019），2019：399-401．

［116］万洪莉，李雨晨．基于 MQTT 协议的物联网服务器设计与架构分析［J］．软件工程，2020，23（6）：39-41．

［117］毛玲．FTP 协议的解析与仿真实现［J］．商情，2017，（24）：210．

［118］简析 IP、UDP 和 TCP 三种协议的关系［J］．电脑知识与技术-经验技巧，2020，（4）：90-91．

［119］党海燕，麻小娟，詹金珍．基于 FTP 协议多用户远程数据的访问［J］．工业仪表与自动化装置，2017，（1）：109-111．

［120］陶耀东，徐伟，纪胜龙．边缘计算安全综述与展望［J］．计算机集成制造系统，2019，25（12）：3043-3051．

［121］Rimal B P，Maier M，Satyanarayanan M．Experimental Testbed for Edge Computing in Fiber-Wireless Broadband Access Networks［J］．IEEE Communications Magazine，2018，56（8）：160-167．

［122］Sitt-Candanedo I，Alonso R.S，Rodriguez-Gonzalez S，et al．Edge computing architectures in industry 4.0：a general survey and comparison［C］．14TH International Conference on Soft Computing Models in Industrial and Environmental Applications

（SOCO 2019），2019，950：121-131.

[123] 林为民，余勇，梁云，等. 支撑全球能源互联网的信息通信技术研究 [J]. 智能电网，2015，3（12）：1097-1102.

[124] 沈周科. 区块链与传统数据库技术概述 [J]. 数字技术与应用，2018，36（2）：228，230.

[125] 赵琳. 数据库中间件技术概述 [J]. 中国电子商务，2010，（12）：118-118.

[126] 阎同喜. 数据库技术发展概述 [J]. 机械管理开发，2004，（5）：80-82.

[127] 孟立军，于海存. 网络存储技术概述 [J]. 陶瓷研究与职业教育，2008，6（3）：62-64.

[128] 杨静. 云计算环境下的大数据可靠存储关键技术概述 [J]. 电脑知识与技术，2014，（32）：7574-7575.

[129] 王涛. 云储存技术在电气自动化控制中的应用 [J]. 电工技术，2019，（22）：6-7，10.

[130] 杨飞，杨凤欣. 云计算在电能信息采集物联网的应用研究 [J]. 电器工业，2019，（12）：76-78.

[131] 马斌，袁龙，刘文宗，等. 基于云雾计算的智能电网调度机制 [J]. 电测与仪表，2019，56（24）：67-72.

[132] 金国栋，卞昊穹，陈跃国，等. HDFS 存储和优化技术研究综述 [J]. 软件学报，2020，31（1）：137-161.

[133] 朱杰. 大数据处理平台 Hadoop 技术分析 [J]. 科学与信息化，2019，（31）：63-64.

[134] 杨青，张亚文，张琴，等. 基于 Hadoop 的多维关联规则挖掘算法研究及应用 [J]. 计算机工程与科学，2019，41（12）：2127-2133.

[135] 李海涛，刘云生，兰长杰. 基于 Hadoop 的生物质能源工程数据资源管理平台 [J]. 计算机系统应用，2018，27（5）：80-85.

[136] 陈锐，吴应双，曹杰，等. 基于 Hadoop 和 HBase 的输变电设备数据聚合平台 [J]. 电力大数据，2020，23（3）：62-68.

[137] 杨鸽，冯黎兵，郑嘉龙. 浅谈能源互联网中大数据技术的应用 [J]. 通信电源技术，2020，37（1）：192-193，197.

[138] 陈悦. 基于大数据的数据可视化技术研究 [J]. 产业与科技论坛，2020，19（10）：

38-39.
[139] 王海洋，赵忠强，唐建华. 面向电力物联网的电力大数据应用 [J]. 电力大数据，2020，23（2）：87-92.
[140] 刘春雨. 用户侧能源管理系统大数据平台的研究 [J]. 现代建筑电气，2019，10（5）：1-5.
[141] 郭睿，陈金熠，陈小毅，等. 基于数据驱动的乡村综合能源服务运营管理优化研究[J]. 企业改革与管理，2020，（1）：124-125.
[142] 周洪益，钱苇航，柏晶晶，等. 能源区块链的典型应用场景分析及项目实践 [J]. 电力建设，2020，41（2）：11-20.
[143] 梅文明，王栋. 区块链技术在电力领域应用场景的探索分析 [J]. 电力信息与通信技术，2020，18（2）：21-29.
[144] 杨德钦，岳奥博，杨瑞佳. 智慧建造下工程项目信息集成管理研究—基于区块链技术的应用 [J]. 建筑经济，2019，40（2）：80-85.
[145] 付军艳，胡锴. 破解"区块链+能源互联网"之局 [J]. 上海信息化，2018，（3）：66-68.
[146] 林钰杰，吴丽贤. 工作流技术架构下的电力物资管理系统设计研究 [J]. 电子设计工程，2020，28（10）：141-144，151.
[147] 罗钦凯，倪成章. 基于微服务的工作流技术在云管平台的应用 [J]. 计算机技术与发展，2019，29（9）：122-127.
[148] 徐承俊. 数据挖掘概述 [J]. 电子世界，2017，（13）：47.
[149] 刘广一，周建其. 融合多源数据的智能配用电多时间尺度数据分析技术 [J]. 供用电，2018，35（3）：10-16.
[150] 刘建宇. 基于关系数据库的 OLAP 的研究 [J]. 煤炭技术，2013，32（4）：152-154.
[151] 陶阳明. 经典人工智能算法综述 [J]. 软件导刊，2020，19（3）：276-280.
[152] 陈信. 人工智能发展概述 [J]. 电子制作，2018，（24）：64-65.
[153] 程适，王锐，伍国华，等. 群体智能优化算法 [J]. 郑州大学学报（工学版），2018，39（6）：前插 1-前插 2，1-2.
[154] 谭浩，郭雅婷. 基于大数据的用户画像构建方法与运用 [J]. 包装工程，2019，40（22）：95-101.

[155] Dion D，Arnould E．Persona-fied brands：managing branded persons through persona [J]．Journal of Marketing Management，2016，32（1-2）：121-148．

[156] Herbert Blaser，Carl Fenger．M2M 应用的兴起与挑战 [J]．中国集成电路，2013，22（6）：78-81．

[157] 亓丛，吴俊．用户画像概念溯源与应用场景研究 [J]．重庆交通大学学报（社会科学版），2017，17（5）：82-87．

[158] 温荣丽．物联网工程中 M2M 技术研究 [J]．电子制作，2019，（20）：66-67．

[159] Kim J，Lee J，Kim J，et al．M2M service platforms：survey，issues，and enabling technologies [J]．IEEE Communications Surveys and Tutorials，2014，16（1）：61-76．

[160] Dhraief A，Belghith A，Mathkour H，et al．An M2M gateway-centric architecture for automatic healing and optimizing of machine-to-machine overlay networks [J]．International Journal Of Ad Hoc and Ubiquitous Computing，2017，26（1）：12-28．

[161] 吴化尧，邓文俊．面向微服务软件开发方法研究进展 [J]．计算机研究与发展，2020，57（3）：525-541．

[162] 黄炜耀．一种基于 Dubbo 实现的服务框架 [J]．数字化用户，2018，24（24）：108．

[163] 黄强文，曾丹．基于 Spring Cloud 和 Docker 的分布式微服务架构设计 [J]．微型电脑应用，2019，35（6）：98-101．